JN271535

人権保障の現在

吉田仁美 編著 Hitomi Yoshida
渡辺暁彦・森本直子・織原保尚・
池田晴奈・原口佳誠・浅田訓永・
米谷壽代・桧垣伸次 著

ナカニシヤ出版

はしがき

　本書は，日本国憲法のもとでの人権保障の今日的な状況について，これまでの憲法学の議論状況を簡潔にたどりつつ，新たな視点や問題意識を加えながら検討を試みたものである。

　日本国憲法が1947年5月3日に施行されてから60年以上が経過し，その間の科学技術の発展，経済状況や政治状況の変化，国際化，社会的な変化などから，当時は思ってもみなかったような人権に関わるさまざまな問題が生じてきた。一方で，長年問題点が指摘され，解決の必要性が叫ばれながらも，いまだに解消にいたらない問題もある。中には，問題の設定や思考枠組み自体を再考する必要があるようなものもある。また，人権保障を最終的に担保する裁判所の違憲審査のありかたについても，この間，さまざまな議論がなされてきた。

　本書では，こうした人権保障の現在的な状況のうち，8部にわたって13のトピックをとりあげた論文を配し，さらに，15のコラムを配した。

　執筆者らは，主に学部・大学院にて日本国憲法の研究・教育に携わるものである。憲法に関心をもつ方のみならず，講義のなかで憲法の概要を一通り学んだ学生や，演習・ゼミナール活動に参加する受講者ら，さらには人権問題に取り組む一般の方々を念頭において，当該論点への理解を深めるためにはどのようなテーマがふさわしいか，それぞれの経験をもとに執筆者間で議論を重ねた。こうして選ばれたトピックは，今日激しい意見の対立がみられるもの，あるいは従来あまり取り上げられてこなかったが今一度検討を要するものなど，バラエティに富む内容となっている。

　執筆にあたっては，平易な文章を心がけるとともに，各章の導入部において当該問題に対する従来の憲法学の議論状況を整理することにつとめた。また，参考文献を手がかりに，より踏み込んだ学習を行えるよう，少し詳しく脚注を付加するなど，全体として入門書から専門書への橋渡しとなるよう配慮した。

　コラムについては，論文で取り上げられた問題に加えて，長年の重要問題，近時動きのあった問題，一歩踏み込んだ問題，あるいは諸外国の動向等について，できるだけ多様な問題をとりあげ，多様な視点を反映し，広い知見をバランスよく提供するように留意した。

　私事であるが，本書は，釜田泰介教授のご退職をお祝いして，門下生による感謝の思いをもとに編まれた。釜田泰介教授は，1965年に同志社大学卒業・1967年

に大学院修士課程修了の後，2012年3月まで，同志社大学法学部・大学院法学研究科・法科大学院において，また，同志社大学大学院アメリカ研究科において憲法・英米法の教鞭をとられた。本書が，これらの多年にわたる研究・教育活動を通じての師恩に報い，われわれが日々接する若い世代や同分野の研究者を通じて，人権保障の現在と将来にいくぶんでも貢献するものであることを切に祈る。また，本書に多くのコラムを寄せ，本書の議論を多様で厚いものにしてくださった先輩方，関係の諸先生方のかわらぬご助力に，心から感謝の意を表する。

　さいごに，本書の書名は，編集の労をとってくださったナカニシヤ出版の米谷龍幸さんのアイディアによる。出版事情のますます厳しい中，本書の出版の機会を与えて下さり，私たちの企画に耳を貸し，一つひとつ快く相談に乗って下さったことに心から感謝申し上げる次第である。

2013年4月20日
吉田仁美

目　次

はしがき　*i*

第I部　総　論

第1章　外国人の公務就任権：
公立学校における外国籍教員の任用をめぐる問題を素材に ── *2*

（渡辺暁彦）

1　はじめに　*2*
2　国籍と人権保障　*3*
3　外国人の人権をめぐる学説状況　*6*
4　外国人教員の任用をめぐる問題　*12*
5　おわりに　*18*

第2章　脳死移植における臓器提供の「自己決定」：
改正臓器移植法の臓器摘出要件と憲法13条 ── *24*

（森本直子）

1　はじめに　*24*
2　憲法上の自己決定権　*27*
3　臓器提供の「自己決定」と憲法上の自己決定権　*31*
4　「身体の権利」としての臓器提供の「自己決定」　*36*
5　おわりに　*40*

第3章　環境訴訟における空間的な利益の保全：
鞆の浦景観訴訟（広島地判平成21年10月1日）に着目して ── *44*

（米谷壽代）

1　はじめに　*44*
2　わが国における環境訴訟の動向　*47*
3　鞆の浦埋立て架橋事件の概要　*52*
4　若干の考察　*57*

コラム①　国際人権規約の裁判規範性（新井　京）　*20*

コラム② 　出入国管理政策：外国人登録制度の廃止と外国人住民登録制度の
　　　　　　スタート（宮川成雄）　22
　コラム③ 　人体の資源化（森本直子）　42
　コラム④ 　土壌汚染規制のあり方（黒坂則子）　66

第II部　平 等 権

第4章　婚外子の相続分差別と裁判所 ———— 70
（吉田仁美）

　1　はじめに　70
　2　平成7年7月5日大法廷決定　71
　3　合憲性審査基準　73
　4　立法事実論　76
　5　適用違憲の可能性を探る　81
　6　違憲判断の効力と裁判所　84
　7　おわりに　87

　コラム⑤ 　チベット：民族としての権利保障
　　　　　　――中道のアプローチが求めるものとは（Tibetan）（三宅 愛）　88

第III部　精神的自由

第5章　政教分離規定と目的効果基準をめぐって：
　　　　判例理論を素材として ———— 92
（浅田訓永）

　1　はじめに　92
　2　津地鎮祭訴訟最高裁判決による目的効果基準の提示　95
　3　目的効果基準による違憲判決：愛媛玉串料訴訟最高裁判決　99
　4　目的効果基準によらない違憲判決：空知太神社訴訟最高裁判決　104
　5　おわりに　110

第6章　表現の自由と公務員 ———— 114
（吉田仁美）

　1　はじめに　114
　2　公務員の政治活動と猿払事件　115

3　堀越事件，世田谷事件　118
　　4　実体問題としての表現の自由：「政治ビラをまく自由」の保障について　124
　　5　公務員の政治活動　130
　　6　おわりに　132

第7章　放送の自由と番組編集準則 ―――――― 135
　　　　　　　　　　　　　　　　　　　　　　（桧垣伸次）
　　1　はじめに　135
　　2　放送の自由の制約根拠　137
　　3　番組編集準則の在り方　141
　　4　おわりに　147

　　コラム⑥　日の丸・君が代と思想・良心の自由（二宮貴美）　112
　　コラム⑦　情報公開と個人情報保護（佐伯彰洋）　133
　　コラム⑧　ブロードバンド時代の放送規制（米国）（魚住真司）　150

第Ⅳ部　経済的自由

第8章　経済的自由権と自由市場：
　　　　　憲法史からみた市場規制の意義 ―――――― 154
　　　　　　　　　　　　　　　　　　　　　　（原口佳誠）
　　1　はじめに　154
　　2　経済的自由権と公序：「営業の自由」論争　156
　　3　アメリカにおける経済的自由権の憲法史と自由市場　160
　　4　日本における経済的自由権と自由市場　170
　　5　おわりに　174

第Ⅴ部　人身の自由・国務請求権

第9章　障害者の裁判を受ける権利：
　　　　　裁判員制度の時代に ―――――― 178
　　　　　　　　　　　　　　　　　　　　　　（織原保尚）
　　1　はじめに　178
　　2　裁判員制度とは　178
　　3　刑事手続の現状　182

4 障害者と裁判 *184*
 5 障害者と刑事手続における問題点 *189*
 6 裁判員制度と障害者 *191*
 7 障害者の裁判を受ける権利と裁判員制度の今後 *192*

コラム⑨ 死刑制度（山下　宜）*194*
コラム⑩ 国家賠償請求権と立法の不作為（渡辺暁彦）*196*

第VI部　参　政　権

第10章　遠ざかる投票所？：
投票方法からみる選挙権保障の意義とその課題 ―― *200*
（渡辺暁彦）

 1 はじめに *200*
 2 選挙法制をめぐる昨今の動向 *201*
 3 投票が困難な者に対する投票機会の確保 *208*
 4 指定病院等における不在者投票 *211*
 5 おわりに *216*

コラム⑪ インターネットと選挙運動の自由（太田裕之）*218*
コラム⑫ 参議院定数不均衡判決と二院制（勝山教子）*220*

第VII部　社　会　権

第11章　憲法25条論にみられる制度後退禁止原則について ―― *224*
（浅田訓永）

 1 はじめに *224*
 2 憲法25条1項論にみられる制度後退禁止原則 *227*
 3 憲法25条2項論にみられる制度後退禁止原則 *234*
 4 おわりに *237*

第12章　教育を受ける権利と障害のある子どもについて：
特別支援教育制度とインクルーシブ教育 ―― *238*
（織原保尚）

 1 はじめに *238*

2　教育を受ける権利について　*239*
　3　障害のある子どもの教育とその法制度の変遷　*242*
　4　インクルーシブ教育とは　*248*
　5　おわりに　*252*

コラム⑬　人間らしく生きる権利と障害者自立支援法（織原保尚）　*254*

第Ⅷ部　人権保障と裁判所

第13章　最高裁判所の違憲審査機能の展開と行方 ──── *258*
（池田晴奈）

　1　はじめに　*258*
　2　違憲審査制の展開　*260*
　3　違憲審査制の行方　*265*
　4　おわりに　*272*

コラム⑭　韓国の憲法裁判所（李　相允）　*275*
コラム⑮　The United States Supreme Court and Judicial Review : From the Warren Court to the Roberts Court　（アメリカ合衆国連邦最高裁判所と司法審査：ウォーレン・コートからロバーツ・コートへ）
（Dan Rosen〔ダン・ローゼン〕／翻訳・桧垣伸次）　*278*

　判例索引　*290*
　事項索引　*294*
　人名索引　*298*
　略語一覧　*298*

第Ⅰ部 総　　論

01　外国人の公務就任権
02　脳死移植における臓器提供の「自己決定」
03　環境訴訟における空間的な利益の保全

コラム①　国際人権規約の裁判規範性
コラム②　出入国管理政策
コラム③　人体の資源化
コラム④　土壌汚染規制のあり方

第 1 章

外国人の公務就任権

公立学校における外国籍教員の任用をめぐる問題を素材に

渡辺暁彦

1 はじめに

"人権の国際化"が唱えられて久しい。はたして，日本国内に在住している外国人の人権は十分に保障されているのであろうか。

何れの国でも外国人は少数派であり，ともすれば差別の対象とされやすい。政治的な意思形成過程への参加も制限されていることから，立法による差別是正も困難な状況にある。だからこそ，外国人も憲法上の人権享有主体であることが強調されるとともに，それにふさわしい権利保障の実現が要求されてきたのである。わが国の憲法学説も，外国人の人権を積極的に裏付けようとする見解を軸に，これまでさまざまな議論を重ねてきた。

もとより，各々の国が今以て自国民に対し忠誠を要求する現実があり，身分上も恒久的な結合関係があると考えられる以上，外国人を国民と同等に扱うことは許されず，一定の制約もやむを得ないとする見解も少なくない。この点，例えば外国人への地方選挙権の付与につき，学界でもその賛否をめぐり激しい論戦が繰り広げられてきたことはよく知られている。

このような議論の活況とは裏腹に，現実社会に目を移せば，今なお外国人に対する差別意識は根深いと言わざるを得ない[1]。2001年に設立された「外国人集住都市会議」は，特に就労・教育・医療面を中心に，地域に顕在化する外国人住民の諸課題を解決するためにさまざまな提言を行ってきた[2]。国際社会からも，例えば国

---

1) 朝日新聞 2008 年 10 月 5 日朝刊。北海道小樽市の温泉施設で，「外国人の入場お断り」の張り紙を掲げたことに対し，それが差別にあたると認定された事案は記憶に新しい。
2) 外国人集住都市会議は，いわゆるニューカマー（南米日系人等）を中心とする外国人住民が多数居住する都市の行政並びに地域の国際交流協会等をもって構成されている。2012 年 4 月現在，会員都市は 29 都市である（http://www.shujutoshi.jp/ 2012 年 10 月 30 日閲覧）。

連人権規約委員会の報告では，日本国内の外国人に対する「国籍による差別」が懸念事項として指摘されている。

　こうした現況をふまえ，本章では，外国人の人権についてあらためて憲法学の観点から幾ばくかの検討を加えることにしたい。本論を進めるにあたり，まず外国人の国内法的地位について簡単に整理したうえで（2節），外国人の人権をめぐる学説及び判例の動向を概観する（3節）。

　そのうえで，外国人の公務就任権なかんずく公立学校における外国人教員（外国籍教員）の問題を取り上げることにする（4節）。この問題については，最近でも日弁連（日本弁護士連合会）が文部科学大臣に対し，「外国籍の教員が管理職になれないのは人権侵害」だとして，昇任を制限する「通知」を見直すよう勧告を行ったばかりである[3]。従前，憲法学ではほとんど取り上げられることのなかった問題であるが，外国人の人権の現代的諸相をうかがううえでも，さらには，かねてから公務員任用の場面で槍玉に挙げられる「公務員に関する当然の法理」を検討するうえでも，当該問題は興味深い視点を提供してくれるものと思われる。

2　国籍と人権保障

1　国籍法と「日本国民」

　外国人については「否定的な定義しかない」[4]とされるように，法律学上も「外国人」とは，すなわち「日本国籍を有しない者」（傍点筆者）とされる。ここでは「国籍（nationality）」という後国家的な枠組みで，国民と外国人との類別がなされている点に特に注意を要しよう[5]。

　日本国憲法第三章の標題は「国民の権利及び義務」（傍点筆者）となっている。第三章冒頭の第 10 条では「日本国民たる要件は，法律でこれを定める」と規定され，これを受けて国籍法（昭和 25 年法 147 号）が「国民たる資格」すなわち国籍

---

[3] 朝日新聞 2012 年 3 月 7 日朝刊。神戸市の公立中学校に勤務していた韓氏に対して，学校長が副主任に任命したところ，市教育委員会が「外国人は副主任になれない」という指摘を行い，その結果，韓氏は副主任を解任されている。
[4] 外国人とは「集団に属さぬ者」「ここの者」ではない人間，そして「他者」である。ジュリア・クリステヴァ（池田和子訳）『外国人』（法政大学出版局，1990）117 頁。
[5] 国籍を有しない者を，すべて「外国人」という言葉で一括りにする用語法は，外国人各々の実情を，少なからず見えにくくすることにも留意すべきである。

の取得及び喪失について規定する。

わが国では，明治 32 年に制定された（旧）国籍法以来，血統主義を原則とする。国籍法第 2 条 1 号によれば，「出生の時に父又は母が日本国民であるとき」，その子は日本国民とされる。ただし例外もある。例えばアメリカ合衆国では親の国籍と関わりのない生地主義を採用するが，わが国でも補充的にかかる生地主義による国籍取得を認めている（国籍法第 2 条 3 号）。さらに，日本国民でない者が国籍を取得する方法として帰化制度がある（同法第 4 条以下）。

国際結婚も珍しくなくなった昨今，国籍要件が国によって異なることで，ときに重国籍ないし無国籍の状況が生ずるが，国籍法ではそれらを防止・解消するための方途が規定されている。それは国際法上の「国籍唯一の原則」に倣うものである。さらに，国籍を決定するにあたり，本人の自由意思を尊重するという「国籍非強制の原則」も，国籍法の重要な基本理念である。

かような国籍の意義について，最高裁判所も明言するように「〔日本国籍は〕我が国において基本的人権の保障，公的資格の付与，公的給付を受ける上で意味を持つ重要な法的地位である」[6]。

❷ 人権の固有性及び普遍性

後国家的な国籍とは異なり，人権は人の生来の権利として前国家的な性格をもつ。人権は他者から恩恵的に与えられたものでなく，人間であることにより当然に有するとされる権利を意味する。人権の固有性からすると，国籍の如何を問わず，人であれば生来的に人権の享有主体となることは多言を要しない。人権思想の発展及び日本国憲法が採用する国際協調主義の観点からすると，外国人にも憲法上の権利保障の主体であることが認められてよかろう。

もっとも，人権が普遍的な性格をもつとしても，世界には今日さまざまな国があり，人権保障の内実もそれぞれ異なることからすれば，人権の固有性・普遍性といえども，それをもって即座に外国人に対して日本人と同等の保障が及ぶとの帰結が導かれるわけでもない。いまだ法的な権利として外国人には保障されておらず，それが理念的なものにとどまっているとしても，将来的に「個人の権利として保障される可能性」[7]があることに鑑みれば，そうした保障態様も人権の普遍性と必ず

---

6) 最大判平成 20 年 6 月 4 日民集 62 巻 6 号 1367 頁。本件事案では，生後認知による非嫡出子の国籍取得について争われた。
7) 芦部信喜「人権の普遍性と憲法」『憲法叢説 2 人権と統治』（信山社，1995 年）15 頁。

しも矛盾するとはいえない。

❸ 外国人に対する権利侵害の現況

　現在，わが国の外国人登録数は，207万8508人である（平成23年12月末現在）[8]。経済・社会・文化等の面で諸国間の交流が盛んになるに伴い，何れの国でも，人口比に占める外国人の割合は決して無視し得ない数となっている。

　そうしたなか，日本では"外国人入店お断り""日本人に限る"といった類いの張り紙等に見られるごとく，今なお人種による差別問題が生じている。また，外国人登録法によって義務づけられていた指紋押捺制度が，個人のプライバシー権を侵害するのではないかと厳しく批判されたこともよく知られている（当該制度は1999年に全廃）。

　近年では「外国人集住都市会議」などが再三指摘するように，特に地域・自治体レベルで外国人の権利が守られていない実態が顕著に見受けられる。わけても，外国人研修生及び技能実習生に対する権利侵害については，国内外から厳しい批判が寄せられている。その他，社会保険への未加入問題や，外国人の子どもの不就学など，さまざまに「わが国の外国人受入れシステムの基本的欠陥」[9]が指摘されている。以上の点を考慮すれば，日本国内の外国人の社会的地位は総じて不安定であると言わざるを得ない。

　なお，60年あまり続いた外国人登録制度は2012年7月に廃止され，在留カードや特別永住者証明書の交付による新たな在留管理制度が実施されることとなった[10]。当該制度は，「外国人を住民と位置づけ，住民基本台帳にのせ，社会サービスの基礎とする点は評価される一方，外国人の管理を強化する」側面をもつものと評されている[11]。

---

8) 法務省入国管理局「平成23年における出入国管理の概況」曹時・第64巻9号（2012年）168頁。
9) 井口泰「外国人政策の改革―労働・社会保障から日本語学習まで」ジュリ1414号（2011年）204頁。
10) 朝日新聞2012年7月9日夕刊。
11) さしあたり糠塚康江＝吉田仁美『エスプリ・ド 憲法』（ナカニシヤ出版，2012年）28頁〔吉田仁美〕。

3 外国人の人権をめぐる学説状況

❶ 学説及び判例

① 学　説

　日本国憲法が定める権利の保障は，外国人にも及ぶのであろうか。当初，マッカーサー草案では，「外国人（aliens）」の権利を別立てで保障することが企図されたようであるが[12]，最終的に「外国人」の文言は削除され，現在のような「国民の権利及び義務」に帰着した。当初，こうした文言に着目して，第三章の表題が示すように，それは文字通り日本「国民」に保障されると解する立場（否定説ないし消極説）が見られた[13]。

　しかしながら，すでに戦後の早い段階で，最高裁判所も「いやしくも人たることにより当然享有する人権は不法入国者といえどもこれを有するものと認むべきである」（最判1950年12月28日）と述べて，「国民」概念を緩やかに捉えてきた。

　現在では，基本的に外国人にも憲法上の権利保障が及ぶとしたうえで（肯定説），権利の性質によって外国人に保障されるものとそうでないものとを区別し，できるかぎり憲法上の保障を外国人にも及ぼすべきであるとの見解が支持されるに至っている（権利性質説）。

② マクリーン事件最高裁判決

　最高裁判所は，マクリーン事件判決（最大判昭和53年10月4日）において「憲法第3章の諸規定による基本的人権の保障は，権利の性質上日本国民のみをその対象としていると解されるものを除き，わが国に在留する外国人に対しても等しく及ぶ」とした。

　本件は，アメリカ国籍を有する原告（マクリーン）が，わが国在留期間の更新を

---

[12] マッカーサー草案では，"Art. XVI Aliens shall be entitled to the equal protection of law." 制定の経緯について，さしあたり，古川純「外国人の人権は保障されているか」竹前栄治監修『日本国憲法・検証1945-2000 資料と論点　第4巻　基本的人権』（小学館文庫，2001年）58頁以下。

[13] 小嶋和司＝大石眞『憲法概観〔第7版〕』（有斐閣，2011年）77頁。消極説も，「外国人の権利・自由を否認するという趣旨ではなく，憲法前文が述べるような国際社会における「政治道徳」の尊重から，その保障が要求される」とする点で，結果的に，多数説の説く趣旨と大きく異なるものではない。

法務大臣に申請したところ，更新を適当と認めるに足りる相当の理由がないとして不許可処分が下された事案である。

　最高裁も権利性質説的アプローチを採用したと考えられる。ただし，本件判決の眼目は，外国人の人権主体性を認めながらも，その保障はあくまで出入国管理法に基づく「外国人在留制度のわく内で与えられているにすぎない」ことを確認した点にある。結果，法務大臣のひろい裁量を追認することとなった。この点で，結局のところ「現実に実施可能なのは，自国民をまずは権利主体として想定し，つぎにそれをどこまで拡張しうるかを考えるアプローチ」[14]にならざるを得ない。

　なお本件は，「内外の激しいベトナム反戦運動や70年安保闘争の激化，大学紛争頻発，出入国管理法案反対運動などの騒然とした社会状況」のなかで生じたもので，最高裁もそれらに「過敏に反応しすぎた」きらいがあることは否めないであろう[15]。

③ 外国人の類型

　ところで，「日本国籍を有しない者」が外国人であるとして，かような外国人も決して一様でないことは多言を要しない。そこで学説では，日本に在留する外国人を，①一時的な旅行者などの一般外国人，②定住外国人（永住者等），そして③難民というように分類するのが一般的である[16]。こうした類型化を行ったうえで，次にそれぞれの立場に応じて「保障される権利・自由の範囲と程度を具体的に考える」ことが求められる[17]。近年では，選挙権付与を前提とした「永住市民」という新たな区分を設ける見解も注目される[18]。

---

14) 長谷部恭男『Interactive憲法』（有斐閣，2006年）34頁。
15) 当時の時代背景も含めて，中村義幸「マクリーン事件」石村修ほか編『時代を刻んだ憲法判例』（尚学社，2012年）271頁。
16) 芦部憲法学Ⅱ・130頁，佐藤憲法論・144頁，初宿正典『憲法2 基本権〔第3版〕』（成文堂，2010年）79頁。
17) 芦部憲法学Ⅱ・130頁。このように，権利の性質だけでなく，外国人の態様に応じて権利保障のあり方を判断するのが一般的であり，近藤教授はそれを「性質・態様説」と呼ぶ。近藤敦「外国人の「人権」保障」自由人権協会編『憲法の現在』（信山社，2005年）324頁。なお近藤教授は，権利性質説の趣旨を維持しながらも，「「何人も」という規定の場合は，「日本の領土にある外国人」も権利の享有主体であるという立憲主義の基本を大切にし，権利の性質と外国人の態様に応じた保障の内容と程度を判断すべき」とする「立憲性質説」を提唱する（同325頁）。
18) 辻村・133頁。

❷ 保障の及ぶ人権と及ばない人権？

　通説・判例ともに，ひとまず権利性質説を採用したと考えられるが[19]，その場合，どのような性質の権利であれば外国人に保障される（もしくは保障されない）のか，その保障は国民と比べて程度が異なるかといった点が勘所となる。保障が及ばないと考えるのであれば，その制約の合理的な理由も問われよう。

　一般に「保障の及ばない人権」の典型例として挙げられるのが，入国の自由，社会権，そして参政権である。国際法上も，「生命・身体・財産などの基本的自由や日常生活に不可欠な権利は認められなければならない」とされるが，それ以外のもの，すなわち参政権や経済的な諸権利などに一定の制約を課すことは許容されると解される[20]。

　もっとも，保障の有無を区別するにあたって，何らかの「一般的基準を明示するものは見当たらない」[21]。外国人に「保障の及ばない人権」を類型的に特定することは，「学説も揺らいでいる今日，容易ではない」[22]。そこで近時の学説では，まずはすべての人権が保障の対象になるとしたうえで，個々の人権について制約が許されるかを検討していくアプローチを採用すべきであると説く見解が有力となっている。

　なお，権利性質説が自明のごとく「権利の性質によって区別する」と説くことに対しては，そこでいう「「権利」はかならずしも条文を単位として区別できるわけではない」こと，「ある権利をいかに性格づけるかにより，外国人に等しく保障すべきかの結論も異なる」ことに留意すべきである[23]。そうした点を踏まえ，個別具体的に判断していくことが求められる。次に，公務就任権について少しく取り上げてみたい。

---

19) 野中ほかⅠ・223-224頁。ただ，こうした権利性質説に対しては，「憲法上の権利を，その性質に照らして外国人に保障しようとしても，究極的に国民と同等の権利性の確保が困難とな」り，「より極端な場合には，保障しないこともしくは制約することに合理性が存するというような説明につながってしまう」傾向となる「根本的かつ構造的な要因が，権利性質説の内には存在しているのではないだろうか」として根源的疑問も提起されていることに留意すべきである。柳井健一「外国人の人権論」愛敬浩二編『講座 人権論の再定位2 人権の主体』（法律文化社，2010年）163頁。
20) 杉原高嶺ほか『現代国際法講義〔第5版〕』（有斐閣，2012年）219頁〔加藤信行〕。
21) 赤坂正浩『憲法講義（人権）』（信山社，2011年）322頁。
22) 高橋・84頁。
23) 長谷部・117頁以下。

3 公務就任権

① 公務就任権と国籍要件

　大日本帝国憲法では「日本臣民」の公務就任権について規定されていたが（第19条），日本国憲法にはこの種の規定はおかれていない。そこで，その根拠をどこに求めるかにつき，学説の対立がみられる。憲法第15条1項に求める立場，憲法第22条の職業選択の自由を根拠とする立場，さらには幸福追求権の補充対象と解する立場等がある[24]。

　公務就任権に関して，外交官（外務公務員）の場合，「国籍」を有することが就任要件とされる（外務公務員法第7条1項）。これは対外主権を代表するからである。一般公務員の場合には，かような法律上の要件は規定されていない。

　しかし，実務上，人事院規則8-18（採用試験）第8条に基づき，国家公務員採用試験の受験資格として国籍要件がおかれている。地方公務員の場合もそれに倣っている。かような運用の根拠は1953年に内閣法制局が示した，いわゆる「公務員に関する当然の法理」（以下，「当然の法理」とする）である[25]。当然の法理とは「公権力の行使または国家意思の形成への参画にたずさわる公務員となるためには，日本国籍を有する」というものである。これは国民主権の原理からの帰結である。

　こうした考え方が，結果として「広く外国人の公務就任権を否定すること」につながるのは，「日本の公務員法制の特色を反映している」からともいわれる[26]。つまり，公務員のなかに身分的差別がなく，一度採用されれば管理職への登用が開かれており，さらに現実の意思決定は組織的・集団的になされていることから，諸外国に比して，外国人が排除される範囲は実質的に広くなると解されるのである。

② 学　説

　学説上は，公務就任権を広義の意味での参政権と捉え，「憲法上の権利として外国人に及ぶと解する必要はない」とされてきた[27]。国民主権の原理に基づき，国の統治のあり方に関しては当該国の国民が最終的な責任を負うべきであるとされるからである。「国家意思を実現するのは公務員であ」り，そして「公務員になる権

---

24) さしあたり，佐藤憲法論・194頁以下。
25) 昭和28（1953）年3月25日法制局第一部長高辻正己回答。同法理の分析として，猪野積「公務員任用と国籍」（上）『自治研究』第81巻4号（2005年）60頁以下。
26) 塩野宏『行政法Ⅲ〔第四版〕』（有斐閣，2012年）289頁。
27) 伊藤・197頁。

利は，国民の権利である」とするのである[28]。また，国際人権規約 B 規約第 25 条 (C) が「〔すべての市民が〕一般的な平等条件の下で自国の公務に携わること」を保障するにとどまっていることも，外国人に及ばない理由に挙げられる。

これに対して，公務員の職種も多種多様であること，また行政の活動は憲法及び法律の下に行われることから，「外国人の公務就任資格を一律に否定することには疑問がある」と説く見解も有力になっている[29]。たとえ「裁量権の広範な公務であっても，主任の大臣等の上位の任免権者・監督権者のコントロールの下にあり，上位者が特定外国人の能力を認めて任務に就け，自己の監督の下にその任務を遂行させる限り問題は生じえない」[30]からである。しばしば問題となる「当然の法理」に対しても，「「公権力の行使または国家意思の形成への参画」という基準が広汎かつ抽象的であり，より限定的・具体的基準に改めることが必要である」[31]との批判が向けられている。

もとより公務就任権については，性質上，外国人に対して保障の及ばない人権であるとすることが，これまで「あまりにも当然視されているゆえであろうか，その憲法論上の基礎づけがなおざりにされているきらいがある」との指摘に，今一度，耳を傾けるべきであろう[32]。

ところで，旧来の伝統的な人権観に対しては，現在，根本的な疑問も呈されていることを忘れるわけにはいかない。すなわち，人の権利を前国家的な「人権」と，人間であるというだけでは認められない特殊性としての「市民権」とに分類したうえで，後者の喪失は前者をも失うことになると説く立場がそれである[33]。こうした立場からすると，少なくとも「歴史的経緯の中で日本に在住している人々」について，「人が人として生きていくためには〔まず何よりも〕市民権の保障が必要不可欠である」と捉えることには合理的な理由があると考えられる[34]。かような観点をも加味して，今日，「国民」主権の意味するところを再検討していく作業が求めら

---

28) 長尾一紘『日本国憲法〔全訂第 4 版〕』（世界思想社，2011 年）183 頁。もっとも長尾教授は，原則として許されないとしながらも，「外国人の公務就任が，憲法上全面的に禁止されていることを意味するものではない」と述べている（同頁）。
29) 渋谷・119 頁。同様に浦部教室・504 頁。
30) 高橋・88 頁。
31) 芦部憲法学Ⅱ・134 頁。
32) 奥平Ⅲ・62 頁。
33) 青柳幸一「外国人の選挙権・被選挙権と公務就任権」ジュリ 1375 号（2009 年）66 頁。
34) 青柳・前掲注 33・66 頁。

れているといえよう。

③ 東京都管理職選考受験訴訟

外国人の公務就任のあり方に対して,「実務的には一応の整理がなされた」[35]と評されるのが東京都管理職選考受験訴訟大法廷判決（最大判平成17年1月26日）である[36]。本件は東京都の課長級の管理職選考（技術系の選考区分医化学）において,韓国籍の特別永住者である原告が受験を認められなかったことを理由に損害賠償を求めた事案である。

原審の東京高裁（東京高判平成9年11月26日）は,一審と同様,受験資格の確認請求は認めなかったが,受験拒否による精神的苦痛に関しては,次の通り外国人の公務就任権について説示したうえで,原告の請求を一部認容した。曰く,「公権力を行使し,又は公の意思の形成に参画することによって間接的に国の統治作用に関わる公務員」については,「その職務の内容,権限と統治作用との関わり方及びその程度を個々,具体的に検討することによって,国民主権の原理に照らし,外国人に就任を認めることが許されないものと外国人に就任を認めて差支えないものとを区別する必要がある」。そのうえで,「〔地方公務員の管理職のなかには〕公権力を行使することなく,また,公の意思の形成に参画する蓋然性が少なく,地方公共団体の行う統治作用に関わる程度の弱い管理職も存在する」から,原告の管理職選考の受験機会を奪うことは憲法第22条1項,第14条1項に違反するとした。

これに対して,最高裁（多数意見）は外国人の公務就任権について特に言及することなく,地方公共団体の措置の適法性を判示し,原告の訴えを退けている[37]。

最高裁は,地方公務員のうちで「住民の権利義務を直接形成し,その範囲を確定するなどの公権力の行使に当たる行為を行い,若しくは普通地方公共団体の重要な施策に関する決定を行い,又はこれらに参画することを職務とするもの」を「公

---

35) 塩野・前掲注26・287頁。
36) 当事者による記録として,鄭香均編『正義なき国,「当然の法理」を問いつづけて』（明石書店,2006年）が参考になる。
37) 調査官解説によれば,その理由として「〔外国人の公務就任権につき〕憲法上その地位を保障されていないと解する立場であっても,既に地方公共団体の職員として採用された者については,労働基準法3条の適用により,あるいはさらに憲法14条1項の適用により,その処遇について平等取扱いの原則の適用を受けると解することは十分可能である」と述べている。高世三郎「東京都管理職試験最高裁大法廷判決の解説と全文」ジュリ1288号（2005年）29頁。

権力行使等地方公務員」と呼んで区別し、公権力行使等地方公務員には原則として日本国籍を有する者の就任が想定されると判示した。そのうえで、地方公共団体の当該措置の適法性を審査する。地方公共団体は「公権力行使等地方公務員の職とこれに昇任するのに必要な職務経験を積むために経るべき職とを包含する一体的な管理職の任用制度を構築して人事の適正な運用を図ることも、その判断により行うことができる」のであるから、本件のように、日本国民である職員と外国人である職員とを区別して取扱うことも合理的な理由に基づくとされ、当該措置は労働基準法3条にも憲法14条1項にも違反しないと結論づけた。

以上の最高裁判決の論理に対して、学説は「概して批判的である」[38]。職員として一旦採用しながら国籍を理由に一切の管理職への昇任を拒むことが合理的といえるか、新しい概念である「公権力行使等地方公務員」の範囲は明確に確定されているか、それは「当然の法理」と異なるのか、さらには特別永住者である原告に対して特段の配慮は必要ないか、等といった疑問が多数投げかけられている[39]。

4 外国人教員の任用をめぐる問題

一般に"外国人は学校の先生になれない"といわれてきた[40]。日本国籍を有しない者は、公立学校の教員になれないのであろうか。この問題が大きく取り上げられるようになったのは、70年代後半から80年代半ばにかけてである[41]。1984年には、教員採用選考試験に合格した韓国籍の者を、長野県教育委員会が新規採用教諭候補者に内定していたにもかかわらず、文部省（当時）の指導により最終的に「教諭」採用を断念するに至ったという事件が起こっている。

---

38) 野坂泰司「外国人の公務就任・管理職昇任」『憲法基本判例を読み直す』（有斐閣、2011年）384頁、渋谷秀樹「定住外国人の公務就任・昇進をめぐる憲法問題」ジュリ1288号（2005年）15頁。
39) 野坂・前掲注38・397頁以下。山本隆司「私人の法的地位と一般法原則(3)」法教347号（2009年）73頁も、本件判決は「理論的に多くの難点を抱えている」が、「問題を提起した意義はある」と述べ、そのうえで「本判決は射程をできるだけ狭く考えて、実務が今後、外国人の公務就任の拡張を模索することを妨げないようにすべき」としている。
40) 金亜民＝渋谷真樹「日本の学校における在日教員の実践と意義」『教育実践開発研究センター研究紀要』第21号（2012年）91頁以下。
41) 田中宏『在日外国人〔新版〕』（岩波新書、1995年）144頁。

❶ 公立学校の教育職員[42]と「当然の法理」

　公立学校の教育職員（教員）は，教育事業という「地方の事務」に従事する地方公務員である。教員の資格要件に関しては，教育職員免許法が縷々定めるが，国籍の有無に関する規定は見当たらない。しかしながら，実際上，外国人が教職に就くことは閉ざされてきた。地方公務員にも「当然の法理」が適用されると考えられてきたからである[43]。ここに，いわゆる外国人の公務就任権をめぐる憲法上の論点が，学校教育に関わる場面で再現されている姿を見出せよう。

　現状では，日本国籍を有しない者は「教諭」になることができない。なぜなら，教諭は「学校の基本方針の企画立案等に関わり，責任ある立場で校長に具申し，入退学の許可，課程の修了・卒業の認定等の前提となる成績の評価を行うなどにより，校長の行う「公の意思の形成」への参画に携わるものと認められる」[44]からである。ただし，外国籍の者でも「常勤講師」として教職に就くことは可能とされている。実際に，文部省（当時）の通達[45]によって，主として特別永住者たる在日韓国人が「期限を附さない常勤講師」として任用されてきた。かかる外国籍の常勤講師の在職状況について，確たる数は不明であるが，新聞社の調査によれば24の自治体で204人（2008年11月現在）在職している（朝日新聞2008年11月30日朝刊）。

---

[42] 一般に呼称として定着している「教員」は，「教育職員」（教育職員免許法第2条）の略語である。「教師」は法律上の用語ではない。
[43] こうした取扱いも，地方公務員法第13条（平等取扱いの原則）に反しないと解されている。橋本勇『新版　逐条地方公務員法〔第2次改訂版〕』（学陽書房，2009年）205頁。政府の見解として，昭和48（1973）年5月28日自治公・第28号，大阪府総務部長あて公務員第一課長回答。その後，政府は質問趣意書に対する答弁のなかで，「〔当然の法理の適用は〕国家公務員のみならず，地方公務員の場合も同様である」との見解を示した。昭和54（1979）年4月13日衆議院議員上田卓三君提出在日韓国・朝鮮人の地方公務員任用に関する質問答弁書。同様に，「外国人の公立小・中・高等学校教員任用に関する質問主意書」に対する内閣答弁書（昭和58（1983）年4月15日衆議院会議録16号13頁）も参照のこと。教育行政学の立場から，例えば渡部蓊『教育行政』（日本図書センター，2004年）215頁。
[44] 菱村幸彦『校長が身につけたい経営に生かすリーガルマインド―身近な事例で学ぶ教育法規』（教育開発研究所，2007年）111頁。
[45] 1991年3月22日付文部省教育助成局長から各都道府県，政令指定都市宛通知「在日韓国人など日本国籍を有しない者の公立学校の教員への任用について」（文教地第80号）。その背景には「日韓覚書」によって，「公立学校の教員への採用については，その途をひらき，日本人と同じ一般の教員採用試験の受験を認めるよう各都道府県を指導する」との確認があった。

学校には校長及び相当数の教員がおかれるが,「教員」には教頭のほかに,教諭,助教諭,講師等が含まれる(学校教育法第7条)。教諭も講師も,法律で定められた職階の一つであり,何れも教員であることには変わりない[46]。法律上,教諭は「児童の教育をつかさどる」ものとされ,講師は「教諭又は助教諭に準ずる職務に従事する」ものと規定されている(例えば,学校教育法第37条)。「準ずる」とされるが,実際上の職務に関するかぎり,両者はほとんど異なるところはない。

しかしながら,講師の場合,一般に臨時的な任用が主である(それゆえ「臨時教員」などと呼ばれる)。この点で,教諭とは大きく異なる。講師は,しばしば公立学校における欠員補充の場合や,育休・病休等のため勤務することができない教職員の代替として任用される。かような任用形態からしても,現場では「〔外国人講師は〕日本人教師より一段低い位置づけ」[47]がなされているとの声も聞かれる。その他にも,講師には研修等についての定めが適用されない。教諭であれば,各種法定研修が予定されていることと比べると,そこには大きな差異がある。さらにまた,講師を主任に充てることも許されない。

臨時教員については,勤務条件が不安定である点,短期間で異動するとなると継続的・系統的な教育を行うことができない点など,これまでもさまざまな問題点が指摘されてきたところであるが[48],何より外国人常勤講師の適切な処遇は喫緊の課題であるといえよう。

2 検　討

① 学説の展開

この問題につき,これまで憲法学では真正面から論じられることはなかった。わずかに1982年の国公立大学外国人教員任用法の制定及びその運用をめぐって,幾ばくかの言及がみられる程度である。

そうしたなかで,当時すでに「国・公立学校の教師は公務員ではあるが,教育・研究の職務の性質上,直ちに「公務員」として外国人の就任を排除すべきではない」[49]

---

46) 今日では,非正規雇用の教員も少なくなく,そもそも「「教員」とは誰のことを指すのか,曖昧さが拡大している」。佐久間亜紀「日本における教師の特徴」油布佐和子編『転換期の教師』(放送大学教育振興会, 2007年) 30-31頁。
47) 韓裕治「採用された外国籍教員のその後…」『はらっぱ』295号 (2009年) 3頁。
48) 中谷彪=浪本勝年編『現代の教師を考える〔改訂版〕』(北樹出版, 2004年) 26-27頁〔藤本典裕〕。
49) 佐藤功『憲法 (上)〔新版〕』(有斐閣, 1983年) 229頁。先駆的な研究として,岡崎勝彦「外国人の教育公務員適格」ジュリ781号 (1983年) 39頁以下がある。

と言明する見解があったことは注目されてよい。また,「〔教員の場合〕それが広い意味での公権力の行使に関連する職務であるとは言えるが,児童生徒の学習権を中核とした今日の教育理念の下で,外国人の排除を合理化するだけの権力との関わりとは言えないように思われる」[50]と述べ,児童・生徒の学習権を根拠に,外国人の教育公務員就任の可能性を説く見解も傾聴に値する。

そもそも教員の活動が「公権力の行使」にあたるのか,疑問を投げかける論者も少なくない。例えば「公教育は制度運営の技術的レベルで現象的な権力行使が見られるにせよ,その根本的性格は,国民に対する公的な福祉活動である」[51]とされる。さらにまた,学校教育は「公権力行使から最も遠いはず」であり,外国人の教員に対する「差別的取り扱いをしなければならない理由は見当たらない」と述べる見解もみられる[52]。

学説上,小中高等学校の教育公務員に対して,「当然の法理」に基づく制約が適用されるか「大きな問題」[53]であるとの認識はひろく共有されるものの,未だ学界の反応は鈍いと言わざるを得ない。芦部信喜教授は控え目ながらも「大学のみならず教育職は原則として定住外国人に解放されるべきだという説は,有力であり説得力もある」[54]と述べている。

こうした学説の展開を踏まえ,教育基本法第1条に規定されるごとく,「平和で民主的な国家及び社会の形成者として必要な資質を備えた心身ともに健康な国民の育成を期して行われ」る公教育の性格とともに,それに寄与する教育職員の職責の本質をあらためて問い直すなかで,教員の勤務実態をもふまえた実質的な議論が求められているといえよう。その際,教員任用の問題は「本人にとってはもちろんのこと,公立学校に在籍する外国人生徒にとっても,意味のあるところである」[55]と

---

50) 横田耕一「人権の享有主体」芦部信喜ほか編『演習憲法』(青林書院,1984年) 141-142頁。
51) 若井彌一「外国人の常勤講師採用の検討」『若井彌一著作集第3巻―現代教育問題の法的考察』(協同出版,2011年) 87頁。
52) 萩原重夫『法と少数者の権利』(明石書店,2002年) 76頁。
53) 野中ほかI・226-227頁〔中村睦男〕。
54) 芦部憲法学II・135頁。
55) 米沢広一『憲法と教育15講〔第3版〕』(北樹出版,2011年) 167頁。外国人児童の問題に詳しい佐久間教授は,「外国人児童生徒からみれば,校務分掌のなかで外国人の主任や管理職の役割はモデルマイノリティとしても重要である」とする(佐久間孝正『在日コリアンと在英アイリッシュ―オールドカマーと市民としての権利』(東大出版会,2011年) 161頁)。

の指摘にも耳を傾けておきたい。

② 判例の検討

　教育職員免許法上の要件を満たして免許を取得しているにもかかわらず，日本国籍を有しない者は，「当然の法理」の適用に基づき「教諭」としての任用が閉ざされている。こうした現状をいかに捉えるべきか。この点で，先述の東京都管理職選考受験訴訟が参考になる。

　第一に，原審・東京高裁が述べたように，公務員にも職務の性質上，外国人の就任を認めて差支えない職とそうでないものがあるとすれば，まさしく「公権力を行使することなく，また，公の意思の形成に参画する蓋然性が少なく，地方公共団体の行う統治作用に関わる程度の弱い」ものであれば，外国人の任用を認める余地があると考えられる。最高裁（多数意見）が用いた「公権力行使等地方公務員」の概念も，この点につき周到な注意を払ったうえで定義されたものである[56]。そうだとすれば，「国民に対する公的な福祉活動」を主とする教職から，一律に外国人を排除するいわれはなかろう。

　また第二に，最高裁は，原告が日本で出生・成育し長年生活を営んできた者であり，「特別永住者」として，法律上，永住を認められている者であることを考慮すれば，「日本国籍を有しないとの一事をもって，地方公務員の管理職に就任する機会をおよそ与えないという措置が，果たしてそれ自体妥当と言えるかどうか……疑問が抱かれないではない」と述べている。この点からすると，他の外国人と別異に取扱う余地もあると考えられる。だとすれば，一律に「教諭」任用を認めない措置は，少なくとも合理的裁量の範囲を超えたものと評することができよう[57]。

　たしかに，東京都の事案は，すでに正規の公務員として採用され勤務してきた

56）「当然の法理」に関して，本件最高裁の藤田裁判官補足意見は，「文字どおりにこの要件を満たす職のすべてに就任することが許されないというのでは，外国籍の者が地方公務員となる可能性は，皆無と言わないまでも少なくとも極めて少ないこととなり，また，そのことに合理的な理由があるとも考えられない」とし，外国人の任用を認めるものとそうでないものを分別する原審の説示を傾聴に値すると述べる。そして，「多数意見の用いる「公権力行使等地方公務員」の概念も，この点についての周到な注意を払った上で定義されたものである」としている点が注目される。

57）佐藤幸治教授は，泉裁判官の反対意見を引きながら，「特別永住者への配慮を欠いている点でも，〔権利の視点よりも〕「制度」優先の発想の強さをうかがわせる」と述べる。佐藤憲法論・147 頁。こうした見解に反対するものとして，猪野積「公務員任用と国籍」（下）『自治研究』第 81 巻 5 号（2005 年）93 頁以下。

者の昇任に関わる事例であって，新規に地方公務員に就任しようとする事例ではない。その点では，上記判旨の性急な転用は慎まなければならない。しかしながら，「教諭」と「常勤講師」の類別から惹起される将来的な差別的取り扱いをも勘案するならば，かような理解は必ずしも論理的飛躍といえないのではなかろうか。

③ 諸外国の動向

　日本の厳格な「当然の法理」の適用とは対照的に，ヨーロッパ諸国では，外国人が公務を担当する場面も少なくない[58]。なかでも，ひろく外国人の公務就任を認める国の一つとして，フィンランドを挙げることが許されよう[59]。フィンランドでは，旧憲法第84条において国籍要件を原則としつつも，技術職や大学または教育施設における教員など憲法上列挙された職種については国民以外でも就任できるとされていた。さらに，その後の憲法改正によって，原則と例外が反転し，法務大臣や裁判官，軍司令官など，特定の職種についてのみ国籍を要するとした。

　アメリカ合衆国では，多くの州で，公立の小・中学校の教員に外国人が就くことを禁じているとされるが，それについては批判も少なくないようである。そうしたなか，ニューヨーク州で，帰化申請の意図のない外国人を，公立学校教員の職務から排除する州法が制定された。かかる州法と修正第14条の平等条項との適合性が問題となった Ambach v. Norwick 事件において，連邦最高裁は5対4の僅差でこの法律を合憲とした。すなわち，公立教育は将来の市民を育成するのが目的であり，公立学校の教員は「政府の機能」（governmental function）の一翼を担う存在であるため，厳格審査の適用はないとの判断を示したのである[60]。判決では，すべて教員には「担当科目を問わず，公民としての徳及び理解を促進する義務を有する」と述べ，公教育論が展開されている[61]。しかしながら，こうした捉え方に対しては，はたして「〔教員の職務が〕「政治的共同体の基本的な観念」を維持し，その同一性を確保するのに，外国人を不適任とするような機能を果たすものなのかどう

---

58) 近藤敦「ヨーロッパにおける外国人の公務就任」『エコノミクス』第2巻1号（1997年）202頁。
59) フィンランド憲法の規定については，近藤・前掲注58・214-215頁。
60) Ambach v. Norwick, 441 U.S. 68 (1979). 樋口範雄『アメリカ憲法』（弘文堂，2011年）465頁，新井信之『外国人の退去強制と合衆国憲法―国家主権の法理論』（有信堂，2008年）281頁。
61) 世取山洋介「アメリカ公立学校と市民的自由」市川須美子ほか編『教育法学と子どもの人権』（三省堂，1998年）139頁。

か」[62]、「教員や七〇にも及ぶ治安関係職（peace officers）の一つである保護観察員まで「代議政治の核心にふれる機能」と言えるのか疑問も多く」[63]、アメリカでも疑義が呈されている。

5 おわりに

　国籍を基準とする区分について、最近では懐疑的な見方も少なくない。例えば、次のような指摘において顕著である。「外国人もまた日本社会と多くの場面で接点を有しており、またしばしば日本社会の構成員にもなっているという現実を前にするとき、国民・外国人の区別が消滅してしまうことはおそらくないとしても、この区別の相対化傾向はもう止められないだろう」[64]。

　こうした認識をもう一歩推し進めれば、国民と外国人との区別を越えて、当該地域の「市民」に対する普遍的な権利保障を説くことも可能になるかもしれない。もっとも、普遍性の名をかぶせることに汲々として、個々の具体的な権利侵害を見逸れることがあってはならないし、「普遍性」の名の下に、特定の価値観を少数者、すなわち日本国籍を有しない者に押しつけることがあってはならないことも言うまでもない。

　しばしば力説されるように、人権を理解するうえで必要なことは、他者（この場合、主として権利の侵害を受けている者となろう）の立場に立って考えてみる想像力である。しかしながら、人は往々にして現状維持的な考えに執着しがちである。既存の制度及び人権保障のあり方について、それが本当に自明のものであるのか、むしろ権利を侵害される者がありはしないか等、反省的な契機を伴いながら「想像力」を働かせることには「なみなみならぬエネルギーが要る」のである[65]。

　ともすれば、現状肯定的な態度をとりがちな多数派に対して、具体的な現存在として語りうる者、それこそが「「ここの者」ではない人間」[66]、すなわち外国人である。外国人に対する権利保障のあり方を学ぶことは、上記のような想像力を高め、「多文化共生」の理念とともに、相互的な視野のなかで自らの人権意識を高めることに資するであろう。「ある国において、外国人の人権が保障されているか、いな

---

62) 芦部信喜「人権享有の主体」同編『憲法Ⅱ 人権（1）』（有斐閣、1978年）13頁。
63) 芦部憲法学Ⅱ・150頁。
64) 松本和彦「基本的人権の保障と憲法の役割」『岩波講座 憲法2』（岩波書店、2007年）33頁。
65) 奥平康弘『憲法の想像力』（日本評論社、2003年）4頁。
66) J. クリステヴァ・前掲注4・117頁。

いか，どの程度に保障されているかは，その国における人権思想，人権法制の水準を示す」ともいわれる[67]。哲学者 J・F・リオタールが「〔他者こそは〕すでに私の内部に存在する普遍の断片」[68]と捉えたのも，こうした文脈に位置づけられよう。

本章で取り上げた外国人教員の任用をめぐる問題は，これまで憲法学ではほとんど取扱われてこなかった。しかしながら，彼（女）ら外国人教員は「対話的な共生を進める仲介者」[69]であり，日々の教育実践を通して，児童・生徒に対して人権への理解を涵養する役割を担う主体であるともいえる。公教育の制度化において，国家が，そして学校の教員が果たすべき役割をどのように把えるべきか，憲法学においても，より積極的な関心がもたれてよいはずである。

現実には，日本では外国人が教職に就く可能性はほとんどない。本論で言及したように，これもいわゆる「当然の法理」の適用によるところが大きい。この点に関して，移民・外国人行政に詳しい論者の次のような問いかけは核心的である。「〔「当然の法理」による外国人の教員任用制限などに関わる措置が〕彼らと日本人との相互的視野での変化，または対話的な共生を進める仲介者を失わせていることに気付くべきではないか」[70]。対話的な共生のなかで，個々人の「他者への想像力」の涵養を期しながら，ひとまず結びとしたい。

---

67) 荻野芳夫『基本的人権の研究―日本国憲法と外国人』（法律文化社，1980年）9頁。
68) S. シュート＝S. ハーリー編（中島吉弘ほか訳）『人権について―オックスフォード・アムネスティ・レクチャーズ』（みすず書房，1998年）16頁。リオタールの対話の相互性などについて，J. リオタール「他者の権利」同書167頁以下。人権をめぐる理論と実践に関するリオタールらの考察を，わが国の外国人の人権問題に引きつけて検討するものとして，遠藤比呂通『人権という幻―対話と尊厳の憲法学』（勁草書房，2011年）17頁以下及び183頁以下。
69) 宮島喬「「多文化共生」の現在」『UP』（東大出版会）481号（2012年）5頁。
70) 宮島・前掲注69・5頁。同様に，青柳・前掲注33・65頁も「日本国籍を有しない「他者」である人々は，日本国籍を有する人々にとってどのような存在であるのか……等々，検討すべき課題は多い」とする。

コラム①　国際人権規約の裁判規範性

新井　京

　第二次世界大戦後，国連が中心になって，国内で一定水準の人権を保障することを義務づける各種の条約が採択されるようになった。日本において，それらの国際条約に裁判規範性があるかにつき憲法学，国際法学の双方で議論がある[1]。しかし裁判規範性について，少なくとも理論上は，また少なくとも最も頻繁に援用される国際人権規約の自由権規約（B規約）については，一応の結論が出ていると言える。すなわち，裁判所は，「B規約は……国内法としての直接的効力，しかも法律に優位する効力を有する」[2]こと，「B規約に抵触する国内法はその効果が否定される」[3]ことを繰り返し述べている。日本政府も対外的に同じ趣旨の原則を明言している[4]。

　一般論として以上の原則が受け入れられるとして，どのような場合に人権条約の内容が国内法と抵触していると認定されるのであろうか。条約と憲法が明らかに矛盾する場合には，日本政府は条約批准時に留保を付して，関係する条約規定の国内での適用を予め排除することがある[5]。また，条約と自国の法律が矛盾する場合，締約国として条約履行義務を果たすための新規立法や法改正が行われる[6]。しかし，こうした留保や法改正による調整がなされない場合にも，条約と法律の間に矛盾が存在する場合がある。判例が繰り返す上記の原則によれば，個人が提起する訴訟において，人権条約が直接適用され，条約と矛盾する国内法の効果が否定されることも想定されているのである。

　ここで問われるべきは，どのようにして「国内法と条約の抵触」が発見され

---

1) 高橋和之「国際人権の論理と国内人権の論理」ジュリ1244号（2003年）69頁以下，大沼保昭「人権の国内的保障と国際的保障」国際人権17号（2006年）59頁以下，棟居快行「国内裁判所における国際人権の適用をめぐって」芹田健太郎ほか編『国際人権法の国内的実施』（信山社，2011年）27頁以下。
2) 徳島地判平成8年3月15日判時1597号115頁。
3) 大阪高判平成6年10月28日判時1513号86頁。
4) 自由権規約に関する第1回日本政府報告審査における発言（CCPR/C/SR.324, paras.4-5）。
5) 例えば，表現の自由や結社の自由に矛盾するおそれがあるため，人種差別的宣伝行為・団体の禁止を求める人種差別撤廃条約4条について留保が付された。
6) 例えば日本が女子差別撤廃条約に加入する際，同条約の9条2項に抵触する国籍法が改正され，父系血統主義を父母両系血統主義へと改めた。

るかであろう。裁判所が憲法や法律について一定の見解をすでにもっていると想定するならば，問題の核心は，裁判所が対照すべき「条約」規定の意味をどのように理解しているかということになる。例えばB規約を一読すればわかるように，ミニマリズムに徹した日本国憲法第3章の規定ぶりに比べて，国際条約が各国に保障を求める人権の内容は非常に詳細である。また人権諸条約は，人権委員会（Human Rights Committee）や欧州人権裁判所などの条約「実施機関」を備えており，その活動のダイナミックさには目をみはるものがある。より手厚い人権保障を求める立場から，人権諸条約を国内裁判において適用すること，特に条約実施機関の動向を反映させるべきことが主張されるのは当然である。

　しかし日本の裁判所では，「人権条約の定める内容が憲法の関連する規定と同趣旨のものであるから，ある法令が憲法に違反しない限り，人権条約にも違反しない」との立場がとられることが多く[7]，国際的な場での人権条約の独自の発展は軽視されがちである。確かに，人権委員会や欧州人権裁判所は，目的論的解釈を重視し[8]，人権条約を「生きた文書」として，「保護されている権利は，今日的状況の文脈で，かつ今日的状況に照らして適用されるべきだ」との立場をとっているが，これは日本の裁判所が「新しい人権」に対して示す慎重な態度とは全く異なるものである。裁判所が，憲法による人権保障の範囲を国際条約にあわせて拡大することに慎重であるのは，憲法学上一応の理由があるのだろう。また，国際人権規約の直接適用を主張する立場から，それを乗り越えるため説得的な議論が行われていないという批判は妥当であろう。しかし他方で，条約の内容は締約国全体の意思により決定されるものである。日本国に一次的解釈権はあっても，最終的決定権をもつわけではない。条約は「用語の通常の意味」にしたがって解釈されなければならないが，同時に条約の趣旨目的のみならず，「条約の適用につき後に生じた慣行であって，条約の解釈についての当事国の合意を確立するもの」をも考慮しなければならない[9]。人権委員会の見解は勧告に過ぎず，欧州人権裁判所は日本を拘束しない欧州人権条約の適用機関に過ぎないとしても，それら機関の見解が十分に定着している場合には，それが国際人権規約の規定の内容に関する「当事国の合意」を構成する場合もある。そのようにして国際的に確定される条約の「内容」に照らして，日本の国内法が不十分である場合には，日本国は締約国として国際法上の責任を負う。そして，日本国が国際的平面において条約不履行の責任を解除しようとすれば，結局は問題の人権条約違反の国内法を改正するよりほかない。

---

7) 例えば大阪地判平成7年10月11日訟月42巻8号1993頁〔2037-2038頁〕。
8) 条約法に関するウィーン条約31条1項。
9) 同31条3項（c）号。

コラム②　出入国管理政策：
外国人登録制度の廃止と外国人住民登録制度のスタート

宮川成雄

　2012年7月から住民基本台帳法（以下「住基法」）による外国人住民登録制度がスタートした。第二次世界大戦後，日本の外国人管理制度の中心であった外国人登録が廃止され，これに代わって住民基本台帳の中に日本人住民の登録と併せて，外国人住民が登録される。この制度の特徴は，これまでの出入国管理及び難民認定法（以下「入管法」）と外国人登録法（以下「外登法」）という二元的な外国人在留管理から，在留カードによる外国人住民登録への一元化である。これまでの入管法と外登法による在留管理は，上陸時，在留期間の更新時，及び出国時を中心とする「点」の管理にとどまり，外国人の居住地の変更や超過在留等は，外国人登録に正確に反映されていなかった。それを象徴するものが，「在留資格なし」と記載された外国人登録証の交付であった。

　新しい外国人住民登録制度では，法務大臣が外国人の上陸時に，3か月を越えて在留する者（以下「中長期在留者」）に在留カードを交付し，中長期在留者は一定期間内に住居地を，市町村長を経由して法務大臣に届出なければならない。この届出によって在留カードに住居地が記載され，同時に当該外国人は住基法に基づく転入届を行う。この届出が入管法に基づく住居地の届出とみなされる。中長期在留者は，在留カード記載事項に変更があったときは（住居地の変更については市町村長を経由して）法務大臣に届出なければならない。虚偽の届出等は在留資格の取消事由となり，処罰も規定されている。届出事項については，外国人の受入れ先からの情報提供義務や，法務大臣の調査権が規定されている。ただし，個人情報の収集は在留管理に必要最低限とされていることはいうまでもない。

　外国人住民の住民票には，氏名，住所，生年月日，性別等のほか，在留資格や在留期間等の在留関係の情報と併せて，国民健康保険や国民年金の被保険者に関する事項等，行政サービスに関する事項が日本人と同様に記載される。外国人は入国後，市町村への転入や転出を繰り返しても，日本人と同様に転入届と転出届をそれぞれ提出することとなり，行政サービスを受けるための情報もその都度更新されることになる。このように外国人住民の住民票が，「線」としての行政サービスの提供に資することが期待されている。

　外国人住民登録の対象には，①中長期在留者だけでなく，次の外国人が含まれる。すなわち，②特別永住者（日本国との平和条約に基づき日本の国籍を離脱した者等の出入国管理に関する特例法より日本に永住できる地位を有

する者), ③一時庇護許可者 (難民条約が定義する迫害から逃れてきた者で上陸を認められた者) 及び仮滞在許可者 (一定の要件を満たす難民認定申請中の者), ④出生または国籍喪失による経過滞在者である。特別永住者には, 在留カードではなく,「特別永住者証明書」が交付される。

　外国人への人権保障について, これまで学説は, 文言説 (日本国憲法で「国民」にと限定される人権には保障がない) から, 最高裁マクリーン判決 (最大判昭和53年10月4日) が示した権利性質説 (権利の性質により外国人に保障されるべき人権を判断), さらには, 居住形態説 (外国人の居住実態に応じて保障されるべき人権を判断) へと展開してきた。外国人住民登録制度は, 外国人への人権保障についての解釈論の発展を反映しているともいえる。しかし, これらの憲法解釈論は人権保障について外国人と日本国民の別を前提とするものである。日本国憲法は人権についての自然権思想に基づいている。また, 日本国憲法の下で日本が加入した多くの人権条約は, 締約国に「その領域内のすべての個人」(国際人権規約の自由権規約第2条1項) への人権保障を義務付けている。人権保障の理論枠組みは, 日本国籍の有無からではなく, 人としての本質的価値の保障から立論を出発させることが, 日本国憲法の理念に合致するといえる。最高裁も適法手続の事例で「人たることにより当然享有する人権は, 不法入国者といえどもこれを有する」(最小判昭和25年12月28日) としている。

　法務省によると2012年1月現在, 6万7065人の「不法残留者」が存在する (法務省入国管理局HP)。このカテゴリーの外国人は, 外国人住民登録の対象とならない。しかし, 2009年に住基法改正が成立したときには, 非正規在留者にも法改正前と同様に, 人道的観点から公立の義務教育諸学校への就学, 妊産婦の助産施設への入所, 結核予防の健康診断等の行政サービスの提供はなされることが, 政府答弁で明らかにされていた。新しい外国人住民登録の課題の一つは, 非正規在留者に,「人たることにより当然享有する人権」の保障をいかに確保するかである。

【参考文献】
井口泰「改正入管法・住基法と外国人政策の展望」ジュリ1386号 (2009年) 79頁。
池本武広「住民基本台帳法の一部を改正する法律について (一)」自治研究85巻10号 (2009年) 108頁。
池本武広「住民基本台帳法の一部を改正する法律について (二・完)」自治研究85巻12号 (2009年) 104頁。
多賀谷一照「新たな在留管理制度の導入と入管法制の在り方」ひろば62巻11号 (2009年) 4頁。

第2章
脳死移植における臓器提供の「自己決定」
改正臓器移植法の臓器摘出要件と憲法13条

森本直子

1　はじめに

　本人が生前に承諾意思を示していなくても脳死判定が行われ，移植医療のためにその臓器が摘出されることがある。これは脳死移植を子どもにも実現し，大人にはその機会を増やす目的で臓器移植法が2009年に改正されたためである[1]。

　新法は，死亡した本人が生前に臓器提供について承諾とも拒否[2]とも意思表示していない場合，6条①二により，遺族が書面で承諾すれば医師が死体（脳死体を含む）から移植用臓器を摘出することを認める。また，臓器提供への諾否を意思表示していない前記の者が，脳死判定に従うことについて拒否の意思表示をしていない場合，同条③二により，家族が書面で承諾すれば脳死判定の実施を認める。つまり，本人意思が不明でも脳死下での臓器提供は家族[3]の意思によって実現する運びとなったのである。これは一般に「家族承諾」ないし「広い同意方式」による臓器提供と呼ばれ，旧法以来の「本人の書面による承諾を最低要件とする臓器提供」（6条①一）[4]に追加併設された。

　新法の施行以来，この「家族承諾による臓器提供」は本人の書面による承諾を前提とする従来からのそれを大きく引き離して増加傾向にあり，脳死下での臓器提

---

1) 改正前の臓器移植法を旧法，改正後の同法を新法と表記する。
2) 臓器移植法では「臓器を提供する意思」・「脳死判定に従う意思」の有無と表現されるが，本章では承諾・拒否と表記する。
3) 臓器移植法は脳死判定前につき「家族」，判定後の臓器提供につき「遺族」と区別する。
4) 新法は本人の承諾を起点とする旧法以来の脳死判定・臓器摘出を維持するが，厳密には一部要件を緩和している。旧法では臓器摘出・脳死判定のそれぞれについて本人の書面による承諾が必要であった（旧法6条③）のに対し，新法では本人が臓器摘出に書面で承諾する場合，脳死判定に従うことについては拒否の意思表示がないことで十分となった（新法6条③一）。

供の大半を占める[5]。反面，こうした臓器提供のあり様は，同法2条が法改正前後を通じて基本理念としてきた本人意思の尊重ないし「自己決定」[6] 尊重と整合するか，という疑問を喚起する。また，より根本的には移植用臓器の確保という政策的要請を前提とする臓器提供の「自己決定」とはいかなるものか，という問題もある。これらを考えるに際しては，憲法学における自己決定権との異同を検討することが手がかりになるのではないかと思われる。

そこで本章は，そもそも脳死移植におけるドナーの「自己決定」とはいかなるものかを憲法学の観点から検討する。ここでの「自己決定」は，①個人がその死の直後，すなわち移植医療を通じて社会との接点がなおある段階において，どのような自己でありたいかを主張する上で不可欠であり，②その内容が明確で特定できるだけでなく，③憲法13条に定礎することができるため，権利たることの要件[7] を満たし，憲法的意義が肯定される。

脳死臓器移植におけるドナーの「自己決定」は，①脳死判定を受けるかどうか，と②脳死判定によって脳死を診断された後に臓器提供をするかどうか，の二段階に分けられる[8]。前者は生者に対する，後者は死者に対する侵襲行為をそれぞれ問題

---

5) 新法が全面施行された2010年7月17日から2011年10月末までの脳死下での提供事例64例のうち，生前の本人による承諾意思表示書面があったのは9例で，残りの55例は遺族の承諾による提供であった。丸山英二「臓器移植をめぐる法的問題」『脳死・臓器移植』（丸善出版，2012年）82, 99頁。なお，家族承諾による臓器提供は2012年10月31日時点で89例実施され，日本臓器移植ネットワークによれば同日までに実施された新法に基づく脳死下の臓器提供は109例であるため，大半が家族承諾による提供であることがわかる。但し，法改正のねらいであった小児脳死移植はこれまでに2例が実施されたにとどまる（http://sankei.jp.msn.com/life/news/121019/bdy12101916070004-n1.htm）（http://www.jotnw.or.jp/datafile/offer_brain.html）。
6) 臓器移植法では「自己決定権」という言葉は使われず，「死亡した者が生存中に有していた自己の臓器の移植術に使用されるための提供に関する意思」の「尊重」と表現されている（新法・旧法2条①）。しかし，臓器移植法をめぐる議論では，「自己決定」・「自己決定権」という表現がしばしば使われる。例えば，町野朔＝長井圓＝山本輝之編『臓器移植法改正の論点』（信山社，2004年）29頁，松宮孝明「二〇〇九年脳死・臓器移植法改正を批判する」法時81巻11号1頁等（2009年），樋口範雄「臓器移植法改正について」ジュリ1393号（2010年）38頁。
7) 佐藤憲法論・123頁。
8) この他に「脳死をもって死とするかどうかの自己決定」も考えうる。しかし，死の概念は個人の選択の問題ではなく，画一的なものであるという考え方によれば，この自己決定は認められない。中山茂樹「自己決定と小児臓器移植」町野朔＝山本輝之＝辰井聡子編『移植医療のこれから』（信山社，2011年）131, 132頁。

とする[9]。本章ではこのうち後者の②脳死判定後の臓器提供の「自己決定」に射程を絞る[10]。

　また，憲法学的な検討を行うに際しては，この問題への国家の関わり方に留意しなければならない[11]。臓器移植法において，脳死判定を行い，臓器を摘出する主体は医師すなわち私人であり，ドナーとの関係は私法上のものになる。国家は「本人の生前の「自己決定」なくして，医師が脳死判定・臓器摘出を行うことは許されない」という臓器移植法の規制を通じて関与する。また，「本人の生前の「自己決定」なくして，国家は脳死体から臓器を摘出してはならない」という憲法上の原則が成り立つと仮定すれば，臓器移植法をその私人間適用ととらえることもできる[12]。

　以下では，まずこの権利をめぐる議論状況を概観する。次に，憲法上の自己決定権を臓器提供の「自己決定」に適用する際の問題を明らかにする。その上で，脳死臓器提供の「自己決定」を憲法上の身体の権利として再構成し，臓器移植法における「自己決定」尊重について検討する。

---

9) 脳死説をとらない（＝脳死を人の死と考えない）場合は，後者も生者に対する侵襲行為と評価する余地がある。ただ，脳死判定に関する意思表示を家族が代行することを認める新法の構造から，家族が本人の生死までを代行決定できるとは考えられず，新法は臓器移植の場面では脳死を人の死とする前提に立つものと考えられる。長期脳死の事例等からこの前提自体には別途の議論があるが，本章では立ち入らず，脳死診断後を死後として取り扱う。中山・前掲注 8 論文・132, 136-138 頁。
10) 旧法では附則 4 条により暫定措置として旧角膜腎臓移植法に基づく摘出が認められてきた心停止後の腎臓と角膜の提供も，新法においては死体からの臓器摘出に統合され，一括に取り扱われる。したがって，同法のもとでの「死後の臓器提供」には脳死診断後の場合と心停止後の場合が含まれる。本章で論じることは基本的に両者にあてはまると考える。ただ，①前者が脳死判定に従うかどうかの判断を踏まえたもの（つまり，従わない判断をすれば死は成立しない）であり，且つその判断は本人が拒否していない限り家族の意思に委ねられる（つまり，本人意思不明の場合は家族が判断する）ため，後者に比して人為的なプロセスを経た死となること，②脳死を死とする前提についてなお議論があること（前掲注 8），③脳死での臓器提供には心臓の提供に対するクリティカルな需要があること，から本章では特に前者の脳死診断後に注目する。
11) 高井裕之「医療における自己決定権の憲法論的一考察（一）」法学論叢 123 巻 1 号（1988年）61, 62 頁（植木哲＝丸山英二編『医事法の現代的諸相』（信山社，1992 年）所収）。
12) 生体からの人体の一部を採取する場面で被採取者の自己決定とそれに対する国家の関わり方をモデル化して整理・検討する先行研究として，中山茂樹「人体の一部を採取する要件としての本人の自己決定　憲法上の生命・身体に対する権利の視点から」産大法学 40 巻 3・4 号（2007 年）71 頁。

2　憲法上の自己決定権

　自己決定権は，臓器移植に限らず広く医療一般のさまざまな場面で用いられる言葉であり，「患者の自己決定権」としてその重要性が認識されるようになって久しい。こうした自己決定権の根拠は，概して憲法上の自己決定権に求められてきた[13]。そこで，以下ではまずこの憲法上の自己決定権がいかなるものであるかをみておきたい。

1　幸福追求権

①　憲法13条の法的性格と幸福追求権の権利性

　日本国憲法の人権規定は，歴史的に国家が侵害することの多かった重要な権利・自由を列挙するものであり，すべての人権を網羅してはいない。そこで，戦後，社会の変革に伴って保護が要請されるようになった法的利益を「新しい人権」として憲法の保障の下におくに際し，13条がその根拠規定となりうるかが問題になった。

　当初，13条はそこから具体的な権利を導き出すことが困難な，倫理的ないし訓示的な性格の規定と理解されていた。しかし，今日の通説・判例[14]においては，前段における「個人の尊重」が憲法における権利保障の理念を示すと共に，後段の「生命，自由，幸福追求に対する」権利が実体的な権利，とりわけ憲法上には列挙されていない権利の根拠となりうる包括的基本権を保障するものと理解されている。

　また，13条後段に列記される「生命，自由，幸福追求」をどのように理解するかという問題がある。通説は三者が「それぞれ独自に考察すべきところがあるが，まずは三者が有機的に関連し合っていることを前提に統一的・包括的に」とらえ，幸福追求権と総称する[15]。これに対して，三者がそれぞれ異なる規範的な内容をもつものと理解する考え方もある[16]。

---

13) 但し，医事法上の問題の検討において憲法の条文に言及される多くの場合は修辞上のものにすぎず，いわば「枕詞」であるようにみうけられる，と分析するものとして，高井裕之「憲法と医事法との関係についての覚書」，佐藤幸治先生還暦記念『現代立憲主義と司法権』（青林書院，1998年）285, 288頁。
14) 京都府学連事件，最大判昭和44年12月24日刑集23巻12号1625頁。
15) 佐藤憲法論・175頁。
16) 棟居快行「幸福追求権について」ジュリ1089号179頁（1996年），藤井樹也『「権利」の発想転換』（成文堂，1998年）354頁。

② 幸福追求権の内容

　幸福追求権が憲法に明文規定のない権利を保障するならば，次にいかなる権利が幸福追求権として保障されるのかが問題になる。これに関しては，幸福追求権の内容を限定する考え方と，それを限定せずに広くとらえる考え方が対立している。

　まず，通説である人格的利益説は，幸福追求権を「個人の人格的生存に必要不可欠な権利・自由を包摂する包括的な主観的権利」ととらえ，その保障対象を補充的保障の特性から，①生命，身体の自由，②人格価値そのものにかかわる権利，③自己決定権，④適正な手続的処遇を受ける権利，⑤参政権的権利とする[17]。この考え方に対しては，「人格的生存に不可欠」かどうかを客観的に判断することの困難さや人格概念の不明瞭さ，また自律が幸福であるとの価値判断を憲法が国民に押し付けたり，射程外となる広範な自由が　不当に規制されたりするおそれ等を理由とする批判が強い。

　他方，「新しい人権」の一部だけを質的に限定して承認するのではなく，人間が普通に生きていく上で認められている一般的自由が広く13条の下で保障されるものととらえる一般的自由説が有力に主張されている。この説によれば，何を食べるか，散歩や昼寝をするか，どんな趣味をもつかなど日常生活でのあらゆる選択と判断が憲法によって保障され，他者の人権と矛盾衝突する場合は公共の福祉によって制約を受ける。幸福追求権を広くとらえるこの説に対しては，何もかもが憲法上の権利とされることによる人権のインフレ化への懸念，権利の外延の曖昧さによって自殺や賭博までが憲法上の権利とされるおそれ等の批判がある。

　ただ，両説を比較した場合，まず人格的利益説は幸福追求権の内実とならない自由の保護に無関心なわけでなく，これを制約する公権力による規制の方法・内容によっては13条前段の「個人の尊厳」原理に反する可能性を認める[18]。また，一般的自由説にあっても，合憲性審査において人格に関わる自由への制限には厳格審査基準を用い，それ以外の自由の制限には緩やかな基準を用いるという立場[19]がある。したがって，両説の差異は結論において大きくないとみられる。次に，両説を踏まえて幸福追求権としての自己決定権をみてみよう。

---

17) 佐藤憲法論・178頁。
18) 佐藤憲法論・177頁。
19) 戸波江二「幸福追求権の構造」公法58号（1996年）1, 17-18頁。

❷ 幸福追求権としての自己決定権

① 自己決定権の沿革

わが国での自己決定権をめぐる議論は，アメリカ法における personal autonomy としてのプライバシー権にそのルーツを有し，これを 1970 年代末に紹介した山田卓生教授の『私事と自己決定』[20]に遡る[21]。日本でこれが自己決定権として議論されるようになったのは，個人の自律性を抑圧する当時の管理社会化が背景にある[22]。山田説は自己決定権の具体的内容を私事，すなわち他人に危害を加えない分野に制約した上で，①ライフスタイル（服装・身なり・外観，性的自由，結婚，離婚），②危険行為（ヘルメット・シートベルトの強制，喫煙，スポーツ，登山・ヨット），③生命（産む権利，生まない自由），④死（治療拒否，安楽死，自殺）に分類して提示した[23]。また，自己決定権が尊重されるべき理由として，第一に，個性豊かな人格の発展のための人間の尊厳，独立性の尊重，第二に，自己にとってのよりよい選択を可能にすること，第三に，行政の都合に左右されない自己のアイデンティティの確保，を挙げている[24]。先駆的研究として憲法学における自己決定権の議論へのいわば起爆剤となった山田教授の見解は，その後，佐藤幸治教授によってなされた憲法解釈的な根拠づけによって展開された[25]。

② 自己決定権の性格と内容

「一定の個人的事柄について，公権力から干渉されずに自ら決定する権利」である自己決定権は，プライバシーの権利に含まれる権利として，あるいはこれと並ぶ権利として幸福追求権の重要な内容をなすと考えられている。ただ，その性格と内

---

20) 山田卓生「私事と自己決定」法セ 1979 年 5 月号〜1980 年 11 月号（同『私事と自己決定』（日本評論社, 1987 年）所収）。
21) 小竹聡「一三条論の六〇年　学説の展開と自己決定権の課題」法時 79 巻 8 号（2007 年）58, 61 頁。
22) 中山茂樹「生命・自由・自己決定権」ジュリ増刊『憲法の争点』（2008 年）95 頁。
23) 山田・前掲注 20 書・333-334 頁。
24) 山田・前掲注 20 書・335-336 頁。
25) 松井茂記「自己決定権について（二・完）」阪大法学 45 巻 5 号（1995 年）717, 732 頁。但し，憲法上の権利としての自己決定権には批判的な見解もある。例えば，民主主義を重視する立場からの批判として，松井・前掲論文 750-788 頁が，概念の明確性や必要性の観点からの批判として，棟居快行「自己決定権概念の再検討」受験新報 1996 年 1 月号 29 頁。

容については 13 条論において人格的利益説をとるか，一般的自由説をとるかによって見解が分かれる。

　幸福追求権に関する通説の人格的利益説は，「一定の個人的事柄」を個別的人権保障規定の対象になっていない「個人が自己の人生を築いていくうえで基本的重要性を持つと考える事柄」と解する[26]。これに対して一般的自由説はそうした射程の絞り込みをしないが，両説の相違はむしろ自己決定権の具体的内容に何を織り込むかをみれば明らかである。

　自己決定権の具体的内容については諸説あるが，人格的利益説をとる佐藤幸治教授は①自己の生命・身体の処分，②家族の形成と維持，③リプロダクション，④その他と分類する。④は将来にわたって①②③に限定する趣旨ではないという趣旨で設けられたものであり，その内容になりうるものとして，服装・身なりの自由，飲酒・喫煙の自由，登山・ヨット等の危険行為の自由等が挙げられる。同説はこれらを端的に基本的人権とすることは難しいとしつつも，一定の憲法上の保護を及ぼす必要性は否定できないとする。他方，人格的利益説が周辺的なものとする④の諸行為も，一般的自由説ではひとまず自己決定権の内容と理解される。

③ 脳死臓器提供と自己決定権の射程

　以上のような自己決定権の具体的内容と分類に照らせば，臓器提供の「自己決定」は，一見すると①の生命・身体の処分にかかわる自己決定権という類型に位置付けられそうである。ところが，この類型の下でこれまでに論じられてきた具体的問題をみると，専ら治療拒否や安楽死，尊厳死がその中心であり，臓器移植についてはわずかな言及があるにとどまる[27]。

　つまり，臓器移植，とりわけ脳死移植をめぐる議論において「自己決定権」という言葉が頻繁に用いられてきたにもかかわらず，憲法上の「生命・身体の処分」に関する自己決定権の議論ではそれはほとんど問題になっていないのである。それでは臓器提供の「自己決定」は自己決定権の射程を外れるかと言えば，これもまた明確ではない。こうした状況は，臓器提供の「自己決定」に，憲法上の自己決定権として括ることのできない事情があるゆえんかと思われる。そこで次章では脳死臓器提供の「自己決定」の特徴を検討する。

---

26) 佐藤憲法論・188 頁。

3 臓器提供の「自己決定」と憲法上の自己決定権

憲法上の自己決定権論が生命・身体の処分に関心を寄せ，脳死移植の議論が従来から「自己決定権」に強い関心を示していたにもかかわらず，両者は直接結びつけて議論されてこなかった。臓器移植法上にも本人意思の尊重が憲法上の自己決定権に由来するものであるとの言及はない。

こうした齟齬はなぜ生じるのか。これを探るために，臓器提供の特徴である①本人の死後に関わる問題であること，②他人の生死にかかわる問題であること，③社会における好ましい選択の奨励を前提とする「自己決定」であること，に注目し，それぞれが憲法上の自己決定権に位置づける上での障壁となるかどうかを検討する。

❶ 死後に行われる臓器提供と人権享有主体性

① 死者の人権享有主体性

まず，臓器提供は本人の死後に死後に行われる点で，人権の享有主体性が問題になる。一般に，人権の享有は出生に始まり，死亡によって終了すると考えられているためである[28]。人権享有主体性を否定される死者について自己決定権を論じることは難しいように思われる。

しかし，これには反論もある。その一つは，「憲法は法令によって死者に法的権利・法的利益を付与することを許容しており，権利の特性次第によっては死者にそれを認めることも可能と解される」として刑法230条2項が死者の名誉権を保護法益とする例を挙げる考え方である[29]。つまり，臓器移植法が死者にそうした権利を

---

27) 佐藤幸治教授は，生命・身体の処分にかかわる自己決定権について，脳死移植を「人格的自律権の問題として考えるべきものと解される」としつつ，「ただ，かかる場合の自律権の実現については，検討を要するさまざまの課題がある」として当時の臓器移植法案に言及している。佐藤憲法・460, 462頁。しかし，ここで脳死移植のどの部分が自己決定権の問題になるのかは明確でない。ただ，その後，同「憲法学において「自己決定権」をいうことの意味」『日本国憲法と「法の支配」』（有斐閣，2002年）140頁において，「脳死や生体間移植の問題」を自己決定権の問題として考えうる，と述べているため，前記の見解も「脳死判定後の臓器提供」については自己決定権の射程に含めていなかった可能性がある。生体移植について自己決定権の観点から考察したものとしては，例えば，中山茂樹「生体移植と患者の「自己決定権」」『生体移植と法』（日本評論社，2009年）55頁。また，戸波江二「自己決定権の意義と範囲」法教158号（1993年）36頁は，臓器移植を自己決定権の具体例として挙げるが，それが生体移植・死体移植のいずれを，あるいは両方をさすのかは明確でない。

28) 辻村・117頁。

付与し，それを憲法は許容しているということである。また，死者の人格権を肯定する見解[30]もあり，判例にも遺族の利益を中心に救済をはかることを通じて死者の人格権を間接的に保護しようとしたものが見られる[31]。

人権の享有主体性を死者に拡大するかどうかは，一般に，人権を意思や自律の概念を中核としてとらえて人格的自律の程度を基準にするか（否定説），人間の尊厳を中心にとらえるか（肯定説）によって見解が分かれる[32]。しかし，前者の立場をとる佐藤幸治教授も，脳死臓器移植におけるドナーの本人意思は尊重すべきであり，人が死とともに人権享有主体性を失って「物」になるとの理解は釈然としない，とし，死者に「人間という個別的生命の残映」を認めて「端的に人権享有主体ではないとしても，個別的利益主体として憲法的に扱うべき存在とみる余地があるのではないか」と述べる[33]。

ここではおそらく一般的に人権享有主体性の射程を拡大して死者にもこれを認めるべきだとするよりも，個別具体的な人権について死者の利益を考慮することが望ましい場合がある，という理解が妥当するように思われる。その際，権利の性質が「行為」を伴わず，「状態」に関するものである場合に，それを死者に拡大することに支障はないだろう[34]。死者が行為としての権利を行使することはできないが，状態としての権利を享受することはできるからである。つまり，選択を内実とする自己決定権が死者によって行使されることは観念できないとしても，選択を内実としない権利であれば死者を権利享有主体に含めることは可能である。

② 死後の事柄についての自己決定権

他方，人権の享有主体性にかかわるハードルは，ここでの「自己決定」を臓器提供の時点（＝本人の死後）ではなく，意思表示の時点（＝本人の生存中）を中心として構成することで回避することもできる。つまり，臓器提供の「自己決定」を「死者の人権」ととらえるのではなく，死後の身体の適正な取り扱いを求める「生者の自己決定」と理解するのである[35]。

---

29) 渋谷・111 頁。
30) 戸波江二『憲法〔新版〕』（ぎょうせい，1998 年）150 頁，同「胎児の人権，死者の人権」『生命と法』（成文堂，2005 年）1, 41-49 頁。
31) 「落日燃ゆ」事件，東京高判昭和 54 年 3 月 14 日高民集 32 巻 1 号 33 頁。
32) 辻村・117 頁。
33) 佐藤幸治「人権の観念と主体」公法 61 号（1999 年）13, 25-27 頁。
34) 後述 37 頁参照。

もっとも，ここには死後の事柄に関する本人の生前の「自己決定」の効力は，本人生存中の事柄に関するそれと比較して同程度に保障されるべきかという問題がある。ただ，死後の利益を保護する法制ないし法的議論の例には，死後の財産処分に本人の意思を反映させる遺言制度や，遺体の処分方法に関して散骨等の自然葬と呼ばれる葬送方式の選択を認めるかどうかについての「葬送の自由」の議論[36]もある。前者については遺留分という民法上の制度が，後者については墓地埋葬法や地方自治体の条例が，それぞれ「自己決定」の影響を受ける者ないし社会の利益を重視して「自己決定」を制限している。ただ，こうした死後の事柄についての「自己決定」よりも生者の利益を優先する考え方が，人体の資源化を前提とする臓器提供についても該当するかどうかは検討を要する。

2 臓器提供の「私事」性と他者危害

　自己決定権は「私的な事柄」に関して「他人に害悪を与えない限り」において尊重されるべきものと理解されてきた。そこでまず，臓器提供の「自己決定」を，本人が「人生の幕引きに際し，利他的な貢献をするかどうかを決定するもの」と見れば本人の「私的な事項」と言えよう。

　他方で，この「自己決定」が他人に害悪を与えるか否かについては，二つの可能性を検討しなければならない。一つ目の可能性は，臓器を提供する「自己決定」が臓器提供に賛同しない遺族に害悪を与えないか，である。この点につき，臓器移植法は，本人が臓器の摘出に書面で承諾していても追加的に遺族が拒否していないことを要件としており，（6条①一）遺族の意向に配慮した仕組みを取っている。このように拒否権を遺族に認めることには，旧法の成立以来，本人の「自己決定」を無に帰すものとの批判があった[37]反面，これを臓器提供の「自己決定」が遺族の感情を害するリスクを軽減する仕組みと見ることもできよう。

　もう一つは，臓器提供の「自己決定」が臓器を求めるレシピエント候補者に与える影響である。臓器提供の「自己決定」はドナー候補者自身の希望の充足という

35）唄孝一「臓器遺書の法的考察」法セ 152 号（1968 年）2, 8 頁。宍戸圭介「臓器移植法における遺族摘出拒否要件に関する憲法学的考察」岡山大学大学院社会文化科学研究科『文化共生学研究』9 号（2010 年）41 頁以下，50 頁。
36）石川美明「散骨についての諸問題　散骨禁止条例を中心に」大宮ロージャーナル 4 巻（2008 年）61 頁。
37）平野龍一「三方一両損的解決　ソフトランディングのための暫定措置」ジュリ 1121 号（1997 年）30, 38 頁。

自己完結型の決定でなく，その結果が臓器を求める者の生命・健康の利益にかかわる点に特有の構造がある。医学的な条件をクリアする限り，臓器提供はレシピエントの健康回復や救命につながる。したがって，ドナー候補者が臓器提供を拒否すれば，潜在的なレシピエントが移植の機会を失うことになり，潜在的なレシピエントはそうしたドナーの「自己決定」によって害悪をこうむると理解できなくもない。ただ，臓器を提供しない「自己決定」を，他者の生命を直截的に侵害する「自己決定」と同視することはできないだろう。また，これを潜在的レシピエントから見た場合，ドナー候補者から臓器の提供を受けて自己の生命・健康を確保する権利があるか，という問題になる。潜在的レシピエントには生命への権利があるとしても，それは生命を奪われない消極的な権利（＝殺されない権利）にとどまり，ドナー候補者の生命・身体の権利を侵害して自己の生命を確保することまでをも主張しうるものではないからである。

ただ，自己の生命・健康を維持するために生きている他人から臓器の提供を受ける権利はないとしても，死者からであればどうなのかという問題は残る。これは死者の身体にどのような権利を観念するかによって変わりうるからである。したがって，潜在的レシピエントの生命・健康を左右する臓器提供の「自己決定」が，憲法上の自己決定権に位置づけられるかどうかは，死者の身体の不可侵性を法的にどのように評価するか次第であると考えられる。

❸ 公権力の介入におけるベクトルの特異性

自己決定権をめぐる従来の議論では，その前提として公権力が個人の自由な選択を妨げている構図があった。画一的な価値観に基づく公権力による個人の管理とも言えよう。堕胎罪により中絶の選択が，殺人罪等により生命処分の選択が，それぞれ妨害されるのはその典型例である。そうした前提を踏まえて，本来個人の自由であるべき領域に属する事柄については，たとえコンセンサスに反する行為であっても公権力による干渉を排除し，個人に選択を認めるべきではないかというのが自己決定権の主張であった。

これに対して，臓器提供の「自己決定」は，臓器提供に関するドナー個人の選択が認められない状況を出発点として，そこからの解放ないし妨害排除を求めるものではない[38]。むしろ，移植医療に伴う移植用臓器の需要がそれに応えるための「移植医療を実施する社会として望ましい選択（＝臓器摘出）」を形成し，その望ましい選択が奨励される中でのドナーの「自己決定」という構図になる。そもそも臓器移植法は移植医療を実施するために，臓器摘出行為が刑法の死体損壊罪（190条）

に問われることなく合法化されるための要件を定める意味をもち，ドナー側の承諾はその中心に位置づけられている[39]。そこでの公権力は臓器移植法を通じて臓器提供という選択を推進するのであり，個人の「自己決定」は，そうした社会的に望ましい選択の奨励に抵抗する権利と見ることができよう。これは明らかに従来の自己決定権をめぐるそれとは異なる構図であり，問題となる権利は個人の自由な選択に関する自己決定権よりも，むしろ「身体を傷つけられない」という古典的かつ消極的な，生命・身体の権利にモデルを求めることが適切であるように思われる。

4 小 括

以上から，臓器提供の「自己決定」を憲法上の自己決定権とする上で困難が生じそうな三つの要因のうち，まず「本人の死後にかかわる「自己決定」」である点については，権利の享有主体性につき，「行為」でなく「状態」を内実とする特定の権利に関して死者の利益に配慮した解釈によって，あるいは「死後の事柄を生前に決定する自由」という構成によって，克服できそうである。

次に，「他者の利益にかかわる「自己決定」」である点については，臓器提供の諾否が潜在的レシピエントという他者の生死を左右する側面は否めないが，提供拒否の「自己決定」が潜在的レシピエントに対する権利侵害になるかどうか，別の見方をすれば，潜在的レシピエントは死者から臓器の提供を受けることを生命・身体の権利から主張しうるかどうかは，死後の身体の不可侵性に対する法的評価に応じて決まるものと理解される。

他方，臓器提供の「自己決定」をめぐる個人と公権力の関係に注目する時，そこには自己決定論において議論されてきた諸問題とは異なる独特の構造がみてとれる。それは画一的な価値観によって個人の選択の自由を禁止する公権力とそこからの自由をもとめる個人の関係ではなく，公権力が社会にとって望ましい選択（＝臓器の摘出）を奨励する中での個人の諾否を扱うのである。このことは臓器提供をめぐる「自己決定」と称されてきたものが，憲法上の自己決定権ではなく，同じく幸福追求権によって保障される，身体の権利（＝身体の不可侵性）において理解されるべきことを示唆するのではないか[40]。そこで以下では，身体の不可侵性に対する

---

38) 但し，臓器提供の自己決定の中で，特に臓器売買の禁止という文脈でのそれは，従来からの自己決定権をめぐる公権力と個人の関係でとらえることができる。安部圭介＝米村滋人「臓器移植と自己決定権」樋口範雄＝土屋裕子編『生命倫理と法』（弘文堂，2005年）26頁。

39) 中山研一＝福間誠之編『臓器移植法ハンドブック』（日本評論社，1998年）47頁。

憲法上の保障についてみてみよう。

4 「身体の権利」としての臓器提供の「自己決定」

❶ 身体の権利

　13条後段の「生命，自由，および幸福追求の権利」にはこれを一括して幸福追求権ととらえるか，三者を別個独立のものととらえるかにかかわらず，その内容として「生命・身体の権利」が含まれると考えられている[41]。「生命・身体の権利」とは，「生命に対する権利・身体に対する権利（身体の不可侵性）」とも呼ばれ，それぞれ生命を奪われない，身体を傷つけられないことを内容とする[42]。ここでは脳死判定後の臓器提供に関する「自己決定」を考える都合上，特に後者の身体の権利に重点を置いてみよう。

　身体の権利は，刑事手続を想定した18条（奴隷的拘束および苦役から自由），36条（拷問および残虐な刑罰の禁止）をはじめとする諸規定によって保障されるが，より一般的に本人の同意なく公権力によって身体的侵襲を加えられない権利は，憲法13条によって保障されるものと考えられる[43]。生命や身体に対する自由を，従来その主要な領域であった刑事手続よりも広い文脈でとらえる必要性は「社会を支える宗教的な感情の変化や科学技術の進歩などにともなって，生と死との区別が

---

40) 臓器提供の「自己決定」が選択を内実とする自己決定権ではなく，生命・身体の権利に位置づけることが適切であることを指摘するものとして，中山・前掲注12論文，同「子どもからの脳死臓器移植について―医療・生命科学研究における自己決定能力が十分でない者の保護・序説」西南学院大学法学論集35巻1・2号（2002年）203頁。
41) 生命への権利に関して，嶋崎健太郎「憲法における生命権の再検討―統合的生命権に向けて」法学新報108巻3号（2001年）31頁，山内敏弘「基本的人権としての生命権」同『人権・主権・平和―生命権からの憲法的省察』（日本評論社，2003年）2頁，齊藤正彰「生命についての権利」高見勝利ほか編『日本国憲法解釈の再検討』（有斐閣，2004年）75頁，土井真一「「生命に対する権利」と「自己決定」の観念」公法58号（1996年）92頁。
42) 高井・前掲注13論文は，医療における憲法上の自己決定権を「自己の身体への侵襲を拒否する権利」として範疇化すべき，と論じる。その主張のもとになったアメリカ法の分析として，同「医療における自己決定権の憲法論的一考察（二）完」法学論叢123巻4号（1988年）97頁。また，高橋・140頁は，新しい人権の一つとして「個人の身体的および精神的な完全性（integrity）への権利」を挙げる。
43) 中山・前掲注22論文・96頁。

曖昧となり，脳死や尊厳死が個人の自由（自己決定）の問題として語られるようにな」ったことに起因する，との指摘もある[44]。

この権利は行為の選択という要素を含まない。したがって選択するために必要な判断能力を前提としない点で，先にみた自己決定権とは性質が異なる。選択を内実とする自己決定権を「行為権」とすれば，身体への権利は「状態権」と言えようか[45]。両者の相違は，例えば，判断に必要な能力に満たないことを理由に子どもが自己決定権を制約されることはあっても，「身体を傷つけられない権利」が制約されることはない，ということに表れる[46]。つまり，状態権である身体に対する権利は，個人の能力の有無を問わず，個人の存在そのものや，人として扱われることを求める古典的かつ基礎的な権利なのである。

死刑や環境権などの一部の領域での議論を除き，生命・身体の権利についてのより一般的なレベルでの議論は十分に展開されていない[47]。ただ，その基本的な考え方は個人の生命・身体が国家によって侵されないことの保障を原則とし，①身体への侵襲に合理的な理由がある場合[48]には，②本人がその侵襲について承諾することを要件として，国家による個人の身体への侵襲が許容される，というものである[49]。つまり，たとえ合理的な理由があっても，承諾しない者の身体を傷つけてはならないのである。

ただ，例外的に本人の承諾なしで（本人が拒否しても）身体への侵襲が許容される場合として，①承諾に必要な能力を欠く病状や年齢にある本人の利益のための治療の他，②刑事手続における強制採尿や強制採血，DNA採取といった身体的侵襲が挙げられ，③公衆衛生における予防接種や強制的健康診断等も詳細について議論はあるが，現状では認められている[50]。本人の利益と無関係である点で臓器摘出と類似する②および③は，伝統的に公益を理由とする個人の権利への制約と理解されてきた。

---

44) 佐藤憲法論・179頁。
45) 行為権と状態権について，内野正幸『教育の権利と自由』（有斐閣，1994年）195-196頁，戸波・前掲注30論文・6頁。
46) 中山・前掲注22論文・96頁。
47) 中山・前掲注12論文・87頁。
48) つまり，本人の同意の有無を問わず正当化しえない，拷問や残虐な取り扱い等はそもそも除外される。中山・前掲注12論文・87頁は，国際人権B規約7条をひいて，本人の同意以外に身体への侵襲を適法とする客観的条件があることを指摘する。
49) 中山・前掲注12論文・74頁。
50) やや詳細に検討するものとして，中山・前掲注12論文・89-92頁。

以上を臓器提供に当てはめた場合，他者の救命や健康回復を目的とする移植医療のための臓器摘出は，合理的理由のある身体侵襲であるから本人が承諾すれば実施できる，ということになる。これを言い換えるならば，たとえ移植医療のためであっても承諾なき本人から臓器を摘出することはあってはならない，となるだろう。また，本人の承諾なき臓器摘出は，移植医療に刑事手続や公衆衛生と同等の公益性が認められれば許容される[51]。以下ではこのような身体の権利を死後の臓器提供に適用する際に生じる課題を検討する。

2 「身体の権利」は死体にも及ぶか

先に見たように，身体の権利は，たとえ合理的な理由があっても本人の承諾なくその身体を侵襲することを認めない。ただ，その際に検討すべきは再び「死後」という条件である。すなわち，身体の権利は死体にも及ぶかという問題である。

一般に，身体の権利が保護の対象とするのは生体であり，本人の死後その価値は減じるものと考えられてきた。刑法における評価が殺人罪・傷害罪から死体損壊罪へ変化するのはその表れと言えよう。そしてこれが器物損壊罪ではないということに，人でも物でもない死体に対する特別な価値づけを読み取ることができる。もっとも，これまでの議論では死体の保護の程度は生体よりも低くなるとされるにとどまり，死体の不可侵性の射程は明らかでない。

これに対して私見は，人体の資源化が進む現在，身体が生体であるか死体であるかを問わず，一貫して身体の権利による保護の射程に入れるべきではないかと考える。資源としての人体には生体・死体を問わず需要があり，有効利用と銘打った侵襲への動機づけは高まっている。人体の資源化は本章が扱う臓器移植の場面にとどまらず，人体資源を利用したバイオ産業は国家推進の事業として展開されている[52]。そこで必要とされる死体の保護は，死体が専ら埋葬の対象であった時代のそれとは質量ともに異なるであろう。つまり，身体の権利・不可侵性の死体への拡張は，人

---

51) 例えば，犯罪捜査のための死体解剖は本人の承諾なしに実施される。何をもって公益目的とするかに関し，レシピエント候補の救命が犯罪捜査上の証拠確保よりも重大な利益であるにもかかわらず，移植医療が公益目的に包摂されず，本人の承諾なき臓器摘出が支持されない理由は，移植医療がレシピエント候補の個人的ニーズの問題と理解されているためであり，これが公的な問題・公的なニーズと認識されれば，臓器摘出は納税の義務と同視できる，と論じるものとして，Theodore Silver, *The Case for a Post-Mortem Organ Draft and a Proposed Model Organ Draft Act*, 68 B.U.L. REV. 681, 718-22 (1988).

体の資源化の必然であるように思われる。

❸ 身体の権利からみた「家族承諾による臓器提供」正当化の可能性

　以上の検討から，これまで臓器提供の「自己決定」と称されてきたものは，憲法上の自己決定権ではなく，身体の権利の問題とする方が適切であることが確認された。したがって，移植を目的とする臓器摘出には本人の承諾が必要となることを確認し，再び新法の摘出要件に戻ってその問題点を検討してみたい。

　新法の「家族による臓器提供」が本人意思を尊重しておらず，身体の権利に照らして問題があるのではないかという疑問への一つの反論として，新法は本人に拒否権を認めているので承諾なき侵襲には当たらない，との見方がある。確かに，改正法は拒否の意思表示について年齢制限を設けず，書面性の要件も免じて広く尊重する構成をとる。同時に，(これは承諾の意思表示にも共通するが)具体的な意思表示手段についても，従来からの独立の携帯型意思表示カードに加えて，シール方式や運転免許証・健康保険証との一体型カードも採用された他，日本臓器移植ネットワークによるオンライン・システム上に意思表示を登録する方法も導入されて選択肢は広がっている。

　しかし，こうした拒否権の保障は，事実上意思を形成して表示する能力を欠く子どもには意味をなさない。脳死や臓器移植について観念しえない幼い子どもが拒否の意思表示をしていない状態を，拒否しない意思の表れではないからである。この点，意思表示能力に制約のある知的障害者等については，有効な意思表示をすることが困難との理由で当面臓器摘出を見合わせる取り扱い[53]が維持されている。知的障害者等を一律に対象外とすることの是非には議論の余地はあるが，拒否している可能性のある人からは臓器を摘出しないための措置としては一理あると言えよう。身体の自由は本人の能力を問わず「侵襲されない状態」を保障するものである。だとすれば，例外的に侵襲が許されるのは積極的な承諾がある場合だけであり，拒否していないことを承諾と同視することはできない。

　また，拒否権の保障は，年齢上意思表示の能力に支障がないとされる大人についても，その実効性につき疑問がある。これまでの実施例も示すように，脳死臓器

---

[52] 宍戸・前掲注 35 論文・51 頁。人体の資源化について，粟屋剛『人体部品ビジネス──「臓器」商品化時代の現実』(講談社選書メチエ，1999 年)，L. アンドルーズ＝D. ネルキン (野田亮＝野田洋子訳)『人体市場──商品化される臓器・細胞・DNA』(岩波書店，2002 年)，粥川準二『資源化する人体』(現代書館，2002 年) など。

[53] 「臓器の移植に関する法律」の運用に関する指針 (ガイドライン) 第一。

ドナーの多くは事故や脳血管障害等の突発的原因で脳死となった壮年層[54]である。そのような者が脳死臓器移植の場面設定を自らの問題として事前に想定し、それに続く脳死判定・臓器摘出についてあらかじめ拒否の意思表示をすることは一般に期待し難い。そうした展開はめったに起こらず、自分が脳死判定・臓器摘出の対象候補となることもまずなかろうとの推定が強く働くため、あえて拒否権を行使する必要性を認識しにくいのである。

拒否権の尊重に関しては「拒否の意思表示がないこと」を必要な場面でいかにもれなく確認するか、という課題も大きい。臓器提供に関する意思表示が任意であり、拒否の意思表示の形式が自由である以上、何を確認すれば拒否の意思表示の不存在を証明できるかは不明である。現実には前述の意思表示カード等の意思表示方式を一通りコーディネーターが家族と共に確認した上、口頭での拒否の意思表示がなかったかどうかを確認する[55]、という。しかし、本人と家族の生活実態上の関係（同居か別居か等）を考慮すれば、ここでの確認は拒否の意思表示の不在ではなく、合理的な範囲内でそれを発見しえなかったかどうかの確認にとどまるといえよう。

こうした運用は、原則として侵襲されない状態を保障する身体の自由と整合的に理解することは難しい。つまり、新法の下では本人の拒否権が尊重されるというが、拒否の意思表示とその運用を見る限り、当事者の意思表示能力の差異にかかわらず一般に事実上困難であり、名目上のものに過ぎないように思われる。したがって承諾がない限り身体侵襲を受けないことを保障する身体の自由の観点からは、拒否権の尊重をもって承諾に代えることはできない。

5 おわりに

臓器移植法が改正を通じて摘出要件を緩和し、本人意思不明の場合にも家族承諾による脳死臓器提供を容認したのは、移植医療が必要とするだけの臓器を確保できない状況を打開するためである。ただ、諸外国の状況等に照らせば、新法の手法

---

54) 医学的見地からの臓器ドナーの年齢制限はそれぞれの臓器によって異なり、個人差もあるとされるが、70歳をおおよその上限としている（https://www.jotnw.or.jp/qa/index.html）。ただ、2012年1月までに実施された102例の検証結果が示す脳死ドナーの平均年齢が44歳であった。脳死下での臓器提供に係る検証会議『102例の検証のまとめ』2頁（http://www.mhlw.go.jp/stf/shingi/2r985200000266vc-att/2r985200000266yv.pdf）。
55) 脳死下での臓器提供事例に係る検証会議・前掲注53報告書・21-22頁。

が臓器不足を改善する可能性はあっても，それを解消することまでは期待できず，今後もさらに臓器提供を促進する方策が練られるものと予想される。

　こうした中で，臓器提供の「自己決定」をどのように評価し，臓器ドナー候補をどのように保護するかは難しい。移植医療によるレシピエントの救命が重視される中，ドナーの保護はとりわけ生体でない場合に軽視される傾向がある。しかし，人体の資源化が拡大して生体にも死体にも等しく大きな需要が生じ，有効活用に向けて圧力が増すほどに，これに抗う権利，すなわち承諾なく身体を侵襲されない権利の重要性が認識されなければならない。したがって，生体のみならず，死体についても，これまでとは異なる保護のあり方を考える必要があるだろう。

　本章は臓器提供の「自己決定」を，同じ言葉でありながら憲法上の自己決定権ではなく，身体の権利（不可侵性）であることを確認した。そして人体の資源化とそれに伴う死体の価値の変化は，この権利の射程を死体にも拡張する解釈を許容するものと考えられる。したがって，新法が本人意思不明の場合にも家族の承諾による臓器提供を認めることは，たとえ法解釈上は拒否権が確保されているとしても，本人の承諾なき侵襲を原則として認めない身体の権利の観点からは問題があると言わざるを得ない。

　希少な人体資源に対する需要が個人の自己決定に作用する場面は，臓器提供に限らず，資源としての人体の有用性が高まるにつれて今後さらに拡大する可能性がある。例えば，妊婦の自己決定権と胎児の生命の対抗関係において論じられることの多かった妊娠中絶の議論には，中絶胎児組織が病気治療に有効利用できることが判明し，それを用いた治療方法が確立すれば，新たに胎児組織の需要という視点が加わるかもしれない。仮に希少な胎児組織資源を確保するために中絶が奨励されるとすれば，そこでの妊婦の「自己決定」はこれまでのそれとは違ったものになるはずである。

　身体の権利は本人の承諾なき臓器摘出を認めない。今後に残された課題は，承諾に代わるいかなる手続を保障すれば，承諾能力を欠く者の身体からの臓器摘出を例外的に認めてよいかである。

コラム③　人体の資源化

森本直子

　人体は従来，生きている間は人格と一体のものとして，死んだ後は葬送儀礼の対象として理解されてきた。ところが最近，人体はそれ自体に利用価値のある資源として注目されるようになっている。背景には，臓器移植をはじめとする人体の有効利用がある[1]。

　臓器移植については，角膜移植法（1958年）以来，角膜腎臓移植法（1979年），臓器移植法（1997年）とその改正法（2009年）に至る一連の法制がある。これらは死体を移植医療の臓器供給源として利用するための基本原則や手続要件を定めてきた。脳死体からの臓器提供は，札幌医大での和田心臓移植[2]が残した医療不信の他，「脳死は人の死か」をめぐる苛烈な対立により，1980年代以降激しく議論された。社会的合意の形成が困難な中で成立した1997年の臓器移植法は脳死移植への扉を開くに際して，脳死判定・臓器摘出のそれぞれに死者の生前の明示的承諾を最低要件とし，さらに家族（遺族）の承諾を求める慎重なアプローチを採用した。しかし，その後も臓器提供は一向に増えず，また子どもの心臓移植は実施できなかったため，移植を必要とする人々はなお，渡航移植に頼らざるを得なかった。そこで2009年に要件を緩和し，家族の承諾を最低要件とする臓器移植法の改正が行われた。他方，生体由来の臓器を用いる生体移植[3]については，臓器移植法の一般条項が適用される他，その運用指針が若干の規定を置く以外は一般法の解釈によって運用されてきた。親族間で実施される生体移植では，親族内のダイナミクスを考慮したドナーの保護のあり方を検討しなければならない。

　臓器移植よりも古典的な人体利用の例に人体解剖がある。中でも医学生の解剖実習は，教育目的での人体の資源化といえよう。解剖については死体解剖保存法（1949年）と献体法（1983年）が規定するが，現在では供給不足は懸念されておらず，議論は多くない[4]。もっとも最近では，利用目的を外科手術手技の研修（cadaver training）に拡大する動きが見られる。しかし，現

---

1) 粟屋剛『人体部品ビジネス─「臓器」商品化時代の現実』（講談社選書メチエ，1999）．L. アンドルーズ＝D. ネルキン（野田亮＝野田洋子訳）『人体市場─商品化される臓器・細胞・DNA』（岩波書店，2002年）．
2) 共同通信社社会部移植取材班『凍れる心臓』（共同通信社，1998年）．
3) 城下裕二『生体移植と法』（日本評論社，2009年）．
4) 但し，戦後の解剖体不足について，香西豊子『流通する「人体」』（勁草書房，2007年）．

行法の下でこうした解剖実習以外の研修を実施できるかどうかは明確でない。そこで，2012 年 4 月に日本外科学会と日本解剖学会が「臨床医学の教育及び研究における死体解剖のガイドライン」を策定・公表した。

　医的資源としての人体利用は，全身や臓器単位の利用から，組織，細胞，遺伝子単位のそれへ，また目的も医薬品の開発・製造や薬剤試験等へと拡大・多様化している[5]。これらは研究利用と総称できる。従来は海外から輸入したヒト組織が使われたが，薬の代謝等には人種の差が関わるため，日本人のヒト組織が必要である。そこで近年，手術で摘出された部分の提供を受け，それを保存して必要な研究で活用するバイオバンク[6]が国内でも整備されつつある。また，これまでは生殖医療の問題として議論されてきた精子や卵子，胚の取り扱いも，医的資源の問題として再構成可能であろう。研究目的での人体利用は，研究の性質に応じて個別に策定された行政指導指針による規制に服する。しかし，対象が限定されるため，新たな問題に十分対応できない難点がある。

　さらに，人体の資源化は考古学や人類学の研究のための遺骨収集や，その成果を社会に還元する博物館での展示にも見てとれる。発掘されたミイラや古代人骨は歴史資料として価値づけられ，人々の興味関心をかき立てる。反面，米国では発掘されて研究対象となった祖先の古代人骨の返還を先住民が求める訴訟が提起され，1990 年には返還を実現するための連邦法も制定された[7]。国内でも，1990 年代半ばから開催された「人体の不思議展」をめぐって死体展示のあり方や手続が論争の的になり，訴訟も起きている[8]。また，北海道大学が研究の目的で 1930 年代から 50 年代にアイヌ民族の墓地から無断で発掘・収集した祖先の遺骨の返還と慰謝料を請求する訴訟が 2012 年 9 月に札幌地裁に提起されている。

　人体の資源化はもはや止めようのない流れである。より効率的な人体資源の確保が関心事であることは，臓器移植法の改正論議からも明らかである。しかし，その射程は移植にとどまるものではない。今後は利用目的別の議論ではなく，より包括的な枠組みでの議論が必要になるだろう。

---

5) A. キンブレル（福岡伸一訳）『すばらしい人間部品産業』（講談社, 2011 年）。
6) 町野朔＝雨宮浩『バイオバンク構想の法的・倫理的検討―その実践と人間の尊厳』（上智大学出版, 2009 年）。
7) K. ハーパー（鈴木主税＝小田切勝子訳）『父さんのからだを返して―父親を骨格標本にされたエスキモーの少年』（早川書房, 2001 年），F. ヴェスターマン（下村由一訳）『エル・ネグロと僕―剥製にされたある男の物語』大月書店, 2010 年）。
8) 末永恵子『死体は見世物か―「人体の不思議展」をめぐって』（大月書店, 2012 年）。

第3章

環境訴訟における空間的な利益の保全

鞆の浦景観訴訟（広島地判平成21年10月1日）に着目して

米谷壽代

1 はじめに

❶ 環境利益をめぐる新たな展開

環境利益として把握される利益の態様は，多種・多様である[1]。そのなかでも，従来より法的な保護に馴染むものとして，判例上認められてきたものは，人格権ないしは，特定の者の財産権（物権）の保護に基礎づけられる人間の身体の健康を保障するための騒音，振動，日照などへの個別具体的な利益であった[2]。また，多くの環境訴訟の背景には，深刻な健康被害が潜在的にたえず問題とされていた[3]。

その一方で，深刻な健康被害が生じる前の段階で，新たな開発に伴い，失われてゆこうとしている利益を保全するための訴訟もしばしば問題となった。すなわち，いわゆる自然の権利訴訟である[4]。保護の対象は，絶滅危惧種であったり[5]，日光太郎杉事件[6]に象徴されるような「その物」自体に公益性の高い貴重な自然的価値

---

1) 阿部泰隆＝淡路剛久『環境法〔第三版補訂版〕』（有斐閣ブックス，2006年）29頁。
 わが国では，従来，比較的狭義の人間の健康，財産権の侵害に伴う環境損害に対する救済しか認められてこなかった。しかし，近年欧米の環境分野での責任の問い方について，統一的な考え方が示されるようになり，環境影響に起因する損害一般を責任追及の対象とする方向へとシフトしてきている。このことにつき，大塚直「環境修復の責任・費用負担について―環境損害論への道程」法教329号（2008年）94-103頁などで指摘されている。また，アメリカにおいては，判例において，多様な環境利益の保護をめぐる訴えが提起されており，その内容については，拙稿「アメリカ環境訴訟における「事実上の侵害」―判例法理の展開」同志社法学59巻3号（2006年）181-197頁でも，近年のアメリカ環境訴訟において提起されている具体的な環境利益の侵害態様について紹介を行っている。
2) 大塚・前掲注1・95頁。より具体的には，伊藤眞「紛争管理権再論―環境訴訟への受容を目指して」新堂幸司編『紛争処理と正義』（有斐閣，1988年）205頁。
3) 淡路剛久『環境権の法理と裁判』（有斐閣ブックス，1980年）1, 11頁ほか。

があるとされるものであった。このような訴訟においても，当該利益を主張する者が，訴えの利益を有するかどうかという点で，本案審理に入る前に，法廷で門前払いをされることが多く，実質，法律上の保護に値しないと判断されることが多かった[7]。このような背景の下，環境権の主張は，幅広い利益を包含する形で，実効性のある保護を求めるため，しばしば論じられてきた。しかし，いまだ人格権のように裁判所で正面から受け入れられる成熟した権利としては位置づけられていない。

ところが，近年，景観利益の保護をめぐる主張を突破口として，従来，法律上の保護に馴染まないとされてきた空間的な利益の保全についても保護の可能性が高まり始めている。ここでいう空間的利益とは，従来，物権，人格権として把握されてきた個人のみに付随する利益の枠組みをこえ，一定の空間の（自然的，地形的，歴史的）特性等に基づく複合的な利益を意味する。

❷ 法律上の保護の対象とされた景観利益

2006年，国立マンション訴訟において「景観利益は，法律上保護に値する利益」であると初めて最高裁判所の判決中において言明された[8]。景観利益の保護をめぐって訴えの提起がされた事件は，従来から数多くあった。しかし，個人の所有地など特定の地点からの特定可能な眺望利益と比較され，景観利益は不特定多数の者が享受するというその面的性質から，法律上の保護には馴染まないという裁判例での評価が一般的であった[9]。

そのため，環境利益の中に景観利益までを含めて，法律上の保護の対象として認めていく法的枠組みが整ったのは，比較的最近のことである。そして，2009年，改めて伝統的・文化的景観利益の保護を主張の根拠として広島地裁において新たな行政上の訴えが提起され，港の埋め立て架橋計画の免許差止救済が認められた。それが，本章で分析の対象とする鞆の浦埋立て架橋判決である[10]。

---

4) 山村恒年「自然の権利・総論」山村恒年＝関根孝道『自然の権利―法はどこまで自然を守れるか』（信山社，1996年）6頁ほか。
5) 例として，わが国では不適法却下されたアマミノクロウサギ訴訟（鹿児島地判平成13年1月22日）がある。中島清治＝籠橋隆明＝鎌田邦彦「現行自然保護法と自然の権利」山村＝関根・前掲注4・198-216頁等に詳しい。
6) 日光太郎杉事件，東京高判昭和48年7月13日判時710号23頁。
7) 伊藤・前掲注2・205頁。
8) 最判平成18年3月30日民集60巻3号948頁。
9) 吉村良一「景観保護と不法行為法」立命館大学法学310号458-460頁。淡路・前掲注3・106頁以下。
10) 広島地判平成21年10月1日判時2060号3頁。

国立マンション最高裁判決では，景観利益の法的保護の可能性は認められたが，救済の適用をめぐる事実評価の段階で，侵害行為の悪質性が認められず，本件一審で認められたような高さ超過部分の撤去等を求める主張は受け入れられなかった。一方，鞆の浦判決においては，建築に伴う不法行為を争った国立マンション訴訟とは異なり，行政事件訴訟法（以下，行訴法）3条7項に基づく訴訟提起がされ，県による港の埋立て免許の差止めが認められている。その後，県は抗告をした。しかし，2012年6月，広島県知事は，鞆の浦埋立て架橋計画に代えて，交通渋滞解消のため代替案の山側トンネル案に計画変更する態度を公式に表明し，訴えを取り下げる意向を示した[11]。そこで，広島地判での鞆の浦埋立て架橋に関する事業実施免許の差止め決定が維持された。もっとも，本決定後も鞆の浦の埋立て架橋を切望していた地元住民とそれに異議を唱えていた住民らとの間の議論は，依然として平行線のまま協議が進められている[12]。

3 本章での検討対象

　本章では，この鞆の浦埋立て架橋判決をめぐって提起された問題を手がかりに，これまでのわが国の環境政策，ならびに，鞆の浦訴訟においてみられたような環境利益の認定とその救済のあり方を司法の場でどのように考慮していくことができるのか。また，この事件で問題とされた伝統的・文化的価値としての景観利益の侵害に対する主張を単純に景観利益の評価だけの問題として捉えることが妥当なのか。そこで考慮されるべき利益の性質と救済方策について改めて分析を行い，試論の提示を行いたい。本章の検討順序としては，新たに法律上の保護の対象として拡張されてきた環境利益の具体的内容に踏み込んで検討する前提として，まず第2節でわが国において長期にわたり問題とされた環境訴訟の動向を広く概観する。次に，環境権の提唱をめぐる議論が登場した経緯と問題点を確認し，環境利益の保護をめぐる差止め救済の根拠とされた景観利益の保護と，環境権との関連性について，訴訟の性質を踏まえたうえで再整理をしておく。第3節では，先に言及した鞆の浦判決の概要を紹介し，そこで埋立て架橋免許の差止めの根拠として保護された景観利益の性質について分析し，本件から垣間みえる環境訴訟の新たな側面について，検討したい。あわせて，最後に，第4節で本件から想起される環境利益の主張について

---

11) 朝日新聞平成24年7月18日「鞆の浦訴訟，広島県が申請取り下げへ」［社会面］朝刊33頁など。
12) 朝日新聞平成25年8月7日「知事・推進派会談，平行線で協議継続へ　鞆の浦問題」［広島1，1地方］朝刊29頁など。

学説の見解を踏まえ，若干の試論を展開しておきたい。

2 わが国における環権訴訟の動向

❶ 環境判例の変遷と新たな立法

　戦後，環境被害をめぐる争いは，相隣関係的な裁判において，いくつかみられるにとどまっていた。そのため，戦後の復興から高度経済成長期へと推移していく過程で，公有水面埋立法などの埋立て開発を促進する立法が整備される一方で，工場誘致に伴う開発等を抑制するための規制は十分施されてこなかった[13]。また，司法の場においても，事後的に明らかとされる健康被害について，通常の私法上の不法行為訴訟において救済を求める方策しか与えられていなかった。1960年代に入り，重大な環境問題が，訴訟の場で一気に噴出する。「熊本水俣病事件」[14]，「阿賀野川・新潟水俣病事件」[15]，「イタイイタイ病事件」[16]，「四日市ぜんそく事件」[17] に代表される「四大公害事件」等である。これらは，特に深刻な健康被害をもたらすものであり，次第に社会問題化していく。これらは，公害と定義されるが，その本質は「大量私害」であり，私法上の不法行為訴訟に馴染むものである。そのため，これらの事件はいずれも，行政の規制が不十分さもあって，当初，不法行為訴訟を中心に救済が求められた。その後，公害国会（第64回国会（臨時国会））を経て，地方自治体による条例，国による「公害対策基本法」の制定が行われる。1973年には現在の「公害健康被害の補償等に関する法律」[18] の前身となる法律が制定された。1990年代に入ると，社会的災害とも呼ばれる「公害」にとって代わって，「環境」問題へと対策の視点が置き換えられるようになる。1993年には「環境基本法」が施行し，地球規模で複雑化する個々人のライフスタイルに還元される問題に対する解決策として，本格的な環境対策立法の整備が次第に進められるようになってきた。しかし，いずれの立法措置も「公害」問題への被害者の救済には不十分であるという批判を

---

13) 日本土地法学会編『近代的土地所有権・入浜権』（有斐閣，1976年）102頁以下。
14) 熊本水俣病事件，熊本地判昭和48年3月20日判時696号15頁。
15) 新潟水俣病事件，新潟地判昭和46年9月29日判時642号117-118頁。
16) イタイイタイ病事件，一審：富山地判昭和46年6月30日判時642号96頁。
　　二審：名古屋高裁金沢支判昭和47年8月9日判時674号25頁。
17) 津地裁四日市支判昭和47年7月24日判時672号30頁。
18) 1987年に現在の名称に改称された「公害健康被害の補償等に関する法律」も1973年の段階では，「公害に係る健康被害者の救済に関する特別措置法」として制定された。

浴び，民事裁判において，継続的に加害者への責任追及ならびに被害者への救済を図るための議論が繰り広げられた。2004年には，関西水俣病訴訟が結審し，最高裁において，行政の規制権限不行使に対する法的責任を認めている[19]。また，同年の6月には，行政事件訴訟法の改正が行われ，兼ねてから議論があった9条の原告適格の規定に「法律上の利益」を考慮することを規定する2項が追加され，新たに義務づけ訴訟，差止め訴訟の枠組みが導入された[20]。改正の背景には，司法制度改革により，行政事件訴訟をより明確にわかりやすく，市民にとって使いやすくするということが意図されていた。なお，その後，この改正法にもとづく原告適格について，最高裁では，小田急高架化判決にて，最初に争われ認められている[21]。また，第3節で詳述する鞆の浦埋立架橋差止判決は，この2004年改正で新設された差止訴訟のもとで争い，それが肯定されたという点でも現代型の環境訴訟において特徴的な事件といえる。

2 環境権をめぐる議論の特徴と問題点

このような環境訴訟の変遷の過程で，環境先進国ともいわれる欧米各国（特にアメリカのミシガン州法など）に倣い，我が国においても，環境権という概念が提唱され，議論がされはじめたのは，1970年代に入ってからのことであった。ここで主張された環境権は，「全ての人間は，健康や福祉を侵す要因に災いされない環境を享受する権利と，将来の世代へ現在の世代が残すべき遺産である自然美を含めた自然資源を享受する権利を，基本的人権の一種として有するという原則を，法体系のなかに確立するよう要請する」という一種の政策論として提唱された[22]。このような議論を受け，当時，大阪弁護士会の有志で構成された大阪国際空港訴訟[23]の原告弁護団によって，憲法13条（幸福追求権）と25条（生存権）に基づき「環境を支配し，良き環境を享受し得る権利」が構想され，裁判において初めて主張された。

特に，環境権が主張される場面では，「みだりに環境を汚染し，快適な生活を妨げたりする者に対して，そのような行為の排除を請求しうる」という差止め請求の

---

19) 最判平成16年10月15日民集58巻7号1802頁。
20) 芝池義一『行政救済法講義』（有斐閣，2006年）13頁。
21) 小田急高架化訴訟，最大判平成17年12月7日民集59巻10号2645頁。
22) 大阪弁護士会環境権研究会編『環境権』（日本評論社，1970年）。国際社会科学評議会の環境破壊常置委員会主催のシンポジウムにおいて採択された「東京決議」にて，初めて環境権の概念が提唱された。
23) 最大判昭和56年12月16日民集35巻10号1369頁。田井義信「大阪空港事件」『環境法判例百選〔第二版〕』別冊ジュリ（有斐閣，2011年）86-87頁など参照。

根拠として議論された。そして，原告適格の拡張，差止め救済など「良好な環境」を求め，事前予防の観点から争われる事件のさまざまな局面で「環境権」に基づく救済が盛んに主張されてきた。しかし，権利内容・権利主体が一義的に明確でない点，権利としての保護に値するほど成熟しているとはいえない点（少なくとも立法上は認められていないこと），また，この権利に基づいて誰に何を請求しうるのかが明確でないということから，裁判所では，いずれも消極的な判断がされるにとどまっている[24]。

憲法上の解釈論としては，環境権を「健康で快適な生活を維持する条件としての良い環境を享受し，これを支配する権利」と理解する見解が一般的である。その内実については，「大気，水，日照などの自然的な環境に限定する考え」[25]，「遺跡，寺院，または公園，学校などの文化的・社会的環境まで含める考え方がある」とされる[26]。しかし，多数説では，権利性を強めるために，前者の見解をとる立場が妥当だと考えられている[27]。さらに，あくまでも「環境権は，良い環境の享受を妨げられないという側面では自由権であるため，憲法13条の幸福追求権の一内容をなし，人格権と結びついたもの」と理解されている。一方，「環境権を具体化し，実現するためには，公権力による積極的な環境保全ないし改善のための施策の必要性から，社会権として性格づけ」られるため，憲法25条も環境権の根拠とされる[28]。

環境権という概念が提唱される以前の我が国の状況に目を転じると，1950年代半ば以降に始まる高度経済成長の裏で「公害先進国」と揶揄されるほど，公害被害が深刻化していた。環境権をめぐる議論は，目を背けることのできない社会問題として，取り返しのつかない甚大な被害の顕在化に伴い，その抜本的な解決をめざし提唱されてきた。そして，被害の顕在化した初期の頃は，行政による規制が十分ではなく，すでに生じてしまった被害について，主に被害者らによる不法行為訴訟の提起によって，民事的に救済の道が模索されることがしばしばであった。特に「公害」訴訟においては，事件の性質の複雑さ，被害者の人数の多さ，因果関係の認定

---

24) 大阪高判平成4年2月20日判時1415号3頁，東京地判平成14年10月29日判時1885号23頁など。
25) 木村保男＝川村俊雄「公害訴訟における環境権論の展開」木村保男編『現代実務法の課題』（有信堂，1974年）191頁以下。
26) 大阪弁護士会編・前掲注22・86-87頁。
27) 芦部・262, 263頁。
28) 芦部・262, 263頁。環境権の憲法上の根拠をめぐる議論として，他にも淡路・前掲注3等をはじめ，近年では，糠塚康江＝吉田仁美著『エスプリ・ド・憲法』（ナカニシヤ出版，2012年）131-135頁ほか多数の文献において言及されている。

の困難さ，被害の長期化等の問題を抱え，加害者への責任追及，被害者への救済についても，被害を受けた当事者にとって十分な解決がなされてきたとは言い難い状況があった。その間も，民事裁判においては，立証責任の転換，過失責任の修正をめぐる議論，包括的慰謝料による損害賠償，疫学的因果関係論等の導入が図られてきた。このようにすでに起こってしまった「公害」被害について，民事裁判はさまざまな形でその解決に寄与してきた。しかし，民法には，若干の原状回復の規定，並びに，損害賠償を定める救済のほか，差止めを含む，その他の救済については明文上の規定がない。その性格上，個別の被害者に対する「事後的な」救済を図るための役割から抜け出し，法廷において被害を減じるための事前予防策を論じることは極めて困難であった。

　そのようななかで，先にみてきた環境権をめぐる議論が登場してきたのだが，環境権の提唱と時期を同じくして，1970年の公害国会を経て，不十分ながら，環境侵害の事前予防を図ることを意図した各種行政規制の導入が次第に見受けられるようになる。具体的には，公害対策基本法を皮切りに各種行政規制の立法化されるようになる。このような背景のもとで，民法学者と弁護士を中心に環境権を憲法上の権利であるだけでなく，所有権や人格権などと同じように私権の一つであるとの主張が有力に論じられた[29]。私権として構成される場合には，救済の実効性は担保されやすくなるという利点が認められる。しかし，従前の法枠組みの下では，何よりも環境権保持者の範囲（当事者適格），環境権の取得・喪失の要件（譲渡性，時効との関係など），個別の土地，個人の健康被害などに関する個別の損害賠償の算定や差止めの是非が問題となるため，終局的には，環境権の侵害を主張するとしても，公益的な価値の侵害については特定が難しく，事前予防的な救済を与えるための判断の根拠とまではならなかった。その後も環境権の主張は，主に，公共事業や大規模開発による環境改変に対し，住民が自分達の私的財産権や人格権に基づく私権の侵害として提起する民事訴訟を用いて争われた[30]。1990年代に入ると，地球規模で複雑化する環境問題に対応していかなければならないという趣旨の下，公害から環境問題へと法律の名称も変化し，1993年に環境基本法が制定された。しかし，環境基本法には，環境基準の設定や環境基本計画の策定など具体的な施策に関する実体規定も定められはしたものの，規定の大半は，あくまでも環境政策の施策

---

29) 淡路・前掲注3・6頁。大阪弁護士会編・前掲注22・86-87頁。淡路剛久「環境民事訴訟法の展開」法教269号（2003年）31頁以下において，環境権の性質を私権と捉えるべきではないという見解について反証を行っている。

30) 淡路・前掲注3・8頁。

の方向性について定めるプログラム規定を中心に構成されるものであった。そのため，具体的な施策については規定の趣旨に基づく個別の法制上および財政上の措置に基づき実施されるという，実効性の乏しいものであった[31]。

その後，長年の議論の末，2004年には司法制度改革の一環として，上述の行政事件訴訟法の改正が行われ，9条2項の当事者適格の拡大，義務づけ訴訟が導入され，差止訴訟等の枠組みが規定された[32]。この間，政治的決着を含む行政的救済から埋もれた被害者への救済をめぐって民事，ないし行政の両面から繰り返し訴訟による解決が求められた。被害と原因，原因と加害者の態様との間の科学的因果関係の証明の困難さとも関連し，被害の外延がいまだに明らかとされていない非常に規模の大きく深刻な事例が多数問題となったことも，この間の環境紛争解決の過程で忘れてはならないことである[33]。

❸ 法律上保護される利益としての景観利益

また，2000年に入り，戦後からバブル期までの緩やかな建築規制と過剰な都市開発への反省を背景に，2006年の先述の国立マンション景観訴訟[34]の下級審（2001年の第一審判決）にて，「良好な景観を享受する権利」を求めて，高層マンションの建築差止をめぐる訴訟が提起され，建物の一部撤去が認められる。この一審判決を機に，後に，高裁，最高裁では請求が棄却される「景観権ないし景観利益」の保護をめぐり，民事・行政法の領域でも，その是非についてさまざまな議論が巻き起こった[35]。最高裁判決では「景観利益は，法律上保護に値する利益にあたる」とした。そのうえで，「ある行為が景観利益に対する違法な侵害に当たるといえるためには，少なくとも，その侵害行為が刑罰法規や行政法規の規制に違反するものであったり，公序良俗違反や権利の濫用に該当するものであるなど，侵害行為の態

---

31) 能見善久「新しい法益と不法行為法の課題」New Business Law 936号（2010年）8-16頁。
32) 芝池・前掲注20・19頁以下ほか参照。
33) 過去の水俣訴訟の経過を例にとっても明らかなように，事件の全貌は水俣病の公式確認から56年が経過した現在でも不明なまま，度重なる政治的決着が試みられた現在も，解決は長期化している。藤倉皓一郎「水俣病への法的対応」同志社法学63巻5号（2012年）1-16頁等参照。最近では，二件の最三小判平成25年04月16日（刊行物未登載）において，裁判所による水俣病認定の可能性を大きく認める判断が示されている。
34) 東京地判平成13年12月4日判時1829号300頁。
35) 吉村・前掲注9・467頁以下に詳しい。大塚直＝北村喜宣『環境法ケースブック』（有斐閣，2009年）289頁以下。

様や程度の面において社会的に容認された行為としての相当性を欠くことが求められ」るとの判断枠組みを示した。また，「国立の大学通り周辺の住民には景観利益を有するものと認められるが，14階建てのマンションの建築について，違法建築物でなく，高さの点を除けば本件建物の外観に周囲の景観の調和を乱すような点があるとは認め難いから，周辺住民の景観利益を違法に侵害する行為に当たらない」と，当該建築物の違法性の評価を重視し，マンションの建築撤去等を求める原告の請求を棄却した。また，このような判断の背景には，2004年に制定された景観法の存在がある。この法律は地方公共団体におけるまちづくり計画，景観条例の急増する中で制定された。しかし，ここで制定された景観法は，あくまでも「良好な景観」を維持・形成するという理念を定めたもので，景観をめぐる合意形成のあり方に一定の配慮を示す自治体の取り組みを前提として機能する規定であった。これに照らして，国立マンション判決は，景観という空間的な利益を，私法上保護されるべき利益と判示し，景観を個別的に特定し，私法秩序に組み込む余地を肯定した。この点で，今後の景観訴訟に多大な影響をもつ可能性の高い最高裁判決として，注目を集めたところであった。そして，第3節でみていく鞆の浦判決においても，この国立マンション判決での考え方が引き継がれていく。

3 鞆の浦埋立て架橋事件の概要

2009年に示された鞆の浦埋立て架橋判決は，2004年に改正された行政事件訴訟法の下，国立マンション訴訟において確認された「景観利益」にもとづき，原告勝訴により港湾の埋立て架橋が差止められたという点で，現代の日本の環境訴訟の動向を踏まえた画期的な判決である[36]。下記では，この事件の概要について，簡単にみていくこととする。

❶ 事実の概要

本件で問題とされた瀬戸内海に面する広島県福山市鞆町の「鞆の浦」は，万葉の時代から存続してきた著名な港町である。その景観は，江戸時代の港湾施設の特徴をすべて残す国内有一の港，多島海の織り成す自然の風景，国指定重要文化財をはじめとする歴史的建造物等が見事に調和したものとなっている。他方で，町の中心部では，車両の擦れ違いの困難な道路が散見されるなど，住民生活に不便をき

---

36) 広島地判平成21年10月1日判時2060号3頁以下参照。

たしていた。この状況を打開すべく，広島県および福山市は，港の一部を埋め立てて橋梁を建設し，港湾横断道路を設置する計画を推進した（この計画自体は，その後，幾度かの修正は経ているものの，昭和58年に策定されたものに基づいていた）。また，港湾内の公有水面を埋め立てるには，公有水面埋立法（以下，公水法）2条1項に基づく埋立て免許が必要であり，広島県および福山市は，埋め立て事業者として，免許権者である広島県知事に対し，2007年5月に免許申請をした。本件は，これに先立つ2007年4月に，鞆の浦の良好な景観を享受する利益（以下，鞆の景観利益）を主張する近隣住民らが原告となって，行政事件訴訟法（以下，行訴法）3条7項に基づき，埋め立て免許付与の差止めを求めた事案である。ここでの原告は，本件公有水面への慣習排水権を有すると主張する者，また，本件公有水面において漁業を営むと主張する者，そして，鞆の浦の近隣に居住する景観の利益を主張する者たち163名であった。

2 争　　点

本件で問題とされたのは，本案前の争点として，①上記原告らに差止め訴訟を提起する原告適格があるか（行訴法37条4項第3項）。②本件埋立免許によって原告らに「重大な損害を生ずるおそれ」があるか（同第1項）。本案の争点として，③本件埋立免許を付与することが裁量権の逸脱・濫用に該当して違法となるか（同第5項）という点であった。

3 判決要旨

上述の争点に対し，裁判所は，それぞれ以下のように判示している。

① 原告適格の有無について

「行訴法所定の法律上の利益を有する者とは，当該処分により自己の権利若しくは法律上保護された利益を侵害され，又は必然的に侵害されるおそれのある者をいい，当該処分を定めた行政法規が，不特定多数者の具体的利益を専ら一般的公益の中に吸収解消させるにとどめず，それが帰属する個々人の個別的利益としてもこれを保護すべきとする趣旨を含むと解される場合には，このような利益もここにいう法律上保護された利益に当たり，当該処分により上記利益を侵害され又は必然的に侵害されるおそれのある者は，行訴法所定の法律上の利益を有すると解される（行訴法9条に関する平成17年「小田急」判決参照）。そして，処分の相手方以外の者の行訴法所定の法律上の利益の有無を判断するに当たっては，当該処分の根拠とな

る法令の規定の文言のみによることなく，当該法令の趣旨及び目的並びに当該処分において考慮されるべき利益の内容及び性質を考慮し，また，当該法令の趣旨及び目的を考慮するに当たっては，当該法令と目的を共通にする関係法令の趣旨及び目的をも参酌し，当該利益の内容及び性質を考慮するに当たっては，当該処分がその根拠となる法令に違反してされた場合に害されることとなる利益の内容及び性質並びにこれが害される態様及び程度をも勘案すべきである（行訴法37条の4第4項，9条2項参照）」と，行訴法の定式を説示した後，①慣習的排水権を有していた一部原告らに原告適格を認めた。また，②漁業権者には漁協が既に慣習的排水権を放棄しているので原告適格を認めない，と判示をしている。これに続いて③景観利益については，公有水面埋立法（以下，公水法とする），瀬戸内海環境保全特別措置法（以下，瀬戸内法とする），景観法の関連規定を細かく参照した後，鞆の浦が瀬戸内海を代表する定評ある景観地であること，計画されている埋立てとこれに続く橋梁の建設によって，本件湾の南西から常夜燈を見ようとするときには，架橋部が視界を遮るという位置関係にあることを確認し，これらを前提に「風景は，美しい景観としての価値にとどまらず，全体として，歴史的，文化的価値をも有」し，「鞆の景観がこれに近接する地域に住む人々の豊かな生活環境を構成していることは明らかであるから，……鞆の景観に近接する地域内に居住し，その恵沢を日常的に享受している者の景観利益は，私法上の法律関係において，法律上保護に値するものというべきである」として，鞆の浦の景観の価値を，「私法上保護されるべき利益であるだけでなく，瀬戸内海における美的景観を構成するものとして，また，文化的，歴史的価値を有する景観として，いわば国民の財産ともいうべき公益である」とした。ここでは①公水法3条の利害関係人の意見書提出権，②関係府県知事が公水法2条1項の免許の判断をするに当たり，瀬戸内法13条1項の国民による瀬戸内海の景観について有する一般的利益を保護している規定を考慮する必要があること，③公水法4条1項3号において，土地利用又は環境保全に関する国又は地方公共団体の計画に違背していないことを要件としていること，また，政府の基本計画及び広島県の計画においても，瀬戸内法13条2項の基本方針に沿って，環境保全に十分配慮すること，埋立事業に当たっては地域住民の意見が反映されるよう努めるものとされていることを指摘している。さらに，「これらの規定は，国民の中で瀬戸内海とかかわりの深い地域住民の瀬戸内海について有するところの景観等の利益を保護しようとする趣旨のものと解される」とし，本件事業が完成した後にこれを復元することはまず不可能となる性質のものであると認定する。そして，これらの規定及びその解釈と併せて，埋立てによる架橋によって侵害される鞆の景観の価値及

び回復困難性といった被侵害利益の性質及びその侵害の程度をも総合勘案して,「原告らのうち上記景観利益を有する者は,本件埋立免許を差止めることについて行訴法所定の法律上の利益を有する」と結論づけている。

②「重大な損害を生ずるおそれ」について

次に,本件で原告適格と並んで本案審理前に問題とされた,免許差止めを認める上での「重大な侵害」について,裁判所は,「行訴法37条の4第1項の「重大な損害を生ずるおそれ」の有無は,損害の回復の困難の程度を考慮し,損害の性質及び程度並びに処分又は裁決の内容及び性質をも勘案して決すべきである(同条2項)」。「同条の差止訴訟が,処分又は裁決がなされた後に当該処分等の取消しの訴えを提起し,当該処分等につき執行停止を受けたとしても,それだけでは十分な権利利益の救済が得られない場合において,事前の救済方法として,国民の権利利益の実効的な救済を図ることを目的とした訴訟類型であることからすれば,処分等の取消しの訴えを提起し,当該処分等につき執行停止を受けることで権利利益の救済が得られるような性質の損害であれば,そのような損害は同条1項の「重大な損害」とはいえないと解すべきである」との判断の枠組みを提示した。その上で,慣習排水権から導かれる原告による「高潮や台風の際の内陸部への浸水被害に関する主張については,この可能性が高いことを裏付ける事実を認めるに足りる証拠はなく,上記認定のα1港における既往最高潮位と本件埋立地の地盤の高さや,事業者らが側溝を設ける計画であることなどに照らすと,埋立部分を越えて内陸部に水が入り込むとも考えにくい」として,重大な侵害の適用を排除している。一方,景観利益については,「生命・身体等といった権利とはその性質を異にするものの,日々の生活に密接に関連した利益といえること,景観利益は,一度損なわれたならば,金銭賠償によって回復することは困難な性質のものであることなどを総合考慮すれば,景観利益については,本件埋立免許がされることにより重大な損害を生ずるおそれがあると認めるのが相当である」と判示している。すなわち,「重大な侵害」の評価の実質を,上述した景観利益にすえ,この利益を生命や健康被害とは性質を異にするものの,日々の生活に密接に関連した利益であるとして,重大な損害を生じさせる利益と認定している。

③ 裁量権の逸脱・濫用に該当するか否か

最後に,本件,本案審理の争点として,裁量権の逸脱・濫用が問題とされ,裁判所は以下のように判示した。「広島県知事は,本件埋立免許が「国土利用上適正且合

理的」であるか否かを判断するに当たっては，本件埋立及びこれに伴う架橋を含む本件事業が」「景観に及ぼす影響と，本件埋立及びこれに伴う架橋を含む本件事業の必要性及び公共性の高さとを比較衡量の上，瀬戸内海の良好な景観をできるだけ保全するという瀬戸内法の趣旨を踏まえつつ，合理的に判断すべきであり，その判断が不合理であるといえる場合には，本件埋立免許をすることは，裁量権を逸脱した違法な行為に当たるというべきである」。また，「これらの点にかんがみれば，本件埋立て及びこれに伴う架橋を含む本件事業が鞆の景観に及ぼす影響は，決して軽視できない重大なものであり，瀬戸内法等が公益として保護しようとしている景観を侵害するものといえるから，これについての政策判断は慎重になされるべきであり，その拠り所とした調査及び検討が不十分なものであったり，その判断内容が不合理なものである場合には，本件埋立免許は，合理性を欠くものとして，行政事件訴訟法37条の4第5項にいう裁量権の範囲を超えた場合に当たる」とされる。事業者らが本件事業の必要性・公共性の根拠とする各点は，「調査，検討が不十分であるか，又は，一定の必要性，合理性は認められたとしても，それのみによって本件埋立それ自体の必要性を肯定することの合理性を欠く」とし，この判断を，行訴法37条の4第1項の立法者意図および同第2項の解釈指針に沿うものと断じている。

4 判決の意義とその後

このように，本件は，公共事業に係る埋立てについて，景観利益の重大な侵害を根拠として，計画段階での調査検討が不十分であることを理由に，行訴法37条の4第5号に基づき，事業免許の差止めを初めて認容した事案であった。この鞆の浦判決類似の問題として，かつて争われた事件に和歌の浦景観訴訟（1994年）がある[37]。和歌の浦も，江戸時代に建築された珍しい石積みのアーケード橋である不老橋の海側に「あしべ橋」と呼ばれる新しい橋がかけられたことを歴史的な景勝地の景観を破壊するものとして「歴史的環境権」侵害をめぐって争われた。裁判所は，ここで提示された原告による憲法13条（幸福追求権）ならびに25条（生存権の「健康で文化的な最低限度の生活」）を根拠とする「「歴史的環境権」侵害の主張を，ともに，個々の国民に対して直接に具体的権利を授与したものではない」と判示した。また，同時に「憲法上明文で保障されていない権利を基本的人権であると認めるためには，権利内容・権利主体が一義的に明確であること，権利としての保護に値する成熟したものであり，その権利に基づいて誰に何を請求しうるのかが明確である必要があ

---

37) 和歌山地判平成6年11月30日判自145号36頁。

る。「歴史的景観権（環境権）」は，権利として保護に値する程度に成熟したものとはいえない」と判示していた[38]。その結果，一部景観に配慮するための計画の修正（新しい橋の色，形に配慮など）は行われたものの原告の主張は否定された。

　この判断の違いには，2004 年の行政事件訴訟法改正[39]ならびに小田急高架化訴訟最高裁判決[40]における「法律上保護された利益説」の採用の影響が大きい[41]。また，その後，開発の認められた和歌の浦においては，計画段階での想定を上回って交通量が増加し，渋滞など副次的な問題が次々と生じるなど，予想外の事態が起こったとの指摘もされている[42]。鞆の浦事件においても，和歌の浦判決と同じ轍を踏まぬよう，反省すべき教訓と意識していたようである。さらに，今回の訴訟で問題とされた景観利益は，国立マンション訴訟最高裁判決[43]（2006 年）において私法上，「客観的価値を有するもの」として初めて肯定的な評価が示された利益であった。ここでの判断枠組みは，景観法の趣旨を鑑み，「都市の景観は，良好な風景として，人々の歴史的又は文化的環境を形作り，豊かな生活環境を構成する場合には，客観的価値を有する」とされ，また，「良好な景観に近接する地域内に居住し，その恵沢を日常的に享受している者は，良好な景観が有する客観的な価値の侵害に対して密接な利害関係を有する。これらの者が有する良好な景観の恵沢を享受する利益「景観利益」は法律上保護に値する」とされた。この国立マンション訴訟最高裁判決をもとに，本件鞆の浦判決では，「景観利益」に対して，瀬戸内法の規定趣旨も鑑み，私法上の保護のみならず，公法上の保護に値するものとの判断を示した。これは，以上の二つの先例となった最高裁判決ならびに各種行政規定の制定と原告団（市民）による努力と時代の要請からの必然の流れともいえるのかもしれない。

4　若干の考察

❶ 景観利益の保護に内在する疑問点と判決の意義

　まず考察すべきは，鞆の浦判決において肯定された景観利益と，国立マンショ

---

38) 和歌山地判平成 6 年 11 月 30 日判自 145 号 36 頁。棟居快行ほか著『基本的人権の事件簿──憲法の世界へ』（有斐閣，1997 年）118 頁。
39) 芝池・前掲注 20・46 頁など参照。
40) 小田急高架化訴訟，最大判平成 17 年 12 月 7 日民集 59 巻 10 号 2645 頁。
41) 芝池・前掲注 20・39-54 頁ほか。
42) 中国新聞 1993 年 3 月 23 日「揺らぐ鞆の浦 4」参照。

ン判決において認められた「景観利益」とを単純に同種のものと評価していいかという点である。「景観利益」の侵害に対する訴えを提起できる原告をどのような判断基準で決定すべきか。さらに、両判決の「景観利益」保護のための結論を変えた理由となりうる「侵害」の態様は、救済内容に応じて判断の枠組みを変える必要があるということだろうか。特に本件では、国立マンション訴訟で問題とされた「違法な侵害」という態様が認められなくても免許差止めを認めるためには「重大な侵害」で足りるとされている。これは、事件の性質の違いに基づく民法709条、行政事件訴訟法37条の4第1項から導かれる要件に伴う差異である。

　憲法13条と25条を根拠に主張された「歴史的環境権」侵害の主張について、和歌の浦判決では「憲法上明文で保障されていない権利を基本的人権であると認めるためには、権利内容・権利主体が一義的に明確であること、権利としての保護に値する成熟したものであり、その権利に基づいて誰に何を請求しうるのかが明確である必要がある」ことを要求し、（環境権の一種としての）「歴史的景観権」は、「権利として保護に値する程度に成熟したものとはいえない」とされた。この考え方が、各種行政規制の導入を受け、国立マンション訴訟、鞆の浦判決を経て変化したと評価してもよいのか、環境権をめぐる憲法上の議論と、裁判所の態度、さらには、本件で保護された景観権ないし景観利益との整合性もあわせ分析してみる必要性があるだろう。

　また、国立マンション訴訟と鞆の浦判決とを相互に比較すると、国立マンション第一審判決では、景観の形成過程での住民同士の黙示の合意（不文律）を保護の対象とし、「共同形成景観享受権」に利益の根拠を見出している[44]。また、原告の範囲を関係地域の住民とした。これは、景観法の趣旨とも合致する。その一方で、本件鞆の浦判決は、歴史的、文化的景観として、いわゆる全国民的な価値を有する「既存景観享受権」であるため、景観法、瀬戸内法の趣旨にはあるものの区別して考えるべきだとの指摘もされている[45]。その際に、これらの景観利益をめぐって訴えを提起ができる者を便宜的に把握し、排水権者ないし「鞆町居住者」と限定することに対しても、一部の学説で疑問が提されている[46]。ただ、「既存景観享受権」

---

43) 最判平成18年3月30日民集60巻3号948頁。
44) この区別について最初に言及した文献として、吉田克己「景観利益の法的保護」慶応ロー3号（2005年）85頁以下がある。野呂充「原告適格論の再考」法時82巻8号（2010年）16頁。
45) 広島地判平成21年10月1日判時2060号3頁。
46) 椎名愼太郎「環境行政訴訟の原告適格再論——2004年行訴法改正は不十分である」山梨学院ロージャーナル6号（2011年）1-34頁。

の対象者として，原告適格の範囲を主張する場合に，どの範囲まで「全国民的な価値」ある景観の利益を主張することができる者として認めるべきなのかということについては，景観利益の性質論と分離して論じることが難しい。アメリカの判例法理における考え方を参考として，当該地域の住民と守りたい景観を保全する NPO などの団体の構成員について，原告適格を付与するという柔軟な方針を示すのであれば，当事者を特定することが比較的容易になるようにも思われるが，法制度の仕組みの違いから容易には導入しがたい状況である[47]。このような観点からも，景観利益の性質ならびに，その保護を図る上での手続規定についても，今後，踏み込んだ検討をしていかなければならない。

さらに，本件鞆の浦判決の場合，保護された景観利益と対立する利益は，鞆の町内の道路幅の幅員が狭いことに伴う交通渋滞，事故の未然予防の観点から道路を建設してほしいという地元の声を受けて持ち上がった港の埋立てによる新たな道路利用の利益であった。対立する利益がいずれも日々の生活に密接に関連した利益という点では，地元住民内で，町の将来を見据えて，一定の合意形成を行いつつ，歴史的景観利益と他の公共性の高い利益との間で十分な比較考量をするべき問題だといえるだろう。そして，訴訟後の話し合いのプロセスをみると，県が間に入り，弁護士を選任したうえで，住民協議会の開催が複数回にわたって行われ，対立する立場の住民がそれぞれに自身の見解を伝えあい，時に議論が並行線になることはあったとされるものの一通りの成果が出されたようである[48]。それを受けて，冒頭の山側トンネル代替案の採用という県の結論にいたったとされる。このプロセスも含め，新しい紛争解決の手法として，今後の参考になるのではないだろうか。また，歴史的景観の重要性を正面から取り上げた先例である日光太郎杉事件（1973年）においても，東京オリンピックに伴う交通渋滞を緩和するために，国道に面して成長した

---

47) この点も，民事，行政法上の議論でさまざまに論じられ，理論の構築が行われているところではあるが，判例上はいまだ認められていない。行政法の立場からは，兼子仁「行政事件訴訟法の改正立法論」公法52号（1990年）236頁以下で，団体訴訟の提案がされている。議論の概要については，芝池・前掲注20・50-54頁参照。民事訴訟の観点からは，伊藤・前掲注2・207頁以下を参照。また，この発想の背景には，アメリカ市民訴訟規定の環境法制の動向が関係している。拙稿「アメリカ環境市民訴訟規定の機能」宇佐見大司＝大島和夫編『変わりゆく人と民法』（有信堂高文社，2008年）289-311頁以下。
48) 訴訟から2年が経過し，その間，鞆地区地域振興住民協議会が立ち上げられ，弁護士2名を仲介人とし，福山市鞆の浦地区の住民の埋立て架橋計画の賛成派から同数の計16人を出し，話しあいがされていた。

ご神木としての文化的価値のある日光太郎杉を伐採する計画が問題とされていた[49]。この判決の中で，初めて行政の審査過程の問題を裁判所が指摘し，一時的な交通需要と一度伐採してしまったら取り返しのつかない文化的価値とを比較衡量したうえで，国と栃木県に対し，道路拡幅工事の計画を見直すよう促す判断を下している。この判断は，地裁，高裁ともに原告である太郎杉の所有者である東照宮の主張を全面的に認めている。本件鞆の浦でも，行政による計画策定の審査過程を問題とする判断過程審査方式を踏襲し，詳細な分析の下，判断が示されている[50]。この点も，環境公益を実現する上で，市民からのアプローチを認める判断枠組みとして評価できるだろう。

❷ 環境公益の実現をめぐる近年の議論

景観利益の保護をめぐる判例の判断枠組みと行政の関わりについては，上述してきたとおりである。この間の景観利益そのものの性質に関する学説の見解を，ここで少し整理しておこう。これまでの学説の立場を大きく分類すると，三類型になる。一つは，個別的利益としての景観権を捉える立場[51]，二つ目は公共的利益として公法規制の整備により景観利益を保護する立場[52]，三つ目は，個別的利益と公共的利益の重なり合う領域として，景観利益を捉える立場[53]である。第一の立場は，個人として良好な環境を享受しうる権利であるところの環境権の一種として景観権を訴える見解，ないしは土地に帰着しうる利益の一種として景観利益を捉える立場である。一方，第二の立場は，景観利益においては，眺望権とは異なり，私的利益を超えた公共的利益としての景観が保護の目的とされる以上，行政上の諸制度を用いて，その内容を第三者に公示することで実現されるべきであると指摘する見解である[54]。この見解の問題は，あらかじめ公示されていない利益についての保護がはかれない点にある。第三の立場は，その点，個別的利益と公共的利益の重なり合う

---

49) 一審は宇都宮地判昭和44年4月9日判時556号23頁，二審は東京高判昭和48年7月13日判時710号23頁。
50) 橋本博之「行政裁量と判断過程統制」『行政判例と仕組み解釈』（弘文堂，2009年）145-175頁。
51) 淡路剛久「景観権の形成と国立・大学通り訴訟判決」ジュリ1240号（2003年）119-127頁。富井利安「環境権と景観享受権」富井編『環境・公害法の理論と実践』（日本評論社，2004年）16頁。
52) 阿部泰隆「景観権は私法的（司法的）に形成されるか（上）（下）」自治研究81巻2号3-27頁，3号（2005年）3-27頁ほか。
53) 大塚直「国立景観訴訟最高裁判決の意義と課題」ジュリ1323号（2006年）70-81頁ほか。

領域として，景観利益をいずれの性質も兼ね備えた利益として捉え，完全に区別して理解することに力点を置かない。

たとえば，鞆の浦判決においては，瀬戸内法3条1項において，あらかじめ瀬戸内海の景勝地としての価値を公示している点で，公共的利益として保護されるべき価値を有していることは問題ない。しかし，保護をはかる上でこの価値を個別的価値に還元して主張することを認めている。この点で，第三の立場を肯定していると評価できる。また，国立判決での慣習的な相互拘束により形成された外郭秩序における生活利益としての景観享受権，すなわち「共同形成景観享受権」についても，公示はされていなかったが，近隣住民にとっての共通の利益として景観利益を捉えている点で，三番目の考え方にもっとも親しむものといえる[55]。このように考えると，国立最高裁判決で，より抽象的な景観利益が，個別的利益として保護の対象とされたのであるから，瀬戸内法を背景にもつ鞆の浦判決においては，瀬戸内海の景勝地としての価値が公的，私的利益として保護の対象とされるのはもっともな判断となろう。

残る問題は，私的利益の性質を帯びているこのような公益性の高い利益間の調整をどのように図るべきかという問題である。この点，近年，第三の立場の延長線上で，新しい「環境公益」（ここでの，「環境公益」には私的利益の集合という意味を含んでいる）の実現をめぐる学説が展開している。北村喜宣教授によると，環境利益の実現について考える際に，まず「環境利用に起因する外部性が，個人の生命・健康・財産を侵害する蓋然性が高ければ，そうした環境利用に賛同する人が多くても，侵害行為は，裁判上，阻止されることになる。生命・健康・財産に関する個人の権利には，強い法的保護が与えられる。人格権・財産権を保障する憲法の要請でもある。ところが，そうした侵害に至らない程度の環境改変については，それを支持する人も存在する。当該環境に関するひとつの効用を絶対化・全体化することは困難である」と述べられる。また，「個人権の保護を基本とする当事者対抗主義の民事訴訟で環境に関する「権利調整」を行うのは，現行法の秩序のもとでは限界がある」と断った上で，「「権利」というラベルを公共的関心事である環境に付することが適切であるかどうか疑わしい。伝統的環境権は，個人権からのアプローチを基

---

54) 前掲注52において，阿部は，新たな権利創造が，同時に他人の財産権を（権利濫用や相隣関係による制限を越えて）制限する場合，財産権の内容を定めることになるから，憲法29条2項により，法律・条例によって一般的に定めるべきであるという法学上の配慮を行っている。

55) 吉田・前掲注44参照。

本としていた[56]。しかし,「環境はみんなのもの」と表現されるように,良好な環境が維持されることは社会共同の利益であると把握して,それに個人がどのように関与できるかというアプローチの方が適切」ではないかと指摘される[57]。すなわち,「「良好な環境状態」とは,当該環境に関する人びとの選好を社会的に調整した結果を表現したものであり,社会的合意は,個々の参画者がその選好の主張を部分的にあきらめることを集積した結果として形成される。環境利益の内容は,民主的プロセスを通じて確定されるものであり,確定された環境利益の実現は国家に対する国民の権利になる。……法理論的には,「持続可能な発展」が憲法上どのような意味を持つか,そのためには国家がどのような責任を負うのかという観点から,共同利益として環境公益の実現を可能にする方向で考えることが望ましい。国や自治体の法的責務としての環境配慮義務を理論化して明確に規定し,それを具体的に実現できる個別法を制定する公法上の権利(訴権,行政手続権)と整理されるべき」であるという。あわせて,「良好な環境は人間の尊厳に不可欠との前提にたって,憲法前文で規定する可能性」についても言及している。この見解は,第三の立場をとりながら,上述の第二の立場の基底にある国や自治体が環境利益の実現をはかるための諸立法の制定(環境配慮義務)を怠っている場合には,環境配慮義務違反と判断し,個人が私権として,環境利益の追求を認める見解である。従来の環境権の議論の主張を土台から見直す立場であるが,現代環境法を考えていく上で示唆に富む主張だと思われる。また,裁判例においても,少しずつ環境利益への個人からのアプローチを認める見解が採用されてきていることも注目されるところである。

❸ 自然的特性に着目した判断枠組みの提示:
見落とされてきた入浜権的アプローチ

さて,ここまで,判例・学説の見解を通じて,景観利益の性質に対する個人か

---

56) 篠塚昭次「入浜権についての法的一見解」高崎裕士=木原啓吉編『入浜権―海岸線を守る手作りの思想』(東京ジャパン・パブリッシャーズ,1977年)93頁以下。ここでは,環境権を私権として構成せざるをえなかった理由が詳細に言及されている。当時の「公=官」に近い捉え方と,北村教授が言及している「公益=新しい公共」としての理解の間には,大きな隔たりがみられる。

57) 環境利益を私益と位置づけるか,公益と位置づけるかという議論以前に,いかに社会共同の利益の侵害による影響を受ける個人が,そのような利益の保護を求め関与していくことを認めるべきとする視点は,淡路剛久教授にも共通して以前から言及されていたところであった。淡路剛久「入浜権を考える三つの視点」高崎=木原編・前掲注56・106頁以下。

らのアプローチの可能性について紹介してきた。このような景観利益への捉え方の違いは，環境利益一般にも拡張して考えられる可能性を有しているようにも思われる。例えば，上述の第一，第三いずれの立場に立つにせよ，国立訴訟での景観利益を肯定した判断枠組みを応用すると，実態に即した具体的利益があれば，そこから個別的環境利益を導き出す可能性が引き出される。だとすれば，景観利益にとどまらず，他のレクリエーション上の利益や，浜に入るという利益も同時に法的保護の対象として認められる余地が生じてくる。ただ，第二の立場をとる見解のみ，事前の規制が無ければ，景観利益などの環境利益の保全の判断は導きだしがたい。

　もっとも，これまでみてきたとおり，鞆の浦判決で認められた景観利益は，1973年の瀬戸内法，2004年の景観法制定，各地で相次いで施行されている景観条例が制定されていたこととあいまって，上述の第一，第二，第三のいずれの立場においても，肯定される可能性の高い利益として確立されてきた。筆者自身，このような景観をめぐる規制の整備については，行政が実質的な環境配慮義務を果たしているものとして大いに賛同するものである。しかし，一方で，景観法において保護の対象とされる景観利益の範囲は非常に広範であり，一概に，景観法を根拠として，景観利益すべてを保全することが認められるのかという点については慎重に考慮しなくてはならないと考えている。

　景観の捉え方は，地域性や時代性によっても，日々変化している。このことは，景観法制定以前から美観地区条例や風致地区をめぐる条例や都市計画法における規定導入の動きがあったことからも明らかである。現在，各地で景観条例の対象となっている地域をみても，海岸線・山なみ・河川などの自然特性の多く残されている場所や，宿場町，住宅街，商店街，工場地などの用途地域に応じた制限や取り決めがされている場所など多種多様である[58]。にもかかわらず，裁判では，民事・行政事件ともに，関係法令の範囲をこえて，当該土地の自然的特性，用途地域に着目した事実の主張を取り上げることが少ない。その上，景観利益に対する評価をすでに整備された関係法令との関係でのみ検証している。ここで，いくら抽象的な景観利益ないし景観権の保護に限った主張を分析してみても，本質的な土地の有する特徴，実態にそくした当該地域の利用者の利益，そこで管理者に求められる環境配慮義務の内容についての考察が見落とされかねない。

---

58) 杉田早苗＝白川慧一「「新たな公」を基軸とした地域管理活動の正当性に関する研究——景観保護をめぐる地域ルールのあり方を素材として」『平成21年度国土政策関係支援事業　研究成果報告書』15頁にも整理されている。

鞆の浦訴訟で問題とされた港湾の開発を例にとってみても，文化・歴史的景観保全の観点からだけではなく，実態に即して海岸線の保全という自然的特性の点から検討し直してみると，考慮すべき価値がさらに多く含みこめられたのではないだろうか[59]。

　わが国では，戦後あいつぐ沿岸部の埋立て開発により，人の立ち入ることができなくなった沿岸域における工場排水の結果，さまざまな健康被害がみられた。そこで，1970 年代に入り，人々の生活において果たしていた沿岸部の役割に着目し，風習，習俗の点からも「入浜権」という権利が提唱された[60]。これは，生存権にも基礎付けられる現実の事実状態に着目した「手作りの思想」とも評されている。当初，漁業のような生業としてではなくとも，浜辺でのレクリエーション，海水浴を含む，古くから習慣として人々が行ってきた沿岸使用権の保全を求める訴えであった。だが，従来より，沿岸部は公物とされてきたので，行政法上は沿岸部の使用を公物利用の反射的利益として，入浜権の権利性を否定していた[61]。ところが，近年では，このような利益についても，より積極的に公物に対して市民に認められた自由使用権と評されている[62]。このことからも，沿岸部における入浜についても，個別的利益が肯定される素地が整ってきているといえるのではないだろうか。また，このような点からも，鞆の浦事件で考慮されるべき利益に，文化的価値とあわせ，入浜権者らの利益についての要求も，慎重にもう少し考慮すべき余地を検討しても良かったと思われる。そして，このような利益まで保護法益として考慮する余地を認めるとすると，原告適格の範囲はさらに広く認められる可能性もでてくるだろう。本事件における原告団による主張の中にも，多種多様な性質の利益の主張があった。だが，最終的に，結論において影響がないということから，本件では，公水法 3 条，ならびに 4 条 1 項の地域住民である排水権者による景観利益の主張だけを取り上げて，裁判所は判断を示したものと考えられる。すでに，鞆の浦事件を通じても明らかとなっていたように，伝統的・文化的価値を有する海岸が国全体としてかなりの割合で減少しており，入浜権が主張されはじめた時代に比べ，新たな開発が施され

---

59) 三好規正「海岸・海域の公物管理法制と司法審査に関する考察」山梨学院ロージャーナル 5 号（2010 年）132 頁などでも，類似の問題意識の下，これまでの司法判断と行政規定の不備につき，具体的な検討が行われている。
60) 田中唯文「埋立と入浜権運動」日本土地法学会編・前掲注 13・160 頁。高崎＝木原編・前掲注 56・1 頁に詳しい。
61) 長浜町入浜権事件，松山地判昭和 53 年 5 月 29 日判時 889 号 3 頁。
62) 原田尚彦「公物管理行為と司法審査―自然公物の利用権と環境権に関連して」『環境権と裁判』（弘文堂, 2008 年）91 頁以下。淡路・前掲注 3・102 頁。

ていない沿岸部の希少性が高まっている。一方で，戦後の経済政策において，長い間，官民主導での埋立地開発が進められ，本来であれば公物の自由使用権を有するはずの市民が訴権も与えられないまま置き去りとされてきた。このように取り残されてしまった利益を，いかに司法ないし行政において議論の俎上に乗せることができるのか，引き続き注視しておく必要があると考えている。

また，もともと日本において，環境権提唱の際に参照されたアメリカの環境諸法の基底にある公共信託理論も，当初は海，湖における沿岸部の利用をめぐって，私的企業による独占を排するために制限的に用いられてきた法理であった[63]。現在では，その適用の範囲が徐々に広げられ，河川を含む沿岸部においても，州民の公共目的による利用をはかるために手続き上も計画段階での多面的な配慮が施されている。その他，文化財，絶滅危惧種の保全などの場面でも，公共信託の対象として州ごとに各種環境規制の整備が行われており，保護の根拠として積極的に活用がされている。

このように，今後は景観利益の分析だけにとどまらず，環境訴訟における訴訟の対象地の自然的特性を考慮にいれた判断枠組みの構築を，わが国においても積極的に検討していく必要性があると思われる。とりわけ，沿岸域の開発においては，伝統的・文化的景観のあるなしに関わらず，開発に伴い関係する多種・多様な価値について，十分かつ適切な利益考量を行う場（手続き）の構築が強く求められるはずである。その際に，諸外国の法制，なかでもアメリカ環境法における公共信託理論に関連する判断枠組みが参考になるのではないだろうか。

※付記：本研究は科研費MEXT/JSPS24730103の助成を受けた研究成果の一部である。

---

63) 公共信託理論とは，現に公衆による利用（公共使用）がされている土地については，行政主体がこのような土地を勝手に――議会の特定の明示なく――処分することはできず，国や地方公共団体が，公衆の利益のためにそれを管理することを委託されているにすぎないと考える法理のことである。詳しくは，高柳信一ほか「公共信託論と環境権論との交錯―国際環境保全科学者会議における討議を踏まえて（環境問題と国際会議〈特集〉）環境法研究8号（1977年）20頁以下，畠山武道『アメリカの環境保護法』（北大図書刊行会，1992年）168-176頁ほか，および拙稿「アメリカ公共信託理論の生成と展開」田井義信編『民法学の現在と近未来』（法律文化社，2012年）241-255頁など参照。

コラム④　土壌汚染規制のあり方

黒坂則子

　まず土壌汚染固有の特徴としては，代表的なものとして以下の3点が挙げられる。第1に，土壌汚染は潜在的であり蓄積性があるという特徴があり，一旦汚染されると長期的にその影響が継続する可能性が高い。第2に，そもそも汚染サイトが私人の土地所有権の対象であることが多く，公的な介入が困難である。第3に，発見された土壌汚染は過去から累積的に生じたものであることが多いことから汚染原因者の特定が難しく，また特定したとしても破産や所在不明等の理由により責任追及が容易でない場合が少なくない。このような特徴をもつ土壌汚染は，古くから公害問題として対処されてきた大気，水質とは多くの性質を異にするものである。以上のような特徴をもつ土壌汚染に対して，どのような手法を用いて対処すべきであるか，その規制のあり方について，以下若干の検討を試みる。

　わが国においては2002年に土壌汚染対策法が制定された（2009年改正）。この土壌汚染対策法の詳細については紙面の都合上割愛するが，一言でいえば，有害物質使用特定施設の廃止時などにおいて，土壌汚染の状況調査及び浄化義務を土地所有者等に課すとしたものである。これは，従来から用いられてきたいわゆる命令統制手法（command and control）に当たるもので，ある一定の基準を定め，同基準違反に対する行政処分や罰則によってその実効性を担保するものであり，オーソドックスな行政規制といえる。この命令統制手法に該当する土壌汚染対策法が諸外国に比べ遅くに制定されたとはいえ，同法はわが国における土壌汚染規制の重要な第一歩であったとまずは評価できる。

　しかしながら，同法の対象とならない潜在的な汚染サイトが工場跡地などを中心に数多く存在するといわれており，そのようなサイトの開発について，事業者が掘削除去にかかる高額な費用などを理由として避け，土地の流動化が阻害されることが懸念されるところである（いわゆるブラウンフィールド問題を引き起こすおそれがある）。このような適法領域における潜在的な汚染サイトは，その潜在性，蓄積性，そして被害が顕在化した場合の不可逆性からして命令統制手法だけでは足りず，予防的なアプローチが必要となる[1]。具体的には土壌汚染リスクを定量的に評価することで，安全か危険かという二者択一的な評価ではなく，予見できる汚染リスクに対し，リスクに応じた措置を施していくという手法が考えられる。

その際，わが国においてはゼロリスクを望む傾向から前述した完全掘削除去という手段が選択される傾向にあるが，アメリカ（の多くの州）のように土地の利用用途を考慮し，それに応じた浄化措置を積極的に行うことが必要となろう[2]。その前提として，リスク情報の公開及び当事者のリスクコミュニケーションが重要となる。そもそもわが国の土壌汚染対策法の対象とならない潜在的汚染サイトが数多く存在するのは，同法が調査の契機を水質汚濁防止法の定める特定事業場の廃止時など限定的な場合にのみ求めていることもその要因の一つと思われるが[3]，この点，アメリカのニュージャージー州のように土地取引段階における売主の調査義務の導入も一考の余地がある[4]。

なお，欧米では善意無過失の土地購入者等はむしろ犠牲者であり，一定の要件のもと免責規定が置かれているが，わが国の土壌汚染対策法においては免責規定が置かれておらず，善意無過失の土地購入者や隣接地の所有者に対する法的救済制度の整備も今後の課題といえる[5]。上述した特徴をもつ土壌汚染について，アメリカでは厳格な命令統制手法とその他のさまざまな手法を組み合わせて土壌汚染リスクを管理し成果を挙げており，わが国のこれからの土壌汚染規制のあり方に大きな示唆を与えよう。

---

1) 予防的アプローチをはじめとした土壌汚染問題における環境リスクのあり方を検討したものとして，拙稿「環境リスク概念」松村弓彦編『環境ビジネスリスク─環境法からのアプローチ』（産業環境管理協会，2009年）15頁参照。
2) 2009年の改正法においてこの点を意識した指示措置制度が導入されたので，今後実際の実施状況が注目される。なお，アメリカの手法に関しては，拙稿「アメリカの土壌汚染浄化政策に関する一考察─ブラウンフィールド政策を中心として」同志社法学55巻3号（2003年）685頁など参照。
3) 2009年改正法において一定規模以上の土地の形質変更時にも調査の契機を拡大したことは評価できる。
4) ニュージャージー州の土壌汚染政策については，拙稿「ニュージャージー州における土壌汚染浄化政策─BDAイニシアティブを中心として」神戸学院法学36巻1号（2006年）1頁を参照されたい。
5) 土地購入予定者等が免責されるためには，あらゆる適切な調査に関する規則に沿った調査が行われなければならないとされる。この規則は，大塚直＝黒坂則子＋福田矩美子「アメリカ土壌汚染・ブラウンフィールド問題─あらゆる適切な調査についての最終規則」季刊環境研究148号（2008年）136頁に訳出されており，内容については，拙稿「ブラウンフィールド新法におけるAAI規則の意義」同志社法学第60巻第3号（2008年）311頁を参照されたい。

第Ⅱ部　平 等 権

04　婚外子の相続分
　　差別と裁判所

コラム⑤　チベット：民族としての権利保障

第4章
婚外子の相続分差別と裁判所

吉田仁美

1 はじめに

　婚外子（非嫡出子）の相続分差別は，長年合憲性が疑われながら，合憲判断が維持され，立法による是正もいまだなされていない。

　民法900条4号但書は，非嫡出子の法定相続分を嫡出子の2分の1としている。この規定が憲法14条を侵害するかどうかという問題は，最高裁において1991年（平成3年）に初めて取り上げられ，1995年（平成7年）に大法廷判決が下された。しかし，それ以降も，6度にわたって最高裁小法廷で取り上げられたが，平成3年判決，平成7年大法廷決定を参照しての合憲判決が下され続けた。いずれの判決も，おおむね，立法的解決を促す補足意見と，違憲判断を支持する反対意見が付され，多数意見（法廷意見）とのバランスは拮抗している。

　こうした中で，2010年（平成22年），大阪高裁決定からの控訴が大法廷に回付された[1]が，結局，和解により決着した。その後，2010年（平成22年）の東京高裁判決は本規定そのものを違憲とし[2]，2011年（平成23年）の名古屋高裁決定が，結婚前に出生した婚外子の法定相続分について，婚姻中に出生した婚外子の場合とは区別して適用違憲の判断を下した[3]。

　婚外子の別異取り扱いについて，多くの法律家の納得が得られないのは，簡単に言えば，相続をめぐる法制が，平成7年大法廷決定の最高裁のいう「法律婚の保護」という利益等の理由付けと引き比べても，非難，そして責任を引き受けるいわ

---

1) 和歌山家審平成21年8月27日民集65巻2号726頁，大阪高決平成21年10月7日民集65巻2号726頁，和解後の抗告を不適法とした最決平成23年3月9日民集65巻2号723頁は，大法廷からの回付を受けたもの。村重慶一「非嫡出子の法定相続分規定は合憲か」みんけん645号（2011年）11頁，23頁参照。
2) 東京高判平成22年3月10日判タ1324号210頁。
3) 名古屋高決平成23年12月21日裁判所ウェブサイト掲載判例。

れのない婚外子に不利益を負わせ，説得力に欠けるからであろう。多くの反対意見は，「rational な関連性判断よりも，婚外性関係発生に責任のない非嫡出子に不利益を課すことで立法目的を達成するのは，個人の尊厳に反し許されないという実体的判断」[4] だと指摘する。

　こうした，法の大原則を逸脱する，非難なき責任が表現された法制が，多くの法律家の努力にもかかわらず[5]，なぜ克服されず存続し続けるのだろうか。学説においても，すでに合憲説・違憲説ともに議論は出尽くしている[6] とされる。なぜ，最高裁は，平成7年大法廷決定を見直すことができないでいるのだろうか。

2　平成7年7月5日大法廷決定

　平成7年の大法廷決定では，被相続人 A は 1901 年（明治 34 年）生まれで，婚養子を選ぶために，4回の試婚を繰り返した。2人目の試婚相手との間に B が生まれたが，法律婚はなされなかった。被相続人 A は，1988 年に死亡し，子である C がすでに死亡していたので，本件の原告 X が代襲相続することになったが，B が婚外子であったことを理由に，相続分には差がつけられた。X は，民法 900 条 4 号但書は憲法 14 条 1 項に違反するとして，均等な相続を主張し，A の嫡出子やその代襲相続人を相手取って遺産分割の審判を申し立てた。審判で違憲の主張が認められず[7]，抗告審の東京高裁も，当該規定を合憲とした[8] ため，X は，特別抗告した。

　最高裁[9]の多数意見は，民法 900 条 4 号但書は憲法 14 条 1 項に違反せず，合憲であるとの結論を下した。多数意見によれば，憲法 14 条 1 項は，合理的理由のない差別を禁止し，各人の経済的，社会的その他種々の事実関係上の差異を理由とする法的区別は，それが合理性を有する限り，憲法 14 条 1 項に違反しない。相続制度は，その国の伝統，社会事情，国民感情，婚姻ないし親子関係に対する規律等を総合的に考慮した上で定めるもので，これをどのように定めるかは，立法府の合理的裁量にゆだねられている。また，民法 900 条 4 号但書は，遺言による相続分の指

---

4) 安念潤司「家族と憲法（特集 戦後日本社会の構造変化と憲法）――（第1部 地域・労働・家族・国民――春季研究集会シンポジウム）」憲法問題 7 号（1996 年）38 頁。
5) 本山敦「非嫡出子相続分差別の違憲性」法教 276 号（2003 年）85, 87 頁。
6) 本山・前掲注 5・法教 276 号 85 頁。
7) 静岡家裁熱海出審平成 2 年 12 月 12 日民集 49 巻 7 号 1820 頁。
8) 東京高判平成 3 年 3 月 29 日判タ 764 号 133 頁。
9) 最大決平成 7 年 7 月 5 日民集 49 巻 7 号 1789 頁。

定等がない場合の補充規定であることからも，合憲性の判断基準は，本件規定の立法理由に合理的な根拠があり，本件区別が立法理由との関係で著しく不合理なものではなく，立法府に与えられた合理的な裁量判断の限界を超えていないこと，というべきである。さらに，本件規定は，非嫡出子に嫡出子の二分の一の法定相続分を認め，法律婚の保護と非嫡出子の保護の調整を図ったものである。現行民法は法律婚主義を採用しているのであるから，立法理由には合理的根拠があり，本件規定が非嫡出子の法定相続分を嫡出子の二分の一としたことが，立法理由との関係において，著しく不合理で，立法府に与えられた合理的な裁量判断の限界を超えたものとはいえない。

本件には，可部恒雄裁判官による補足意見，大西勝也裁判官の補足意見（園部逸夫裁判官同調），千種秀夫，同河合伸一の補足意見の三つの補足意見が付された。

本件の反対意見（中島敏次郎，大野正男，高橋久子，尾崎行信，遠藤光男裁判官）は，本件規定が制定当時には合理性を有していても，その後の社会の意識の変化，諸外国において，1960年代以降，非嫡出子の地位を向上させる立法の趨勢があること，昭和54年以降，国内で相続分の同等化にむけて法改正の議論があったこと，国際人権規約B規約や子どもの権利条約の批准などにより，もはや立法目的と手段に実質的関連性が失われている，とした。これには，尾崎行信裁判官の追加反対意見が付されている。

この大法廷決定が下されたあと，法務省の法制審議会が1996年（平成8年）に「民法の一部を改正する法律案要綱」を答申し，「嫡出でない子の相続分は，嫡出である子の相続分と同等とするものとする」としたものの，法案提出には至らなかった。その後も，民法900条4号但書の合憲性を問う訴訟は止まず，最高裁の小法廷では，引き続き6件の合憲判断が下された。平成12年1月27日には2件の判決[10]があり，平成15年3月28日判決[11]，平成15年3月31日判決[12]，平成16年10月14日判決[13]，平成21年9月30日決定[14]である。

---

10) 最判平成12年1月27日民集54巻1号69頁。
11) 最判平成15年3月28日家月55巻9号51頁。
12) 最判平成15年3月31日家月55巻9号53頁。
13) 最判平成16年10月14日集民215号253頁。
14) 最決平成21年9月30日家月61巻12号55頁。

3 合憲性審査基準

　平等権の違憲審査では，差別に合理的理由があるかどうかを判断するために従来の合憲性審査基準を採用する学説に依拠する場合，採用された区分や，問題になっている権利が何かによって，合理性の基準，厳格審査，厳格な合理性の基準のいずれかを適用する。

　しかし，判例は，これまで合憲性審査基準を採用せず，比較衡量によってきた。「その図式は，平等条項プロパーのものではもはやなく，権利侵害一般に妥当する比例原則に転化している」，と指摘される[15]。比較衡量は，事案の個別の事情を考慮に入れうるうえで，「実は合憲判断を下している多数意見の手法の方が，違憲判断を下した反対意見よりも平等保護の実体内容に忠実な審査を行っている」と評される[16]。しかし，問題は，比較衡量における一つひとつの価値判断の妥当性が問われることである。

　ところで，別異取り扱いに合理的理由があるかどうかを検討する上で，平成7年最高裁決定の多数意見が採用した基準は，「立法理由との関係において，著しく不合理で，立法府に与えられた合理的な裁量判断の限界を超えた」かどうか，であり，これについて，安易に相続について広い立法裁量を認めたこと——「違憲判断を下す余地がほとんどなくなるぐらいにまで立法府の判断を尊重しようとする多数意見（および改正の必要性を示唆する補足意見）の姿勢」[17] が，疑問視されている。はじめから立法裁量論に飛び込まず，憲法的分析を行う上で，採用された区分や，権利がなんであるかを基準に，あらかじめ一定の，厳格さの異なる合憲性審査基準を観念しておくことには意味がある。

　この点，中島反対意見は，「精神的自由に直接かかわる事項ではないが，本件規定で問題となる差別の合理性の判断は，基本的には，非嫡出子が婚姻家族に属するか否かという属性を重視すべきか，あるいは被相続人の子供としては平等であるという個人としての立場を重視すべきかにかかっているといえる。したがって，その判断は，財産的利益に関する事案におけるような単なる合理性の存否によってなされるべきではなく，立法目的自体の合理性及びその手段との実質的関連性について

---

15) 石川健治・法学協会雑誌114巻12号（1997年）1533頁。
16) 井上典之「民法900条但書と平等保障」法セ608号（2005年）79, 83頁。
17) 井上・前掲注16・83頁。

より強い合理性の存否が検討されるべきである」として，より厳格な基準（厳格な合理性の基準，または中間審査）の採用を示唆している。ただし，引き続き，本件については，「単なる合理性についてすら，その存在を肯認することはできない」と述べている。平成15年3月31日の小法廷判決でも，泉裁判官が中間審査を用い，本規定を違憲と判断している。

　合憲性審査基準を適用する場合も，実際の審査では，その枠内での価値判断・比較衡量を行って結論を出すことになる。婚外子は，憲法14条1項後段の社会的身分にあたると考えると，区分の点では，学説上，中間審査を示唆する説が多い[18]。権利内容についても，民法900条4号但書が，そもそも被相続人の意思に任される遺産に関する民法上のルールで，しかも補充規定であるとみると，その重要性が低くみえる。しかし，平成7年決定の多数意見が憲法14条につき，「個人の尊厳……に反するような差別的取り扱いを排除する趣旨」として個人の尊厳と平等を「重ね合わせて」いることから，「「非嫡出子」という身分は，「自己のかけがえのなさ」を認識することを困難にさせ……他者との相互承認のネットワークを形成すること自体が困難となる。「非嫡出子」という属性に基づく差別は，「個人の尊厳」を侵害する。」[19]とする見解がある。平成7年決定の尾崎反対意見が，13条の個人の尊重をうけた24条の保障や，差別が非嫡出子の人格形成に多大の影響を及ぼす，としているように，後続の判例も含め，争われているのは，単に遺産ではない。（例えば，アメリカの苛烈な人種差別や，戦時下での外国人差別ほどではないにしても）このような内実を考えると，基準は，中間審査にあらかじめ設定しておくのがよさそうである。さらに厳しい，厳格審査の適用を示唆する論者もある[20]。

　適用される合憲性審査基準を選ぶことは，区分のほか，問題となっている権利の重要性を一部先取るため，違憲の結論をにらんでいるといわれる。目的手段審査は，さまざまな要素のうち，政府行為の目的と手段に特に着眼するものであるが，そのフォーマットの中で，さまざまな要素を取り込み衡量を行うことになる。かりに，中間審査を採用するとすると，平成7年決定が挙げた目的である「法律婚の保護」が「重要な目的」といえるか，民法900条4号但書が，「目的に実質的に関連する手段」か，という見地から判断することになる。

---

[18]　芦部・136頁。

[19]　青柳幸一「嫡出制の有無による法定相続分差別」百選I〔第5版〕・64, 65頁。

[20]　釜田泰介「嫡出・非嫡出区分の憲法適合性：民法900条4号但書前段と憲法判断基準」同志社法学57巻3号731頁（2005年）。

「法律婚の保護」について、判例は詳しい内容を述べていないが、遺産相続の文脈で学説が説明するところでは、ドイツやフランスの法制では、婚姻中に形成された財産が夫婦財産性の精算に伴って生存配偶者に分割され、被相続人の遺産分割の対象はそのほかの取り分であるため、日本の配偶者相続権のありかたでは、配偶者には遺産分割がないことになり、配偶者に保護が薄く、老後を嫡出子の配慮にたよることになるという理由が挙げられる（この論者は、住居が主な遺産である場合に非嫡出子の相続分が増えることにより、分割が求められないように、生存配偶者の老後の居住権等も視野に入れた法改正による救済がのぞましいとする）[21]。「法律婚の保護」の具体的内容がこうしたものだとして、これを、「重要な目的」といいうるかどうか、であるが、この論者のいうように、相続法には、あるところで政策的な判断をせざるをえない側面がある[22]としてもやはり疑問である。この論者の想定する「（老齢の）配偶者で、居住権を失う未亡人」は、そのままにうけとれば、事案の多様性をあまり視野に入れない[23]。このような事例が問題化するのなら、立法により別途対応するのが筋合いであろう。婚外子の相続分について、中間審査をとるのは、アメリカの影響である可能性もあるが、アメリカは婚外子が親に扶養を頼っていたかどうかなど、多様な要素が考慮されうる[24]。婚外子が経済基盤のない未成年である可能性もあるし、嫡出子がすでに成人して、経済的に不安がない場合もあろう。立法論としては、さまざまな要素を加味して調整を図るべきところだが、つきつめれば「遺産分割において配偶者をあつく保護すること」が「法律婚の保護」の内実だとすれば、平成7年決定の尾崎反対意見によれば、「公的な利益でもなく」本規定の合憲性を支持しうるような重要性には欠けよう。

---

21) 水野紀子「非嫡出子の相続分格差をめぐる憲法論の対立」法セ662号（2010年）5頁。
22)「座談会　非嫡出子の法的地位をめぐって」ジュリ1032号（1993年）46頁〔水野〕。
23)「座談会　非嫡出子の法的地位をめぐって」前掲注22・46頁では、同じ論者が、配偶者が婚姻期間の短い後妻であったことが特殊事情として、東京高裁の平成5年6月23日の違憲の決定に影響した可能性を指摘している。また、懐胎時に両親の一方に他に配偶者がいる非嫡出子が、法律婚配偶者やその配偶者から出生した嫡出子と競合した場合に相続分が低くなるという、フランス法のような規程を置いていないことと比較して、日本の法制ではより非嫡出子に不利益があるとし、立法論として、配偶者の相続分を増やし、直系尊属の相続分を同等にするべきだとしている。
24) 釜田泰介「嫡出・比嫡出による区分と法の平等保護（一）（二）（三・完）：アメリカにおける憲法訴訟を中心として（1968～1980）」同志社法学32巻（5）号（1981年）1頁、33巻1号（1981年）1頁、同志社法学32巻3・4号（1980年）231頁。釜田「嫡出・非嫡出区分の憲法適合性」前掲注20。

手段審査は,「目的に実質的に関連する手段」かどうか,が問題となるが,婚外子の取り分を少なくすれば,婚姻家族の経済状態は向上することが予想される。しかし,手段審査は,第三者に無用な負担を課さないという見地から,(採用された区分の疑わしさや,問題になっている権利の重要性にそぐうよう)相応に限定された手段であることを求める趣旨である。ここでは,負担を課される第三者は,婚外の性関係発生にコントロールもなく,自らの意思で身分を変更できない婚外子であり,平成7年決定の尾崎反対意見が家族関係を一般論で割り切って,その結果「他人の基本的な権利を侵害してよいかは,甚だ疑問である」とするところの「他人」である。

　重複するが,(合憲性審査基準を採用した分析が形式的なものになりがちだという指摘を気にして)再度述べると,婚外子は,個人の尊重の原理に反する取扱いをうけ,人格を侵害され,「象徴的・文化的抑圧をうける」[25]。先に挙げられたような(嫡出子にたよる老齢の)配偶者の不利益のようには,具体的不利益を示せない点,理解を得にくいのかもしれないが,次元のはるかに違うところで,婚外子の負う負担は憲法的に見過ごせるものではない。背景,あるいは間接的な論証として挙げると,本規定は,婚外子差別のもとになっているものの一つとされるが,このほかにも,住民票の続柄記載(平成16年の改正で改められた)[26],出生届と連動する住民票の記載[27]など,疑わしい法制が多数存在し,婚外子たる立場には,看過できない不利益が付随してきた。

　これらの諸要素を勘案し,本規定は,違憲無効とされるべきである。

4　立法事実論

　後続の最高裁判決は,すべて平成7年大法廷決定を引用して合憲の結論を導いているが,平成7年決定の補足意見,反対意見も含め,立法事実の変化を指摘している。違憲判決の可能性があるとすれば,いわゆる立法事実論に依拠することが可能性の一つであろう。

1 立法事実論

　立法事実とは,「法律を制定する場合の基礎を形成し,かつその合理性を支え

---

25) 石川・前掲注15・1536頁。
26) 最判平成11年1月21日集民191号127頁。
27) 最大判平成21年4月17日民集63巻4号638頁。

る一般的事実，すなわち，社会的，経済的，政治的もしくは科学的な事実」[28] とされる。法律は，一定の事実状態を前提とするため，憲法判断において，（例えば，目的 - 手段審査の枠組みの中で，目的の正当性や規制の必要性，規制手段の合理性を裏付ける一定の事実状態の存在を判断するために）[29] 立法事実の審査は重要である。

立法事実は，①裁判所が，意識的に新しい判例法のルールを定めるとき②法律のポリシーが反復する社会の事実状態に適合しなくなったとき，とくに③法律の合憲性が一定の事実状態の存在に依存しているとき，その確定が必要とされる[30]。

ところが，日本の裁判所で，立法事実の審査についてのルールは確立されていない[31]。そのため，アメリカの例などから，立法事実の審査のあり方について，さまざまな示唆がなされている。

まず，裁判の場面でどのように立法事実が呈示されるべきかについて，アメリカでは，「司法的確知」のために①裁判所が職権で証拠調べを行う通常の方法がある。また，②訴訟当事者が資料を提出するBrandies brief（上告理由，上告趣意書ないし答弁書にあたる）方式[32] がある。これは，原則として合憲性を支持するものであり，反対尋問が不可能な当事者の意見・主張であるという問題点がある[33]。そのため，③通常の証拠調べ手続で，専門家証言を活用しながら立法事実を認定する方式も示唆された[34]。立法事実については，認定の恣意性を最小限にすることが，最大の課題との指摘があるが[35]，当事者主義の観点から，③が望ましい，という意見もある[36]。

芦部信喜教授は，①②はいずれも立法の合憲性を支えるもの（そのため，証拠法

---

28) 芦部信喜『憲法訴訟の現代的展開』（有斐閣，1981年）24頁。
29) 樋口陽一＝佐藤幸治編『憲法の基礎』（青林書院，1975年）242頁〔佐藤幸治〕。合理性の基準を具体化したカーストのシェーマについて，芦部理論・155頁。異なった基準が適用される事案の立法事実の論点には，異なったシェーマが適用される。同156-157頁。
30) 芦部理論・153頁。
31) 木下智史「職業の自由規制に関する違憲審査基準と立法事実論　職業の自由（2）」法教205号（1997年）65, 70頁。
32) ①，②について，芦部・前掲注28・26頁。
33) 芦部理論・153頁。
34) 芦部理論・154頁，樋口＝佐藤・前掲注29・243頁〔佐藤幸治〕，芦部信喜編『講座憲法訴訟　第2巻』（有斐閣，1987年）89頁参照。
35) 樋口＝佐藤・前掲注29・243頁。
36) 木下・前掲注31・70頁。

則には拘束されない）だが，合憲性の推定が及ぶ場合でも（したがって，立法府の判断が尊重され，裁判所があまり踏み込むべき場合でないとされる場合でも），裁判所は，立法事実の存在を指示するだけでなく，その妥当性の審査を行うことが要求されるとする。ただし，立法事実の存在と妥当性を区別できるかどうかには問題がある。立法事実の妥当性だけでなく，妥当性の審査が要求されることは，その限りでは，立法事実が法律問題であることを意味する[37]。

そのため，アメリカ最高裁は，立法事実が不明なまま上告された事件については，移送令状を拒否するか，訴を却下しうる。しかし，弁論が開始された場合には，①原審に差戻して，審理を尽くさせる②記録の補充，ブリーフないし弁論の追加を命じて審理を続行，③提出された記録・ブリーフ，裁判所での弁論と独自の立場で行った審理（司法的確知）にもとづいて判断する，のいずれかを選択する必要があり，③の手続をとるのが通常であるとされる。芦部教授は，わが国最高裁がとりうる手段として，③ないし①を示唆する[38]。

理論的な課題としては，訴訟手続の中に立法事実の審査をどのように組み込むかがあり，また，目的手段審査による規制の正当化の中で，複雑な経済的・社会的・政治的もしくは科学的事実を検証することの技術的困難から，裁判所が独立・公正なデータを獲得できる技術的な仕組み・手続を検討することも重要だと指摘される[39]。

さまざまな示唆にもかかわらず，日本の裁判所では，実際には，「裁判所が，当事者双方の提出した資料を基本材料とし，原則として公刊された資料等を加えて，判断する」[40]とされており，資料の評価の仕方，どのような資料を重視して判断がなされたのかは明らかにされず，出典も示されない，と指摘されている[41]。

❷ 婚外子の平等と立法事実論

平成 7 年大法廷決定の大西補足意見（園部裁判官同調，千種・河合補足意見も立法事実の変化があり得ることは是認する），反対意見は，立法事実の変化をいずれも挙げている。大西補足意見は，平成 7 年の時点で，「本件規定のみに着眼して論ずれば，その立法理由との関連における合理性は，かなりの程度に疑わしい状態」だ

---

37) 芦部・前掲注 28・27 頁。
38) 芦部・前掲注 28・29 頁。
39) 芦部・前掲注 28・30 頁参照。
40) 園部逸夫「経済的立法に関する違憲審査覚書」『現代立憲主義の展開（下）』（有斐閣，1993 年）194 頁。
41) 木下・前掲注 31・70 頁。樋口＝佐藤・前掲注 29・243 頁。

が，補足規定であることを理由として「現時点においては，本件規定が，その立法理由との関連において，著しく不合理であるとまでは断定できない」としていた。先に挙げたように，反対意見に属した5裁判官は，立法事実の変化と，本件規定が及ぼしているとみられる社会的影響等を勘案し，「少なくとも今日の時点において，婚姻の尊重・保護という目的のために，相続において非嫡出子を差別することは，個人の尊重及び平等の原則に反し，立法目的と手段との間に実質的関連性を失っているというべきであって，本件規定を合理的とすることには強い疑念を表明せざるを得ない」としていた。

以降の6つの最高裁小法廷判決は，多数意見はいずれも平成7年決定を引用して，合憲の結論を導いているが，うち4つの判決の補足意見・反対意見が立法事実の変化を挙げる。

それらは，①国内外において社会状況が変化し，嫡出子と非嫡出子の区別をなくしていくことを求める方向に進んでいること[42]②国際化による，価値観の多様化により，家族の生活の[43]態様が多様化し，親子関係が変容していること[44]，③出生数の漸減，非嫡出子の増加傾向，死亡数の漸増傾向，婚姻年齢と第一子誕生時の母の高齢化，離婚件数と核家族世帯の増加等[45]また，それにともなう④婚姻観，家族観等を含む[46]国民意識の変化を指摘している。

直近の平成21年9月30日決定では，竹内行夫補足意見が，「憲法適合性の判断基準時は，相続が発生した平成12年6月30日（以下「本件基準日」という）ということになる。したがって，多数意見は，あくまでも本件基準日において本件規定が憲法14条1項に違反しないとするものであって，本件基準日以降の社会情勢の変動等によりその後本件規定が違憲の状態に至った可能性を否定するものではないと解される」「(2) 本件基準日以降も，本件規定の憲法適合性について判断をするための考慮要素となるべき社会情勢，家族生活や親子関係の実態，我が国を取り巻く国際的環境等は，変化を続けている」「民法施行後の社会経済構造の変化に伴い，

---

42) 最判平成15年3月28日家月55巻9号51頁，梶谷玄＝滝井繁男反対意見。
43) 最判平成15年3月31日家月55巻9号53頁，島田仁郎補足意見。立法解決を示唆する。
44) 最判平成15年3月28日家月55巻9号51頁，梶谷玄＝滝井繁男反対意見。最判平成16年10月14日集民215号253頁，才口千晴反対意見。
45) 最判平成15年3月31日家月55巻9号53頁，深澤武久反対意見。最判平成16年10月14日集民215号253頁，才口千晴反対意見。
46) 最判平成15年3月31日家月55巻9号53頁，深澤武久反対意見。

農業を営む家族に典型的にみられるような，家族の構成員の協働によって形成された財産につき被相続人の死亡を契機として家族の構成員たる相続人に対してその潜在的な持分を分配するといった形態の相続が減少し，相続の社会的な意味が，被相続人が個人で形成した財産の分配といった色彩の強いものになってきているといえることに加え，本件基準日以降に限っても，例えば，人口動態統計によれば，非嫡出子の出生割合は平成12年には出生総数の1.63％であったのが，平成18年には2.11％に増加していることは，我が国における家族観の変化をうかがわせるものといえるし，平成13年にフランスにおいて姦生子（婚姻中の者がもうけた非嫡出子）の相続分を嫡出子の2分の1とする旨の規定が廃止され，嫡出子と非嫡出子の相続分を平等とすることは世界的なすう勢となっており，我が国に対し，国際連合の自由権規約委員会や児童の権利委員会から嫡出子と非嫡出子の相続分を平等化するように勧告がされていることなどは，我が国を取り巻く国際的環境の変化を示すものといえよう」として，立法的解決を示唆した。

　また，今井功反対意見は，憲法14条，24条2項を引用した上，国籍法判決を参照し，戦後の民法改正後の「社会の意識の変化，諸外国の立法の動向，国内における立法の動き等にかんがみ，当初合理的であったとされる区別が，その後合理性を欠くとされるに至る事例があることは，国籍法についての前記大法廷判決からも明らかである」「まず，我が国における社会的，経済的環境の変化等に伴って，夫婦共同生活の在り方を含む家族生活や親子関係に関する意識も一様ではなくなってきており，今日では，出生数のうち非嫡出子の占める割合が増加するなど，家族生活や親子関係の実態も変化し，多様化してきていることを指摘しなければならない。また，ヨーロッパを始め多くの国においても，非嫡出子の相続分を嫡出子のそれと同等とする旨の立法がされている」とし，法制審議会の平成8年民法改正要綱に言及している。

　小法廷判決の諸意見にもかかわらず，立法事実論に依拠する論法は，いまだ違憲の結論に結びついていない。多数意見と反対意見は拮抗しており，補足意見と反対意見の差は，おおむね，立法事実の変化を司法的解決に結びつけるか，立法的解決を待つかにある[47]。こうした状況の中で，下級審は，限られた事案ではあるが，事案を区別し，適用違憲の可能性を探ることで，異なる解決法を模索している。

---

47) 平成7年決定に対する同旨の評釈として，熊田道彦「嫡出性の有無による法定相続分差別」百選I〔第4版〕・65頁。

5 適用違憲の可能性を探る

　法令違憲と適用違憲の区別はそれほど厳格ではない[48]，とされており，その差異は，違憲的適用の可能性の寡多（あるいは，権利保障に及ぼす影響の大きさ）にかかり[49]，法令をなお有効としておくかどうかの判断にかかるようである。しかし，「本来的意味での適用違憲は，当該法令の文面上の合憲性が基本的に是認され，その上で具体的事例への法律の適用を人権の擁護の点で検討し，違憲な適用を切り取るアプローチ」[50]とされ，ピンポイントの救済であるとされる。

　法令違憲は法令に合憲限定解釈の余地がない場合に成立するとされる。あるいは，合憲限定解釈を行っても，表現の自由などの場合に，その法令の萎縮効果を排除できない等の場合等が例として挙げられる[51]。これに対し，適用違憲は，限定解釈は可能だが，すべての形式の行為を規制するという立法者意思に照らすと，合憲的に適用できる部分と違憲的適用の可能性のある部分が不可分で，限定解釈が成り立たないような場合，あるいは，限定解釈可能でもそれを行わずに違憲的な適用がなされた場合等とされる。芦部説では，類型としては，①合憲的適用が可能な部分と違憲的適用が可能な部分が可分な法令の効力について「適用される限りにおいて違憲」という形式のもの（結局，法令の一部違憲で，論理的に法令違憲に属すると説明される），②(i) 法令を合憲適用の場合に限定しない，(ii) または解釈上そのような限定が不可能であるような場合に，違憲的適用を含む広い法令解釈の下にそれを当該事件に適用することは違憲だ，とする形[52]，③法令そのものは合憲でも，執行者がそれを権利・自由を侵害するような形で適用したという形が挙げられている（適用違憲の判決があっても，なお法令自体は有効である）。なお，②及び③の類型については，ふつうは，処分が法令の解釈適用をあやまったとして事案の解決がはかられるとされている[53]。

---

48) 芦部・前掲注28・45頁。
49) 芦部・前掲注28・45頁。アメリカの文面審査の解説を参照。①規制対象が権利・自由の大きな部分を含む，相当数の違憲適用の可能性，②その可能性を即時かつ効果的に排除しようとすれば，③修正1条の権利・自由が継続的に休止の状態におかれることが予想される場合に適用されるとされる。
50) 青柳幸一『個人の尊重と人間の尊厳』（尚学社，1996年）438, 461頁。
51) 芦部・前掲注28・45頁。
52) 芦部・前掲注28・46頁以下。
53) 芦部・前掲注28・50頁。

本規定を適用違憲とする議論は，①の類型を念頭に置き，問題となっている規定自体は合憲でも，事案の特性によって，その事案に当該規定を適用して解決することが不合理な結果になる場合があり，そうした場合に当該規定をこの事案に「適用する限りで違憲」とする[54]。この論者は，適用違憲は，目的と手段とが不適合・不必要・不均衡の関係にある場合に，法令自体の効力は支持しつつ，当該事件への適用のみを違憲とする方法[55]とし，一方では適用に限るとはいえ法令の効力を否定する点で権利救済の要素をもつ，折衷的なもの[56]，としている。また，違憲判決の効力につき個別的効力説をとれば，法令違憲でも適用違憲でも法的効果に差はなく，実質的に法令違憲の判断でも，判例の表現として「かく解釈され上告人に適用される適用される限りにおいて違憲」という表現を用いるため，法令違憲か適用違憲かどうかは，「実質的に判断」されねばならないとする[57]。また，③の類型は処分違憲の問題として処理し，①②が適用違憲にあたるものとする。そして，どちらも法令違憲を避ける手法で，密接に関係し合う合憲限定解釈と適用違憲をわけるものとして，「規定の意味の可分性と，適用事案の可分性の違い」を示唆する。これらは，概念的に区別しうるだけでなく，事実上の効果として，適用違憲が確実に当事者を救済するのに対し，合憲限定解釈はそうではないという差があるとする。合憲限定解釈が当事者救済的なものであっても，適用違憲は，規定の欠陥を攻撃し，合憲限定解釈は欠陥を解釈で補う。そして，適用違憲は事件ごとに違憲な適用を排除する「消極的な除去のアプローチ」で，一般基準を示さないが，合憲限定解釈は一般的基準を解釈という形で示す[58]。

こうした理解で，平成7年の大法廷決定の抗告人は，試婚によって生まれた子の代襲相続人で，もともと，「非嫡出子（いわば妾の子）」[59]を典型的に想定したとみえる民法900条4号但書とは違い，本件の事案の特性が問題で，Bが「非嫡出子となってしまったことは，「被相続人」やその親の責任である」とし，本件では，適用違憲の可能性があると指摘する[60]。

どのような事案が適用違憲となりうるのかは，適用違憲の理論からして，個別

---

54) 青柳「嫡出制の有無による法定相続分差別」前掲注19・百選I〔第5版〕・65頁。
55) 青柳・前掲注50・438, 440頁。
56) 青柳・前掲注50・457頁。
57) 青柳・前掲注50・457頁。
58) 青柳・前掲注50・460頁。
59) 星野英一『家族法』（放送大学教育振興会, 1994年）115頁。
60) 青柳「嫡出制の有無による法定相続分差別」前掲注19・百選I〔第5版〕・65頁。

的に争ってみなければわからない。名古屋高裁平成23年12月の決定[61]で，名古屋高裁は，非嫡出子に遺留分民法900条4号但書を適用することは憲法14条1項違反であるとし，非嫡出子の遺留分は，他の相続人と同一であると判断した。控訴人は，渥美郡の「樽入れ婚」の風習により，被相続人と，入籍しないままの母との間に生まれた。その後，母は家に迎えてもらえず，被相続人はのちに結婚し，嫡出子をもうけた。本件は遺留分減殺請求に関するもので，民法1044条は民法900条4号但書を準用し，非嫡出子の遺留分を嫡出子の2分の1とする。名古屋高裁は平成7年決定に従い，民法900条4号但書を合憲とするものの，非嫡出子の出生時に，被相続人が「それまで1度も婚姻したことがない場合には，その時点では，尊重し優遇すべきなんらの法律婚もなく」，後日，本規定が適用される場合には，「本規定の立法理由とされる，法律婚とそれに基づく法律関係を尊重し優遇することに直接に又は実質的に関係せず」，差別に合理性があると解するのは困難だとした。名古屋高裁は，つづいて平成7年以降の立法事実等の変化に言及し，少なくとも「上記のような状態で出生した非嫡出子に適用する限度で」，本件規定は憲法14条1項違反であると判断した。

事案が限られるが，救済の可能性を探ろうとしたものである点は評価できる。しかし，諸判決をみるに，この事案は，適用違憲が妥当な事例，というよりも，実際には，猿払事件第一審のように，「現実の厚い「壁」の中での政策的技巧」[62]にあたるのではないか。

同様に婚姻前の出生である婚外子について，すこしさかのぼるが，大阪高裁平成23年8月24日決定[63]は，被相続人が婚姻していなかった時期に出生した（抗告人の母は，その後も被相続人と婚姻しなかった）婚外子の法定相続分が争われた事案で，法令違憲の判を下している。多くの下級審での違憲判決は，下級審からの批判，と形容されるが，適用違憲判決では，本件規定の克服はなされない。

また，実際には，適用違憲判決とされる事例は下級審に限られ，最高裁の判例には（個別意見は別として）実例がない[64]ことにも留意する必要があるかもしれない。猿払事件の最高裁は，下級審の適用違憲判決は，法令が当然に適用を予定して

---

61) 名古屋高決平成23年12月21日裁判所ウェブサイト掲載判例。
62) 青柳・前掲注50・461頁。
63) 大阪高決平成23年8月24日金判1382号40頁。
64) 戸松・347頁。但し，第三者所有物没収事件判決（最大判昭和37年11月28日刑集16巻11号1593頁）を，適用違憲に含める見解がある，佐藤憲法論・659頁。

いる場合の一部につきその適用を違憲と批判するもので，法令の一部を違憲とするにひとしいと批判している。この点について，「最高裁判所は，自ら文面上合憲とした法律が，下級審において適用違憲とされることを極度に嫌う性向をもっていた」とされ，それは，「法の意味を一般的に確定できまた確定しなければならないという強い使命感と表裏の関係にあったのかもしれない」，との指摘がある[65]。

そのため，法令の規定については，違憲と合憲の部分に分けられるのか，すなわち法の可分性・不可分の問題が浮上する[66]。少なくとも本件規定の但書部分は，「非嫡出子」一般に適用され，不可分であるとするほかなく，法令違憲を目指すしかないようである。

しかし，適用違憲という判断方法が最高裁でもちいられないとすると，それは，救済において最高裁の機能を縛ることになる。適用違憲判決を出せるかどうかは，違憲判決の出しやすさにかかわり，違憲審査制度の実効性にかかわる。あまりに少ない違憲判決の事案をみれば，最高裁は法令違憲にこだわるべきではない。他の要因もあるが，違憲判決の頻度も，最高裁による他の二部門の抑制効果に関連する。

最高裁の適用違憲に関する見解は，根本的に，もともと各事案における権利救済を目的とし，付随する憲法判断のみを許す付随的違憲審査制と，それと結びつく違憲判決の個別的効力に対する，最高裁の腰のすわらなさからきているように思われる。

6 違憲判断の効力と裁判所

民法900条4号但書を違憲とする判断は，過去の遺産分割に影響を与えかねないとの考えがありうる。平成7年大法廷決定や，そのほかの後続の小法廷判決の多数意見や，補足意見の多くは，立法的解決を待つという立場をとる。中には，平成12年1月27日判決の藤井裁判官の補足意見のように，違憲判決の遡及効を問題にするものもある[67]。

違憲判決の効力については，個別的効力説，一般的効力説，法律委任説がある。このうち，違憲判決に遡及的な効果があるかどうかが問題になるのは，一般的効力説をとる場合である。

---

65) 佐藤憲法論・658頁。
66) 戸松・349頁，221頁以下。
67) 高見勝利＝右近健男「非嫡出子相続分規定大法廷決定を読む」法教183号（1995年）16頁。

個別的効力説は，①最高裁に与えられている違憲審査権は，付随的違憲審査権であること，②法律を一般的に無効とすることは，消極的立法作用であり，立法権に対する司法の限界を侵すことになる，との根拠に基づく。一般的効力説は，最高裁によって違憲と判断された法律は，具体的争訟事件を超えて，一般的に効力を失うとする。その主な論拠は，①憲法98条1項の解釈で，同条によれば，違憲の法律は効力をもちえず，最高裁によって違憲と判断された法律は，当然に無効であること，また，②個別的効力しか認めないと，同一の法律が，ある場合には違憲無効，他の場合には有効になり，理論的に法律の一般的性格に背馳するだけでなく，法的安定性・予見可能性を著しく欠き，憲法14条の平等原則にも反する，ということである。また，法律委任説は，憲法は個別的効力，一般的効力のいずれとも一義的に決めておらず，法律の定めるところによるとする[68]。

日本国憲法下での違憲審査制度が，付随的違憲審査制であると判示したのは，いうまでもなく昭和27年の警察予備隊事件[69]である。以来，すでに60年が過ぎた。ドイツを典型とする憲法裁判所制度は，日本国憲法下でも法律の制定によって導入可能である[70]という議論はなされ続けているが，60年来手が加えられなかった最高裁の81条解釈——権力分立と三権の抑制と均衡にかかわる，司法権にとってきわめて重要なパーツである違憲審査制のあり方に関する（自己）理解の表明を，法律によって変更できるのかどうか，きわめて疑わしい。最高裁は，初期に憲法構造に関する重要な判断を下し，それに沿って判例を積み上げ続けている。これを変更するには，憲法改正を要するだろう。

そうした見込みもない以上，最高裁は，付随的違憲審査制のなんたるかについて，もっと自覚的であるべきである。英米型の違憲審査制度である付随的違憲審査制は，司法権の範囲内で違憲審査権を行使するもので，その主目的は権利救済であるとされるが，「具体的事件の解決に付随して」の権限行使という枠組みは，単に違憲審査権の制限として働くのみではない。付随的違憲審査制のもとでの違憲審査権は，裁判所独自の権限領域である「司法権」の範囲内で，裁判所が具体的事件における権利救済のための判断を下す権限である。そうした制度のもとで，違憲判決の効力そのものについて，60年もの間，裁判所が自覚的に下した判断がないことがまず異常であるし，このことは，たった8件の法令違憲判決（適用違憲なし）と

---

68) 野中俊彦『憲法訴訟の原理と技術』（有斐閣，1995年）88頁以下。
69) 最大判昭和27年10月8日民集6巻9号783頁。
70) 第13章参照。

いう状況と結びついているように思われる。立法府への過度の依存[71]も、これと同根のものであろう。

　もとに立ち返って、この制度に整合する違憲判断の効力に関する説は、司法権の概念によって違憲審査権が画されている以上、個別的効力説であろう。もっとも、付随的違憲制度の母国であるアメリカでは、決して一般的効力が否定されていない、最高裁が違憲無効とした法律規定を、内閣が「誠実に執行」(73条) しなければならないことについて、十分説得的な答えがない等の問題点が指摘されており[72] (もっとも、後者の指摘については、規範形成が三件の抑制と均衡のあわいで行われることから、内閣には、違憲判決に直面した場合、独自のとるべき対応があることが前提となろう)、実質的な一般的効力があるとするなどの修正が施されている。

　学説は、一般的効力説の根拠である憲法98条1項は原則規定で、「これから直ちに違憲判断の一般的効力を論定するには無理がある」とする。また、実体的違憲と手続的違憲を区別し、一般的に違憲を争う手続きが存在しない限り一般的な手続的違憲をいうことはできず、付随的違憲審査制のもとでの最高裁の違憲判断の結果は、さしあたり当該事件のみに及ぶ、として、個別的効果説を支持する。また、他の二部門の対応によって、つまり、違憲判決を受けた法律が繰り返して執行されたり、長期間改廃されないなどの事態に直面したとき、一般的効力説は、自説を相対化して対応するほかないという難がある一方、個別的効力説には、そうした問題がないことも理由の一つとされている[73]。この議論は説得的である。

　法律委任説は、仮に違憲判決の効力は憲法で決されておらず、法律で決めうるとしたところで、どのような法律なら付随的違憲審査制の構造に合致するか、さらに、三権の抑制と均衡のバランスを害さないか、など、さまざまな見地から、結局、個別的効力説をそれほど出ないものになるのではないかと考える[74]。

---

71) 戸松説は、「圧倒的消極主義」と形容する。戸松・416頁。
72) 野中・前掲注68・390頁。また、大阪高決平成16年5月10日判例集未登載、は、個別的効力説をとると、第三者との関係では違憲とされた法律規程が効力を有し、違憲判断の効力として不十分で、81条の実効性を確保できないおそれがあるとする。81条は、法執行機関に、既存の法制度の枠内において、違憲判断の趣旨に添って、必要な対応を義務づけている、とする。この判決について、蛯原健介「違憲判決の効力と再審開始決定」百選II〔第5版〕446頁参照。
73) 野中・前掲注68・394頁。
74) 野中説は、違憲な法律の一時執行停止くらいなら定めうるのではないかとする。野中・前掲注68・396頁。フランスの訴願制度における違憲判決の型について、辻村みよ子＝糠塚康江『フランス憲法入門』(三省堂、2012年) 143頁以下。

つまり，個別的適用説では，本件規定に違憲判決を下したとしても，効果は，当該事件にしか及ばず，遡及効を心配する必要はない。立法府や行政府の対応に気を回すのは，他の二部門との抑制と均衡という原理自体に対する不信の表明であって，本件規定により不当な負担を負い続ける婚外子の救済を遅らせる理由にはならない。

7　おわりに

　民法900条4号但書の合憲性について，これまで，合憲性審査基準として，学説の多数が示唆する中間審査を用いた分析では違憲とするほかないこと，立法事実論が司法救済に結びついていないこと，適用違憲の可能性が探られているが，それでは本件規定の問題点が克服されず，法令違憲を目指す必要があることを論じてきた。そして，裁判所は，違憲判断の効力の点で付随的違憲審査制の理解と結びついた個別的効力説の立場から，遅れに遅れている救済を与えるべきことを論じてきた。

　これらの諸論点を論じた上で，振り返ってつきつめてみれば，婚外子の相続分差別問題の実質は，平等権にかかわる議論のどこにでも見受けられる利益配分に由来する問題と，責任を引き受けるいわれのない婚外子に不利益を課す「不正義」との相克を，どのように解決するかの問題である。諸説のほとんどは，法的に必然の答えをすでに知っている。

　なぜ，最高裁は，平成7年大法廷決定を見直すことができないでいるのだろうか。

コラム⑤　チベット：民族としての権利保障
──中道のアプローチが求めるものとは（Tibetan）

三宅　愛

　世界の屋根と呼ばれていた国があった。その国は，ヒマラヤ山脈を含む雪山に囲まれた海抜 4000m を越える 250 万キロ平方メートルもの高原地帯であった。

　その国の名はチベット。1949 年まで独立国家として存在していた。1949 年，中国がチベットに侵攻して以来，チベットでは今日まで中国支配が続いている。当初の侵攻，そしてその後の文化大革命などがゆえに，約 120 万人のチベット人が命を落とし，チベット仏教寺院は約 6,000 ヶ所が破壊された。

　現在，中華人民共和国にチベット自治区と呼ばれている地域が存在するが，中国当局によって同自治区に大量の漢民族が流入され，チベット自治区内でチベット人が民族的少数者となっている。また，チベット独自の文化，言語，精神性，歴史，つまりは民族性を守ることも許されない状況が今日も続いている。これが，チベット人の人権の実態だ。このような中国支配から逃れるべく亡命したチベット人は，現在，世界中に約 134,000 人いる。

　その亡命を余儀なくされたチベット人の代表的存在が，仏教指導者であり，チベット人の精神的指導者でもあるダライ・ラマ法王 14 世だ。ダライ・ラマ法王は亡命生活の中で，チベット問題解決に向け，非暴力による方策を絶えず提唱されてきた。その方策の一つが「中道のアプローチ」である。

　そもそも「中道」とは仏教の教えで使われている言葉で，両極端を避ける中庸を意味する。極端に傾くことは真実から逸脱することであり，よっては「中道」が必要だという教えだ。では，チベット問題における「中道」とはどういうことなのか。それは，中国が支配するチベットの現状を受け入れることはしない。同時にチベットが中国から独立することを求めない。つまり，これら両極端の間の中道を歩むことを求めるということである。あくまでも中華人民共和国という枠組みの中で高度な真の自治を求める中道のアプローチである。

　具体的には，チベット人としての政治的独立体の構築を目指し，真の国家地方自治の資格を求めるものである。また，宗教・文化，教育，経済，健康，生態・環境保護に関する問題はチベット人が責任管理するものとし，中国政

府はチベットにおける人権侵害的政策および漢民族のチベット地域流入政策を中止することを求めている。

　また，このアプローチの精神は，チベット人と中国人が共存していくことを目指すものであり，多民族・多文化社会を目指す中国にとっては必要不可欠なアプローチだ。なによりも忘れてならないのは，この「中道のアプローチ」は，中国の憲法が規定する精神に合致するということである。中華人民共和国憲法第4条は「中華人民共和国の各民族は一律に平等である。国家は各少数民族の合法的権利と利益を保障し，各民族の平等，団結，互助関係を維持・保護し発展させる。いかなる民族に対しても差別と圧迫を禁止し，民族の団結の破壊と民族の分裂をもたらす行為を禁止する。国家は各少数民族の特徴と必要に応じて，各少数民族地区で経済と文化の発展を加速させることを助ける。各少数民族が居住する地方では区域の自治を実行し，自治機関を設立し，自治権を行使する。各民族自治地方は全て中華人民共和国の不可欠な部分である。各民族は全て自身の言語・文字を使用・発展させる自由を有し，全て自身の風俗習慣を保持或いは改革する自由を有する」と規定している。

　多民族・多文化社会としての調和を目指す運命にあるのは，中国のみではない。私たち国際社会もその運命を背負っている。世界はグローバル化している，ひとつになりつつあると叫ばれて久しいが，それは，人権及び民族権利保障問題のグローバル化をも意味するものであり，グローバル化が進めば進むほど多民族・多文化社会としての調和が求められる。経済，金融システム，環境問題など，どの課題も国家という枠を越えた人類共通の課題だ。そして，人権が保障されていなければ，どこの国家においても体制が不安定になり得る，その事実を昨今，私たちは目の当たりにしてきた。グローバル化された今日の国際社会において，一カ国でも体制が不安定になれば，それはたちまち他国の経済，安全保障にも影響を及ぼす。つまり，かの国における人権及び民族権利保障はもはや，かの国の問題ではない。私たち人類共通の問題なのだ。

　このような今日，私たち国際社会がチベットの「中道のアプローチ」から学べることは多い。一方が他方を支配する時代は終わった。互いの民族としての権利を保障し，また自治権を尊重し合いながら，ひとつの枠組みを維持していく。それが最も崇高な人類社会のあり方なのではないだろうか。国際社会がチベット問題を単独の問題として終わらせず，そこから人類社会のあり方を問う構想が議論されることを切に願う。

第Ⅲ部　精神的自由

05　政教分離規定と目的効果基準をめぐって
06　表現の自由と公務員
07　放送の自由と番組編集準則

コラム⑥　日の丸・君が代と思想・良心の自由
コラム⑦　情報公開と個人情報保護
コラム⑧　ブロードバンド時代の放送規制（米国）

第5章
政教分離規定と目的効果基準をめぐって
判例理論を素材として

浅田訓永

1 はじめに

本章は，政教分離規定に違反するかどうかの判断基準に関する最高裁判所判例の動向について概観するものである。

（1）日本国憲法は，20条1項後段で「いかなる宗教団体も，国から特権を受け，又は政治上の権力を行使してはならない」，20条3項で「国及びその機関は，宗教教育その他いかなる宗教的活動もしてはならない」，89条前段で「公金その他の公の財産は，宗教上の組織若しくは団体の使用，便益若しくは維持のため……これを支出し，又はその利用に供してはならない」と規定している。これらの規定は，「国家と宗教の分離」[1] という意味での政教分離原則を具体化したものと解されている。判例も，政教分離原則は，国家が「宗教そのものに干渉すべきではないとする，国家の非宗教性ないし宗教的中立性を意味する」[2] としている。

政教分離規定が設けられた歴史的背景として，明治憲法下の信教の自由保障が十分でなかったことをあげうる。たとえば，明治憲法の下では，「国家神道に対し事実上国教的な地位が与えられ，ときとして，それに対する信仰が要請され，あるいは一部の宗教団体に対しきびしい迫害が加えられた」[3] という指摘がそれにあたる。

政教分離規定が設けられた社会的背景として，わが国における宗教の雑居性をあげうる。たとえば，「わが国においては，キリスト教諸国や回教諸国等と異なり，各種の宗教が多元的，重層的に発達，併存してきているのであって，このような宗

---

1) 芦部憲法学Ⅲ・142頁。
2) 最大判昭和52年7月13日民集31巻4号533頁，最大判平成9年4月2日民集51巻4号1673頁。
3) 前掲注2。なお，明治憲法下の信教の自由については，須賀博志「学説史研究と憲法解釈—明治憲法における信教の自由」公法73号（2011年）107頁以下を参照。

教事情のもとで信教の自由を確実に実現するためには，単に信教の自由を無条件に保障するのみでは足りず，国家といかなる宗教との結びつきをも排除するため，政教分離規定を設ける必要性が大であった」[4]という指摘がそれにあたる。

このような歴史的・社会的背景に関連して，政教分離の根拠づけ論が多面的になされている。学説上は信教の自由の保障，宗教の腐敗・堕落の防止，民主的な政治過程の維持等があげられているが[5]，判例は「間接的に信教の自由の保障を確保しようとする」[6]ことのみをあげている。

(2) 政教分離規定の解釈上の諸論点として，以下のものをあげうる。

第一は，政教分離にいう「宗教」の意味である。多数説は，「何らかの固有の教義体系を備えた組織的背景をもつもの」[7]と捉え，信教の自由にいう「宗教」[8]よりも狭義に捉えている[9]。

第二は，政教分離の法的性格である。これについては，いわゆる制度的保障説が従来の多数説・判例の立場であった[10]。制度的保障説からは，「公権力の行為が政教分離規定に違反するとしても，それが直ちに国民の権利を侵害するということにはなら」ず，「政教分離という制度の核心を侵さない限り違憲にはならない」[11]という帰結がもたらされる[12]。しかし，現在では，「政教分離規定は，それじたい人権保

---

4) 最大判昭和52年7月13日民集31巻4号533頁，最大判平成9年4月2日民集51巻4号1673頁。
5) 芹沢斉＝市川正人＝阪口正二郎編『別冊法学セミナー 新基本法コンメンタール憲法』（日本評論社，2011年）167頁〔阪口〕参照。また，長谷部・188-190頁，高橋・173頁，田近肇「宗教の公益性と憲法」佐藤幸治先生古稀記念論文集『国民主権と法の支配（下）』（成文堂，2008年）349頁以下，長岡徹「政教分離原則の正当性」法と政治55巻4号（2004年）75頁以下，安念潤司「信教の自由」樋口陽一編『講座・憲法学 第3巻 権利の保障』（日本評論社，1994年）209-213頁等を参照。
6) 最大判昭和52年7月13日民集31巻4号533頁，最大判平成9年4月2日民集51巻4号1673頁。
7) 名古屋高判昭和46年5月14日行集22巻5号680頁。
8) 前掲注7によれば，「憲法でいう宗教とは「超自然的，超人間的本質（すなわち絶対者，造物主，至高の存在等，なかんずく神，仏，霊等）の存在を確信し，畏敬崇拝する心情と行為」をいい，個人的宗教たると，集団の宗教たると，はたまた発生的に自然的宗教たると，創唱の宗教たるとを問わず，すべてこれを包含するもの」である。
9) 芦部・152-153頁，佐藤憲法論・234頁等を参照。
10) 田上穣治『公法学研究』（良書普及会，1982年）135頁以下，最大判昭和52年7月13日民集31巻4号533頁，最大判平成9年4月2日民集51巻4号1673頁等を参照。
11) 田近肇「政教分離」法セ684号（2012年）36頁〈同「政教分離」曽我部真裕＝赤坂幸一＝新井誠＝尾形健編『憲法論点教室』（日本評論社，2012年）115-116頁〉。

障条項である」という人権説[13]と「個人の信教の自由の保障を確実にすることに向けられた制度であり，その内容は憲法上明示されており，一定の内在的制約に服するほかは，公権力を厳格に拘束する」という制度説[14]が対立しており，制度説が多数説とされる[15]。

第三は，政教分離の程度である。これは，政教分離を完全分離と捉えるか，それとも限定分離と捉えるかというものである[16]。判例は，政教分離を限定分離と捉えている[17]。その理由として，政教分離を貫徹しようとすると，たとえば宗教系の私立学校に対する助成，宗教的文化財の維持・保存を目的とする宗教団体への補助金支出ができなくなり，「かえって社会生活の各方面に不合理な事態を生ずることを免れない」[18]ことが指摘されている。

第四は，政教分離規定に関する違憲審査基準如何である。

(3) これらの諸論点のなかで，第四の論点が「最も重要な問題」[19]の一つとされる。そして，従来の政教分離規定の解釈は，「最高裁の判例法理である「目的効果基準」の周りを回っているといっても過言ではない」[20]という状況にある。こうし

---

12) 制度的保障説の問題点については，石川健治『自由と特権の距離—カール・シュミット「制度体保障」論・再考〔増補版〕』(日本評論社，2007年) 224頁以下を参照。なお，最大判平成22年1月20日民集64巻1号1頁は，政教分離規定が制度的保障かどうかについて触れていない。
13) 浦部教室・138頁。同頁によれば，人権説に立つ理由として，「政教融合による個々人の信教の自由への圧迫は，直接的な強制や弾圧がないかぎり間接的なものにとどまるが，しかし，そういう間接的な圧迫が，まさしく，その社会における信教の自由の否定そのものとして現われることになるのである。だから，……日本国憲法は，直接的な強制や弾圧を排除するとともに，政教分離を定めることによって間接的な圧迫をも排除し，信教の自由の完全な保障をはかっている」ことが指摘されている。同説の問題点については，戸波江二「政教分離原則の法的性格」芦部信喜先生還暦記念『憲法訴訟と人権の理論』(有斐閣，1985年) 525頁以下を参照。
14) 佐藤憲法論・233頁。
15) 小山剛『「憲法上の権利」の作法〔新版〕』(尚学社，2011年) 146頁参照。
16) なお，ここでいう完全分離は「国家と宗教のかかわり合いをおよそ否定する趣旨ではなく，両説〔完全分離・限定分離〕は分離の程度に差があるにとどまる」(日比野勤「神道式地鎮祭と政教分離の原則—津地鎮祭事件」百選Ⅰ〔第5版〕・97頁)。
17) 最大判昭和52年7月13日民集31巻4号533頁，最大判平成9年4月2日民集51巻4号1673頁等。
18) 最大判昭和52年7月13日民集31巻4号540頁。
19) 野中ほかⅠ・326頁〔中村睦男〕。
20) 赤坂正浩「政教分離の原則 (1)」プロセス〔第4版〕・67頁。

たなかで，最高裁判所（以下，最高裁とする）は，2010年の空知太神社訴訟[21]において，「「政教分離違反の有無＝目的効果基準違反の有無」という一見わかりやすい等式」からの「離反」[22]を示唆したとされる。この「離反」をめぐっては，①最高裁が同基準を「否定し，判例を変更したものか否か」[23]，②政教分離問題の類型化により判断基準を精緻化しようとする学説[24]との関連如何等が理論的関心の的となろう[25]。そこで，本章では，さしあたり①に焦点をあて，政教分離規定に関する判例理論の展開を概観することにしたい[26]。

2 津地鎮祭訴訟最高裁判決による目的効果基準の提示

まず，政教分離規定に違反するかどうかの判断基準である目的効果基準が「初めて示され」[27]た1977年の津地鎮祭訴訟における最高裁判決[28]を確認しておきたい。この事件は，三重県津市が市立体育館の起工にあたり，護国神社の神職を招いて神社神道の地鎮祭を市費で挙行したことに対して，津市の市議会議員が市の支出は政教分離規定に違反するとして地方自治法242条の2に基づく住民訴訟を提起し，市長に対して違法に支出した金額を市に賠償することを求めたものである[29]。第一審判決は，本件起工式が宗教的意味の薄れた習俗的行事であるとして，同請求を棄

---

21) 最大判平成22年1月20日民集64巻1号1頁。
22) 林知更「「国家教会法」と「宗教憲法」の間—政教分離に関する若干の整理」ジュリ1400号（2010年）86頁。同85頁は，「本件の事案を解決するためだけであれば，下級審のように従来の「目的効果基準」を用いても同様の結論に到達できたことを考えると，かかる離反は相当に自覚的な選択に基づくものと理解すべきであろう」とする。
23) 土井真一「神社施設の敷地として市有地を無償で提供する行為と政教分離—砂川空知太神社事件」セレクト2010年〔I〕・3頁。
24) たとえば，高橋・175-180頁，日比野・前掲注16・97頁，林知更「政教分離原則の構造」高見勝利＝岡田信弘＝常本照樹編『日本国憲法解釈の再検討』（有斐閣，2004年）114頁以下等を参照。
25) なお，林・前掲注22・86頁は，空知太神社訴訟最高裁判決が「政教分離の構造をもう一度問い直すために，少なくともひとつの有益な契機を提供する」としている。
26) 政教分離規定に関する判例理論の展開について分析した近時の先行研究としては，榎透「政教分離訴訟における目的・効果基準の現在」専修法学論集114号（2012年）114頁以下，諸根貞夫「「目的効果基準」再考」龍谷法学43巻3号（2011年）88頁以下，大林文敏「政教分離に関する違憲審査基準の動揺」愛知大学法学部法経論集185号（2010年）1頁以下等がある。本章はこれらによるところが大きい。
27) 小泉洋一「政教分離」争点・112頁。
28) 最大判昭和52年7月13日民集31巻4号533頁。

却した[30]。第二審判決は，本件起工式が憲法20条3項にいう「宗教的活動」にあたるとして同請求を認容した[31]。最高裁は，原判決を破棄して次のように判示した（以下，判旨中の記号や下線部等は筆者が追加）。

❶ 判　旨

①「政教分離原則は，国家が宗教的に中立であることを要求するものではあるが，<u>国家が宗教とのかかわり合い</u>をもつことを全く許さないとするものではなく，宗教とのかかわり合いをもたらす行為の目的及び効果にかんがみ，そのかかわり合いが右の〔わが国の社会的・文化的〕諸条件に照らし<u>相当とされる限度を超えるものと認められる場合</u>にこれを許さないとするものである」。

②憲法20条3項で禁止される「宗教的活動」とは，「国及びその機関の活動で宗教とのかかわり合いをもつ」行為のなかで，「当該行為の目的が宗教的意義をもち，その効果が宗教に対する援助，助長，促進又は圧迫，干渉等になるような行為をいう」。

③具体的には，「当該行為の主宰者が宗教家であるかどうか，その順序作法（式次第）が宗教の定める方式に則ったものであるかどうかなど，当該行為の外形的側面のみにとらわれることなく，㋐当該行為の行われる場所，㋑当該行為に対する一般人の宗教的評価，㋒当該行為者が当該行為を行うについての意図，目的及び宗教的意識の有無，程度，㋓当該行為の一般人に与える効果，影響等，諸般の事情を考慮し，社会通念に従って，客観的に判断しなければならない」。

④「一般に，建物等の着工にあたり，工事の無事安全等を祈願する儀式を行うこと自体は，「祈る」という行為を含むものであるとしても，今日においては，もはや宗教的意義がほとんど認められなくなった建築上の儀式と化し，その儀式が，

---

29) さらに，原告は，住民訴訟と併合して損害賠償請求訴訟（「原告は市議会議員として本件起工式に招待を受けたことによって何等進行していない前記のような神式による宗教的儀式に参加を強いられ〔市会議員が招待を受けながら格別の理由もなく欠席することは世論の批判を招くことは明白であるから原告としては出席せざるを得なかった。〕，そのため精神的苦痛を蒙った」）を提起した。
30) 津地判昭和42年3月16日行集18巻3号246頁。
31) 名古屋高判昭和46年5月14日行集22巻5号680頁。

たとえ既存の宗教において定められた方式をかりて行われる場合でも、それが長年月にわたって広く行われてきた方式の範囲を出ないものである限り、一般人の意識においては、起工式にさしたる宗教的意義を認めず、建築着工に際しての慣習化した社会的儀礼として、世俗的行事と評価しているものと考えられる（⑦）」。

⑤このような「一般人の意識に徴すれば、建築工事現場において、たとえ専門の宗教家である神職により神社神道固有の祭祀儀礼に則って、起工式が行われたとしても、それが参列者及び一般人の宗教的関心を特に高めることとなるものとは考えられ」ない（㊤）。

⑥「本件起工式は、宗教とかかわり合いをもつものであることを否定しえないが、その目的は建築着工に際し土地の平安堅固、工事の無事安全を願い、社会の一般的慣習に従った儀礼を行うという専ら世俗的なものと認められ、その効果は神道を援助、助長、促進し又は他の宗教に圧迫、干渉を加えるものとは認められないのであるから、憲法20条3項により禁止される宗教的活動にはあたらない」。

⑦「本件起工式は、なんら憲法20条3項に違反するものではなく、また、宗教団体に特権を与えるものともいえないから、同条1項後段にも違反しないというべきである」。そして、本件「起工式の挙式費用の支出も、……本件起工式の目的、効果及び支出金の性質、額等から考えると、特定の宗教組織又は宗教団体に対する財政援助的な支出とはいえないから、憲法89条に違反するものではな」い。

2 目的効果基準をめぐって

(1) 多数意見は、国家と宗教とのかかわり合いがあることを前提にして、本件起工式と宗教が相当限度を超えるほどのかかわり合いをもつかどうかを判断するために、目的効果基準を採用した（判旨①②）。多数意見による目的効果基準の特徴として、次の点を指摘しうる。

第一に、判旨①②で述べられた目的効果基準は、アメリカの Lemon v. Kurtzman 判決[32] で用いられたレモン・テスト（Lemon test）を採用したことである[33]。同テ

---

32) Lemon v. Kurtzman, 403 U.S. 602（1971）. 同判決については、金原恭子「政教分離」英米百選〔第三版〕・40頁以下、神尾将紀「政教分離―レモン・テスト」アメリカ法百選・56頁以下等を参照。
33) 駒村圭吾「神道式地鎮祭と政教分離の原則（津地鎮祭事件）」判例講義Ⅰ・65頁参照。

ストによれば，問題となる法律又は行為が「世俗的な目的」(secular purpose) をもち，その主要な効果が宗教を促進又は抑圧せず，当該法律又は行為が「政府と宗教との過度のかかわり合い」(excessive government entanglement with religion) をもたらすものではないことをすべて充足すれば，当該法律又は行為は合憲になる[34]。同テストと目的効果基準の相違点として，同テストの「政府と宗教との過度のかかわり合い」の要件は目的効果基準の一要件とされていないこと[35]，目的効果基準の「目的」は，同テストのそれのように「世俗的な目的」を有しているかを問うのではなく，「宗教的意義」の有無を問うていること[36]を指摘しうる。

第二に，目的効果基準の適用においては，判旨③の⑦－㋓の考慮要素，特に㋑（判旨④）と㋓（判旨⑤）を重視し[37]，目的・効果を判断している（判旨⑥）ことである。もっとも，一般人の意識のうえで本件起工式を「慣習化した社会的儀礼」とした判旨④が「結論の分かれ目という意味で最も重要」[38]であるならば，判旨⑥の結論は当然といえるのかもしれない。

第三に，憲法20条3項の「宗教的活動」の解釈上採用された目的効果基準は，同条1項後段，89条前段の解釈上も採用されるのかが必ずしも明らかでないことである（判旨⑦）。このことは，多数意見が「20条3項違反の問題を詳細に検討したのち，本件起工式が20条1項後段，89条にも違反しないことをきわめて簡単に認めている」[39]ことによる。

(2) このような特徴をもつ目的効果基準に対して，反対意見（藤林，吉田，団藤，服部，環裁判官）では次のように批判されている。

第一は，目的効果基準の不明確さである。たとえば，判旨①にいう「国家と宗教とのかかわり合いとはどのような趣旨であるのか必ずしも明確でないばかりでなく，そのかかわり合いが相当とされる限度を超えるものと認められる場合とはどのような場合であるのかもあいまい」という指摘がそれにあたる。そして，反対意見

---

34) *Lemon*, 403 U.S. at 614.
35) 横田耕一「地鎮祭と政教分離の原則（津地鎮祭訴訟）—神式地鎮祭は憲法20条3項にいう「宗教的活動」か」基本判例〔第2版〕・68頁参照。また，芦部憲法学Ⅲ・179-180頁参照。
36) 長谷部恭男「目的効果基準の「目的」」法教357号（2010年）84-85頁〈同『続・Interactive憲法』（有斐閣，2011年）130頁〉参照。
37) 宍戸常寿「政教分離」法セ650号（2009年）79頁〈宍戸・123頁〉参照。
38) 安念・前掲注5・203頁，同「政教分離」法教208号（1998年）59頁。
39) 赤坂・前掲注20・64頁。

は，本件で問題とされた行為が憲法20条3項の「宗教的活動」にあたるかどうかを判断する際，目的効果基準を適用すべきでないとする。反対意見は，①「宗教的な習俗的行事」と②「非宗教的な習俗的行事」を区別して判断すべきとし，②であれば同条3項の「宗教的活動」にあたらないとする。反対意見によれば，同条3項の「宗教的活動」には，「宗教上の祝典，儀式，行事等を行うこともそれ自体で当然に含まれる」。なぜなら，「宗教上の祝典，儀式，行事等は宗教的信仰心の表白の形式であり，国又はその機関が主催してこれらを行うことは，……政教分離原則の意味する国家の非宗教性と相容れない」[40] からである。もっとも，反対意見は，①と②を区別する具体的基準を述べていない。

第二は，本件に目的効果基準が適用されるとしても，目的効果の判断は，「宗教的少数者の意識」を基準にすべきであり，「一般人の意識」を基準とすべきでないとするものである。これによれば，たとえば「正月の門松，雛祭り，クリスマスツリー」を市が公金で飾ることは目的効果基準を充足し，本件起工式は目的効果基準を充足しない[41]。

3　目的効果基準による違憲判決：愛媛玉串料訴訟最高裁判決

津地鎮祭訴訟最高裁判決で示された目的効果基準は，上述のような問題点があるものの[42]，「その後の政教分離裁判でほぼ一貫して適用されており，判例として確立

---

40) 反対意見は，「本件起工式は，神職が主宰し神社神道固有の祭式に則って行われた儀式であって，それが宗教上の儀式であることは明らかである」としている。
41) 反対意見は，「多数意見のようにその具体的効果について考えてみても，地方公共団体が主催して右のような儀式を行うことは，地方公共団体が神社神道を優遇しこれを援助する結果となるものであることはいうまでもないところであって，かような活動を極めて些細な事柄として放置すれば，地方公共団体と神社神道との間に密接な関係が生ずるおそれのあることは否定することができない」とする。また，藤林裁判官の追加反対意見も参照。
なお，本判決については，越山安久「最高裁判所判例解説」曹時33巻2号（1981年）227頁以下，及びそこにあげられた諸文献，佐々木弘通「憲法学説は政教分離判例とどう対話するか」辻村みよ子＝長谷部恭男編『憲法理論の再創造』（日本評論社，2011年）395頁以下を参照。
42) なお，林・前掲注22・94頁によれば，本判決は「国家が社会生活に介入したり自由を保護するために宗教との接触が不可避である旨を援用することで，緩やかな合憲性判定基準〔目的効果基準〕を導いた」が，同基準は「汎用性が高い代わりに明晰さも欠いた，融通無碍な」ものであるとする。

した」[43] ものとされる。こうしたなかで，1997年の愛媛玉串料訴訟最高裁判決が注目される。愛媛県は，1981年から1986年の間，靖国神社の春秋の例大祭に玉串料として9回にわたり合計4万5000円を，夏のみたま祭りに献灯料として4回にわたり合計3万1000円を，護国神社の慰霊大祭に奉納する供物料として9回にわたり合計9万円を，それぞれ県の公金から支出した。県住民は，これらの支出を違憲として，地方自治法242条の2第1項4号に基づき，県知事らに対して，県に代位して当該支出により県が被った損害賠償を請求した。第一審判決は，本件公金支出が憲法20条3項にいう「宗教的活動」にあたるとして同請求を認容した[44]。第二審判決は，本件公金支出を「社会的儀礼」の範囲内であるとして，同請求を棄却した[45]。

最高裁は，憲法20条3項に適用される目的効果基準の上述の判旨①－③を確認したうえで，次のように判示した（一部破棄自判・一部上告棄却）。なお，判旨中の㋐－㋓は，上述の判旨③の㋐場所，㋑一般人の宗教的評価，㋒行為者の宗教的意識，㋓一般人への影響に対応している（また，脚注や下線部等は筆者が追加）。

1 判　　旨

①「神社自体がその境内において挙行する恒例の重要な祭祀（㋐）に際して[46]……玉串料等を奉納することは[47]，建築主が主催して建築現場において土地の平安堅固，工事の無事安全等を祈願するために行う儀式である起工式の場合とは異なり，時代の推移によって既にその宗教的意義が希薄化し，<u>慣習化した社会的儀礼</u>にすぎないものになっているとまでは到底いうことができず，一般人が本件の玉串料

---

43) 日比野・前掲注16・96頁。たとえば，最大判昭和63年6月1日民集42巻5号277頁，最判平成4年7月9日判時1441号56頁，最判平成5年2月16日民集47巻3号1687頁等は，目的効果基準を適用して合憲判断をしている。
44) 松山地判平成元年3月17日行集40巻3号188頁。
45) 高松高判平成4年5月12日行集43巻5号717頁。
46) 多数意見は，「神社神道においては，祭祀を行うことがその中心的な宗教上の活動であるとされていること，例大祭及び慰霊大祭は，神道の祭式にのっとって行われる儀式を中心とする祭祀であり，各神社の挙行する恒例の祭祀中でも重要な意義を有するものと位置付けられていること，みたま祭は，同様の儀式を行う祭祀であり，靖國神社の祭祀中最も盛大な規模で行われるものである」とする。
47) 多数意見は，「玉串料及び供物料は，例大祭又は慰霊大祭において右のような宗教上の儀式が執り行われるに際して神前に供えられるものであり，献灯料は，これによりみたま祭において境内に奉納者の名前を記した灯明が掲げられるというものであって，いずれも各神社が宗教的意義を有すると考えていることが明らかなものである」とする。

等の奉納を社会的儀礼の一つにすぎないと評価しているとは考え難いところである（イ）。そうであれば，玉串料等の奉納者においても，それが宗教的意識を有するものであるという意識を大なり小なり持たざるを得ない（ウ）」。

②「本件においては，県が他の宗教団体の挙行する同種の儀式に対して同様の支出をしたという事実がうかがわれないのであって，県が特定の宗教団体との間にのみ意識的に特別のかかわり合いを持ったことを否定することができない」。

③「地方公共団体が特定の宗教団体に対してのみ本件のような形で特別のかかわり合いを持つことは，一般人に対して，県が当該特定の宗教団体を特別に支援しており，それらの宗教団体が他の宗教団体とは異なる特別のものであるとの印象を与え，特定の宗教への関心を呼び起こすものといわざるを得ない（エ）」。

④「以上の事情を総合的に考慮して判断すれば，県が本件玉串料等を靖國神社又は護國神社に前記のとおり奉納したことは，その目的が宗教的意義を持つことを免れず，その効果が特定の宗教に対する援助，助長，促進になると認めるべきであり，これによってもたらされる県と靖國神社等とのかかわり合いが我が国の社会的・文化的諸条件に照らし相当とされる限度を超えるものであって，憲法20条3項の禁止する宗教的活動に当たると解するのが相当である」。

⑤憲法89条が禁止しているのは，「政教分離原則の意義に照らして，公金支出行為等における国家と宗教とのかかわり合いが……相当とされる限度を超えるものをいうものと解すべきであり，これに該当するかどうかを検討するに当たっては，前記と同様の基準〔津地鎮祭訴訟最高裁判決による目的効果基準〕によって判断しなければならない」。

⑥「靖國神社及び護國神社は憲法89条にいう宗教上の組織又は団体に当たることが明らかであるところ，以上に判示したところからすると，本件玉串料等を靖國神社又は護國神社に前記のとおり奉納したことによってもたらされる県と靖國神社等とのかかわり合いが我が国の社会的・文化的諸条件に照らし相当とされる限度を超えるものと解されるのであるから，本件支出は，同条の禁止する公金の支出に当たり，違法というべきである」。

❷ 目的効果基準をめぐって

（1）愛媛玉串料訴訟最高裁判決は，「精神的自由権プロパーに関する初めての違憲判決と言ってもよい判決で，その点で重大な意義を持っている」[48]。同判決による目的効果基準の適用を津地鎮祭訴訟最高裁判決のそれと対比すれば，次のような特徴をみいだしうる。

第一に，多数意見は，津地鎮祭訴訟最高裁判決とは違い，同判決の判旨③の㋐－㋓の考慮要素をそれぞれ検討していることである（判旨①③）。そのなかでも，多数意見は，㋐と㋒（判旨①）を重視し[49]，目的・効果を判断したことである（判旨④）。もっとも，玉串料等の奉納を「慣習化した社会的儀礼」（判旨①）にすぎないとみるかどうかが本件の「キーポイント」[50]とするならば，それを否定した判旨①により，判旨④の結論は当然であったといえるのかもしれない。

第二に，判旨②は，津地鎮祭訴訟最高裁判決とは違い，上述のレモン・テストの「政府と宗教との過度のかかわり合い」の要件に触れたように読めることである。このような理解に立てば，「目的効果基準のレモン・テストへの接近が見られることになる」[51]。

第三に，判旨③は，アメリカのLynch v. Donnelly判決[52]でオコナー裁判官の同意意見が示唆したエンドースメント・テスト（endorsement test）に影響を受けた可能性があることである[53]。同テストは，「問題となる政府行為が宗教に対する政府の是認又は否認であるかどうか」を審査するテストであり，具体的には「その宗教の信者でない者に対して，彼らが部外者であって政治的共同体の完全な構成員ではないというメッセージを送り，同時にその宗教の信者に対しては，彼らが部内者であって政治的共同体内で優遇される構成員であるというメッセージを送るかどうか」が審査される[54]。オコナー裁判官によれば，同テストは，上述のレモン・テストを修正・明確化するものである[55]。もっとも，判旨③がエンドースメント・テス

---

48) 戸松秀典＝長谷部恭男＝横田耕一「鼎談――愛媛玉串料訴訟最高裁大法廷判決をめぐって」ジュリ1114号（1997年）5頁〔長谷部〕。
49) 宍戸・前掲注37・79頁〈宍戸・123頁〉。
50) 日比野勤「インタビュー――芦部信喜先生に聞く」法教203号（1997年）7-8頁〔芦部〕〈芦部信喜『宗教・人権・憲法学』（有斐閣，1999年）110-111頁〉。
51) 大沢秀介「政教分離の原則 (2)」プロセス［第4版］・85頁。
52) Lynch v. Donnelly, 405 U.S. 668 (1984). 同判決については，横田耕一「市によるクリスマスの展示と政教分離原則」ジュリ846号（1985年）111頁以下を参照。
53) 戸松＝長谷部＝横田・前掲注48・5頁〔横田〕，8頁〔長谷部〕参照。

トを採用したかどうかについては，学説上評価が分かれているが[56]，否定説が「有力である」[57]。

第四に，目的効果基準は，憲法20条3項だけではなく，憲法89条前段にも適用される違憲審査基準である（判旨⑤⑥）としたことである[58]。

(2) このような特徴をもつ目的効果基準に対しては，津地鎮祭訴訟最高裁判決の反対意見と同様に，その不明確性が愛媛玉串料訴訟最高裁判決の個別意見でも指摘されている[59]。この個別意見では，津地鎮祭訴訟最高裁判決の反対意見にはみられなかった批判がある。

尾崎裁判官の意見は，日米憲法の政教分離規定の条文上の差異をみれば，「基準の立て方」は異なりうるとする。すなわち，アメリカ合衆国憲法修正第1条は「合衆国議会は，国教を樹立する法律若しくは自由な宗教活動を禁止する法律……を制定してはならない」と規定しているので，「右の禁止に当たる範囲を定義する必要が生じ，判例は許されない行為を決定する立場から基準〔レモン・テスト〕を定めたのである」。それに対して，日本国憲法20条3項は「端的にすべての宗教的活動を禁止の対象としているのであるから，およそ宗教色を帯びる行為は一義的に禁止

---

54) *Lynch*, 405 U.S. at 688 (O'Connor, J., concurring). なお，同判決で提唱されたエンドースメント・テストは，Wallace v. Jaffree, 472 U.S. 38 (1985)で発展されることになる。
55) *Id.* at 689 (O'Connor, J., concurring). 同テストについては，安西文雄「平等保護および政教分離の領域における「メッセージの害悪」」立教法学44号（1996年）92頁以下，高畑英一郎「アメリカ連邦最高裁におけるエンドースメント・テストの限定的受容」日本大学大学院法学研究年報25号（1995年）1頁以下，土屋英雄「アメリカにおける政教分離と"保証"テスト」芦部古稀（上）・509頁以下，諸根貞夫「「目的効果基準」再検討に向けた一考察─アメリカの議論に触れて」高柳信一先生古稀記念論集『現代憲法の諸相』（専修大学出版局，1992年）73頁以下，野坂泰司「公教育の宗教的中立性と信教の自由─神戸高専事件に即して」立教法学37号（1992年）1頁以下，滝澤信彦「政教分離原則と目的・効果テスト」公法52号（1990年）71頁以下等を参照。
56) 詳しくは，高畑英一郎「エンドースメント・テストと愛媛玉串料訴訟最高裁判決」日本法学66巻3号（2001年）352-359頁参照。
57) 大沢・前掲注51・85頁。現在のレモン・テストについては，榎透「アメリカにおける国教樹立禁止条項に関する違憲審査基準の展開」専修法学論集107号（2009年）23頁以下，佐々木弘通「政教分離─レモン・テストの現状」アメリカ法百選・58頁以下等を参照。
58) 戸松秀典「玉串料としての公金支出と政教分離の原則─愛媛県玉串料訴訟」百選Ⅰ〔第5版〕・97頁。
59) たとえば，高橋裁判官の意見は，目的効果基準を「いわば目盛りのない物差しである」としている。

した上，特別の場合に許容されるとの基準を設けるのが自然」であるという。

そして，尾崎裁判官は，目的効果基準に代わる判断基準を提示する。すなわち，政教分離規定の解釈として，国家と宗教の完全分離が原則であり，国家と宗教のかかわり合いは例外的に許される。そのかかわり合いがあるときには，宗教性のない代替手段の有無を検討すべきである。仮に，宗教とのかかわり合いをもたない方法では，ある施策を実施できず，これをしないと不合理な結果を生むときは，その施策の目的やそこに含まれる法的価値・利益，その施策による信教の自由への影響の程度等を考慮し，「政教分離原則の除外例として特に許容するに値する高度の法的利益が明白に認められない限り，国は，疑義ある活動に関与すべきではない」。

園部裁判官の意見は，多数意見とは違い，憲法 89 条の問題には目的効果基準が適用されないとする。園部裁判官の特徴は，同条にこそ同基準を適用すべきという「有力学説」とは「逆に，憲法 20 条の場合にはそれは問題になるかもしれないが，憲法 89 条ではとるべきではない」[60] という点にある。

❹ 目的効果基準によらない違憲判決：空知太神社訴訟最高裁判決

愛媛玉串料訴訟最高裁判決における上述の個別意見は，「憲法理論的に興味深」く，「従来の目的効果基準に対して少なからぬ批判的意味合いを持っている」[61] といわれる。しかし，最高裁は，同判決以降の政教分離訴訟においても，目的効果基準を適用してきた[62]。そうしたなかで，2010 年の空知太神社訴訟最高裁判決[63] が注目される。この事件は，北海道砂川市が市有地を空知太神社の建物等の敷地とし

---

60) 戸松＝長谷部＝横田・前掲注 48・19 頁〔横田〕。
61) 駒村圭吾「玉串としての公金支出と政教分離の原則（愛媛玉串料訴訟）」判例講義 I・74 頁。なお，本判決については，大橋寛明「最高裁判所判例解説」曹時 51 巻 4 号（1999 年）120 頁以下，及びそこにあげられた諸文献を参照。
62) たとえば，最三小判平成 11 年 10 月 21 日判時 1696 号 96 頁，最三小判平成 14 年 7 月 9 日判時 1799 号 101 頁，最一小判平成 14 年 7 月 11 日判時 1799 号 99 頁，最二小判平成 16 年 6 月 28 日判時 1890 号 41 頁等がある。野坂泰司「玉串料等の公金支出と政教分離原則」法教 307 号（2006 年）128 頁〈同『憲法基本判例を読み直す』（有斐閣，2011 年）164 頁〉は，「これらの判決は，いずれも目的効果基準を適用した上での判断という体裁をとってはいるものの，論証らしい論証は見られず，ほとんど結論だけが述べられている」とする。なお，山口智「目的効果基準の運用―愛媛玉串料判決以降」神戸外大論叢 59 巻 7 号（2008 年）77 頁以下を参照。
63) 最大判平成 22 年 1 月 20 日民集 64 巻 1 号 1 頁。

て無償で使用させていることは政教分離原則違反であり，市が同建物等の撤去及び土地の明け渡しを請求しないことは違法に財産管理を怠るものとして，同市の住民が地方自治法242条の2第1項3号に基づいて同市長を被告として当該事実の違法確認を求めたものである。第一審[64]・第二審判決[65]は，市の当該行為等が憲法20条3項に違反するとして，請求を一部認容した。最高裁は，次のように述べて，市の当該行為等が憲法89条・20条1項後段に違反するとした[66]（以下，判旨中の記号や下線部等は筆者が追加）。

❶ 判　旨

①憲法89条前段は，「公の財産の利用提供等における宗教とのかかわり合いが，我が国の社会的，文化的諸条件に照らし，信教の自由の保障の確保という制度の根本目的との関係で相当される限度を超えるものと認められる場合に，これを許さないとするものと解される」。

②「国又は地方公共団体が国公有地を無償で宗教的施設の敷地としての用に供する行為は，一般的には，当該宗教的施設を設置する宗教団体等に対する便宜の供与として，憲法89条との抵触が問題となる行為であるといわなければならない」。

③②を判断する際，「㋐当該宗教的施設の性格，㋑当該土地が無償で当該施設の敷地としての用に供されるに至った経緯，㋒当該無償提供の態様，㋓これらに対する一般人の評価等，諸般の事情を考慮し，社会通念に照らして総合的に判断すべきものと解するのが相当である」。

④本件施設は，神道の神社施設にあたり，神社において行なわれる諸行事は宗教的行事であって，本件神社を管理する氏子集団は憲法89条にいう「宗教上の組織若しくは団体」にあたる。

---

64) 札幌地判平成18年3月3日民集64巻1号89頁。
65) 札幌高判平成19年6月26日民集64巻1号119頁。
66) なお，第一審・第二審判決は，市が神社物件の撤去請求をしないことを違法としたのに対して，最高裁は，当該撤去以外に違憲性を解消するための合理的で現実的な手段があるかどうかについての審理や釈明権の行使を採らなかった原審の判断には違法があるとして，本件を原審に差し戻した。差戻し後の原審判決については，札幌高判平成22年12月6日民集66巻2号702頁を参照。

⑤「本件利用提供行為は，市が，何らの対価を得ることなく本件各土地上に宗教的施設を設置させ，本件氏子集団においてこれを利用して宗教的活動を行うことを容易にさせているものといわざるを得ず，一般人の目から見て，<u>市が特定の宗教に対して特別の便宜を提供し，これを援助していると評価されてもやむをえないものである</u>（㋔）。……もともとは小学校敷地の拡張に協力した用地提供者に報いるという<u>世俗的，公共的な目的</u>から始まったもので，本件神社を特別に保護，援助するという目的によるものではなかったことが認められるものの（㋑），明らかな宗教的施設といわざるを得ない本件神社物件の性格（㋐），これに対し長期間にわたり継続的に便宜を提供し続けていることなどの本件利用提供行為の具体的態様にかんがみると（㋒），本件において，当初の動機，目的は上記〔一般人の〕評価を左右するものではな」く（㋑），本件利用提供行為は憲法89条及び20条1項後段に違反する。

⑥ただし，このような違憲状態の解消のために直ちに本件神社を撤去させることは，地域住民らの信教の自由に重大な不利益を及ぼすことから，土地の全部又は一部の譲与，有償による譲与，または適正な価格での貸付などの方法がありうる。

❷ 目的効果基準をめぐって

本判決は，上述の愛媛玉串料訴訟最高裁判決に続く「二度目の違憲判決である」[67]。本判決の特徴は，憲法89条前段及び20条1項後段に関する判断枠組みとして「目的効果基準を用いることなく，別の判断基準を示して違憲判断を導いた」[68]ことにある。判旨①－③が両規定に関する判断枠組みを述べた部分であり，当該部分については，「他の裁判官たちも含めて，基本的には最高裁の総意として承認されている」[69]。

(1) 本判決による判断枠組みと従来の最高裁による目的効果基準の相違点・類似点として，次の点を指摘しうる。

第一に，最高裁は，津地鎮祭訴訟や愛媛玉串料訴訟において，政教分離原則を「<u>宗教とのかかわり合いをもたらす行為の目的及び効果にかんがみ</u>，そのかかわり合いが右の〔わが国の社会的・文化的〕諸条件に照らし相当とされる限度を超える

---

67) 林知更「空知太神社事件最高裁違憲判決が意味するもの」世界803号（2010年）25頁。
68) 林・前掲注67・28頁。
69) 井上典之「政教分離規定の憲法判断の枠組み」論究ジュリスト1号（2012年）127頁。同126-127頁は，判旨①が政教分離規定に関する「憲法上の規範命題」，判旨②が「憲法上問題が提起される行為の確定」，判旨③が「当該行為の憲法上の正当性判断」を述べた部分であるとしている。

ものと認められる場合にこれを許さない」としたが，判旨①では下線部が削除されている[70]。もっとも，下線部以外の部分は，両訴訟における最高裁判決と同じである。このことから，判旨①は現在の判例理論による「中核的・基底的な判断枠組み」，そして，下線部を当該「枠組みに沿った判断をする上での着眼点を提示する部分」（「着眼点提示部分」）という評価がある[71]。

第二に，最高裁は，津地鎮祭訴訟や愛媛玉串料訴訟において，憲法 20 条 3 項で禁止される「宗教的活動」を「行為の目的が宗教的意義をもち，その効果が宗教に対する援助，助長，促進又は圧迫，干渉等になるような行為」と捉え，このような目的効果基準が憲法 89 条にも適用されるとしていたが，本判決ではこの判示部分が引用されていない[72]。それは，この判示部分が「着眼点提示部分」と捉えられていることによるのかもしれない。

第三に，目的効果基準を適用する際の上述の考慮要素（場所，一般人の宗教的評価，行為者の意図等，行為の一般人に与える効果等）と本判決の判断枠組みを適用する際の考慮要素（判旨③）が異なることである[73]。たとえば，前者では「行為者の意図」等があげられているが，後者ではそのような考慮要素はあげられていない。もっとも，両者は，「一般人の評価・判断」を考慮要素としてあげている点で類似している。なお，判旨③をあてはめた判旨⑤は，考慮要素㋑が一般人の「評価を左右するものではない」としたので，考慮要素㋐㋒㋓を重視したものと解しうる[74]。

(2) 本判決による判断枠組みと従来の最高裁による目的効果基準には上述のような相違点・類似点がみられるが，本判決は，その判断枠組みが津地鎮祭訴訟や愛媛玉串料訴訟の最高裁判決の「趣旨とするところからも明らかである」[75]とした。そこで，本判決による判断枠組みと目的効果基準の関係如何が問題になる。この問題については，次のような複数の理解がある。

---

70) 清野正彦「砂川政教分離訴訟 最高裁大法廷判決の解説と全文」ジュリ 1399 号（2010 年）87 頁。
71) 清野・前掲注 70・87 頁。
72) 田近肇「宗教法判例の動き〔平成 22 年・公法〕」宗教法 30 号（2011 年）228 頁参照。
73) 小泉洋一「最新判例批評」民商 143 巻 1 号（2011 年）61 頁参照。
74) 小泉良幸「政治と宗教との「かかわり合い」―砂川市市有地無償貸与違憲判決（最大判平成 22 年 1 月 20 日）に即して」法時 82 巻 4 号（2011 年）1 頁参照。もっとも，甲斐中，中川，古田，竹内裁判官の意見，堀籠裁判官の反対意見では考慮要素㋑が重視されている。

第一に，本判決による判断枠組みは，従来の最高裁による目的効果基準と「本質的に異なるものではない」[76] という理解がある。それは，判旨⑤の下線部の「「目的」と「効果」が判断の指標としての意義を全く失ってしまったわけではない」[77] からである。しかし，「目的」判断の部分は，本件土地の「無償貸与が続いている状態は当初の目的によって正当化されないという文脈で出てくるのであり」[78]，「効果」判断の部分は，本件「土地の無償提供が氏子集団への「援助」となることは自明である」[79] という指摘がある。この指摘は，目的効果の判断が「違憲判断の決め手となっていない」[80] という意味で，本判決による判断枠組みと目的効果基準の差異を示すものであろう。
　第二に，目的効果基準は，問題となる行為に「宗教性」と「世俗性」が併存する場合に適用され，当該行為の宗教性が明らかな場合には適用されないとする藤田裁判官の補足意見の理解である。藤田裁判官は，津地鎮祭訴訟では地鎮祭の「純粋な宗教性を否定し，何らかの意味での世俗性を認めることから」目的効果基準が適用されたが，本件では，明らかに宗教性のみを有する本件利用提供行為であるから[81]，「本来，目的効果基準の適用の可否が問われる以前の問題である」とする。藤田裁判官の補足意見は，「世俗的な目的と宗教的意義とが拮抗しているような政府の行為について目的効果基準を用いて判断する」[82] 方向性を示したものと評価される一方で，「宗教性が明らかなときは目的効果基準が妥当しないというのは結論先取りとも言える」[83] とされる。

---

75) なお，この先例の引用がなければ，本判決による判断枠組みは，愛媛玉串料訴訟最高裁判決における園部裁判官の意見との類似性があるとも考えうる。この点に関連して，野坂泰司「最新判例批評」判評622号（2011年）11頁の注（9），安西文雄＝岡田信弘＝長谷部恭男＝大沢秀介＝川岸令和＝宍戸常寿「［座談会］砂川政教分離訴訟最高裁大法廷判決」ジュリ1399号（2010年）77頁〔宍戸〕参照。
76) 野坂・前掲注75・7頁。また，飯田稔「宗教施設に対する市有地無償提供の合憲性──砂川市空知太神社訴訟最高裁判決」亜細亜法学45巻1号（2010年）172頁，高畑英一郎「判例研究」日本法学76巻3号（2010年）184頁参照。
77) 野坂・前掲注75・7頁。
78) 田近・前掲注72・229頁。
79) 小泉・前掲注74・2頁。
80) 小泉・前掲注74・2頁。
81) 藤田裁判官は，本件神社施設は「一義的に宗教施設（神道施設）であって，そこで行われる行事もまた宗教的な行事であることは明らかであ」り，「本件利用提供行為が専ら特定の純粋な宗教施設及び行事」を利することは否定できないとする。
82) 長谷部恭男＝土井真一「［対談］憲法の学び方」法教375号（2011年）68頁〔長谷部〕。

第三は，本件のような「政教分離の要請の核心部分に触れるとみなしうる種類の事案には」，目的効果基準が適用されず，「より厳格な判断枠組みを要求した」[84]という理解である。このような理解については，当該核心部分に「関するものとそうでないものとを分析」[85]することが求められよう。

第四に，目的効果基準は「特定の公的行為につき宗教とのかかわり合いが問われるタイプ（特定的行為型）」に，本判決による判断枠組みは「長期にわたる諸々の行為の集積による現状が問われるタイプ（諸行為の累積型）」に適用されるという理解がある[86]。この理解に関連して，田原裁判官の補足意見は，国家の宗教に対する関与を「積極的関与」（「国家等が，宗教上の行事等への参加や宗教団体への財政的な出捐等の行為を含む」）と「消極的関与」（「国家等が所有する土地や施設に，歴史的な経緯等から宗教的な施設等が存置されているのを除去しないという不作為を含む」）に分け，前者の場合，「それが国家等の意思の発現たる性質が顕著であり，国民の精神的自由に対して直接的な影響を及ぼし得るものであるとともに，その社会的影響も大きいことからして，政教分離原則は厳格に適用されるべきである」[87]とする。

こうしてみると，本判決による判断枠組みと目的効果基準の関係如何に関する問題は，本判決が同基準を用いなかった理由を考えることでもあるが，「今のところ決定的な答えはなく，今後の判例の集積を待つほかない」[88]と評価するのが妥当であろう。

---

83) 常本照樹「砂川政教分離訴訟上告審判決」平成22年度重判解・16頁。
84) 林・前掲注22・85頁。また，小泉・前掲注73・66-67頁参照。
85) 小泉・前掲注73・67頁。
86) 安西文雄「政教分離と最高裁判所判例の展開」ジュリ1399号（2010年）62頁。なお，木村草太「空知太神社事件上告審判決」自治研究87巻4号（2011年）138-139頁参照。
87) なお，本判決については，清野正彦「最高裁判所判例解説」曹時63巻8号（2011年）172頁以下，及びそこにあげられた諸文献のほか，百地章「砂川・空知太神社訴訟最高裁判決の問題点」日本法学76巻2号（2010年）487頁以下，吉崎暢洋「公有地上にある神社施設と政教分離―最高裁大法廷平成22年1月20日判決をめぐって」姫路・ロージャーナル4号（2010年）121頁以下，山口智「空知太神社判決―再定位か混沌か」神戸外大論叢61巻5号（2010年）33頁以下等を参照。
88) 田近・前掲注11・37頁〈曽我部＝赤坂＝尾形編『憲法論点教室』118頁〉。

5 おわりに

これまでの判例理論による目的効果基準を全体的にみると，次の点を指摘しうる。

第一に，目的効果基準は，目的要件と効果要件をともに充足しなければ，違憲であるということである[89]。津地鎮祭訴訟をはじめとする合憲判決では両要件が充足されていないとし，愛媛玉串料訴訟における違憲判決では両要件が充足されたとしている。判例理論による目的要件と効果要件の関係は，このように理解されている。

第二に，目的効果基準の適用において，「諸般の事情を考慮し，社会通念に従って，客観的に判断」[90]することは，同基準の「大きな特徴である」[91]。そして，種々の考慮要素（場所，一般人の宗教的評価，行為者の意図等，行為の一般人に与える効果等）の判断が同基準の「実際の適用における根幹部分」[92]といわれる。また，従来の判例理論による目的・効果の判断では，「「一般人」「社会通念」から見て「慣習化した社会的儀礼」と評価すべきかの判断が先行し，目的・効果の判断はただそれにしたがっているだけ」[93]という評価も成り立ちうる。たとえば，神社の大祭に関する事業を奉賛する目的で発足した奉賛会発会式に市長が出席して祝辞を述べた行為が政教分離規定に違反しないとした2010年の白山ひめ神社訴訟最高裁判決[94]でも，問題となった祝辞行為の「「儀礼的行為」該当性判断を，「目的・効果」判断に思考のうえで先行させ，前者に後者を従属させ」[95]た判断であると評価されている。

---

89) 長谷部・前掲注36・84頁〈同『続・Interactive 憲法』129頁〉参照。
90) 最大判昭和52年7月13日民集31巻4号533頁，最大判平成9年4月2日民集51巻4号1673頁。
91) 野坂泰司「愛媛玉串料訴訟大法廷判決の意義と問題点」ジュリ1114号（1997年）32頁。
92) 赤坂正浩『憲法講義（人権）』（信山社，2011年）129頁。
93) 宍戸・前掲注37・79頁〈宍戸・123頁〉。
94) 最一小判平成22年7月22日判時2087号26頁。同判決については，安藤高行「政教分離原則に関する最高裁の2つの判決—砂川政教分離訴訟判決と白山比咩神社大祭奉賛会事件判決」九州国際大学法学論集17巻3号（2011年）1頁以下，西村枝美「白山ひめ神社訴訟上告審判決」平成22年度重判解・17頁以下，山崎友也「白山信仰と政教分離原則—地方公共団体による観光振興の憲法上の限界?」法セ667号（2010年）52頁〈同「白山信仰と政教分離原則—地方公共団体による観光振興の憲法上の限界?」新井誠＝小谷順子＝横大道聡編著『地域に学ぶ憲法演習』（日本評論社，2011年）72頁〉以下等を参照。
95) 小泉良幸「判例批評」速報判例解説8号（2011年）37頁。

このような目的効果基準は，憲法 20 条 3 項及び 89 条前段に関する違憲審査基準であるが，空知太神社訴訟最高裁判決により「修正された可能性がある」[96]。たとえば，問題となる行為が，明らかに宗教性を有する行為，又は，89 条前段の「コアに該当」[97]することに加えて継続性のあるとき，目的効果基準ではなく，同判決が示した判断枠組みが適用される可能性があろう。すなわち，同判決の表現を借りれば，問題となる行為の「宗教とのかかわり合いが，我が国の社会的，文化的諸条件に照らし，信教の自由の保障の確保という制度の根本目的との関係で相当される限度を超えるものと認められる場合」に該当するか否かは，諸事情を考慮しつつ，「社会通念に照らして総合的に判断する」ということである。空知太神社訴訟最高裁判決後に下された上述の白山ひめ神社訴訟最高裁判決は，「一見したところ目的効果基準によったように見えるものの，その実，目的効果基準を総合的判断の一手法へと相対化している」[98]とされる。もっとも，空知太神社訴訟第 2 次（差戻し後）上告審判決[99]は，「目的効果基準を用いたに等しい」[100]と評価されている。

　このようにみると，判例理論による政教分離規定に関する違憲審査基準は，流動化しているといいうる。「従来は政教分離にかかわる事例であれば直ちに，目的効果基準によって違反の有無を判断すべきと論じることができた」[101]が，今後は，「目的・効果のウエイトを相対化する形で基準の定式化を図るとともに，一定の問題類型ごとに，より具体的に考慮要素を整理していくこと」[102]が一つの方向性であるといえよう。

---

96)　赤坂・前掲注 92・130 頁。
97)　安西・前掲注 86・64 頁。
98)　田近肇「判例紹介」民商 143 巻 6 号（2011 年）723 頁。
99)　最一小判平成 24 年 2 月 16 日民集 66 巻 2 号 673 頁。同判決については，市川正人「最新判例批評」判評 647 号（2013 年）2 頁以下，岡田信弘「空知太神社訴訟第二次（差戻し後）上告審判決」セレクト 2012 年〔Ⅰ〕・8 頁以下等を参照。
100)　君塚正臣「判例評釈」新・判例解説 Watch 12 号（2013 年）12 頁。また，初宿正典「空知太神社事件第二次上告審判決」平成 24 年度重判解・23 頁参照。
101)　田近・前掲注 11・37 頁〈曽我部＝赤坂＝尾形編『憲法論点教室』118 頁〉。
102)　土井・前掲注 23・3 頁。田近肇「津地鎮祭判決の現在の判決への影響」法教 388 号（2013 年）27 頁は，「今日，目的効果基準は，「相当とされる限度」を超えるか否かを具体的に判断する基準の 1 つへと相対化されているとみるべきである」とする。

コラム⑥　日の丸・君が代と思想・良心の自由

二宮貴美

　公立学校における入学式など儀式の場において，教育委員会が教職員に対して「日の丸」に向かって起立し「君が代」を斉唱することを職務命令によって義務付けることは憲法 19 条に基づく思想・良心の自由の侵害にあたるかどうかが問題とされる。そして，職務命令に従わず，「君が代」斉唱の際に起立しなかった教職員に対する懲戒処分が東京都などの教育委員会で導入された。この懲戒処分の取消しを求める訴訟が教職員によって起こされ，2011 年 5 月 30 日の第二小法廷判決以降，「君が代」不起立に対して懲戒処分を課すことは違法ではないという最高裁の判断が相次いで示された[1]。その後，2012 年 1 月，最高裁は「君が代」不起立のみを理由とする懲戒処分について，戒告は適法であるが減給・停職処分は慎重に判断すべきであるとして，処分の一部を取り消している[2]。最近では，「君が代」不起立の教職員に対して研修を課すとした大阪府及び大阪市の教育基本条例が成立したことが記憶に新しい。

　2011 年に示された最高裁の判断はいずれも，不起立に対して懲戒処分を課すことは違法ではないとするものであった。最高裁によると，「君が代」の起立斉唱行為は「歴史観ないし世界観との関係で否定的な評価の対象となるものに対する敬意の表明の要素を含む」ため，「そのような敬意の表明には応じ難いと考える」者に対して起立斉唱を職務命令で強制することは「思想及び良心の自由についての間接的な制約」となるものである。しかし，「式典における慣例上の儀礼的な所作」であり，「地方公務員の地位の性質及びその職務の公共性を踏まえた上」で起立斉唱行為は「当該式典の円滑な進行を図るもの」であるとして，思想及び良心の自由に対する制約を許容しうる程度の必要性及び合理性が認められると結論づけた。

　日の丸・君が代の強制をめぐる問題は，職務命令が教職員の思想・良心の自由に対する制約にあたるか否かという点，その判断をどのように行うかという点にある。この判断について最高裁は，個人の思想・良心に対する「一般的，客観的に侵害と評価される行為の強制でなければならない」か，それ

---

1) 最判平成 23 年 5 月 30 日判時 2123 号 8 頁，最判 23 年 6 月 6 日判時 2123 号 18 頁，最判平成 23 年 6 月 14 日判時 2123 号 23 頁，最判平成 23 年 6 月 21 日判時 2123 号 35 頁。
2) 最判平成 24 年 1 月 16 日裁時 1547 号 3 頁。

とも「本人の主観において，思想・良心と行為との関連性があり，強制されることに精神的苦痛を感じる場合であれば足りる」かという点を示す。2011年5月の第二小法廷判決の法廷意見は，この職務命令が「特定の思想を持つことを強制したり，これに反対する思想を持つことを禁止」するものではなく，「特定の思想の有無について告白することを強制する」ものではないため，個人の思想及び良心の自由を直ちに制約するものではないという。

日の丸・君が代をめぐるこれまでの最高裁の判断としては卒業式での「君が代」ピアノ伴奏を拒否した音楽教員の訴えを認めなかった2007年の最高裁判決（以下，ピアノ判決）[3]が挙げられる。ピアノ判決では，「君が代」斉唱の際に伴奏をするという行為が「音楽専科の教諭等にとって通常想定され期待されるもの」であるとし，「特定の思想を有するということを外部に表明する行為であると評価することは困難」であるとされていた。2011年の各判決とピアノ判決との差異は，「教員が日常担当する教科等や日常従事する事務の内容それ自体には含まれないもの」であるとして「君が代」斉唱時の起立斉唱という職務命令が教師の思想・良心の自由に対する「間接的制約」にあたることを認めたという点にある。このように，起立斉唱が教職員にとって本来の職務ではないという点，それが敬意の表明の要素を含むという点を最高裁が認めたことに意義を見出すことができる。

式典における「日の丸」に対する起立や「君が代」の斉唱という行為は，儀式におけるマナーであるとされる。しかし，軍国主義や戦前の天皇制絶対主義を思い起こさせるという性質と結び付くがゆえに，起立斉唱行為を拒否する教職員にとっては「日の丸」に向かって起立し「君が代」を斉唱するという行為は，自身の歴史観ないし世界観等にとって譲れない一線を越える行動であり，単なる慣例上の儀礼的な所作であるとは言えまい。そのような思想をもつ教職員に対して，職務命令によって起立斉唱を義務付けることは，その思想・良心の核心に反する外部的行為を強制することとなる。このように，個人の信念に関わる評価において多数者の視点でのみ評価することは，個人の尊重を謳った憲法の理念に反することともなろう。

---

[3] 最判平成19年2月27日民集61巻1号291頁。

第6章
表現の自由と公務員

吉田仁美

1 はじめに

　公務員の政治活動の規制を争った猿払事件最高裁判決[1]は，憲法訴訟のアイコンである。

　平成24年12月7日の二つの最高裁判決のうち，堀越事件最高裁判決は，長くリーディングケースであった猿払事件最高裁判決を「実質的に変更」したとされる。

　堀越事件最高裁によれば，平成15年11月9日の衆議院選挙を支援する目的で共産党機関誌等を個人宅などに配布し，公務員の「政治活動」を禁ずる国家公務員法（国公法）102条1項，人事院規則14-7，6項7号，13号にあたるとして起訴された。最高裁は，規程を合憲としながら，管理職的地位になく，職務の内容や権限に全く裁量の余地のない公務員によって，職務と全く無関係に，公務員が組織する団体の活動としての性格もなく行われ，公務員と認識しうる態様で行われたものでもないから，公務員の職務の中立性が損なわれるおそれが実質的にみとめられないため，本件配布行為は本件罰則規定の構成要件に該当しないとした。国公法と人事院規則の解釈に，「公務員の職務の中立性が損なわれる実質的なおそれ」で絞りをかけた無罪判決であった。

　一方，同日の世田谷事件最高裁判決は，平成17年9月10日に共産党の機関誌を警視庁職員住宅の集合郵便受けに投函した厚生労働省大臣官房統計情報部社会統計課長補佐（厚生労働事務官）が，国公法110条1項19号（平成19年改正前のもの），102条1項，人事院規則14-7，6項7号違反に問われた。最高裁は，この職員が，各係を直接補佐し，8名の課長補佐の筆頭課長補佐で，課内の総合調整等を行う立場であり，国家公務員法108条の2第3項但書の「管理職員等」にあたるため，政党を支援する活動は，それが勤務外のものであっても，裁量を伴う権限行使，部

---

1) 最大判昭和49年11月6日刑集28巻9号393頁。

下の職務の遂行や組織運営に影響を及ぼしかねない，とした。そして，当該公務員や行政組織の職務遂行の政治的中立性が損なわれるおそれが実質的に生ずるとして，本件での配布行為が罰則規定の構成要件に該当するとして，上告を棄却し有罪判決を支持した。

両判決で，須藤正彦個別意見のみが，一国家公務員が勤務外で行った政治的行為は，国公法102条1項の規制する政治的行為に当たらないとして，被告人らを無罪とした。

いずれも国公法と人事院規則の解釈による判断だが，「公務員の職務の中立性が損なわれる実質的なおそれ」で構成要件に絞りをかけた判決は，それ以外の猿払最高裁判決の問題点の多くを克服しなかった。問題を検討するには，もう一度，いまだリーディングケースである猿払判決を見直すところからはじめねばなるまい。

2 公務員の政治活動と猿払事件

1967年（昭和42年），池田勇人内閣の後を受けた佐藤栄作内閣のもとで，一連の自民党の不祥事による「黒い霧」解散をうけた，衆議院議員選挙が行われた。猿払地区労働組合協議会事務局長をつとめていた，猿払村の郵便局に勤務する事務官であった被告は，労働組合協議会の決定に従って，日本社会党の候補者のポスター6枚を公営掲示板に掲示し，また，同ポスター計184枚を，他に依頼して配布した。ちなみに，第31回総選挙の結果は，総議席数486議席のうち，自由民主党277議席，日本社会党140議席，民主社会党30議席，公明党25議席，日本共産党5議席，無所属9議席であった。

被告人は，当該行為が，国公法102条1項の禁止する「政治的行為」にあたるとして，同法110条1項19号に基づいて起訴された。国公法102条1項は，何が禁止される政治的行為に当たるかを，人事院規則14-7に委任しており，その5項3号が，特定政党を支持すること，6項13号が，政治的目的を有する文書や図画の掲示や配布を禁じていた[2]。

一審[3]は，「非管理職である現業公務員で，その職務内容が機械的労務の提供に止まるものが，勤務時間外に，国の施設を利用することなく，かつ職務を利用し，若しくはその公正を害する意図なしで行つた人事院規則14-7，6項13号の行為で且つ労働組合活動の一環として行われたと認められる所為に刑事罰を加えることをその適用の範囲内に予定している国公法110条1項19号[4]は，このような行為に適用される限度において，行為に対する制裁としては，合理的にして必要最小限の域を超

えたものと断ぜざるを得ない」等として、適用違憲の判断を下し[5]。第2審[6]は、原審を支持した[7]。最高裁大法廷[8]は、「国公法102条1項及び規則による公務員に対する政治的行為の禁止が右の合理的で必要やむをえない限度にとどまるものか否かを判断するにあたつては、禁止の目的、この目的と禁止される政治的行為との関連性、政治的行為を禁止することにより得られる利益と禁止することにより失われる利益との均衡の三点から検討することが必要である」とし、①目的について、「公務員の政治的中立性が損われ、ためにその職務の遂行ひいてはその属する行政機関の公務の運営に党派的偏向を招くおそれがあり、行政の中立的運営に対する国民の信頼が損われることを免れない」「党派的偏向は、逆に政治的党派の行政への不当な介入を容易にし、行政の中立的運営が歪められる可能性が一層増大するばかりでなく、そのような傾向が拡大すれば、本来政治的中立を保ちつつ一体となつて国民全体に奉仕すべき責務を負う行政組織の内部に深刻な政治的対立を醸成し、そのため行政の能率的で安定した運営は阻害され、ひいては議会制民主主義の政治過程を経て決定された国の政策の忠実な遂行にも重大な支障をきたすおそれがあり」「このような弊害の発生を防止し、行政の中立的運営とこれに対する国民の信頼を確保するため、公務員の政治的中立性を損うおそれのある政治的行為を禁止することは、まさしく憲法の要請に応え、公務員を含む国民全体の共同利益を擁護するための措

---

2) 当該委任の合憲性について、勝山教子「立法の委任（2）人事院規則への委任」百選II〔第5版〕478頁。精神的自由を制約するため、より明確で厳格な基準が要求されるため、国公法102条1項の委任は白紙委任であり違憲であるとされる、芦部信喜・行政判例百選I第1版254頁。また、猿払事件最高裁の反対意見は、犯罪構成要件の委任であるのに、懲戒処分にとどまるものと、刑事処罰の対象となる政治的行為が分けられていないため、より厳格な基準や考慮要素に従って定めるよう指示すべきだとして、国公法102条1項を違憲とした。
3) 旭川地判昭和43年3月25日下刑集10巻3号293頁。
4) 第110条　次の各号のいずれかに該当する者は、3年以下の懲役又は100万円以下の罰金に処する。（中略）19．第102条第1項に規定する政治的行為の制限に違反した者。
5) 芦部信喜「公務員の政治活動禁止の違憲性―いわゆる猿払事件第一審について」判評114号108頁（1968年）112頁。
6) 札幌高判昭和44年6月20日刑集28巻9号688頁。
7) 芦部信喜「違憲判断の方法―猿払第1審」百選〔第5版〕444頁。上告審は、下級審は違法性の問題と憲法違反の有無の問題を混同している、懲戒と刑罰は目的、性格、効果の異なる別個の制裁なので、懲戒がLRAだと断定できない、適用違憲の手法を、法令の一部を違憲とするにひとしい等と批判した。
8) 最大判昭和49年11月6日刑集28巻9号393頁。高橋和之「公務員の「政治的行為」と処罰」百選I〔第5版〕（2007年）32頁。

置にほかならないのであつて，その目的は正当なものというべきである」。②目的と禁止される政治的行為の関連性について「また，右のような弊害の発生を防止するため，公務員の政治的中立性を損うおそれがあると認められる政治的行為を禁止することは，禁止目的との間に合理的な関連性があるものと認められるのであつて，たとえその禁止が，公務員の職種・職務権限，勤務時間の内外，国の施設の利用の有無等を区別することなく，あるいは行政の中立的運営を直接，具体的に損う行為のみに限定されていないとしても，右の合理的な関連性が失われるものではない」とし，③利益の均衡については，「民主主義国家においては，できる限り多数の国民の参加によつて政治が行われることが国民全体にとつて重要な利益であることはいうまでもないのであるから，公務員が全体の奉仕者であることの一面のみを強調するあまり，ひとしく国民の一員である公務員の政治的行為を禁止することによつて右の利益が失われることとなる消極面を軽視することがあつてはならない。しかしながら，公務員の政治的中立性を損うおそれのある行動類型に属する政治的行為を，これに内包される意見表明そのものの制約をねらいとしてではなく，その行動のもたらす弊害の防止をねらいとして禁止するときは，同時にそれにより意見表明の自由が制約されることにはなるが，それは，単に行動の禁止に伴う限度での間接的，付随的な制約に過ぎず，かつ，国公法 102 条 1 項及び規則の定める行動類型以外の行為により意見を表明する自由までをも制約するものではなく，他面，禁止により得られる利益は，公務員の政治的中立性を維持し，行政の中立的運営とこれに対する国民の信頼を確保するという国民全体の共同利益なのであるから，得られる利益は，失われる利益に比してさらに重要なものというべきであり，その禁止は利益の均衡を失するものではない」とし，国公法 102 条 1 項を合憲とした。

　いわゆる猿払基準による大法廷の検討は，実際には①目的②目的と禁止される政治的行為の関連性の検討には大して意が用いられておらず，実際には，③の利益衡量が決定的意味をもった[9]と理解されている。アド・ホックな比較衡量の手法では必然だが，「国民全体の共同利益」が衡量に重きをなしたことのほか，多数意見が，ポスターを貼った，あるいは配った等の本件の事案を，「公務員の政治的中立性を損うおそれのある行動類型に属する政治的行為」として，「意見表明そのものの制約」と「行動の禁止」の区別により，「言論プラス」の扱いをして，規制の正当性

---

9) 高橋・前掲注 8・33 頁。駒村圭吾「第 1 部　憲法的論証の型　猿払基準―利益衡量審査（狭義の比例性審査）の居場所〈憲法訴訟の現代的転回／憲法的論証を求めて 10〉」法セ 679 号（2011 年）62, 63 頁。

を根拠づけている点，裁判所が，罰則の憲法適合性の判断につき，「国民」の「意識」に言及した点[10]など，多数の問題点が指摘されている[11]。この大法廷判決は，当初から批判にさらされたにもかかわらず，リーディングケースとして，以降の公務員の政治的行為に関する判例を支配し続け[12]，論者をして言論の自由を説きながら公務員の規律を論ずる「猿払の呪縛」[13]とまで書かしめる影響力をもった。国公法102条1項の母法は，アメリカのハッチ法9条であったが[14]，猿払第1審の指摘するように刑事罰はなく，下級公務員も含め，「法律に違反した者に一律に同じ刑罰を科するような不合理な立法は，おそらく民主主義の発達した国家では日本をおいてほかにない」[15]とされる。この規定は，占領下の特殊事情のもと，連合国軍総司令部の強硬な主張により，「現在ではとうてい法律で定めることができないような案を人事院規則で強行させた」[16]という背景をもつ。いくつもの難点が指摘されている規定が，組合活動（憲法28条保障の権利である）[17]への警戒を背景に，見直されず，いくつものひねりを帯びた解釈によって生き残り，再び適用されたことは[18]，不幸というほかない。

3　堀越事件，世田谷事件

さて，2012年12月7日の二つの最高裁判決に目を転じてみよう。これら二つの

---

10) 奥平康弘『表現の自由とは何か』52頁（中央公論社, 1970年），樋口陽一「公務員の「政治的行為」と刑罰―猿払事件上告審」百選I〔第4版〕（2000年）30, 31頁，中島徹「「公務員は一切，政治活動をしてはならない」のか―猿払の呪縛」法セ668号（2010年）47頁。また，高橋和之『憲法判断の方法』（有斐閣, 1995年）32頁参照。
11) 樋口・前掲注10・30頁（2000年）。
12) 最判昭和55年12月23日民集34巻7号959頁（プラカード事件，懲戒処分），最判昭和56年10月22日刑集35巻7号696頁など。高橋和之「公務員の政治的行為と懲戒処分―プラカード事件」百選I〔第4版〕（2000年）32頁。
13) 中島・前掲注10・46頁，中山和久「堀越事件検事上告趣意書の核心」労働法律旬報1735-36号（2011年）7頁。
14) なお，ハッチ法は，1993年にクリントン政権下で大改正された，中山・前掲注・69頁。
15) 芦部・前掲注5・112頁。
16) 芦部・前掲注5・112頁。
17) 猿払大法廷判決は，全農林警職法事件最高裁判決（最大判昭和48年4月25日刑集27巻4号547頁）後の時期の判断で，21条についても，1審，原審のような新しい方向を否定したものと位置づけられている，樋口・前掲注10・31頁。
18) 猿払上告審判決以降の起訴はなく，堀越事件は33年ぶりの起訴とされる，中山和久「堀越事件検事上告趣意書の核心」労働法律旬報1735-36号（2011年）64頁。

最高裁判決は，いずれも最高裁第2小法廷によって下され，堀越事件では国公法102条1項，人事院規則14-7，6項7号，13号，世田谷事件では国公法110条1項19号（平成19年改正前のもの），102条1項，人事院規則14-7，6項7号が問題になった。第2小法廷は，いずれの事件でも，これらの法令の合憲性を全面的に支持しており，法令の合憲性の面では，猿払大法廷判決（国公法102条1項，同法110条1項19号，人事院規則14-7，5項3号，6項13号が問題になった）と異なる判断ではない。

しかし，堀越事件最高裁判決は，国民年金業務課で相談室付係長として相談業務を行っていた被告人の担当業務が全く裁量の余地のないもので，処分権限も人事や監督権限もなかったとして，「公務員の職務の中立性が損なわれる実質的なおそれ」がないとし，ビラ配布行為の罰則規定の構成要件該当性を否定した。猿払事件での被告人は，猿払村の郵便局に勤務する事務官で，ポスターの掲示は，猿払地区労働組合の決定に従ったものだった。

🔳 堀越事件最高裁判決

被告人は，平成15年11月9日の衆議院選挙を支援する目的で，共産党機関誌と東京民報2003年10月号外を数日にわたり事業所や個人宅などに配布し，公務員の「政治活動」を禁ずる国家公務員法102条1項，人事院規則14-7，6項7号，13号にあたるとして起訴された。

東京地裁は，被告人である社会保険庁職員の「勤務時間外の休日に，職場と離れた自宅周辺で，その職務と離れて行った」政党ビラの配布を，国家公務員法に違反し有罪とした[19]。控訴審は，本件処罰を21条1項，31条違反として，無罪判決（適用違憲）を下した[20]。

最高裁によれば，被告人は，国民年金業務課で相談室付係長として相談業務を行っていた被告人の担当業務が，「全ての部局の業務遂行の要件や手続が法令により詳細に定められていた上，相談業務に対する回答は，コンピューターからの情報に基づくものであるため」，全く裁量の余地のないもので，被告人には年金支給の

---

19) 東京地判平成18年6月29日判例集未登載。
20) 東京高判平成22年3月29日判タ1340号105頁。市川正人「国家公務員による政党機関誌の配布に対して国家公務員法の罰則規定を適用することが憲法に違反するとされた事例」速報判例解説8巻23号（2011），田中孝男「政党ビラの配布行為に対して国家公務員法の罰則規定を適用することが憲法違反とされた事例」速報判例解説8巻（2011年）49頁。

可否を決定したり，支給される年金の額を変更したりする権限はなく，保険料の徴収等の手続に関与するものではなく，専門職として相談業務を担当していただけで，人事や監督権限もなかったとした。

そして，国公法102条は行政の中立的運営を確保し，これに対する国民の信頼を維持する趣旨であるとして，憲法15条を引き，国の行政機関の公務が，国民全体に対する奉仕を旨とし，政治的に中立的に運営されるべき者であるとし，そのためには，公務員が職務を公正かつ中立的な立場に立って遂行することが必要だとする。

その一方，国民の，表現の自由としての政治活動の自由は，立憲民主制の政治過程にとって不可欠の基本的人権で，民主主義を基礎づける重要な権利であることから，公務員の政治的行為の禁止は，「国民としての政治活動の自由に対する必要やむを得ない限度にその範囲が画されるべきもの」であるとしている。

そして，国公法102条1項の文言，趣旨，目的，規制される政治活動の自由の重要性，同項の規程が刑罰法規の構成要件となることから，同項の規程が禁止する「政治的行為」とは，「公務員の職務の中立性が損なわれる実質的なおそれ」が観念的なものにとどまらず，「現実的に起こりうるものとして実質的に認められるもの」であり，これをうけた本件規則も，「公務員の職務の遂行の中立性を損なうおそれが実質的に認められる」行為の類型を規定したものであるとする。そして，本件規則に文言上該当し，「公務員の職務の遂行の中立性を損なうおそれが実質的に認められる」行為は，それが勤務外の行為であっても，事情によっては政治的傾向が職務内容に現れる蓋然性が高まることによって，行政の中立的運営に影響を与えるとした。

最高裁によれば，「公務員の職務の遂行の中立性を損なうおそれが実質的に認められる」かどうかは，「公務員の地位，職務内容や権限等，公務員の行為の性質，態様，目的，内容等の諸般の事情を総合して判断」する。具体的には，公務員が，「指揮命令や指導監督等を通じて他の職員の職務の遂行に一定の影響を及ぼしうる地位（管理職的地位）の有無，職務内容や権限における裁量の有無，勤務時間の内外，国ないし職場の施設の利用の有無，公務員としての地位の利用の有無，公務員が組織する団体の活動としての性格の有無，公務員による行為であると直接認識され得る態様の有無，行政の中立的運用と直接相反する目的や態様の有無等」が考慮される。

最高裁は，憲法21条と31条に関し，「本件規程の目的は合理的で正当」であり，規制されるのは，「公務員の職務の遂行の中立性を損なうおそれが実質的に認められる」行為であり，このようなおそれが認められない政治的行為や本規則が規制す

る行為類型以外の政治的行為は規制されないため，その制限は「必要やむを得ない限度にとどまり」，「目的を達成するために必要かつ合理的な範囲のもの」で，不明確でも過度に広汎なものでもない，とした。また，懲戒処分だけでなく刑罰を課していることについても，国民全体の（行政の中立的運用という）利益を損なう影響の重大性に鑑み，「禁止行為の内容，態様等が懲戒処分等では対応しきれない場合も想定される」ためで，刑罰を含む規程だからといって直ちに必要かつ合理的なものでないとされるわけではないとし，本件罰則規定は21条と31条に違反しないとしている。

そのうえで，最高裁は，本件行為が文言上本規則6項7号，13号（5項3号）に文言上該当することは明らかだが，「公務員の職務の遂行の中立性を損なうおそれが実質的に認められる」ものかどうかを検討した。最高裁は，被告人が管理職的地位になく，職務の内容や権限に全く裁量の余地がなく，勤務時間外に，国ないし職場の施設を利用せず，公務員としての地位を利用することなく行われ，公務員が組織する団体の活動としての性格もなく，公務員であることを明らかにすることもなく無言で郵便受けに文書を配布したのみで，公務員と認識する余地がなかったとした。

最高裁は，管理職的地位になく，職務の内容や権限に全く裁量の余地のない公務員によって，職務と全く無関係に，公務員が組織する団体の活動としての性格もなく行われ，公務員と認識しうる態様で行われたものでもないから，公務員の職務の中立性が損なわれるおそれが実質的にみとめらず，本件配布行為は本件罰則規定の構成要件に該当しないとした。

最高裁は，猿払事件が，労働組合の決定に従った労働組合協議会の構成員である職員団体の活動の一環だったことから，公務員が特定の候補者を国政選挙で積極的に支持する行為であったことが一般人に容易に認識され得るようなもので，「公務員の職務の遂行の中立性を損なうおそれが実質的に認められる」ものだったとし，本件を猿払事件と区別した。

本件には，千葉勝美裁判官による補足意見，須藤正彦裁判官による（結果同意）意見が付されている。

❷ 世田谷事件最高裁判決

世田谷事件は，東京都世田谷区の警視庁職員住宅で，厚生労働省職員が，衆議院の解散総選挙投票日の前日の2009年9月10日に，東京都世田谷区の警視庁職員住宅の集合郵便受けに，政党機関紙の号外を投函し，国公法110条1項19号（平成19年改正前のもの），102条1項，人事院規則14-7，6項7号違反違反で起訴さ

れたというものである。

　1審の東京地裁[21]は，猿払事件の最高裁大法廷判決[22]を引用し，簡単に合憲の判断を導いた。東京高等裁判所も，これを支持し，上訴を棄却した[23]。被告人は，憲法21条，15条，19条，31条，のほか，犯罪構成要件の人事院規則への委任について，41条，73条6項違反を主張した。

　最高裁によれば，この職員は，各係を直接補佐し，8名の課長補佐の筆頭課長補佐で，課内の総合調整等を行う立場であり，国家公務員法108条の2第3項但書の「管理職員等」にあたり，一般の職員と同一の職員団体の構成員となることのない職員であった。

　最高裁は，憲法21条，15条，19条，31条侵害と，41条，73条6項違反かどうかについて（特に個別の検討をせず），本件罰則規定による政治的行為の規程が必要合理的かどうかによる，とし，堀越事件とほぼ同文の判示で，本件法令の合憲性を肯定した。

　そして，本件の構成要件該当性を検討するが，被告人は，厚生労働大臣官房統計情報部社会統計課長補佐であり，庶務係，企画指導係及び技術開発担当として，各係職員を直接指揮し，8名の課長補佐の筆頭課長補佐で，課内の総合調整等を行う立場であり，国家公務員法108条の2第3項但書の「管理職員等」にあたり，一般の職員と同一の職員団体の構成員となることのない職員で，指揮命令や指導監督を通じて他の多数の職員の職務遂行に影響を及ぼすことができる地位にあったとした。そして，このような地位及び職務内容，権限のあった被告人が，政党機関誌の配布という特定の政党を積極的に支援する行動を行うことについて，それが勤務外のものであったとしても，国民全体の奉仕者として，政治的に中立な姿勢を特に堅持すべき立場にある管理職的地位の公務員が，殊更に一定の政治的傾向を顕著に示す行動に出ているのだから，裁量権を伴う権限行使の過程で，政治的傾向が職務内容に顕れる蓋然性が高まり，指揮命令や指導監督を通じて，部下の職務遂行や組織運営にもその傾向に沿った影響を及ぼすことになりかねず，当該公務員及びその属する行政組織の職務遂行の政治的中立性が損なわれるおそれが実質的に生ずるとした。

---

21) 東京地判平成20年9月19日判例集未登載。
22) 最大判昭和49年11月6日刑集28巻9号393頁。高橋・前掲注8。
23) 東京高判平成22年5月13日判タ1351号123頁。嘉門優「国家公務員による政党機関誌の配布に対して国家公務員法上の罰則を適用することが認められた事例」速報判例解説9巻（2011年）147頁。

そして，被告人が，勤務時間外に，国ないし職場の施設を利用せず，公務員としての地位を利用することなく行われ，公務員が組織する団体の活動としての性格もなく，公務員であることを明らかにすることもなく無言で郵便受けに文書を配布したのみで，公務員と認識しうる態様でなかったことなどの事情を考慮しても，本件配布行為には，公務員の職務の遂行の中立性を損なうおそれが実質的に認められ，本件での配布行為が罰則規定の構成要件に該当するとした。そして，本件配布行為に本件罰則を適用することは，憲法21条，31条に違反しないとし，原判決に憲法違反はなかったとして，上告を棄却した。

千葉勝美裁判官による補足意見（結果同意意見），須藤正彦裁判官による（反対）意見が付されている。

3 検　討

本件は，猿払大法廷判決の判例変更にあたるか，について，千葉補足意見は，単に異なる事案への適用の問題だとし，「必要かつ合理的」な禁止かどうかという判断基準にも変更がないとして，本件の判断は猿払大法廷判決と矛盾・抵触しないと説明している。とはいえ，猿払大法廷判決は，「公務員の職務の遂行の中立性を損なうおそれが実質的に認められる」行為かどうかにかかわらず，一般職公務員の「政治的行為」を禁止したとみられてきた。この点，千葉補足意見（いずれの判決も内容は同じ）は，本件での解釈が，被告人が「管理職かどうか」等によって，禁止される「政治的行為」を限定した（違憲部分と合憲部分を分離しうる）合憲限定解釈ではなく，二審のように，政治的行為の内容を問題にした適用違憲判決でなく，「国家公務員法の条文の丁寧な解釈」を踏まえた構成要件該当性の判断であるとしている。単に法律解釈の問題であるとするのである。これについて，須藤意見は，本件の厳格な構成要件解釈を，通常の法解釈だが，「他面では一つの限定解釈」であるとしている（所論は，本件法令の合憲性を支持するが，「規制の対象たる公務員の政治的行為が広汎かつ不明確」で，構成要件の明確性による保障機能を損なうため，さらなる明確性や，規制範囲・制裁手段について，立法措置をふくめて広い議論が行われるべきだとする。結論としては，本件のビラ配布行為は，態様の点で「勤務外」のものであるとして，いずれも，公務員の職務の遂行の中立性を損なうおそれが実質的に認められない，として無罪としている）。

猿払大法廷判決との差は，「公務員の職務の遂行の中立性を損なうおそれが実質的に認められる」かどうかの判断の「総合評価」の要素として，明確でない形で，「管理職的地位になく，職務の内容や権限に全く裁量の余地のない公務員によって，

職務と全く無関係に，公務員が組織する団体の活動としての性格もなく行われ，公務員と認識しうる態様で行われたものでもない」ことが読み込まれたことである。「総合評価」であるがために，これら要素は比重もはっきりせず，要素も限定的でないであろうし，今後の事案では，結果の予測が難しい。堀越事件での無罪の結果は歓迎され，公務員が「管理職的地位」にあるかどうかが世田谷事件と結果を分けたとみられているが，誰が「管理職的地位」なのかについても基準が示されていない。

また，堀越事件最高裁の多数意見には，危惧すべき点があらたに生じた。堀越事件最高裁は，「公務員が組織する団体の活動としての性格の有無」を判断要素に加えたが，このことによって，猿払大法廷判決の際には，背景事情として指摘された公務員の組合活動への警戒が，判断要素に入り込んだ。観点が違うとの説明になるのかもしれないが，実質的には，労働者としての公務員の憲法28条で保障された権利への影響を気にせねばならなくなった。本件と猿払大法廷判決を「区別」する努力が，いささか踏み込みすぎたのではないだろうか。

4　実体問題としての表現の自由：「政治ビラをまく自由」の保障について

■1「政治的ビラ」の配布

猿払事件や，その後続の事件において，実際に政府にとって問題だったのは，表現内容（大法廷判決によれば，政治的「行為」）なのか，それとも，猿払事件大法廷判決がいうような，公務員が政治活動を行うことの余波で，特殊な問題領域の話[24]なのかであった。学説の多くは，前者であるとする。違憲審査の意義は，別に，問題を「理論的にきれいに」片づけることではない。理論的で説得的であることとは別して，実体問題，つまり，表現の自由が適切に保障されているかということへの視点は維持されねばならない。

「特殊領域の話」だとしても，国家公務員法は，一般職の公務員については，政治活動を一律に禁じ，懲戒のほか刑事罰を課している。公務員法制としてみた場合も，国家公務員法制自体，諸外国が，原則，公務員の活動を自由としていたり，少

---

[24] 長谷部恭男『Interactive 憲法』（有斐閣，2013年）140頁以下。基準論を度外視して，諸要素を勘案した利益衡量を行うとが示唆される，141頁・脚注17参照。

なくとも地位や職務内容によって政治活動を許容しているところ，政治活動の余地を極限にまで限定し，21条違反である。また，諸外国が懲戒のみとなっているのに，刑罰を課している点について，公務員の政治活動を最初から犯罪視し，民主主義国家にふさわしい公務員法制でなく，21条，31条に違反すると批判される[25]。堀越事件では，構成要件解釈を絞って，無罪判決を得たが，それによって問題は根本解決したわけではない。堀越，世田谷の両事件では，須藤正彦裁判官の個別意見が，職務外での公務員の政治活動は，原則禁止されてはならないという立場から，勤務時間外である休日に，国ないし職場の施設を利用せず，公務員としての地位を利用することも公務員であることを明らかにすることもなく無言で郵便受けに文書を配布する行為は，「いわば，一私人，一市民として行動した」とみられ，勤務外のものだとし，一国家公務員が勤務外で行った政治的行為は，国公法102条1項の規制する政治的行為に当たらないとして，無罪の結論に達した。

表現の自由の尊重が長年叫ばれながら，最高裁での勝訴例が，表現の自由の規制について，わいせつをめぐるメイプルソープ事件[26]しかなかったことは，よく知られている。猿払事件から「30年のうちに，政治的な表現の自由が有する憲法価値の評価度がそれなりにやっぱり高まった」[27]とされ，多数の「裁判官が，表現の自由を重視した判断を示さねばならないという問題意識」を有するようになったかもしれない[28]のだが，判例の動向は，堀越事件の無罪判決でようやく少し動き出したところかとみえる。

判例は，「一見すると内容規制に見えるが，実はそこから派生する間接的害悪を抑止することをねらうものだ[29]」という，間接的・付随的規制であるとしているが，猿払事件を特定の表現の「狙い打ち」で，直接言論に向けられた規制が問題になったものであるとする見方は多い[30]。判決の論理は，間接的・付随的規制であって，内容中立規制であるから，合理的関連性の基準が適用され，合憲性が肯定されるという流れなのだが，特定の政党に関連した表現にのみ発動する実態が，そうした説明を裏切ってきた[31]。それでもなお，間接的・付随的規制であって，内容中立規制

---

25) 晴山一穂「終章　国際比較からみたわが国法制の違憲性」晴山一穂ほか『欧米諸国の「公務員の政治活動の自由」―その比較法的研究』（日本評論社，2011年）233頁。
26) 最判平成20年2月19日民集62巻2号445頁。
27) 奥平・前掲注10・50頁。
28) 奥平・前掲注10・50頁。
29) 長谷部・前掲注24・138頁。
30) 長谷部・前掲注24・140頁。

である，とのとらえ方がされるなら，そもそも，内容中立規制と内容着眼の規制を区別して，内容中立規制はより合憲である可能性が高いなどという区別をすること自体が疑わしくなる。

そのため，堀越・世田谷の両事件の実体部分は，公務員による事件でないほかは，同種の事案であると考えられる立川ビラまき事件判決（自衛隊イラク派遣反対のビラ配布に関する），葛飾ビラまき事件判決（政党ビラの配布に関する）に類似する。政権にとって好ましくない（好ましくないトピック，好ましくない内容）の「表現」を守ることは，21条の核心である。

立川ビラまき訴訟の被告人らは，立川基地反対，反戦平和を主なテーマとする市民団体「立川自衛隊監視テント村」の構成員で，活動の一環として「自衛隊のイラク派兵反対！」などと記載したビラを，自衛隊の管理下にある防衛庁立川宿舎（以下「立川宿舎」）の各室の玄関ドアの新聞受けに投函するため，約2時間半から3時間，立川宿舎の敷地に立ち入り，宿舎のいくつかの棟の階段や，1階出入口から4階の各室玄関前に立ち入って，住居侵入罪に問われた。1審の東京地裁は，被告人らの行為は住居侵入罪の構成要件に該当するが，可罰的違法性がなく，被告人らをいずれも無罪としたが[32]，東京高裁は，被告らの行為は住居侵入にあたり，可罰的違法性があるとして，有罪判決を下した[33]。最高裁は，本件の上告を棄却した[34]。最高裁によれば，宿舎の各棟の1階出入口から各室玄関前と敷地は，刑法130条の「人の看守する邸宅」として，邸宅侵入罪の客体になる。また，「侵入し」とは，他人の看守する邸宅等に管理権者の意思に反して立ち入ることをいうものであり，被告人らの立入りがこれらの管理権者の意思に反するものであったことは，事実関係

---

[31] アメリカの運用実態は，品位に欠ける表現に限られるが，長谷部・前掲注24・137頁，表現物の具体的内容によって，適用・不適用などの運用の差がありそうな分野ではない。

[32] 東京地判平成16年12月16日。川岸令和「政党ビラの配布と住居侵入罪の成否」セレクト2006年（2007年）9頁，大島佳代子「防衛庁官舎への立ち入りと政治的表現の自由」セレクト2005年（2006年）11頁，石埼学「立川反戦ビラ事件判決――言論弾圧の先にある社会」法セ（2005）64頁，近藤敦「立川反戦ビラ入れ事件と政治的言論の自由」法セ609号（2005）126頁，本田稔「自衛隊宿舎の敷地及び通路への立ち入りと住居侵入罪の成否」法セ604号（2005）145頁。

[33] 東京高判平成17年12月9日判時1949号169頁。「立川ビラまき，逆転有罪――表現の自由めぐり続く議論」法セ51巻3号（2006年）132頁，安達光治「集合住宅でのポスティングは「邸宅侵入罪」か？」法セ616号（2006年）7頁。

[34] 最判平成20年4月11日刑集62巻5号1217頁。

から明らかだとし，住居侵入罪に該当する，と判断した。また，被告人らの立入りの態様，程度は，管理者からその都度被害届が提出されていることなどに照らすと，法益侵害の程度が極めて軽微であったとはいえない，とした。

　評釈による批判は，まず，①本件は住居侵入の問題ではなく，商業ビラ等が許容されている中でのあるメッセージを伝えるビラの排除である[35)]，②事実として人々が自由に出入りできる場所で，法益侵害の程度が軽微である一方，表現の自由の保護が図られなければならない[36)]，③表現内容は，受け手によって判断されなくてはならない（管理者の意思は個々の受け手の意思ではない）[37)]，④本件の平穏なビラ配りは「他人の権利を不当に侵害する」ものではなく，刑法130条による処罰は適用違憲である[38)] ⑤抗議しても相手がまだビラを配布しようとする場合に，初めて公権力の規制を求めるべきで，市民社会の内部で処理すべきだ[39)] などの点に向けられている。いちおう表現の自由の保障に言及しながらも，住居侵入の事案として本件を処理した最高裁の分析については，①内容中立規制であることが言明されているが，学説の主張するLRAなどの中間審査を採用しておらず[40)]，表現の自由を重視せず，等価的な衡量を行っている[41)]，また，先例の採用する「合理的関連性の基準」も採用していない[42)] と指摘される。さらに，②実際には内容規制であるのに，住居侵入の問題とされ，厳格審査がなされなかった[43)] ことが批判された。

---

35) 川岸令和「砂上の楼閣に建つ表現の自由―立川反戦ビラ事件最高裁判決に寄せて」ロージャーナル4頁。阪口正二郎「防衛庁宿舎へのポスティング目的での立入り行為と表現の自由」法教336号（2008年）13頁。
36) 毛利透『表現の自由―その公共性ともろさについて』（岩波書店，2008年）335-337頁。なお，「事実として一般公衆が自由に出入りできる場所は……同時に表現の場として役立つことが少なくない」最判昭和59年12月18日刑集38巻12号3026頁（伊藤正己裁判官補足意見）。
37) 阪口・前掲注35・10-12頁。川岸・前掲注35「砂上の楼閣に建つ表現の自由」5頁。
38) 川岸・前掲注35「砂上の楼閣に建つ表現の自由」5頁。
39) 阪口・前掲注35・14頁。選挙規制について同旨の批判として，奥平前掲注10・70頁。人権擁護法案に関し，メディアとのトラブルにつきメディアと対話協議する市民自治力を強調する議論として，梓澤和幸「人権擁護法案とメディア－弁護士会内議論の帰趨と市民の課題」月刊民放2002年4月号31頁。個人情報保護法案に関して，「国家介入に頼り切ってきた我々に，その態度を直ちに改めろと迫るのも現実的でない」とするものに，高橋・前掲注8・54頁。
40) 阪口・前掲注35・14頁。
41) 毛利・前掲注36・334頁。
42) 阪口・前掲注35・12-13頁。

本判決の影響をうけた[44]葛飾ビラまき事件では、被告人は、ドアポストに日本共産党の都議会、区議会活動に関するビラを投函して、やはり刑法130条違反に問われた。1審の東京地裁判決[45]は、総合的な判断で、ドアポストへのビラまきが、社会通念上容認されざる行為とは言えないとし、住居侵入罪が成立しないとした[46]。ところが、東京高裁[47]は、「立ち入り行為を管理者が容認していないと合理的に判断される」とし、立ち入りに正当な目的がないものとして、再び、住居侵入罪の成立を認めた[48]。最高裁[49]は、事実関係からして、法益侵害の程度が軽微なものとはいえず、他に犯罪の成立を阻却すべき理由もないとして、住居侵入罪の成立を認めた。最高裁は、立川ビラまき事件の、憲法21条に関する判示を引用し、同旨の結論を導いている[50]。

2「国民の、表現の自由」

これらビラまき事件の判決は、住居侵入罪について、構成要件該当性や法益侵害の程度の評価のありかたについて、また表現の自由の侵害について、内容中立規制であるとされたが、実際には内容規制である点、内容中立規制としても厳格性の高められた基準を用いておらず、内容規制として厳格審査を用いることもしなかった点について、強い批判がなされている。

---

43) 川岸・前掲注35「砂上の楼閣に建つ表現の自由」4, 5頁。阪口・前掲注35・13, 14頁。毛利・前掲注36・335頁。
44) 阪口・前掲注35・14頁。
45) 東京地判平成18年8月28日判例集未登載。
46) 本件について、植木淳「集合住宅においてビラを投函する行為について刑法130条「住居侵入罪」が成立しないとされた事例」法学セミナー増刊速報判例解説（2007年）25頁、松宮孝明「ビラ配布目的でのマンション共用部分立ち入りにつき住居侵入罪の成立を否定した事例」法セ627号（2007年）117頁。「葛飾ビラ事件、無罪」法セ623号（2006年）130頁。
47) 東京高判平成19年12月11日判タ1271号331頁。
48) 本件について、松宮・前掲注46・123頁、永山茂樹「マンションにおけるビラ配布と表現の自由」法セ53巻4号（2008年）133頁、関口新太郎「政治上の主義主張を記載したビラを配布する目的で集合住宅の共用部分に立ち入った行為につき、住居侵入罪が成立するとされた事例」ひろば2008年5月号60頁。
49) 最大判平成21年11月30日刑集63巻9号1765頁。
50) 最高裁判決について、安達光治「集合住宅でのポスティングの意味と刑事規制の限界」法時82巻9号（2010年）8頁、西田穣「判決・ホットレポート 最高裁は何を守ろうとしたのか―葛飾ビラ配布弾圧事件最高裁判決批判［平成21.11.30 第二小法廷］」法と民主主義444巻（2009年）68頁。

堀越事件では，住宅の郵便受けやマンションの「集合郵便受け」に日本共産党の政党ビラを配布した。また，世田谷事件でも，警視庁職員宿舎の「集合郵便受け」に日本共産党の政党ビラを配布したものだが，4棟が塀で囲まれた構造になっており，通り抜けできるとは考えつかない構造であった，ビラ配り等の目的等による立ち入りを禁ずる看板が掛けられていた等の理由で，当初，住居侵入で逮捕され，起訴は，猿払大法廷判決から33年ぶりとされる，国家公務員法102条1項，同法110条1項19号，人事院規則14-7のもとで行われた[51]。

内容規制，内容中立規制の別については，堀越事件の1審は，「もとより，猿払事件判決は，内容規制，内容中立的規制二分論の見解を採用したものではない（当裁判所も同様である）」と述べていた。また，内容規制であるとの主張に応答してか，政治的意見を含む文書ではあるが，政治的意見の内容について政府側の否定的な価値判断や評価が加わったわけでなく，表現の内容に関する受け手側の自律的判断に政府側が介入するわけではないから，表現の自由市場の思想に矛盾を来さないとしている。実際には，端的に表現をさせないわけだから，流通する表現の量を減少させる[52]もので，それ自体「表現の自由市場の思想に矛盾」するし，「政治的意見を含む文書ではあるが，政治的意見の内容について政府側の否定的な価値判断や評価が加わったわけでなく」とする段は，実際にそうであるかどうかは，立川や葛飾の事例と共通して，規制の実際の運用をみる限り，疑われる。

堀越事件の控訴審は，本件規定の解釈について，抽象的危険犯と解されるとしながら，憲法上の重要な権利である表現の自由を制約することから，形式犯と捉えるべきでなく，具体的危険までは求めないが，ある程度の危険が想定されることが必要であると解釈すべきだとする見解を示し，表現の自由を尊重する姿勢を示した[53]。堀越事件の最高裁は，「国民は，憲法上，表現の自由としての政治活動の自由を保障されており，この精神的自由は立憲民主政の政治過程にとって不可欠の基本的人権であって，民主主義社会を基礎付ける重要な権利である（最判平成24年12月7

---

51) 奥平・前掲注10・51頁。背景として，日本共産党が自衛隊のイラク派遣に反対していたことも指摘されている警視庁職員宿舎への配布は，「たまたま」とされている。「政党紙配布　刑罰の是非」朝日新聞2012年12月4日。
52) 市川正人『表現の自由の法理』（日本評論社，2003年）75頁以下，309頁以下参照。
53) 東京高判平成22年3月29日判タ1340号105頁。市川正人「国家公務員による政党機関誌の配布に対して国家公務員法の罰則規定を適用することが憲法に違反するとされた事例」速報判例解説8巻23号（2011年），田中孝男「政党ビラの配布行為に対して国家公務員法の罰則規定を適用することが憲法違反とされた事例」速報判例解説8巻（2011年）49頁。

日)」とし,「公務員に対する政治的行為の禁止は,「国民としての政治活動の自由に対する必要やむを得ない限度にその範囲が画されるべきもの」」とした。しかし,法令の合憲性を支持し,国公法違反の構成要件該当性を「公務員の職務の中立性が損なわれる実質的なおそれ」でしぼり,無罪判決を導いた。この判断は表現の自由をより尊重したものとみられているが,なお限定的な前進にとどまる。

一般人にとって,安価で容易な表現手段である「ビラまきの自由」に,判例は十分な余地を作り出しているだろうか。そして,須藤正彦個別意見のように,被告人が公務員であること,に過度に目を取られず,「国民の,表現の自由」を原則として守る姿勢は,十分だろうか。堀越・世田谷事件の最高裁は,極めて限られた表現の自由の保護を行ったのみで,この点について,未だ妥当なランディングポイントを示したとはいえない。

5 公務員の政治活動

堀越事件,世田谷事件を,今度は,「公務員による」政治活動の事案として見てみよう。

公務員の政治活動の一律規制なしには,「行政の中立的運用はたもてない」という猿払事件大法廷判決の論理は,強く批判されてきた。本章の2節で引用した,猿払事件の①②の部分は,香城敏麿調査官による解説が,「本判決の根幹」と評したものである[54]。

問題点は,一言で言うと,法律の合憲性を根拠づける立法事実がそもそも不存在だ[55],ということになるが,まず,①「公務員の政治的行為のすべてが自由に放任されるときは」という条件設定は,猿払の事案の問うたものではないし,堀越,世田谷の両事案が問題にしたものではない。下級の公務員であること,職務外の行為であることが斟酌されていない。

②挙げられている弊害(a.職務の遂行や行政機関の公務の運営に党派的偏向を招き,行政の中立的運営に対する国民の信頼が損なわれる。b.公務員の党派的偏向は,政治的党派の行政への不当な介入を容易にし,行政の中立的運営が歪められる可能性が一層増大する。c.行政組織の内部に深刻な政治的対立を醸成し,行政の能率的で安定した

---

[54] 香城敏麿『憲法解釈の法理』(信山社,2004年)56頁。
[55] 長岡徹「国公法・政治的行為の禁止事件上告審の基本論点―憲法論を中心に」法の科学42巻142頁(2011年)144頁。

運営は阻害され，政策の忠実な遂行に重大な支障をきたす）が，抽象的で，あまりありえないことであろう。

堀越事件最高裁判決と，世田谷事件最高裁判決をわけたのは，「管理職的地位」にある職員だったかどうかだと見られているが，最高裁によれば，構成要件解釈における「総合評価」であるため，これはかならずしも単一の要素ではない。また，合憲限定解釈を避ける堀越・世田谷事件の最高裁の論調からして，「管理職的地位」と評価されるのに明確な「基準」は示されそうもなく，どのような範囲の公務員が該当するのか，（堀越事件ではきわめて限定的にみえるが）その範囲が妥当なのか検討することも難しい。

堀越事件では，もう一つ，考慮に加えられるべき点があった。堀越事件では，ビデオ撮影を含め，被告人に対する24時間のモニタリングを行ったことが問題にされている[56]。

その点も含め，これらの議論の指摘する問題点は，公務員の「職」と「身分」の区別がなされず，民間人と同様，「職務外の時間は個人の自由に属する」[57]ことが，明確にされていない——ことである。「「国民の法意識」が公務員という「身分」にむけられるとき，公務員は24時間規律対象になる」[58]との指摘があるが，相当特殊な地位にある場合をのぞいて，人間存在に対するそのような認識には，無理がある。

職務に応じて，規制の「規制の必要性，内容，程度」[59]は異なる。堀越，世田谷事件の上告審については，世田谷事件の上告審が，厚生労働大臣官房統計情報部社会統計課長補佐である被告人が「管理職的地位の公務員」であることを総合評価の要素の一つとして，原審の有罪判決を支持した。この事案でも，須藤正彦個別意見は，勤務外の政治活動であったとし，無罪としている。

これらの指摘に理解が得にくいとしたら，国公法の法制自体や，猿払大法廷判決そのものがもたらした，長年の影響が原因である可能性がある。地方公務員の政治的行為については，罰則がないが，近時，むしろ条例の制定により規制を強化する動きが出ている。むろん，行政の汚職や腐敗，党派的な偏向は忌むべきだが，「勤務時間外である休日に，国ないし職場の施設を利用せず，公務員としての地位を利用することも公務員であることを明らかにすることもなく無言で郵便受けに文書を

---

56) 東京地判平成18年6月29日判例集未登載。
57) 中島・前掲注10・47頁。
58) 中島・前掲注10・47頁。
59) 中島・前掲注10・47頁。

配布する行為」により,行政に影響を及ぼしうる可能性は実際には低いだろう。現実的な判断をすべきである。もし,「ビラまき」そのものの問題でなく,政党活動や組合活動が視野に入っているならば,集会結社の自由や労働基本権の保障の観点から,別途検討がなされる必要がある。

6 おわりに

堀越事件の最高裁判決は,構成要件解釈を,「公務員の職務の遂行の中立性を損なうおそれが実質的に認められる」かどうかでしぼり,限定的な救済を与えたが,猿払判決の論理自体は,支持された。堀越事件,世田谷事件の最高裁判決は,一部の事案を救うものの,国公法の問題点を根本的には解決しなかった。

いまだリーディングケースである猿払の大法廷判決の論理の中には,公務員が,仕事が終わると職場を離れ,私的な活動をする——むろん,21条の表現の自由の一環である政治活動の自由を含め,種々の憲法的権利の保障を享有する——ことがみてとれない。勤務外の公務員が,「いわば,一私人,一市民として行動した」としてこの点に言及したのは,堀越事件の結果同意意見,世田谷事件の反対意見となった,須藤正彦個別意見だけであった。

30余年もの年月をへて,再び,猿払事件最高裁大法廷判決の論理が支持されたわけだが,その抽象的な議論によって,一体全体,猿払事件最高裁大法廷判決や,これらの判決の論理の真に守ろうとしているのは何なのか,再び考えざるをえないことになった。

政治的な表現の自由にはいかなる憲法的な価値があるのだろうか。最高裁は,この問題に正面から向き合う必要があろう。

コラム⑦　情報公開と個人情報保護

佐伯彰洋

　わが国における情報公開制度の導入は地方公共団体が先行していた。1982年に山形県金山町で全国初の情報公開条例が制定された後、情報公開条例を制定する地方公共団体が増加していった。一方国レベルの情報公開制度については、政府は長年消極的であったが、行政改革のうねりの中で、情報公開法の制定を求める動きが活発になり、1999年にようやく行政機関情報公開法（正式名称は「行政機関の保有する情報の公開に関する法律」）が成立し、2001年4月1日より施行されている。また同年、独立行政法人等情報公開法（正式名称は「独立行政法人等の保有する情報の公開に関する法律」）が制定され、2002年の10月1日より施行されている。

　行政機関情報公開法は、同法の目的として「知る権利」を明記せず、それに代えて「国民主権の理念」と「説明責任」をうたっている（1条）。すなわち、日本国憲法の採用する国民主権制度の下では、行政機関は、国民の代表者からなる国会の制定した法律を執行する責務を負い、その活動について主権者たる国民に対して説明する責任を有しており、この責任を果たすために情報公開が要求されるという考え方である。以下、同法の仕組みを概観すると、まず同法は、開示請求権者について「何人も」と定めている（3条）。したがって、日本国民であるかどうかは問われず、外国に居住する外国人も開示請求権者に含まれるし、自然人のみならず、法人、法人でない社団または財団で管理人の定めのある者も開示請求権者になりうる。また開示請求者の請求の目的や理由は問われない。同法は、行政機関の保有する情報を原則開示にし、例外的に不開示事由を定めるという構造をとっており、請求の目的や理由に関わりなく、請求情報が不開示事由に該当しない限り、開示されることになる。この不開示事由に該当する情報として、①個人情報、②法人等情報、③防衛・外交情報、④公安情報、⑤意思形成過程情報、⑥行政執行情報が規定されている（5条）。同法は、以上のような不開示情報が請求対象情報のなかに含まれている場合、その該当部分が容易に削除できるときは、その該当部分を削除して開示しなければならないという部分開示を定めている（6条）。実際に、行政機関が部分開示決定を行うことも多い。さらに同法は、開示請求者の開示請求が拒否された場合の特別な救済手続を設けている。すなわち、開示拒否の決定について不服のある者は、行政不服審査法に基づいて不服申立をすることができるが、不服申立を受けた行政機関の長は、原則として情報公開・個人情報保護審査会に諮問することが義務づけられている（18条）。同審査会は、非公開で実際に開示請求情報をみて開示・不開示を判断するこ

とができる権限を付与されていることもあり，実効的な救済を期待して，不開示決定を受けた開示請求者は，通常，訴訟を提起する前に不服申立を行っている。

　行政機関情報公開法は，施行10年を過ぎ，国民の間に情報公開の仕組みが定着し，機能してきたと評価できるが，他方でさまざまな課題が指摘されてきた。そこで政府は，行政機関情報公開法を見直し，情報公開法の改正法案を2012年4月に第177回国会（常会）に提出した。この改正法案では，同法の目的規定における「知る権利」の明記，裁判所におけるインカメラ審理の導入などの規定が盛り込まれていたが，一度も審議されることなく，2012年12月の衆議院の解散によって廃案となった。しかし，行政情報公開法の見直しの必要性が否定されたわけではなく，今後，情報公開法の改正が行われることが期待される。

　以上のような情報公開制度と車の両輪にたとえられるものが，個人情報保護制度である。

　個人情報保護制度は，個人情報の取扱いのルールを定めることによって個人の権利利益を保護するための制度である。この個人情報保護制度に関しても，地方公共団体は国よりも先にその法制度化を行ってきたが，政府は，2003年に，民間部門を対象にした「個人情報の保護に関する法律」（個人情報保護法），公的部門を対象にした「行政機関の保有する個人情報の保護に関する法律」（行政機関個人情報保護法），「独立行政法人等の保有する個人情報の保護に関する法律」（独立行政法人等個人情報保護法）などの関連法を制定し，基本的な個人情報保護法制を整備するに至った。これらの個人情報保護制度では，本人情報を保有している事業者や行政機関に対する本人の開示請求権，訂正請求権，利用停止請求権を規定しており，実質的に自己情報コントロール権を認めたものといえる。

　このような個人情報保護の問題が最高裁で争われ注目された事件として，住基ネット訴訟がある。住基ネットとは，市区町村，都道府県，国の行政機関を専用回線で結び，全国民に11ケタの番号（住民票コード）をつけ，本人確認情報（住民票コード，氏名，生年月日，性別，住所，変更情報）をオンライン化することにより，全国共通の本人確認を行おうとするものである。この住基ネットでは，情報漏えいの危険や個人情報の一元的な管理による住民のプライバシー侵害の脅威が問題になり，これまで損害賠償や住基ネットの差止訴訟が提起されていたが，最高裁は2008年に住基ネットの合憲性を認めた（最判平成20年3月6日 判時2004号17頁）。しかし，現在もなお住基ネットの接続を拒否している自治体もある。

第7章
放送の自由と番組編集準則

桧垣伸次

1 はじめに

　日本国憲法は，第21条において，「言論，出版その他一切の表現の自由」を保障しており，表現の自由を規制する立法の合憲性は，特に厳しい基準によって審査されなければならないとされる。しかしながら，後述するように，「放送」については，新聞などの印刷メディアと比べ，番組内容に関する制約など，さまざまな制約を課している。また，「放送」を規律する放送法は2010年に改正されたが，それにより，「放送」に対する規律が厳しくなっているとの指摘がされている。技術の発展により，放送の概念が変化していく中，従来のように放送にのみ特別な制約を課すことは憲法上許容されるのか。

　「放送」とは，かつては「公衆によって直接受信されることを目的とする無線通信の送信」と定義されていたが，2010年の放送法改正（以下，単に「放送法」とした場合，改正放送法のことをいう）により，「公衆によって直接受信されることを目的とする電気通信（有線，無線その他の電磁的方式により，符号，音響又は影像を送り，伝え，又は受けること）の送信（他人の電気通信設備を用いて行われるものを含む）」と定義されるようになった（放送法2条1号）。これにより，旧放送法，有線テレビジョン放送法，有線ラジオ放送法，電気通信役務利用放送法で規律されていたすべての放送が，放送法で規律する「放送」となった[1]。放送は，「基幹放送」と「一般放送」とに区分され，「基幹放送」とは，電波法の規定により放送をする無線局に専ら又は優先的に割り当てられるものとされた周波数の電波を使用する放送，「一般放送」とは，基幹放送以外の放送をいう（放送法2条2号，3号）。

　旧放送法においては，総務大臣の「免許」のもと，無線局の設置・運用（ハー

---

1) 荒井透雅「通信と放送の法体系の見直し―放送法等の一部を改正する法律案」立法と調査304号（2010年）5頁。

ド）と放送の業務（ソフト）は同一の事業者が行っていた。それに対し，改正放送法では，ハードとソフトの分離が原則とされ[2]，放送のために無線局を開設しようとする者は，総務大臣の免許を受けなければならず（電波法4条），放送の業務を行おうとする者は，総務大臣の「認定」を受けなければならない（放送法93条）。また，一般放送の業務を行おうとする者は，総務大臣の登録を受けなければならない（放送法126条）。ハード・ソフト一致のもとでの免許制度は「施設免許」であるのに対し，改正放送法によるハード・ソフト分離のもとでの免許は「事業免許」となり，公権力により番組内容で判断されることになる[3]。

　免許を受けた者（放送事業者）が放送を行うに際しては，さまざまな規制があり，その中に，放送法4条が以下のように定める番組編集準則がある。

　一　公安及び善良な風俗を害しないこと。
　二　政治的に公平であること。
　三　報道は事実をまげないですること。
　四　意見が対立している問題については，できるだけ多くの角度から論点を明らかにすること。

　これらのうち，2号は「政治的公平原則」，4号は「多角的解明原則」と呼ばれ，両者は併せて「公平原則」と呼ばれる[4]。

　このような免許制や番組編集準則，特に公平原則は放送に独特のものであり，新聞などには要求されない。学説では，放送の性質に鑑み，これらの内容規制は憲法上許容されるとするのが通説だが，憲法違反を主張するものもある。公正原則は，アメリカに由来するものであるが，そのアメリカでは，技術の発展等によりその根拠となっていた電波の稀少性論が批判されるようになったことなどから，公正原則

---

2) ただし，既存の放送業者については例外が認められ，「特定地上基幹放送事業者（電波法の規定により自己の地上基幹放送の業務に用いる放送局（特定地上基幹放送局）の免許を受けた者（放送法2条22号））」は，例外的にハード・ソフト一致で地上放送を行うことができる。特定地上基幹放送事業者としての免許を受けていれば，総務大臣の「認定」を受けずに放送の業務を行うことができる。
3) すなわち，「施設免許」制度は，公権力の直接介入を防ぐ制度であった。砂川浩慶「民間放送」駒村圭吾＝鈴木秀美編『表現の自由Ⅱ──状況から』（尚学社，2011年）178-179頁。このように，間接的な規制を行っていたものから「大きく踏み出すこと」に対し，疑問の声が上がっている。山田健太「デジタル時代の放送法制──「日本版FCC」議論をめぐって」マス・コミュニケーション研究78号（2011年）265頁。
4) 松井茂記「放送における公正と放送の自由」石村善治先生古稀記念論集『法と情報』（信山社，1997年）307頁。

の正当性が疑われるようになった[5]。その結果，公正原則は表現の自由を侵害するものとして1987年に廃止された。日本でも，地上デジタル放送の開始など，多チャンネル化の時代にあり，また，放送法改正により，放送の定義が拡大したことにより，番組編集準則の正当性を再検討する必要がある。

本章では，番組編集準則は法規範性を有するとの解釈が法文上可能である点や，新放送法により，行政の番組内容への直接介入が可能になった点を重視し，番組編集準則が憲法違反であるとの立場に立つ。しかしながら，放送の自由の性質に鑑み，番組編集準則のような規制は認められるべきであると考えるため，現行の制度に代わる規制の在り方につき検討する。

2 放送の自由の制約根拠

1 従来の規制根拠

前述のように，放送については，他のメディア（特に印刷メディア）とは異なる規制が存在する。放送の自由特有の規制を正当化する根拠として，以下のものが挙げられる。

① 電波の稀少性論

放送規制を正当化する根拠として，従来，電波の稀少性が挙げられていた。これは，「放送用電波は有限であり，したがって放送に利用できるチャンネル数には限度があるので，混信を防止しつつ稀少な電波を有効適切に利用するためには，それにふさわしい放送事業者を選別したり，放送内容に対して一定の規律を課する必要がある」とする考え方である[6]。これに対しては，市場で取引される財は，物理的にも社会的にもすべての財は有限で稀少であるため，稀少性という点で，電波を他の財から区別することは不可能であるとの批判がある[7]。また，技術の発達によ

---

5) 松井茂記「「公正原則」（Fairness Doctrine）と放送の自由」榎原猛先生古稀記念論集『現代国家の制度と人権』（法律文化社，1997年）359頁等参照。なお，アメリカの放送行政については，稲葉一将『放送行政の法構造と課題―公正な言論空間の変容と行政の公共性』（日本評論社，2004年）参照。
6) 芦部憲法学Ⅲ・304頁。
7) 長谷部恭男「メディア環境の変容と放送の自由」法時67巻8号（1995年）7頁，松井・前掲注4・318頁。

り，電波の稀少性はすでに解消されているとの指摘もある[8]。

② 衝撃説

電波の稀少性論のほかに，従来は放送の強い社会的影響力に着目し，規制が正当化されていた。すなわち，放送は家庭の受像機に直接つながり，広範な地域に即時かつ同時に視覚に訴える映像を伝達することにより，他のメディアには見られない強い影響力を及ぼすため，特別な規制が許されるというものである[9]。これに対して，そのような影響力は厳密には論証不可能であり，また，家庭内への侵入能力等はダイレクト・メールや新聞の折り込み広告と区別しがたいといった批判[10]や，放送によって提供される情報は一過性のものであり，プリントメディアのように情報を精確に継続的に記憶に留め置くことは容易ではないことから，「何を持って「放送」のみに「社会的影響力」の大きさを認めることができるのか，定かではない」[11]といった批判がなされる。

❷ 近年の規制根拠

従来の規制根拠は，「技術の関数」[12]に過ぎず，「偶発的な事情に着目した搦め手からの議論」[13]であったと指摘される。すなわち，これらの議論は，「規制の具体的な執行の目安」であり，「物差しではあってもそもそもの根拠ではない」[14]。これに

---

8) これに対し，市川教授は，「今のところ，その影響力の点でも，効率の点でも地上波テレビに匹敵するコミュニケーションの代替チャンネルは存在しておらず，地上波テレビについていえばなお電波の稀少性が解消されたということはできない」と指摘する。市川正人『ケースメソッド憲法〔第二版〕』（日本評論社，2009年）164頁。ただし，市川教授も，「早晩多メディア化，多チャンネル化が飛躍的に進行し，「周波数の希少性」論は妥当しえなくなるであろう」とも述べている。市川正人『表現の自由の法理』（日本評論社，2003年）31頁。
9) 西土彰一郎「放送の自由・各論——番組編集準則をめぐる憲法論」鈴木秀美ほか編『放送法を読みとく』（商事法務，2009年）105頁。
10) 長谷部・前掲注7・7頁。
11) 井上禎男「通信技術の発展と報道」福岡大学法学論叢54巻4号（2010年）215, 222頁。
12) 駒村圭吾『ジャーナリズムの法理——表現の自由の公共的使用』（嵯峨野書院，2001年）156頁。
13) 曽我部真裕「表現の自由論の変容——マス・メディアの自由を中心とした覚書」法教324号（2007年）15, 18頁。
14) 長谷部恭男「ブロードバンド時代の放送の位置付け——憲法論的視点から」長谷部恭男＝金泰昌編『法律から考える公共性』（東京大学出版会，2004年）122頁。

対し，近年では，そのような技術的特性に着目するのではなく，規範的な問題として捉え直し，「放送規律を正当化すると同時に限界づける試み」がなされている[15]。その中で注目されるのが，部分規制論である。

部分規制論とは，放送と印刷メディアとは，稀少性の点でも社会的影響力の点でも区別はしにくいが，それにもかかわらず両者を区別し，前者のみについて政府の規制を加えるべきとする考え方である。すなわち，放送を規制することにより，情報の伝達による不平等を是正し，情報が受け手に伝わる機会を平等化する一方で，他方では，規制されていない印刷メディアが，放送によって伝えられないかもしれない情報を伝え，放送に対する過剰な規制を非難し，また放送の規制がそれと比較される水準点ともなる[16]。これは，リー・ボリンジャー教授[17]が提唱したもので，日本でも受け入れるべきとする論者がいるが，各論者により，その根拠は異なる。

浜田教授は，「放送の自由の未熟性」を理由に，放送と新聞との歴史的な伝統の違いを理由に放送の規制を正当化する[18]。すなわち，表現の自由には，送り手が意見を表明し情報を流布する自由を保障するという側面（主観的側面）と，受け手側から見たものとして，社会に流通する意見や情報の多様性を保障するという側面（客観的側面）があり，新聞の場合，客観的側面は，主観的側面の保障が与えられることにより自然に実現していくが，放送の場合ではそうではない。すなわち，放送の自由は歴史的にみて「未熟な基本権」であるため，主観的側面の保障が客観的側面の実現につながるとの規範意識が根付いていないため，客観的側面を直接的に保障するための規制が認められる余地があるとする[19]。

長谷部教授は，表現の自由には，個人の人権として保障される側面と，社会全体の利益を促進するがゆえに保障される側面があり，マス・メディアに表現の自由が保障されるのは，後者の理由によるものとする[20]。それゆえに，マス・メディアには，取材源の秘匿など，通常の個人に対しては認められない特権を付与する余地

---

15) 宍戸常寿「放送の自由」争点〔第3版〕・120頁。
16) 市川・前掲注8『ケースメソッド憲法』160頁。
17) ボリンジャーの理論については，山口いつ子『情報法の構造―情報の自由・規制・保護』（東京大学出版会, 2010年）第5章及びそこで挙げられている文献を参照。
18) 浜田教授は，後述の長谷部説のような歴史的な解釈から距離を置く「純理論的な」考え方は，「歴史的展開における放送と新聞の違いに，実感としてなじみにくい」点で，一定の限界があると指摘する。浜田純一「放送と法」『岩波講座・現代の法10』（岩波書店, 1997年）88-89頁。
19) 浜田純一「放送の自由とはなにか」法時66巻3号（1994年）2, 4頁。
20) 長谷部・208頁。

があり，逆に社会全体の利益を促進する観点から，個人に対しては認められない制約を加える余地も生まれる[21]。また，現代社会においては，マス・メディアは情報の送り手という点では特権的な立場にあり，そこから生じる情報のボトルネックは，特定の政治的傾向や思想的傾向のみを助長するなどの危険性がある[22]。長谷部教授は，その危険に対処する一つの手段として，部分規制が有用であるとする。すなわち，自由な新聞と規制された放送とを併存させることにより，「マスメディア全体が持っている力を適切にコントロールすることができる」のである[23]。なお，長谷部教授は，稀少性や社会的影響力といった観点からの新聞と放送の区別には否定的で，部分規制論に関しては，規制された新聞と自由な放送の並存という組み合わせも理論的には可能であるとする[24]。しかしながら，そのようにするにはコストがかかりすぎるうえに，それにより得られる便益も不確かであるから，現状を大転換して新聞を規制し，放送を自由にすべきだという結論が導かれるわけではないとする[25]。

3 検　　討

近年主張されている放送規制の根拠についての議論は，放送法が達成しようとしている公益（規制根拠）として，しばしば「多様な情報の流通」を挙げている[26]。これらの議論は，「マス・メディアは，その寡占化状況により，情報のボトルネックとなって」おり，それゆえ，マス・メディアの自由は，国民の「「知る権利」を充足する側面を有するとともに，「知る権利」と対抗する側面も有する」ことを認め，「国民の「知る権利」を充足するために」規制が必要であるとするものである[27]。

インターネットの登場により，多少緩和されてきているとはいえ，情報の「送り手」と「受け手」との乖離はいまだ解消されておらず，マス・メディアによる情報の取捨選択は，いまだきわめて大きな意味をもつことからすると，マス・メディアの表現の自由と個人の表現の自由は異質なものであると認識すべきである[28]。そ

---

21) 長谷部・208-209 頁。
22) 長谷部恭男『憲法学のフロンティア』（岩波書店，1999 年）170 頁。
23) 長谷部・前掲注 14・123 頁。長谷部教授は，部分規制論は，「マスメディアという社会的権力について一種の権力の分立と均衡を設定しようとするものである」と述べる。宇賀克也＝長谷部恭男編『情報法』（有斐閣，2012 年）54 頁〔長谷部恭男〕。
24) 長谷部・前掲注 14・122-123 頁。
25) 長谷部・前掲注 14・123 頁。
26) 駒村・前掲注 12・157 頁。
27) 曽我部・前掲注 13・16-18 頁。
28) この点を論じるものとして，市川・前掲注 8『表現の自由の法理』第 1 章参照。

れゆえ，主権者である国民の「自己統治」のためには，「多様性を理解できる低廉な媒体を政策的に提供」[29]することは必要であると思われる[30]。

3 番組編集準則の在り方

❶ 番組編集準則の憲法適合性

先述のように，放送につき，他のメディアとは異なる規制がなされる。番組編集準則もその一つであるが，このような規制が憲法上許されるのかが問題となる。この問題につき，2節で述べた放送の特殊性をその根拠とし，番組編集準則は倫理規定にすぎないため，合憲であるとするのが従来の通説（倫理的規定説）である[31]。放送行政を担ってきた郵政省（現総務省）も，当初は，番組編集準則は精神的規定と解し，それに基づく行政指導は行わないとの立場を採っていた。しかしながら，1990年代以降は，やらせ報道などが問題になり，番組内容に対して行政指導が頻繁に行われるようになっている[32]。また，「椿発言問題」[33]の後には，郵政省（当時）は，国会答弁において，番組編集準則に違反した場合には，免許の取消処分も可能である旨答弁している[34]。総務省は，放送法改正以前，番組編集準則違反による放送局の運用停止として，①番組が番組編集準則に違反したことが明らかで，②その番組の放送が公益を害し，電波法の目的に反するので将来に向けて阻止する必

---

29) 駒村・前掲注12・168頁。
30) 宍戸教授は，「「基本的情報」の多元的供給それ自体が自己目的ではなく，むしろそれを通じて「公衆（public）」を形成することこそ放送の社会的役割であることが強調されるべき」であると主張する。宍戸常寿「情報化社会と「放送の公共性」の変容」放送メディア研究5号（2008年）183頁。また，「放送の自由を含むマスメディアの自由の保障根拠が，公共的な問題に関する活発な報道や討議をもたらすといった社会共通の利益に求められることは，情報の学会ではグローバルな共通了解」であるとの指摘がある。長谷部恭男『続・Interactive 憲法』（有斐閣，2011年）246頁。
31) これに対し，番組編集準則を違憲と解する説もある。これらは，放送と他のメディアとを区別することに概して懐疑的である。阪本昌成『憲法2 基本権クラシック〔全訂第三版〕』（有信堂，2008年）176-177頁，渋谷・395頁，松井・484-485頁等。君塚教授は，頭から放送と一般の表現の自由とが異なる性質を有するとする区別する議論は，「少なくとも日本国憲法解釈論としてはあり得まい」と主張する。君塚正臣「書評 西土彰一郎著「放送の自由の基層」（信山社，2011年）」横浜国際経済法学20巻1号（2011年）123, 132頁。

要があり，③同じ事業者が同様の事態を繰り返し，再発防止の措置が十分ではなく，事業者の自主規制に期待するのでは番組編集準則を遵守した放送が確保されないと認められること，の三点を挙げており，放送法改正後も維持されている[35]。

さらには，放送法174条は，「総務大臣は，放送事業者（特定地上基幹放送事業者を除く）がこの法律又はこの法律に基づく命令若しくは処分に違反したときは，三月以内の期間を定めて，放送の業務の停止を命ずることができる」と規定している。この場合，電波委員会への諮問は不要となっており，総務大臣は，番組編集準則違反を理由にいきなり放送の業務停止を命ずることが可能となっている。すなわち，総務大臣の意思で，個別の番組内容を理由として放送を止めることが可能となったのである[36]。新放送法は，「また一歩，放送に対する行政介入への道を大きく開くものである」と指摘される[37]。また，特定地上基幹放送事業者については，従来通り，電波法76条により，総務大臣は，無線局の運用停止等を命ずることができる。

このような状況に鑑みると，番組編集準則を単なる倫理規定と解するのは困難である[38]。監督官庁である総務省が，番組編集準則は法規範性を有するとしていること，また，放送法がハード（無線局の設置・運用）・ソフト（放送業務）の分離

---

32) 1990年代以降の行政指導については，笹田佳宏「放送行政の変遷」鈴木ほか編・前掲注9・83-90頁の表を参照。なお，行政処分ではなく，行政指導にとどまっている点を肯定的にとらえる論者もいる。確かに，行政指導とは，「相手方の任意的な協力を得て行政目的を達成しようとする非権力的事実行為」であり，「ソフトな行政」であるとされる。芝池義一『行政法読本〔第二版〕』（有斐閣，2010年）153-155頁。しかしながら，免許権限を背景にした行政指導の強権性に鑑みると，そのような考え方は妥当ではない。清水直樹「放送番組の規制の在り方」調査と情報597号（2007年）7頁。また，2007年の関西テレビ「発掘！あるある大事典Ⅱ」事件などのように，総務省が行う行政指導の中には，具体的な実施措置やその後の改善状況に関しての報告を求める例もあり，「実質的には改善命令同等であると認められる」ものもあると指摘される。山田健太「放送の自由と自律」自由人権協会編『市民的自由の広がり—JCLU人権と60年』（新評論，2007年）183頁。やらせ問題については，渡辺武達『テレビ—「やらせ」と「情報操作」〔新版〕』（三省堂，2001年）参照。

33) 民放連放送番組調査会において，テレビ朝日の椿貞良取締役報道局長が，テレビ朝日の選挙報道が反自民連立政権成立のために政治的に偏った形でなされたともとれる発言をしたことにより，当該番組が番組編集準則に違反しないかが問われた事件。

34) 笹田・前掲注32・76頁。

35) 鈴木秀美「新放送法における放送の自由—通販番組を中心として」企業と法創造8巻3号（2012年）3,7頁。

36) 山田健太「2010年放送法改正の意味と課題」月刊民放2010年6月号20,25頁。

37) 山本博史「新・放送法（案）解説」放送文化2010年夏号48,52頁。

を原則としたことにより，放送業者への直接規律が容易になること[39]（総務大臣は，放送の業務の停止を命じることができる）からすると現行法は違憲と解するべきであり，その運用を批判するだけでは不十分であり，法制度そのものを問い直す必要がある[40]。特に後者の点からすると，公権力の直接的介入を招くことがないような制度の設計が求められる[41]。

❷ 放送規制の手法

前項で述べた通り，番組編集準則は，憲法上疑義が存在する。しかしながら，「「放送の公共性」は放送事業者の自由に委ねたままでは実現されないために国家の規律が必要であるが，他方で国家にその実現を完全にゆだねることもできない」と指摘される[42]。倫理的規定説の趣旨を活かしつつ，憲法上の原則に従うならば，現状の規制に代わる，新たな規制の在り方を考える必要がなる。すなわち，番組編集準則それ自体ではなく，「その実施のあり方」――だれがどのように判断し，執行するのか――が問題になる[43]。

① 政府から独立した第三者機関による規制

これは，放送政策の実施の所管を総務大臣ではなく，独立行政委員会に委ねるという構想である。放送につき，行政の直接的な監督を受けることは望ましくないが，

---

38) 駒村教授は，倫理的規定説は，「法の規範性を弱めるばかりか，巧妙な行政指導の温床を生む可能性があり，むしろ逆効果である」とし，「訓示規定説（倫理的規定説：引用者注）の背後には番組編集準則違憲論があると思われるが，それならば端的に違憲といえばいい」と指摘する。駒村・前掲注12・162頁。また，塩野教授は，「倫理的，精神的規定であるべしというのであれば，そのようなものが，法律のなかに規定されていること自体に疑問が出されてしかるべきである」と指摘する。塩野宏「法概念としての放送―日本法におけるその成立と展開」増刊ジュリ『変革期のメディア』（有斐閣，1997年）74，85頁。
39) 前掲注3参照。
40) 鈴木秀美「放送法改正の概要」法時83巻2号（2011年）80-83頁。鈴木教授は，「放送に関する法制度の運用が，表現の自由への配慮を欠いている現状では，運用を批判するだけでなく，制度改革も視野に入れなければならない」と指摘する。鈴木秀美「放送の自由・総論」鈴木ほか編・前掲注9・92, 104頁。
41) 清水直樹「情報通信法構想と放送規制をめぐる論議」レファレンス平成21年11月号（2008年）61, 70-71頁。
42) 宍戸・前掲注30・166頁。
43) 浜田純一ほか「放送制度の将来と放送法」法時67巻8号（1995年）28, 44頁〔田島泰彦〕。

放送の役割に鑑みると公益の観点からの規制は必要であるため，放送規制機関においては，「行政府からだけではなく，議会や放送事業者，さらには国民からも距離をとる必要がある」ために，放送規制を実施とする独立行政委員会が必要とされる[44]。このように，番組編集準則違反に法的制裁が連動する仕組みのためには，規制機関の独立性は欠かせないと考えられ，アメリカにおけるFCCなど，先進国の多くで放送規制機関は何らかのかたちで政府からの独立性を与えられている[45]。

日本でも，1950年，GHQの主導により，独立行政法人である電波監理委員会を設置して，放送だけでなく電波全体の行政を担当していた[46]。電波監理委員会の設置は，「言論規制でもある……（番組編集準則）との整合性を担保するものとして，つまりは言論機関でもある放送メディアが送出する番組内容に行政府が関与しない方策として，極めて重要」（括弧内引用者）であった[47]。しかしながら，電波監理委員会は，日本が主権を回復した1952年に廃止された。それ以降，日本の放送行政は，郵政省（現総務省）の傘下に置かれることになる[48]。

電波監理委員会廃止後，放送行政を独立行政委員会に委ねるべきだという議論はあったが，結実していない。近年では，民主党が政策集INDEX2009において，「国家権力を監視する役割を持つ放送局を国家権力が監督するという矛盾を解消するとともに，放送に対する国の恣意的な介入を排除」するために，独立行政委員会として通信・放送委員会（いわゆる「日本版FCC」）を設置し，通信・放送行政を総務省から移行する構想を掲げた[49]。この「日本版FCC」構想は，「電波監理委員

---

44) 曽我部真裕「規制機関の国際比較」鈴木ほか編・前掲注9・154-155頁。
45) 鈴木・前掲注40・83頁。各国の規制機関については，鈴木秀美「放送免許性と規制機関」鈴木秀美＝山田健太編『よくわかるメディア法』（ミネルヴァ書房，2011年）148-149頁，曽我部・前掲注44・153頁以下参照。長谷部教授は，「サンクションを伴うものとして政治的公平性の原則を執行しようとするのであれば，……より具体的で明確なルールを定めるべきであるし，ルールを設定し，それを執行する規制機関の政治的中立性を担保する制度的な手当を行うべきであ」り，また，「政治的中立性を信頼しうる，内閣から独立した規制機関が設定されるまでは，たとえ明確なルールを定めるとしても，それは各放送事業者の自主規制として設定されるべきだと思われる」とする。長谷部恭男「放送の公平性」前掲注38『変革期のメディア』258, 260頁。
46) 笹田・前掲注32・62-63頁。
47) 金山勉「放送ジャーナリズムから論じる日本版FCC―憲法の要請に立ち返って」マス・コミュニケーション研究78号（2011年）251頁。
48) 電波監理委員会の廃止の経緯については，笹田・前掲注32・63-66頁参照。
49) (http://www1.dpj.or.jp/policy/manifesto/seisaku2009/06.html#) 通信・放送委員会（日本版FCC）の設置（最終閲覧日　2012年5月2日）。

会の廃止以来，最もその実現性が高かった」といわれるが，早々に下火となった[50]。

独立行政委員会といっても政治的中立性を確保するのは容易ではなく，さまざまなアクターによって独立行政委員会の活動を監視する体制を確保し，その体制をうまく機能させることが必要となる[51]。

② **自主規制**

自主規制とは一般に，「公権力など外部からの介入を避けるために，個人や組織が自らの言動に制限や制約を加えること」と定義される[52]。放送メディアにおける自主規制は，上述のやらせ報道問題などの不祥事と，それを受けた公権力による公的規制の動きへの対応として生まれてきた[53]。ただし，自主規制は，公的規制を避けるために「やむなく」なされている場合があることにも注意が必要である[54]。むしろ，メディアの自主規制機関の設立については，「必ずといっていいほど，公権力による直接，間接の規制意思と狙いがある」[55]との指摘すらある。

現在の日本の放送界には，「放送倫理・番組向上機構（BPO）」という自主規制機関がある。BPOは，2003年に，それまでの「放送番組向上協議会」と「放送と人権等権利に関する委員会機構（BRO）」が統合して誕生したものであり，NHKと日本民間放送連盟（民放連）によって設立された[56]。BPO内部には，「放送倫理検証委員会」[57]，「放送と人権等権利に関する委員会」，「放送と青少年に関する委員会」が設置され，放送への苦情や番組倫理上の問題を審理，審議している。放送各局は，BPOおよび三委員会の審議，審理等に協力し，それらの出した見解，要望等を尊重し，勧告を遵守しなければならないとされる[58]。BPOについては，一方で

---

50) 魚住真司「知る権利のためのテレビ─「日本版FCC」を求めて」金山勉＝魚住真司編『「知る権利」と「伝える権利」のためのテレビ─日本版FCCとパブリックアクセスの時代』（花伝社，2011年）48, 59-62頁。
51) 清水聖子「"日本版FCC"構想に関する論考─独立行政委員会の政治的中立性の観点から」電子情報通信学会誌94号（2011年）358頁。
52) 本橋春紀「自主規制─民間放送を例に」駒村＝鈴木編・前掲注3・357頁。なお，自主規制につき，包括的に研究するものとして，原田大樹『自主規制の公法学的研究』（有斐閣，2007年）参照。
53) 本橋・前掲注52・356-363頁。同360-362頁には，1990年代以降の自主規制と公的規制の動きにつきまとめた表がある。
54) 本橋・前掲注52・363頁。
55) 清水英夫『表現の自由と第三者機関─透明性と説明責任のために』（小学館，2009年）28-29頁。
56) 後藤登「BPO」鈴木＝山田編・前掲注45・170頁。

は，公権力による規制の防波堤になることが期待される反面，設立の契機が公権力による圧力であることに鑑みると，「BPO自体が放送界のとっての「監視機関」となる危険性」が指摘される[59]。また，「ある放送事業者が将来的に総務大臣等から厳重注意等の行政指導を受ける可能性を有するとBPOが判断して，行政指導を予防するために自主規制を行っている」というのがBPOによる自主規制の実態に近く，「行政規制に対する歯止めというよりも，むしろ放送規制が多重に拡大しているものと認識することも可能かもしれない」との指摘もある[60]。

また，自主規制には，女性国際戦犯法廷テレビ報道訴訟で問題となったように，国会議員等の「意図を忖度」[61]して番組を改編したりするなど，「権力による規制を代行したり，先取りしたり」して，自ら表現の幅を狭めてしまう側面があることも否定できない[62]。また，自主規制のリスクとして，①自主規制ルール形成の困難さ，②自主規制ルールの内容の非公開性，③自主規制ルールの実効性の欠如，④自主規制の内容に対する公衆の認識の欠如，⑤民主的正当性の欠如，⑥国際的な非整合の可能性などが挙げられる[63]。

③ 共同規制

上述のように，国家による直接規制は，表現の自由との関係で憲法上疑義が存する。しかしながら，自主規制には，上述のようなリスクがある。このような国家規制，自主規制の限界を認識しつつ，「国家規制と自主規制との組み合わせにより

---

57) 「発掘！あるある大事典Ⅱ」事件に対し，総務大臣が放送事業者に再発防止計画を求めることができる権限を盛り込んだ放送法改正論議が起こり，それを受けて新設されたものである。後藤・前掲注56・170頁。これは，前述のように，公権力を避けるためにやむなくなされる自主規制の一例といってよい。
58) 後藤・前掲注56・170頁。
59) 後藤・前掲注56・171頁。
60) 稲葉一将「規制機関の在り方」法時83巻2号（2011年）97 98-99頁。
61) 東京高判平成19年1月29日民集62巻6号1837，1892頁。なお，本件の上告審として，最判平成20年6月12日民集62巻6号1656頁。
62) 本橋・前掲注52・374頁。自主規制の二面性とその危険性につき，同356-357頁およびそこで引用されている文献を参照。
63) 生貝直人『情報社会と共同規制——インターネット政策の国際比較制度研究』（勁草書房，2011年）17-21頁。
64) 曽我部真裕「メディア法における共同規制（コレギュレーション）について——ヨーロッパ法を中心として」初宿正典先生還暦記念論文集『各国憲法の差異と接点』（成文堂，2010年）638頁。

最適な規制状況を実現しようとする」[64]ものとして,「共同規制」という手法が注目されている。

共同規制は,「立法による国家規制と自主規制とが組み合わされた規制」という以上には定義が明確ではないとされる[65]。この点,共同規制を先駆的に紹介する曽我部教授は,①業界団体によって定められたコードが国家の規制機関に登録され,コードの内容及び策定過程が規制の対象となり,規制機関はコードの内容には原則として立ち入らず,自主規制の過程の統制を中心とするという「コードモデル」,②自主規制組織が国家の認証を受け,国家の規制機関は,この組織のメンバーシップや手続に関する要請を定めることにより自主規制の過程に影響力を行使するという「認証モデル」,③自発的な自主規制に対する国家の支援が中心となる「監督モデル」という類型を紹介する[66]。

具体的な制度設計については,本章では立ち入ることはできないが,「共同規制という類型を認識することによって国家規制と自主規制の二分論の狭間で曖昧にされていた問題点を明らかにし,より適切な規律を構築する」ことは重要であるといえる[67]。このような手法は,従来の国家規制と自主規制の二分論で曖昧にされてきた国家の役割を明確にする点で大きな意義がある。また,国家の役割を限定するため,「表現の自由への過剰な浸食」を防ぐことができる点でも意義のある手法である[68]。すなわち,現状では曖昧な国家と自主規制機関との関係を克服し,国家の役割を明確に限定づけることができるのである。

4 おわりに

放送の自由につき,個人の表現の自由と同様に捉え,規制を批判する見解があるが,マス・メディアの表現の自由は,個人の表現の自由と同様ではない[69]。マス・メディアの自由は,国民の「知る権利」のために特権[70]を享受するとともに,特別な制約を受ける。もちろんマス・メディアの自由を安易に規制すべきではない

---

65) 曽我部・前掲注64・643-644頁。生貝・前掲注63・23頁も同旨。
66) 曽我部・前掲注64・645-646頁。
67) 曽我部・前掲注64・658頁。生貝・前掲注63・193頁は,「従来の自主規制は政府の非公式な働きかけによって行われることが多く,具体的なプロセスやルール内容,そしてその公的関与の在り方に関する知識が公開・蓄積されず,ある種のブラック・ボックスとなっていることが多い」と指摘する。BPOも,公私の関係が不明確な事例であるといえる。
68) 福島力洋「インターネット上の表現規制」鈴木=山田編・前掲注45・181頁。

が，上述の理由から，一部のマス・メディアにのみ特殊な規制を課す部分規制論が妥当である[71]。すなわち，自由な印刷メディアと，規制された放送との組み合わせにより，主権者である国民に多様な情報を提供することができる[72]。番組編集準則も，そのような制約の一つとして認められるべきである。しかしながら，「放送に

---

69) 第2節第2項・第3項参照。この点，むしろ，マス・メディアの表現の自由は，個人の表現の自由を阻害する「巨大な社会的権力」となりうるとの指摘がある。長谷部恭男『テレビの憲法理論――多メディア・多チャンネル時代の放送法制』（弘文堂，1992年）32-38頁。

70) たとえば，市川教授は，「法廷で司法記者クラブ所属記者にのみメモを取ることを許可しても，法の下の平等に反しない」とした，いわゆるレペタ訴訟（最大判平成元年3月8日民集43巻2号89頁）を指摘するほか，「法廷の傍聴席について，マス・メディアの記者を優遇したり，法廷での写真・ビデオ撮影をマス・メディアにのみ認めることも許される」など，さまざまな特権が「憲法上許されるであろうし，また憲法上要請される」場合もあると指摘する。市川・前掲注8『表現の自由の法理』28-30頁。また，取材源の秘匿を素材に，マス・メディアの表現の自由と個人の表現の自由との関係に焦点を当て，マス・メディアの「特権」につき論じるものとして，山口いつ子「マス・メディアの表現の自由と個人の表現の自由――ブロゴスフィア時代に求められる記者の「特権」論への視点」西原博史編『岩波講座憲法2 人権論の新展開』（岩波書店，2007年）141頁参照。また，二宮貴美「記者の証言拒絶権をめぐる立法的解決」同志社法学348号（2011年）207頁およびそこで挙げられている文献参照。なお，そもそもとりわけ電波メディアの自由とは，「権力が巨大資本に特権を与える自由」にほかならない」との指摘もある。長峯信彦「「権力化」したメディアと表現の自由」法時79巻8号（2007年）75, 78頁。

71) 部分規制論に批判的な高橋教授は，以下のように述べ，部分規制論の正当化論の構造に着目する。すなわち，「人権の行使は自由であることが原則であり，それを制限しうるのは，人権行使が公益を害する場合に限定され，かつ，公益侵害を防止するに必要な限りにおいてであると考えられてきた」のに対し，部分規制論は，「この規制をしないことがいかなる公益侵害をもたらすかを問うというよりは，むしろ，この規制をすることによりいかなる公益促進が実現できるかを問題とする」。「かかる正当化は，従来，少なくとも精神的自由については認められない」。なお，高橋教授は，放送に対する規制につき，「電波」の免許という点に着目し，表現の自由の「規制」の問題ではなく，表現の自由の「援助」の問題と構成すべきであるとする。それゆえ，観点規制は許されないが，主題規制に関する条件は緩やかに考えてもよいと述べる。高橋和之「人権論の論証構造――「人権の正当化」論と「人権制限の正当化」論（2）」ジュリ1422号（2011年）108, 113-114頁。

72) なお，長谷部教授が指摘するように，規制された印刷メディアと自由な放送との組み合わせも理論的には可能であろうが，現状を転換するメリットが不確かであり，むしろコストがかかりすぎるなどのデメリットの方が大きいであろうから，現状の組み合わせが適切である。前掲注24-25および本文参照。

対する国家介入が，国民の「知る権利」の保障にとって諸刃の剣であるという事実は今も昔も変わらない」[73]のであり，特に，新放送法がハードとソフトの分離を原則とする現在においては，放送に対する国家介入の危険性は増大している。それゆえ，放送規制の在り方につき，国家規制以外の手法が検討されるべきである。本章では，政府から独立した第三者機関による規制，自主規制，共同規制につき検討したが，自主規制については，上述の通りさまざまなリスクがあり，放送に関しては自主規制のみに委ねることは妥当ではない。この点，「放送法は，放送を公共の福祉に適合するように規律する手段として，自主規制を義務付け，それを原則とする法体系を導入している」との指摘がある[74]。すなわち，放送法は，共同規制と類似の制度を導入しているとの指摘がなされている。しかしながら，BPOのように，公私の関係が不明確な領域は存在しているのであり，国家の役割を明確に限定付ける制度を議論する必要がある[75]。もちろん，一つの手段によりすべてが解決できるわけではなく[76]，緻密な制度設計が必要となるであろう。その際には，独立規制機関の設立にしろ，共同規制にしろ，公私の関係を明確にし，国家の不当な介入は排除しつつも，国民の「知る権利」に奉仕するという放送の役割を十分に果たしうる制度の構築が求められている[77]。

---

73) 宍戸・前掲注30・190頁。
74) 曽我部真裕「放送番組規律の「日本モデル」の形成と展開」大石眞先生還暦記念『憲法改革の理念と展開（下）』（信山社，2012年）395頁。
75) この点，日本の自主規制につき，「権力との緊張関係を欠いた実態もみられる」との指摘もなされる。原田・前掲注52・38頁。また，曽我部教授は，「BPOによる自主規制措置と総務大臣による規制との調整規定を明文化すること」の必要性を指摘する。曽我部・前掲注74・398頁。
76) 曽我部・前掲注74・373頁。
77) この点，市川教授が指摘するように，番組編集準則を現行法よりも「ずっと限定的で明確」に定めるとともに，「違反認定の手続を整備すること」が必要となる。市川・前掲注8『表現の自由の法理』31頁。

コラム⑧　ブロードバンド時代の放送規制（米国）

魚住真司

"Leave Free TV Alone！"（無料のテレビ放送を守ろう！）

2011年夏、米国ではこのようなテレビCMが頻繁に放送された。「連邦議会は放送用電波を売り払おうとしています。皆さんに視聴料を請求するような相手にです！　これを許せばローカルなニュース番組や天気予報はなくなってしまいます」。

地上波テレビ局の危機感迫るこのCMは、かつての「ネグロポンテ・スイッチ」を連想させる。今から15年前、「有線を経て伝えられてきた情報は無線系メディアへ、無線情報は有線系メディアへとそれぞれ転換（スイッチ）するだろう」と予測したのは、マサチューセッツ工科大学のネグロポンテ教授である。米国では、2000年に、ケーブルテレビのテレビ所有世帯普及率が70％近くにまで達し、その一方で携帯電話が普及し固定電話のない家庭が増え始めたことからネグロポンテ・スイッチが現実化すると思われた。しかしその後、デジタル圧縮技術やパケット通信の普及がもたらしつつあるのはむしろ、電子メディアの「ブロードバンド（高速広帯域）」通信への転換かもしれない。

2010年3月、FCC（米連邦通信委員会）はNBP（National Broadband Plan＝全米ブロードバンド計画）を発表し、高速広帯域通信の普及を目指してさまざまな方策を打ち出した。その核となるのが電波オークション（競売）である。FCCは民間の電波利用について、その用途の決定や配分ならびに免許付与の権限をもっている。FCCは、これまでも使用されていない電波帯の利用権をオークションにかけて、携帯電話会社などに売却し、米の財政赤字補填に貢献してきた。オバマ政権の後ろ盾を得ているNBPは、2020年までに、ブロードバンド・ネットワークを基盤としたモバイル（移動体）通信において、米国が世界のリーダーとなることを目標にしている。

FCCは、まず2015年までに、合算して300MHz（メガヘルツ）の電波をさまざまな帯域からかき集めて、スマートフォン（多機能型携帯電話）の普及により電波が逼迫するといわれるモバイル・ブロードバンド分野に、オークションを通じて提供する計画である。しかし、その300Mhzのうち120Mhz（非圧縮のテレビ放送で20チャンネル）分を、ようやくデジタル放送に移行を果たした地上波テレビに割り当てられている帯域の一部から調達したいと

の意向を示したことから、放送業界が反発した。

　「既得権益」と批判されようとも、放送局としては自分たちに配分された帯域を（たとえその一部であっても）みすみす手放したくない。FCCとしても、いったん配分した帯域を強引に取り上げるわけにもいかない。そこで議会は、2012年2月に、ボランタリー（自由参加）のインセンティブ（別帯域への移行をはじめ、オークション収益の一部が還元されるなど優遇措置がある）オークション方式をFCCに認め、放送業界との融和が図られた。これにより、実際にテレビ放送が影響を受けるのは、一部の限られたチャンネルとなるだろう。

　米国では、テレビ放送が従来の地上波で視聴される割合は1割を切ったと見られる。FCCは、テレビ視聴の9割がMVPD（Multi-channel Video Programming Distributor＝ケーブルテレビや衛星映像配信、インターネット放送や電話会社が提供する光ファイバー）経由であるとの調査結果を発表した（FCC, Spectrum Analysis: Option for Broadcast Spectrum, June 2010, p.7）。日本のように地上波テレビ放送をこそ「テレビ」として視聴する家庭は、今や米国ではごく少数派である。

　かつてFCCの放送規制は、侵入理論を根拠の一つにしていた。1978年のFCC v. Pacifica判決は、放送波が家庭に侵入（intrude）してくる性質のものであることを内容規制の根拠とした。一方、MVPDや各種ブロードバンド・サービスは基本的に通信であり、しかも契約ベースである。契約ベースの映像配信に対し、侵入理論の適用は無理がある。視聴したくなければ契約を解除すればよいからだ。

　放送局にとって最悪のシナリオは、実は放送に対する規制の強化ではない。そもそも各種の放送規制は、放送に対して優先的に電波利用が許されてきたからこそ、その必然があったともいえる。放送が、広告媒体としての地位を低下させ、それゆえ放送用地上波帯域を維持するだけの存在意義も政治力も失い、そしてあまたあるブロードバンド・サービスの一部と化すならば、放送規制もまた過去の産物となるのかもしれない。今すぐ従来のテレビ放送がなくなるわけではないにせよ、時代の変化は「放送」の定義に揺さぶりをかけ始めている。

第Ⅳ部 経済的自由

08　経済的自由権と自由市場

第8章

経済的自由権と自由市場
憲法史からみた市場規制の意義

原口佳誠

［銀行業の］規制が，ある点では自然的自由の侵害として考えられることは疑う余地がない。しかし，社会全体の安全を危険にさらすかもしれない少数の個人による自然的自由の行使は，最も自由な政府であれ，あるいは最も専制的な政府であれ，いかなる政府の法律によっても制限され，かつ，制限されるべきものである。火災の延焼を防ぐために境壁を設ける義務は自然的自由の侵害であるが，前述の銀行業の規制もまさに同じことである。（アダム・スミス『国富論』）[1]

1 はじめに

　20世紀を通じて世界で進展した福祉国家・積極国家の潮流は，変化の時代を迎えて久しい。日本あるいは欧米において，小さな国家とグローバルな自由市場の構築が追求され，規制緩和が進行している。日本では，バブル経済の崩壊と経済の低成長，さらにグローバル経済の進展を受けて，1990年代以降，国際競争力強化と構造改革の名目のもと，経済・労働分野の規制緩和が進められている[2]。

　憲法学は，経済的自由権を，「国家からの自由」として理解してきた。その理解を前提とするならば，国家による規制がより少ない自由市場の構築と規制緩和の推進は，少なくとも定義上，望ましいはずである。規制緩和とは競争の促進であり，日本国憲法第22条1項が保障する「職業の自由」を拡大することに他ならないとして，規制緩和と自由市場を擁護し，国家による介入を反市場主義（＝反自由

---

1) ADAM SMITH, AN INQUIRY INTO THE NATURE AND CAUSES OF THE WEALTH OF NATIONS 344-345 (Edwin Cannan ed., 1976) (1776). アダム・スミス（水田洋監訳，杉山忠平訳）『国富論（二）』（岩波書店，2000年）99頁。訳は筆者による。
2) 現代日本における規制緩和と規制改革のプロセスについて，城山英明「「規制緩和」と「規制改革」――その実像と含意」ジュリ1356号（2008年）21頁以下参照。

主義）として批判する規制緩和推進論³⁾は，シンプルであるがゆえに説得力をもつ。

　しかし，実際には，市場の規制の緩和が経済的自由の保障と適合する，という主張の正当性は，歴史的にも理論的にも明白ではない。憲法理論からみると，1970年代の「営業の自由」論争が含意するように，その自由の前提条件自体が法規制と密接な関わりを有している。さらに近年の各国の規制緩和が一因となった経済危機は，自由市場の前提条件として国家による法規制が強く求められる，という事実を改めて突きつけている。規制緩和を強く推進したアメリカでは，2007年に，サブプライム・ローンを組み入れた金融証券の価格暴落（サブプライム・ローン問題）が発生し，2008年のリーマン・ブラザーズの倒産と金融市場全体の破綻（リーマン・ショック），さらに世界金融危機へと連鎖した⁴⁾。これら一連の深刻な金融危機を通じて，国家による自由市場への介入の必要性が再認識され，公共支出と政府規制がある程度まで正当化される動向――規制緩和推進論からみればまさにバックラッシュの潮流――がみられるようになった⁵⁾。

　近年の日本の憲法学界では，このような経済的自由権と規制緩和という論点について，重要な研究が蓄積されつつある⁶⁾。本章では，戦後の日本の憲法学界における三大論争のひとつといわれる「営業の自由」論争を振り返り，アメリカの経済的自由権の規制の憲法史と学説を参照しながら，経済的自由権と自由市場の関係を，市場規制の憲法史的意義を軸にしつつ探究したい。

---

3) 安念潤司「国家VS市場」ジュリ1334号（2007年）82-83頁。
4) 規制緩和の一例として，1933年銀行法（Banking Act of 1933，いわゆるグラス・スティーガル法）は，銀行業務と証券業務の明確な分離を定めたが，1999年に撤廃された。それにより，投資銀行・商業銀行・保険会社を兼ねる総合金融機関が，複雑かつリスクの高い金融商品を多数保有・売買するようになり，世界金融危機の一因となった。今西宏次「世界金融危機とコーポレート・ガバナンス――歴史的な視点を含めた予備的な研究として」同志社商学63巻1・2号（2011年）39-40頁。
5) Enrico Colombatto, Markets, Morals, and Policy-Making: A New Defence of Free-Market Economics 1 (2011).
6) 規制緩和時代における経済的自由権と市場についての法律雑誌特集として，中島徹「規制緩和は憲法学の主題たりうるか」法セ619号（2006年）12頁以下。このテーマを最初に総合的に分析した代表的研究として，同『財産権の領分――経済的自由の憲法理論』（日本評論社，2007年），規制緩和をリスク社会と絡めた特集として，長谷部恭男「国家は撤退したか」ジュリ1356号（2008年）2頁以下，規制緩和をめぐる憲法と独占禁止法の関係について，愛敬浩二「憲法と独占禁止法――序論的考察」土田和博・須網隆夫編著『政府規制と経済法――規制改革時代の独禁法と事業法』（日本評論社，2006年）等。

2　経済的自由権と公序：「営業の自由」論争

❶「営業の自由」と公序

　経済的自由権の法的性格として，日本の学界で1970年代以降に興隆した「営業の自由」論争が重要な意味をもつ。この論争では，市民革命期に確立された営業の自由を，人権の内容をなすものとして把握するのか，それとも国家により確保された公序（public policy）として理解するのかが焦点となった[7]。

　営業の自由は，日本国憲法において明文の規定を欠くものの，第22条1項で保障される職業選択の自由から当然に派生する憲法上の権利として解釈されてきた[8]。従来の伝統的通説によれば，職業選択の自由とは，「自分の従事すべき職業を決定する自由」であり，「その職業を行う自由（営業の自由）をも含む」[9]とされる。なお，当時の最高裁判所の判例も伝統的通説の立場と合致しており，例えば，小売商業調整特別措置法合憲判決[10]では，「憲法22条1項は，国民の基本的人権の一つとして，職業選択の自由を保障しており，そこで職業選択の自由を保障するというなかには，広く一般に，いわゆる営業の自由を保障する趣旨を包含している」とされ，薬事法距離制限違憲判決[11]においては，「職業は……職業の開始，継続，廃止において自由であるばかりでなく，選択した職業の遂行自体，すなわちその職業活動の内容，態様においても，原則として自由であることが要請されるのであり」，憲法22条1項は，「狭義における職業選択の自由のみならず，職業活動の自由の保障をも包含しているものと解すべきである」とされた。

　しかし，このような憲法学の通説・判例に対して，経済史学者の岡田与好教授による反論が提起され，法学と経済学を横断した学際的論争である，いわゆる「営業の自由」論争が展開された[12]。

---

7) 辻村・249頁参照。
8) 「営業の自由」に関する学説の展開について，矢島基美「「営業の自由」についての覚書」上智法學論集38巻3号（1995年）223頁以下参照。
9) 宮澤俊義『日本国憲法』（日本評論社，1955年）251頁。
10) 最判昭和47年11月22日刑集26巻9号586頁。
11) 最判昭和50年4月30日民集29巻4号572頁。
12) 営業の自由論争については，さしあたり，中島茂樹「「営業の自由」論争」法時49巻7号（1977年）334頁以下，下山瑛二「「営業の自由」論争について」歴史学研究438号（1976年）38頁以下，鷹巣信孝「職業選択の自由・営業の自由・財産権の自由の区別・連関性（一）」佐賀大学経済論集32巻2号（1999年）73頁以下，等を参照。

イギリス経済史からみれば，18世紀の経済的自由主義は，反独占を目的とした国家干渉主義として規定される。スミス（Adam Smith）の『国富論』[13]に代表される古典派経済学は，国家による市場への干渉を排除するのみならず，市場における商業・貿易の「独占」と同業組合（ギルド）の「独占」の打破を根幹とするものであった。市場における自由競争を可能にするためには，その前提条件として，絶対王政における国王大権を支柱として高度かつ広範に発展した産業独占（「初期独占」）を，国家によって禁ずる必要があったのであり，イギリスにおいては，1640年を起点とするイギリス革命により「初期独占」としての産業独占は全面的に打倒された[14]。営業の自由は，資本の移動と蓄積の自由を保障して自由競争を導くものであるが，営業の自由の保障とは，資本主義の政策原理・運動論理に対する制限・障害を除去することを意味し，個人の自由な経済活動を妨げる社会的制限を撤廃することが自由放任主義の骨子であった。社会において自由放任主義が実現してゆくのは，これらの独占が排除された19世紀以降のことである[15]。

このような古典派経済学の理論と歴史に鑑みるならば，営業の自由は，営業の独占から解放されるという前提条件があって初めて意味をもったといえる。換言すれば，営業の自由とは，中間団体による私的な営業の独占と制限からの自由であった。それゆえ，営業の自由とは，人権としてではなく，むしろ，人権を制約する公序として国家により追求された。営業の自由は，社会の全成員に平等に保障され，個人の性格や能力に適した職業を追求する職業選択の自由とは異なる。営業の自由は，公共の福祉により制約されるのではなく，むしろ，営業の自由の保障こそが公共の福祉すなわち社会全体の利益である。それゆえ，独占禁止法に象徴される独占に対する規制は，いわば自由促進立法であり，自由主義それ自体なのである[16]。

以上の点をふまえ，岡田教授は，営業の自由は，特定の職業や，それに従事する特定の社会集団と社会全体との関係をめぐる社会的諸制限との関係で問題となる，制度的な要請であるとする。つまり，それは公序についての一定の理解と判断を基準とする規制原理，いわば「公共の福祉」として理解されうるのであり，人権とし

---

13) 前掲注1。邦訳として，アダム・スミス（水田洋監訳，杉山忠平訳）『国富論（一）～（四）』（岩波書店，2000-2001年）等。
14) 1689年の鉱山法による国王の鉱山特権廃止が初期独占打倒の最終指標とされる。岡田与好『独占と営業の自由―ひとつの論争的研究』（木鐸社，1975年）43頁。
15) 岡田・前掲注14・31-65頁。
16) 岡田・前掲注14・35, 40, 118頁以下。

❷「営業の自由」論争の展開

　岡田教授の学説に対する憲法学界からの応答は，歴史認識について一定の評価を行いながら，憲法解釈論としてその知見を取り入れることに対して，批判的ないし懐疑的である立場が多数を占めた[18]。まず，憲法学は「私的独占，同業組合的規制からの自由」と「恣意的な公権力規制からの自由とを明確に区別することなく等置してきたのであり，歴史認識の問題としては，岡田教授の批判が当たっているというべき」である[19]。しかし，社会科学上の理論認識は法解釈論のそれとは性格を異にするため，法解釈の次元にある法律学の論文を社会科学の視点から批判するのは不当とする反論がなされた[20]。憲法解釈論としては，「営業の自由がもともとは公序として主張されたという歴史的事実は重要であるが，日本国憲法上の解釈としては，営業の自由を「公序」として理解するための根拠条文が見出しがたく，日本国憲法の解釈論として持ち込むことは無理」[21]とする見解が示すとおり，歴史解釈を実定法解釈へとつなげてゆく困難が広く認識されていたと考えられる。また，憲法実務に照らすならば，現実的には，憲法訴訟において「営業の自由」を人権論として議論を構成することが最も容易であり，かつそうしなければ訴訟の提起が困難であるという事情が存在することが指摘されている[22]。

　しかし，この営業の自由論争を契機として，憲法理論においてもいくつかの重要な変化が生じた。まず，憲法第 22 条 1 項の職業選択の自由から営業の自由が当然に派生するという通説の理解を否定し，職業選択の自由と営業の自由との間の明確な区別を行う学説が有力に主張されるようになった。すなわち，狭義の営業の自由たる「営業することの自由」（開業の自由，営業の維持・存続の自由，廃業の自由）

---

17) 岡田・前掲注 14・37-38 頁。
18) 岡田説に対する憲法学界からの反論の概要について，鷹巣・前掲注 12・91-109 頁参照。
19) 奥平康弘「営業の自由の規制」別冊ジュリ 9 巻 1 号（1973 年）17 頁以下参照。
20) 渡辺洋三「法学と経済学（Ⅱ）―岡田論文を手がかりにして」社会科学の方法 14 号（1970 年）8 頁以下。これに対して，石川健治教授は，岡田教授の学説を，日本社会における近代的主体としての個人を確立するための条件を西洋経済史のなかに探るという大塚久雄教授以来の戦後の経済史学の伝統の文脈で把握し，その憲的意義を重視する。石川健治「営業の自由とその規制」争点・148 頁以下参照。
21) 高橋・229-230 頁。
22)「合評会・岡田与好著『経済的自由主義―資本主義と自由』を読む」社会科学研究（東京大学社会科学研究所）39 巻 6 号（1988 年）187-89 頁〔樋口陽一〕。

は憲法第22条1項の職業選択の自由から保障される。この自由は，自己の能力を発揮する職業を自由に選択しうる人権であり，いかなる社会体制にも妥当する普遍の原理であるため，その保障が強く要求される。それに対して，「営業活動の自由」（現に営業をしている者が，任意にその営業活動を行いうる自由）を含む広義の営業の自由については，憲法第29条の財産権保障から導かれる。その自由は，資本財としての財産権行使に係る資本主義社会に固有の原理であり，大幅な制約が認められるという見解である[23]。「営業することの自由」が第22条1項の職業選択の自由から導出されるのに対して，「営業活動の自由」は29条の保障する経済活動の自由の一側面とみなすべきであり，職業選択の自由と営業の自由はこの意味で区別化されることになる[24]。

「営業の自由」論争は，営業の自由の歴史認識において変化を促したのみならず，憲法の条文解釈においても，有力な学説を生み出すに至ったことを看取できるであろう。

❸「営業の自由」論争の憲法的意義

「営業の自由」論争の意義は，まず，営業の自由は従来の「国家からの自由」（解放される不自由）ではなく，独占からの自由，つまり「国家による自由」（強制される自由）ではないかという問題提起がなされた点にある[25]。また，「営業の自由」をめぐる憲法史上の歴史認識としては，岡田教授の歴史認識を真摯に受け止めつつも，「営業の自由」とは，市民革命期の課題として初期独占を排して自由競争の土俵を設定するための国家権力による系統的介入が行われている段階のことであり，それに対して，現代の産業資本主義段階における「営業の自由」とは，原理的には誕生している自由放任主義を前提として，国家による系統的な介入を排除することを目的としたものである，という樋口陽一教授の解釈は，営業の自由論争を受けた憲法史の再構築におけるひとつの到達点であろう[26]。憲法学からみれば，前者の「国家による自由」の意義を十分に認めつつも，なお後者の「国家からの自由」の

---

23) 今村成和「「営業の自由」の公権的規制」ジュリ460号（1970年）40頁以下。
24) 有倉遼吉編『判例コンメンタール憲法Ⅰ』（三省堂，1977年）276-77頁〔浦部法穂〕。今村説から浦部説に至る学説の整理として，矢島・前掲注8・229-36頁参照。もっとも，営業規制のすべてを第29条の対象とすることは，拡散しがちな財産権論のさらなる不安定化を招くという批判もある。石川・前掲注20・150頁。
25) 樋口陽一『何を読みとるか―憲法と歴史』（東京大学出版会，1992年）162頁参照。
26) 樋口陽一『近代立憲主義と現代国家』（勁草書房，1973年）143-47頁。

枠組みにこだわる意識的な選択を行っているのであり，その選択は，現代においてもなお無自覚であってはならないはずである[27]。

憲法理論としては，営業の自由は公序ではなく，人権と解釈すべきである。しかし，それは歴史的にみると，「組織的な経済権力」や「社会権力」からの解放[28]という公序が整えられて初めて意味をもったことを再確認しなければならない。このことは，規制緩和が進行する現代において，経済的自由権の原点を確認し，経済的自由権と市場規制の関係を紐解く出発点となる。

次節では，アメリカ憲法史から経済的自由権と自由市場について検討を加え，日本に対する示唆を看取してゆきたい。

3 アメリカにおける経済的自由権の憲法史と自由市場

1 憲法と自由市場

合衆国憲法は，自由市場を予定しているのか。このテーマは，建国の父祖らが特定の経済観を共通してもっていたのかという問いと重なっている。例えば，ビアード（Charles A. Beard）に代表される革新主義学派によれば，合衆国憲法の制定は当時の社会経済的対立から理解され，制憲期には経済観自体に深刻な対立がある以上，共通の経済観は存在しなかったことになる[29]。しかし，歴史研究の進展により，制憲期においては，経済的利害対立のみならず，ロック（John Locke）的な自由主義思想のコンセンサス[30]，あるいは，古典的共和主義思想が存在しており[31]，その多様な思想的系譜が憲法制定に一定の役割を果たしたことが明らかになっている[32]。経済観の対立は，憲法制定の一要因として，相対化して理解すべきであろう。ホームズ（Oliver Wendell Holmes Jr.）裁判官のロックナー判決反対意見における「憲法は，ある特定の経済理論を具体化することを意図していない」[33]とする考察

---

27) 樋口・前掲注25・166頁参照。
28) 樋口・前掲注25・163頁。
29) *See* CHARLES A. BEARD, AN ECONOMIC INTERPRETATION OF THE CONSTITUTION OF THE UNITED STATES (1913).
30) LOUIS HARTZ, THE LIBERAL TRADITION IN AMERICA: AN INTERPRETATION OF AMERICAN POLITICAL THOUGHT SINCE THE REVOLUTION (1955).
31) GORDON S. WOOD, THE CREATION OF THE AMERICAN REPUBLIC, 1776-1787 (1969).
32) 歴史研究の概説として，有賀貞『アメリカ革命』（東京大学出版会, 1988年）等。

は，その意味では正鵠を射たものといえる。

　合衆国憲法における経済的自由権の保障としては，憲法第1編10節1項（契約条項）は，「いかなる州も……契約上の債権債務関係を侵害する……法律を制定してはならない」と規定し，同第5修正（デュー・プロセス条項）は，「法の適正な過程によらずして，生命，自由，あるいは財産を奪われない」と規定する。

　これらの憲法上の権利保障は，伝統的には，ロックの自由主義思想から説明されてきた。ロックは，『統治二論』[34]において，財産権の基本的思想を提示している。ロックによれば，個人はそれぞれ労働を所有しており，未だ所有されていない資源に対して労働を加えることにより，その結果として生産されるものに対して権利を所有することになる。いいかえれば，個人は，国家が成立する以前の自然状態から，自らの労働により，不可譲の自然権としての財産権を有する。そして，個人が契約に基づいて政府を設立するのは，自己の生命・自由・財産の保護をより確実なものにするべく，その保護を政府に信託するためである。国家は，その財産権を，個人の同意なくして奪うことはできない。このように，ロックの自然権思想は，財産権を個人が労働をして得たものとして正当化し，さらにその保護は，国家の設立の主要な目的として位置づけ，国家は個人の同意なき限り侵害できないものとした[35]。財産権は，恣意的な政府に対抗する自由の防波堤として理解されたのである。

　しかし，共和主義思想をふまえると，このロック的な財産権の保障は相対的なものとなる。共和主義は，有徳・無私の市民の代表の熟議により公共善を追求する統治を要求する。それゆえ，確かに，私有財産（特に土地所有）の保護は，市民の自立と徳性を陶冶し，代表が私益にとらわれず公共善を追求する基盤として重要であった[36]。しかし反面，商業とそれがもたらす奢侈は，市民の依存・従属・腐敗を助長し，少数者による富の独占が他の市民の必要最低限の富を奪うと考えられた[37]。また，社会全体の公共善のため，個人の財産権が一定程度制約されることも想定された[38]。この私益追求への懐疑と公共善の擁護は，フランクリン（Benjamin

---

33) Lochner v. New York, 198 U.S. 45, 75 (1905). 川岸令和「判批」樋口範雄ほか編『アメリカ法判例百選』（有斐閣，2012年）90頁以下。
34) JOHN LOCKE, OF CIVIL GOVERNMENT: SECOND TREATISE (Russell Kirk, intro. 1955) (1690). 邦訳として，ジョン・ロック（加藤節訳）『完訳統治二論』（岩波書店，2010年）。
35) Id. at ch. 7, § 87-89, ch. 8, § 95-99, ch 12. § 149, ch 15. § 171. 同392-96, 406-10, 473-74, 500-01頁。
36) See DREW R. MCCOY, THE ELUSIVE REPUBLIC: POLITICAL ECONOMY IN JEFFERSONIAN AMERICA 67-69 (1980).

Franklin)のように，財産権が「社会の産物（Creature of Society）」であり「その社会の要求（Calls of that Society）」に従うという理解[39]に表れている。

以上のように，建国の父祖は，財産権の重要性を十分に認めながら，それを必ずしも不可譲の権利とせず，私益追求の制約と自由市場に対する法規制を承認するアンビバレントな指向を内在していたといえる。

❷ 全国的自由市場の形成と競争社会の到来

合衆国最高裁判所は，建国期以降，司法審査権を行使してきた[40]が，特に連邦制と経済分野の憲法判断において積極的であった。最高裁は，個人・法人に帰属した財産権を既得権（vested rights）として保護し，静態的な財産秩序の擁護に努めた。18世紀末から19世紀初頭にかけて，新しい州法の制定や契約行為により侵害を受ける既存の契約の債権債務関係を既得権として保護する事件が多くみられ，その既得権保護は，合衆国憲法の契約条項のもとで厚い保護を得るに至った[41]。

しかし，その一方で，合衆国最高裁判所により，既得権と独占の保護を後退させるいくつかの重要な判決が下されている。1824年のギボンズ対オグデン事件[42]は，ニューヨーク州が，同州ニューヨーク市とニュージャージー州エリザベスタウンの

---

37) ペンシルバニア州憲法の権利章典（1776年）草案は，「私有財産が極めて大きな割合で少数の個人に属するのは，諸権利にとって危険であり，人類の共通の幸福を損なう」ゆえに州議会は財産権を制限しうる，としたが，僅差で否決された。ERIC FONER, TOM PAINE AND REVOLUTIONARY AMERICA 133 (1976).

38) 共和主義は，「全体のより大きな善のために私益を犠牲にすること」を特徴とし，「本質的に反資本主義」であったと指摘されている。WOOD, *supra* note 31, at 53, 418.

39) Benjamin Franklin, *Queries and Remarks Respecting Alterations in the Constitution of Pennsylvania*, in FRANKLIN: THE AUTOBIOGRAPHY AND OTHER WRITINGS ON POLITICS, ECONOMICS, AND VIRTUE 364-368 (Alan Houston ed., 2004) (1789).

40) 19世紀の合衆国最高裁による連邦法・州法に対する司法審査権行使事例の精細な分析として，釜田泰介「司法審査権の一側面—1910年代における簒奪理論を中心にして」同志社アメリカ研究5号（1968年）33頁以下参照。

41) 既得権を保護する代表的判決として，Fletcher v. Peck, 10 U.S. 87 (1810), Dartmouth College v. Woodward, 17 U.S. 518 (1819) 等。会沢恒「判批」前掲注33・6頁以下。既得権保護をロック的自由主義ではなく共和主義の視角から分析する論考として，拙稿「マーシャル・コートと共和主義」早稲田法学会誌58巻2号（2008年）455頁以下参照。

42) Gibbons v. Ogden, 22 U.S. 1 (1824). 拙稿「判批」前掲注33・28頁以下。

区間を結ぶ蒸気船航行の独占権を一定期間被上訴人に付与していたところ，上訴人が，連邦法による登録・許可を別途得て，同区間の競合する蒸気船航行事業を開始した事件であり，いわゆる蒸気船事件（Steamboat Case）として著名である。本件では，合衆国憲法の州際通商規制権（第1編8節3項）のもとに定められた連邦法が，被上訴人に航行の独占権を付与する州法に対して優越するとされ，州法が最高法規条項（合衆国憲法第6編2項）により違憲無効とされた。本判決により州法による蒸気船航行の独占権付与が否定されたため，蒸気船船舶の建造数が飛躍的増加を遂げ，新航路が開拓され，蒸気船は貨物・人員輸送の基幹的手段としての地位を占めるに至った[43]。本判決は，市民の自由な経済活動を保障する全国的な共通市場を形成する第一歩となったといえる。1837年のチャールズ河橋梁対ウォーレン橋梁事件[44]は，マサチューセッツ州議会が上訴人に有料の橋梁を設置することを許可し，上訴人が営業を開始した後に，これと競争関係に立つ地点に一定期間経過後に無料となる橋梁を設置することを被上訴人に認め，既存の債権債務関係を侵害する契約条項違反が争われた事件である。合衆国最高裁判所は，上訴人の法人設立の際の特許状に特段の明文なき限り，既存の債権債務関係を害することはなく，憲法の契約条項に違反しないとした。本判決の特徴は，私有財産権の保護を認めながらも，「あらゆる政府の目的は，その政府が設立された共同体の幸福と繁栄を促進することにある」[45]として，既得権の絶対的な保護を後退させ，社会全体の福祉にかなう規制を優先させる余地を生じさせたところにある。ボストンの人口急増と産業発展を背景として，一般市民は，一部の法人がもつ既得権を，新しい産業の成長を阻害する圧制的独占として受け止めていたが，本判決は，その独占を打破し，既存の有料の橋梁や馬車用の道路と並行し競合する鉄道線路の敷設を潜在的に可能とした。それゆえ，本判決は，アメリカにおける「競争社会の到来」として位置づけられる[46]。

　このような合衆国最高裁判所の一連のコモン・ロー形成は，既得権に代表される静態的な財産秩序から自由競争に向けた動態的な財産秩序へと移行し，市民が自由な移動と営業を行い，広域の自由市場を活発に形成してゆくための基盤となったと考えられる[47]。法制史研究者のハースト（James Willard Hurst）は，19世紀を特徴づけるこのような市民の桎梏からの解放とそれがもたらす自由な経済活動を，市

---

43) *See* MAURICE G. BAXTER, THE STEAMBOAT MONOPOLY : GIBBONS V. OGDEN, 1824 (1972).
44) Charles River Bridge v. Warren Bridge, 36 U.S. 420 (1837).
45) *Id.* at 548.
46) 田中英夫「アメリカ法における競争社会の到来—Charles River Bridge Case」伊藤正己先生還暦記念論文集『英米法の諸相』（東京大学出版会，1980年）所収。

民の創造的な「エネルギーの解放（release of energy）」として定義し，あらゆる法がその解放を支える傾向にあったと論ずる[48]。

❸ 現代福祉国家の登場と自由市場規制

南北戦争（1861-65）後，アメリカでは，鉄道網が整備され，産業化と技術革新による急速な経済発展の時期を迎えた。それに応じて，各州は，州民の健康，安全と衛生を増進するべく，州内の鉄道や商品価格・労働賃金規制等を積極的に行うようになる。19世紀末に政治の腐敗と独占産業社会の問題が極めて深刻化すると，連邦議会は，1890年に最初の連邦の独占禁止法（Sherman Act）を制定して不当な取引制限と独占を禁止した。同法は，既存の独占体制の規制としては不十分なものであったが[49]，20世紀以降の競争法整備の基盤となるものであった。

20世紀初頭より，資本主義の矛盾・不均衡の是正を主要目標のひとつとする革新主義（progressivism）が社会に広範に浸透した。この革新主義は，政府による経済介入と企業規制を正当化する理念的根拠となり，連邦・州政府は，社会経済立法を積極的に推進し，自由市場への介入を行った。一方，合衆国最高裁判所は，経済のレッセ・フェール（自由放任主義）を擁護する姿勢を徐々に強化し，契約の自由を合衆国憲法第14修正のデュー・プロセス条項[50]に読み込むことで，州の経済立法を違憲無効とした。1905年のロックナー判決では，ニューヨーク州によるパン工場の労働時間を制限する労働者保護立法が，第14修正で保護される契約の自由に反して違憲無効とされ[51]，1923年のアドキンス判決では，女性に対する最低賃金を定めたコロンビア特別区の制定法も同様に無効とされた[52]。

1929年に世界大恐慌が生じると，1932年の大統領選で勝利したフランクリン・

---

47) なお，時代文脈からみれば，当時の合衆国最高裁判所は，旧来の静態的な既得権保護の法的枠組をなお残しながら，動態的な資本主義社会への社会変化に対応しようと苦慮した，過渡期の（transitional）裁判所として位置づけられる。See R. Kent Newmyer, *A Judge for All Seasons*, 43 WM. & MARY L. REV. 1463（2002）.
48) *See* JAMES WILLARD HURST, LAW AND THE CONDITIONS OF FREEDOM IN THE NINETEENTH-CENTURY UNITED STATES 3-32（1956）. 特に既得権保護の関係について，*Id.* at 24-29.
49) アメリカにおける独占規制の欠陥の批判的検討として，浦部法穂「独占規制の歴史的検討―アメリカを中心として」法時521号（1972年）15頁以下。
50) 合衆国憲法第14修正「州は，何人からも，法の適正な過程によらずに，その生命，自由，または財産を奪ってはならない」。本来的には手続的規定であるデュー・プロセス条項に対して，契約の自由といった権利の内容・価値（＝実体）を読み込んでゆく手法は，実体的デュー・プロセス（Substantive Due Process）と定義される。

ルーズヴェルト（Franklin D. Roosevelt）大統領は，ニューディール政策（1933-36年）を推進した。この政策は，社会福祉アプローチを基盤とし，全国経済と企業の行動を管理・規制し，経済的に不利な立場にある人々の利益を確保しようとする政策であった。失業者の雇用，産業の統制，労働者保護を目的とした社会経済立法が次々と制定され，政府が自由市場へ積極的に介入することで恐慌からの脱出が図られた。これに対して，合衆国最高裁判所は，政府の制限的役割，市場競争，財産権の尊重を核心とするレッセ・フェールを擁護し続けたため，連邦政府と合衆国最高裁判所の対立が鮮明となった。1935年から36年にかけて，合衆国最高裁は，企業の生産規制と労働者の団結権・団体交渉権等を定めた全国産業復興法（NIRA）をはじめ[53]，重要なニューディール立法を次々と違憲無効とした。前例のない短期間内の多数の違憲判決を重くみたルーズヴェルトは，最高裁改革を掲げ，最高裁裁判官の任命権を通じて自派の裁判官を送り込む裁判所抱き込み案（court packing plan）を計画した。1936年，ルーズヴェルトが労働者保護を重視する後期ニューディール政策を掲げて大統領に再選されると，翌年，合衆国最高裁は判例変更を行い，女性と未成年者の最低賃金を保障する州の最低賃金法を合憲とした[54]。この劇的な判例変更は「憲法革命」と呼ばれ，合衆国最高裁によるレッセ・フェールと契約の自由の擁護の時代は終焉を迎え，それ以降，社会・経済立法がデュー・プロセス条項に基づき違憲無効とされることはなくなった。裁判所が，経済的自由の規制の領域において議会の判断を尊重するという基本線は，1938年のキャロリーン・プロダクツ判決[55]の脚注4で，経済的自由と精神的自由との違憲審査基準の関係が精緻化されることによって確立し，二重の基準論の嚆矢となった。

　また，連邦議会は，ニューディール期以降，自由市場の規制において中心的役割を果たしてゆくことになる。1929年の世界大恐慌を契機として，証券市場の規制が進み，1933年銀行法が，銀行業務と証券業務の分離，預金保険制度の確立，連邦準備制度の強化等を定めたほか，証券法や証券取引法が制定され，自由市場を規律する基本的ルールが形成された。近年では，IT革命以降，エンロン社事件等の大規模な企業不祥事が次々と明らかとなったが，その対策として，企業の情報・

---

51) Lochner, *supra* note 33.
52) Adkins v. Children's Hospital, 261 U.S. 525 (1923).
53) A. L. A. Schechter Poultry Corp. v. United States, 295 U.S. 495 (1935).
54) West Coast Hotel Co. v. Parrish (1937). （山本龍彦「判批」前掲注33・94頁以下）。
55) United States v. Carolene Products Co., 304 U.S. 144 (1938). 松井茂記「判批」前掲注33・46頁以下。

会計の透明性と正確性を確保し，説明責任を果たさせる企業統治システムが追求された。2002年に企業改革法（Sarbanes-Oxley Act）が制定され，企業統治と監査制度が改革されるとともに，投資家に対する企業経営者の責任と義務・罰則が定められた。さらに2007年以降の一連の金融危機を受けて，2010年に金融規制改革法が制定され，銀行によるリスクの高い取引が制限されるようになった。連邦政府による自由市場・金融市場を規律する試みは，1980年代以降続いている規制緩和と，リバタリアンや州権論者による根強い反対と揺れ戻しを経験しつつも，現在もなお重要な役割を果たしているといえよう。

4 国家規制と自由市場

これまで経済的自由権の憲法史を概観したが，アメリカにおいても，経済的自由権と自由市場は常に法規制によってその存立条件を整備されてきたといえる。自由市場の創出・維持・発展には，連邦・州の法規制と裁判所のコモン・ローが重要な役割を果たしてきた。このような憲法史をふまえれば，自由市場の構築の前提条件として国家の介入が必要であるように思われる。では，国家規制と自由市場は，果たして対立構造にあるのか。実は，両者は依存構造にあるのではないか。

例えば，法制史・法社会学研究者のフリードマン（Lawrence M. Friedman）教授は，「法が，自由市場が機能する領域を維持・規定・制約する」のであり，「法制度の助力なくして，見えざる手（invisible hand）は麻痺状態」[56]になり，自由市場の成立には，「法，法律と法律家」が不可欠[57]であるとする。

さらに，財産法研究者のシンガー（Joseph William Singer）教授は，国家規制と自由市場が相互に依存することを端的に指摘する。シンガー教授によれば，個人の財産権を根本的価値として政府による規制介入を否定しようとするリバタリアンのみならず，政府の規制介入を認めようとするリベラルな経済学者にとっても，「自由市場」と「政府による規制」は切り分けて考えられることが多い。例えば，スティグリッツ（Joseph Stiglitz）教授は，「市場はそれ自体ではうまく機能せず，……政府は市場規制において一定の役割を果たす必要があり，……経済は市場の役割と政府の役割の均衡を必要としている」とする[58]。しかし，ロックの「法なきところ

---

56) LAWRENCE M. FRIEDMAN, THE LEGAL SYSTEM: A SOCIAL SCIENCIE PERSPECTIVE 21 (1975).
57) LAWRENCE M. FRIEDMAN, A HISTORY OF AMERICAN LAW 563 (3d ed., 2005).
58) JOSEPH E. STIGLITZ, FREEFALL: AMERICA, FREE MARKETS, AND THE SINKING OF THE WORLD ECONOMY xii (2010).

に自由はない」という言葉を持ち出すまでもなく，自由と規制は本来的に密接不可分であるはずである。両者を分離して対置してしまう根本的な原因は，「自由」の誤った概念化にある。法のなかには，確かに，ある種の自由を奪うものもある。しかし，現代のリバタリアンは，えてして法によって享受される利益を軽視しがちであり，自由を促進する法が存在することを忘却している。大切なのは，法の効用を否定して政府規制を除去することではなく，法の効用を前提としながら，自由を促進する法を選択してゆくことである。歴史を翻ってみても，封建主義，奴隷制度，人種隔離，および家父長制を，国家が積極的に排除することによって，初めて，市民の財産権が正当に保護される自由市場が成立してきた。例えば，サブプライム・ローン問題では，銀行による詐欺的貸し付けにより苦しむ消費者が州の消費者保護法によって救済され，銀行が故意に黒人の居住地域へ重点的に貸し付けを行った事例では連邦の公正住宅法違反が認定された。これらの最低限のルールを定めた法律は，財産権ないし自由市場を侵害するのではなく，むしろ，財産権を保護し，不動産市場が公正に発展する環境を整えるものである。すべての人が社会的・経済的生活に参画する現実的機会をもつこと，そして，市場と財産取引が，私たちの正当な期待と最も深い諸価値（人間の平等・尊厳）を保障する最低限の基準に沿うことを確実にしなければならない。その意味で，自由市場にとって真に問題になるのは，国家による規制介入の<u>有無</u>ではなく，規制介入の<u>方法</u>なのである[59]。

また，行政法・憲法研究者のサンスティン（Cass R. Sunstein）教授も，自由市場と法規制の密接不可分の関係に言及する。同教授によれば，「レッセ・フェール」という概念自体が，自由市場が現実に要求し強制するものに対する異常で誤った説明である。自由市場は，その存立基盤を法にもつ。私有財産制は法的ルールなくして存在しえず，契約法なくして契約の自由も存在しえない。また，自由市場の基礎にある法は，個人の取引を促進するのみならず，個人が望む多くのことを抑止するという意味で強制的である。このことは，市場が法によって構成されることを示唆する。市場は，自然ないし自然的秩序の一部として，あるいは，自由意思による取引を促進させるシンプルな方法として評価されるべきでなく，むしろ，人間の利益（human interests）を促進するか否かという根拠から評価されるべきなのである[60]。

以上の立論は，国家規制と自由市場とを対置せず，国家規制と自由市場が密接

---

59) See Joseph William Singer, *Subprime: Why a Free and Democratic Society Needs Law*, 47 Harv. C.R.-C.L. L. Rev. 141 (2012).
60) Cass R. Sunstein, Free Markets and Social Justice 5 (1997).

不可分であるとする点で，既存のパラダイムの転換を迫っている。そして，その立論をみれば，「営業の自由」論争において，岡田教授が，営業の自由を（公序として）保障する前提として国家の規制が不可欠であり，独占禁止法を「自由促進立法」として位置づけた類似点を容易に想起しうる。ここでの「自由競争」とは，私人の放縦を許容する自由競争ではなく，「公正な（fair）自由競争」と換言しうる。現代において，独占禁止法や消費者保護法等の土台を抜きにして，果たして公正な自由競争を追求することができるであろうか。

さらに，シンガー教授とサンスティン教授は，自由競争の「公正さ（fairness）」について，より踏み込んだ憲法的議論を展開していることに注意すべきである。岡田教授は，自由市場の前提条件として，近代国家による「独占」の排除に焦点をあてた「公正な（fair）」競争に焦点をあてるのに対して，両教授がここで指す自由競争とは，より憲法上の意義をもつ「公正な」競争である。市場は，人種・性別・障害に基づく差別を生み出す傾向にあるといわれる。なぜなら，差別対象となる人々は，市場において相対的に不利に扱われることが多いためである。例えば，市場における消費者が，白人の給仕や野球選手を選好する場合，消費者の要求を満たす利潤の最大化といういわば市場自体の圧力によって，雇用者は被用者に対する雇用差別を行うことになる。市場のアクターは，ときに経済的合理性をもつステレオタイプにより差別を選好してしまうのである。その意味で，1964年の市民的権利に関する法律（Civil Rights Act of 1964）は，人種，宗教，性別，出身国などによる差別の禁止を強行し，法を通じて市場の圧力を克服しようとするものであった[61]。また，この市場の差別構造のなかには，潜在的に固定化され再生産される傾向をもつものがあることに注意すべきである。社会学研究者のブルデュー（Pierre Bourdieu）教授が指摘するように，現実の市場においては，経済資本のみならず，学校・大学教育を通じて形成される言語能力・教養といった文化資本（cultural capital）や人的相互ネットワークである社会関係資本（social capital）の配分の不平等が現実的に存在し，それらが再生産される傾向を有している[62]。これらの潜在化する差別的構造は，経済学において看過されがちであるが，「公正な」市場競争の形骸化を現実的に招くものであろう。国家がいかにして市場に介入し，「公正な」市場競争を実現しうるのかが検討されてゆかねばならないのであり，それは憲法学

---

[61] *Id.* at 151-62.
[62] PIERRE BOURDIEU AND LOIC J. D. WACQUANT, AN INVITATION TO REFLEXIVE SOCIOLOGY 118-9 (1992). 市場における「公正な競争」の実現可能性自体が問われている。

が取り組むべき課題である[63]。

5 経済的自由権と自由市場の歴史的文脈

　個人の神聖不可侵の財産権を唱えたロックは，リバタリアンにとっての「英雄(hero)」というべき地位を占めている。しかし，シンガー教授は同著を引用し，ロックが決して私人の放縦を前提としている訳ではないことを説く。『統治二論』より若干説明を補足すると，ロックによれば，自然状態とは自由の状態であっても放縦の状態ではなく，自然状態を支配する自然法によりすべての人間が拘束される。そして，自然法たる理性は，すべての人間が平等であり独立しているがゆえに，何人も他人の生命，健康，自由，あるいは所有物を侵害すべきでないことを要求する。自由とは，誰もが自分の欲するところをなす自由ではなく，法の許す範囲内で，自分自身の自由な意思に従うことにある。法とは，自由で知性的な行為主体の適切な利益を制限するというより，むしろそれへと人々を導くものである。法の目的は，自由を廃止したり制限したりすることにではなく，自由を保全し拡大することにある。「法なきところに自由はない」からである[64]。シンガー教授は，ロックが本来，財産権保護と法規制を調和的に理解していたことを再確認しているといえる。

　ここではさらに，スミスの思想に触れておきたい。近年の研究によれば，スミスが自由市場における私人の放縦を擁護していたとみることは妥当ではない。かつてドイツの経済学者によって提唱された「アダム・スミス問題（Das Adam Smith Problem)」は，スミスが本来意図する自由市場を正しく知るための貴重な問題提起であった。スミスは，その著書『国富論』において，人間の行為を「私益」として特徴づける。しかしその一方で，別の著書の『道徳感情論』[65]においては，人間の行為を他者への「同感（sympathy)」として特徴づけている。この外見上の矛盾は，その後の長年にわたる研究の蓄積により解消され，両者が実際には調和的・統合的に解釈されうることが明らかとなった[66]。『国富論』の基礎

---

[63] リバタリアニズムの立場から市場を人権保障の手段として構成する試みとして，橋本祐子「市場は政治的社会的権力から人権を護る砦となり得るか」井上達夫編『人権論の再構築（講座・人権論の再定位5)』(法律文化社, 2010年) 所収。
[64] LOCKE, *supra* note 34, at ch. 2, § 6, ch.6, § 57. ロック・前掲注34・298-99, 358頁。
[65] ADAM SMITH, THE THEORY OF MORAL SENTIMENTS (1759). 邦訳として，アダム・スミス『道徳感情論（上・下)』(岩波文庫, 2003年)。
[66] 水田洋『アダム・スミス―自由主義とは何か』(講談社, 1997年), 堂目卓生『アダム・スミス―「道徳感情論」と「国富論」の世界』(中央公論新社, 2008年) 等を参照。

には,『道徳感情論』における同感をもった市民像が前提とされており,スミスは,決して弱肉強食の論理が支配する自由市場を擁護した訳ではない。また,本章冒頭で引用した,スミスの『国富論』における主張の一部は,銀行業の規制が仮に営業の自由の侵害にあたるとしても,なお,少数の個人の銀行業によって社会経済全体が損害を被る可能性があるのであれば,(いわば火災を防ぐ境壁を設けるのと同様に)銀行業の規制を行うべきであるとする[67]。このスミスの主張が,現代アメリカの経済危機の根本的問題を突いていると考えるのは,時代文脈を著しく異にしているがゆえに早計かもしれない。しかし,少なくともスミスは,自由市場の理念型として,私人の放縦が許容される市場を予定したのではなく,国家による法規制により最低限の規律が保たれた市場を予定していたことは看取できると思われる。

近年,アメリカでは,ティー・パーティー(Tea Party)運動にみられるように,ロックやスミスを引用しつつ,建国期からアメリカはリバタリアン的な最小国家と市場原理主義を指向していた,とする言説が有力となっており,憲法研究者の間でもそれを擁護する潮流が少なからず存在する[68]。しかし,法制史研究者のホワイト(G. Edward White)教授が慎重な留保を行うように,現代における巨大な行政組織と広範な市場活動を前提として生み出された経済規制のモデルを,建国期にそのまま投影することはミスリーディングである。憲法制定時の経済規制の役割は,その憲法が制定された当時の政治経済理論との関係から読み解くべきものであるからである[69]。憲法史を参照し,あるいは政治思想の古典を紐解く場合に,時代文脈を捨象したナイーブな現代的な視点が,歴史や古典的思想の本質の理解を歪める危険性を,常に想起しなければならない。この現代的視点の強調と歴史文脈の喪失をめぐる批判は,現代のティー・パーティー運動のみならず,憲法学における原意主義(originalism)一般に対しても根本的な批判として該当するであろう。

憲法史からも,あるいはその基層にある政治思想からも,国家規制と自由市場の関係は必ずしも対立関係にあるとはいえず,むしろ,国家による経済的自由権の制限なくして公正な自由市場は成立しえないことが含意されている。市場規制の撤廃・緩和を自由の確保として単純に位置づけるのではなく,市場規制の必要性を認

---

67) 前掲注1参照。
68) 一例として,2011年,フェデラリスト協会の全国シンポジウム「資本主義,市場,および合衆国憲法」が開催された(各論稿は,Harvard Journal of Law and Public Policy の2012年冬号に掲載)。
69) G. Edward White, *Political Economy of the Original Constitution*, 35 HARV. J.L. & PUB. POL'Y 61, 84-85 (2012).

めた上で，個別の法規制の態様が，経済的自由を促進するのか，あるいは制約するのかという点を精査する柔軟な議論の枠組みが求められているといえる。

4 日本における経済的自由権と自由市場

❶ 憲法と自由市場

　日本国憲法は，政府と自由市場との関係について明文規定はなく，特定の経済秩序を読みとることは困難であり，経済政策的中立性を保っているといえる[70]。
　もっとも，憲法は経済的自由権，つまり憲法第22条の居住・移転・職業選択の自由と，第29条の財産権の両規定についてのみ，公共の福祉によって制限できる旨を定めている。確かに，公共の福祉による権利の制限は第13条において包括的に規定されているが，第14条以下の個別条文において公共の福祉による制限の可能性に憲法自体が言及しているのは，第22条と第29条においてのみである。このことは，経済活動の自由が公共社会全体の観点から制限されるという現代型憲法の特徴を示している[71]。さらに，憲法第25条で生存権を保障していることから，憲法研究者の多くは，経済的再分配を通じて個人の生存権保障を図る福祉国家体制を前提としていると解釈してきた。ニューディール以降の福祉国家・積極国家の潮流と，ニューディーラーの日本国憲法制定への関与は，その有力な理由である。この解釈によるならば，市場は「自生的秩序」ではなく，「政府規制による調整の対象」であることになる。そして現実的には，日本が財政に占める社会保障関係費の割合の低い「小さな政府」をとりつつ，公共事業や経済規制による雇用の創出・安定を確保して所得の再分配を実現する，いわば「小さな福祉国家」というべき日本型福祉国家が進められてきたことが指摘されている[72]。
　これに対して，日本国憲法は，自由市場を前提としているという見解もある。すなわち，憲法第22条と第29条，第28条の労働権の規定等から，原理としての秩序ある市場経済を予定しており，事業者の経済活動を市場原理たる適者生存の原理に委ねていると解釈する学説である。この場合，競争制限を行う規制は原則として違憲であり，第25条は市場からの脱落者に対する社会保障による救済を指すこ

---

70) 石川・前掲注20・149頁。
71) 樋口・249頁。
72) 中島・前掲注6書・191頁以下。

とになる[73]。しかし，競争的市場経済秩序がまず自然に存在して，国家的規制を撤廃すればその秩序が再びもたらされるという考えは，これまでの岡田教授ならびに樋口教授の学説から敷衍される，営業の自由自体が「国家による強制された自由」である点からみるならば通用しないのではないかという批判がある[74]。

日本国憲法が，国家と自由市場との関係のモデルを決定的には明示しておらず，福祉国家的な市場介入を含意するにとどまるのであれば，最終的には，その関係は民主的プロセスにおける市民の熟議に基づいて決定されるべきものといえよう。

❷ 経済的自由権と熟議民主政

最高裁判所の判例は，基本的には，各時代における政治・社会・経済の潮流を反映している。例えば，1955年の公衆浴場距離制限事件合憲判決[75]は，戦後間もない福祉国家志向に基づき競争制限が打ち出されたのに対して，1975年の薬局距離制限事件違憲判決は，経済の安定成長期に入り，競争容認へと判例が変遷したと考えうる[76]。現代の規制緩和の潮流やインターネット社会の進展に鑑みれば，今後さらなる規制の撤廃と自由競争容認へと判例が変遷してゆくことが予想される[77]。

経済的自由権の違憲審査基準として，日本では規制目的二分論が採用されており，アメリカの二重の基準論が基本的には取り入れられている[78]。二重の基準論の重要な根拠のひとつとして，精神的自由権は選挙等の民主的プロセスにおいて傷つけられると回復困難であるが，経済的自由権であれば民主的プロセスにより回復可能である，という説明がある。しかし，現代においては，一部の利益集団が民主的プロセスへ深く介入しており，かつ一般的な市民が必ずしも経済的自由権の争点について関心をもたない場合，果たして民主的プロセスにおける市民による熟議が可

---

73) 平松毅「経済活動の規制緩和の基準と違憲審査の基準（上）」ジュリ1078号（1995年）57, 58頁。
74) 角松生史「経済的自由権」安藤高行編『憲法II　基本的人権』（法律文化社，2001年）202頁参照。市場を自生的秩序とする学説への一般的批判として，須網隆夫「憲法と市場経済秩序―市場の成立条件と市場のあり方の選択」企業と法創造6巻4号（2010年）48頁以下。
75) 最判昭和30年1月26日刑集9巻1号89頁。
76) 馬川千里「経済的自由の違憲審査基準論―「競争重視」への一大転換」駿河台法学24巻1・2号（2010年）9頁。
77) 2013年の医薬品ネット販売の権利確認等請求事件では，インターネット上の一般医薬品販売を一律規制する厚生労働省の新薬事法施行規則の各条項が，新薬事法の趣旨に反し同法の委任の範囲を超えて違法とされた。最判平成25年1月11日判例集未登載。

能であるのか，という根本的な問題が横たわっている[79]。具体的には，経済的自由権について，選挙過程においてどの程度争点化されうるのか，市民がその争点を理解しうるのか，その争点では利害関係が適切に反映されているのか，そして実際に市民が投票を行うのか（現実的に関心をもつのか），等の点が，二重の基準論を採用する以上，実質的に重要になる論点となるであろう。

民主的プロセスにおける熟議の確保として，サンスティン教授のリスク規制理論がひとつのモデルになる。現代においては，政府の規制の緩和・撤廃ではなく，むしろその合理化が求められている。そして，政府の規制に費用便益分析を課すことにより，規制の合理性を担保して，命令統制型の行政規制の硬直性と，利益集団と規制官庁の癒着・捕囚を回避することができる。費用便益分析のメリットは，規制の費用と便益が市民にとってわかりやすく明示されること，つまり十分に情報を与えられた市民による熟議の形成——いわば熟議民主政を構築する手段となること——にある。市民は，議論のための具体的な素材（数値として明示された費用と便益）を得ることにより，政治家による合理性を欠いたポピュリズム，あるいは一部の利益集団の利益のみを反映した政策からは一歩距離を置いた，冷静な議論を期待できるのである[80]。たとえ規制に対する費用便益分析の要件化は行わなくとも，市民による熟議の前提として，規制の意義・役割・効果・関連する利益集団，といった具体的情報を規制省庁が積極的に検討して開示してゆく試みは有効であろう[81]。

経済的自由権を含めた人権は，決して裁判所のみが専権的に解釈すべきものではなく，第一義的には，市民自身が思考し，熟議し，発展させてゆくべきものである[82]。司法が二重の基準論を少なくとも経済的自由権について採用する以上，その熟議の要請はさらに強いものとなる。

---

78) アメリカにおける二重の基準論の，日本の文脈に即した柔軟な受容について，市川正人「アメリカ憲法研究の50年」樋口陽一ほか編『憲法理論の50年』（日本評論社，1996年）265-267頁。日本の憲法判例実務においては，精神的自由権については厳格審査がほとんど行われず，かつ，消極目的をもつ経済規制に対して比較的厳格な審査が行われているという顕著な差異があることに留意すべきである。

79) プロセス理論に対する強力な批判は，その理論が現実の民主的プロセスに対する政治学，社会学，あるいは公共選択論の参照をほとんど欠き，社会科学研究として不十分であるという批判である。Richard A. Posner, *Democracy and Distrust Revisited*, 77 VA. L. REV. 641, 646-48 (1991). 最近の民主的プロセスと司法審査論の再検討として，長谷部恭男「多元的民主政観と違憲審査—オルソン流集合行為論再考」同編『人権の射程（講座・人権の再定位3）』（法律文化社，2010年），武田芳樹「経済的権力と司法審査」企業と法創造7巻5号（2011年）98頁以下，等。

80) CASS R. SUNSTEIN, RISK AND REASON, 7-8, 107-8 (2003).

アメリカでは，2012年11月の大統領選挙において医療保険改革法の合憲性が大きな争点となり，世論を二分した議論が展開された[83]。日本においても，グローバルな規制緩和である環太平洋戦略的経済連携協定（TPP）が問題となり，国内の農業保護，あるいは保険の自由競争と規制緩和をめぐり，市民の本格的な熟議の展開が期待される[84]。その熟議の座標軸は，市場規制を一律に撤廃すべきか否か（規制介入の有無），という単純化された二項対立ではなく，市場規制における経済的自由の促進と制約の諸要素（規制介入の方法）の多角的な分析に基づくべきであろう。不合理な法規制は，現代の法規制を完全に撤廃して民間の市場の活動に委ねる——レッセ・フェールに回帰する——ことにより是正されるべきではなく，過去の法規制の失敗に学んだ規制改革により是正されるべきなのである[85]。

5 おわりに

本章では，日本の憲法学界の「営業の自由」論争，アメリカの憲法史と学説を確認しながら，経済的自由権と自由市場の関係をめぐる市場規制の憲法史的意義について概括的な検討を行った。その検討から示唆しうるのは，経済的自由権と自由市場が，原理的にも，あるいは歴史的にも，国家による規制によって実質的に支えられてきたということである。

営業の自由は，近代国家による規制介入により私的独占が打破されて初めて意義をもつ。その意味で，営業の自由は，「国家による強制された自由」という側面を由来としてもつのであり，国家による市場規制が，実は自由主義それ自体，つま

---

81) *Id.* at 256-260. 熟議の広範な問題検討として，キャス・サンスティーン（那須耕介編・監訳）『熟議が壊れるとき—民主政と憲法解釈の統治理論』（勁草書房，2012年）。
82) 21世紀以降，アメリカの憲法学界では，裁判所ではなく人民自身による憲法上の権利の主体的解釈・行使を重視する人民立憲主義（popular constitutionalism）が，新たな地平を生み出しつつある。*See* LARRY D. KRAMER, POPULAR CONSTITUTIONALISM (2004).
83) 同年5月に，合衆国最高裁判所は同法に合憲判決を下したが，判決当時に展開された大統領選挙における市民の熟議のさらなる深化を期待し尊重したとみることができるかもしれない。National Federation of Independent Business v. Sebelius, 132 S. Ct. 2566 (2012). 判例評釈として，樋口範雄「判批」前掲注33・34頁以下。
84) TPPを扱う憲法研究として，中島徹「財産権保障における「近代」と「前近代」—震災とTPPを契機とする再考(1)」法時84巻1号（2012年）82頁以下。多様な法域への影響について，「特集・TPPの法的インパクト」ジュリ1443号（2012年）11頁以下。
85) SUNSTEIN, *supra* note 60, at 271.

り自由促進立法である場合がある。独占禁止法，消費者保護法，あるいは男女雇用機会均等法など，市場をめぐるさまざまな一定の規制があって，公正な自由競争と自由市場が担保され，営業の自由も保障されることになる。しかし，この事実は，しばしば，近代的憲法が本来予定する国家対個人，国家対市場というシンプルな二極構造のもとで，看過ないし軽視されているように思われる。

日本の憲法学は，「営業の自由」論争を経て，上記の歴史認識をふまえつつ，それでもなお，憲法理論上とりうるべき規範的価値の選択として，「国家からの自由」の枠組みを選択し，営業の自由を人権として構成してきた。その論争と選択を通じて経済的自由権の本質を透視してきた学問的な蓄積は，現代の規制緩和論に対する慎慮へとつながるのではないだろうか。規制緩和を先導したアメリカにおける深刻な経済危機は，私たちに再び，経済的自由権と自由市場に対する法規制の根本的な意義を見つめ直す機会を与えている。

本章の意義は，営業の自由が憲法第22条１項より当然に導かれる人権であるとしてきた憲法判例・実務に鑑みれば，おそらく僅少である。しかし，人権論が，憲法訴訟のみならず，市民の熟議にとって欠かせないものであるならば，現代の自由市場の規制緩和がもつ意味を，憲法史と比較憲法の視点から再び問い直すことは有意義であろう。国家に対する自由市場の関係，あるいは国家に対する経済的自由権の関係は，対立構造では捨象しきれない関係にある。それゆえ，民主的な熟議の対象となるべき規制緩和論においてもまた，経済的自由権と自由市場に対する法規制がもつ憲法上の意義について，より多層的な理解に基づいた議論が要求されているのである。

第Ⅴ部 人身の自由・国務請求権

9　障害者の裁判を受ける権利

コラム⑨　死刑制度
コラム⑩　国家賠償請求権と立法の不作為

第9章

障害者の裁判を受ける権利

裁判員制度の時代に

織原保尚

1 はじめに

　裁判員制度は，司法制度改革の一環として，2009年5月21日より導入された制度である。導入より3年余りを経て，ある程度その評価も見られるようになってきているが，果たして裁判員制度は憲法に定められる「裁判を受ける権利」という観点からみて，どのような影響を与えているのであろうか。特に，これまで司法手続の中で，不利な状況におかれることが多かった障害者[1]にとって，この裁判員制度を導入したことの意義，影響は，どのようなものがあるだろうか。障害者と裁判員制度との関係については，さまざまな場面が考えられ，障害者が犯罪の被害者となる場合や，障害者が裁判員を務める場合なども考えられる。本章ではその範囲を限定し，裁判員制度が導入された現在において，障害者が被告人となった場合にその裁判を受ける権利はどのように保障されるべきであるのか，その現状と課題について論じるものである。

2 裁判員制度とは

❶ 目　的

　『司法制度改革審議会意見書』においては，21世紀の我が国社会において国民に求められるものとして，①これまでの統治客体意識に伴う国家への過度の依存体質から脱却，②自らのうちに公共意識を醸成すること，③公共的事柄に対する能動

---

[1]「障害」という用語については，その文字のもつ意味に配慮して「障がい」や，「障碍」等と表記される例も見られるが，本章では一般的に用いられていると思われる「障害」の表記を用いる。

的姿勢を強めていくこと，が挙げられている。そして，「国民主権に基づく統治構造の一翼を担う司法の分野においても，国民が，自律性と責任感を持ちつつ，広くその運用全般について，多様な形で参加することが期待される。国民が法曹とともに司法の運営に広く関与するようになれば，司法と国民との接地面が太く広くなり，司法に対する国民の理解が進み，司法ないし裁判の過程が国民に分かりやすくなる。その結果，司法の国民的基盤はより強固なものとして確立されることになる」と，国民が司法手続に参加することに対する意義を説明している。

また，裁判員法1条においては，「この法律は，国民の中から選任された裁判員が裁判官と共に刑事訴訟手続に関与することが司法に対する国民の理解の増進とその信頼の向上に資することにかんがみ，裁判員の参加する刑事裁判に関し，裁判所法及び刑事訴訟法の特則その他の必要な事項を定めるものとする」とその目的を説明する。

以上のように，裁判員制度導入の目的としては，司法に対する国民の理解の増進，信頼の向上という面が強調されている。最高裁自身の手による冊子によれば，これまでの刑事司法の在り方については，精密な審理を行い，詳細な理由を付した判決がなされることが少なくなく，書類や調書を法定外で精査することに重点が置かれていた点を指摘し，それによって，法律の専門家ではない国民にとって，法廷での審理や判決の内容を理解することは極めて困難であったと評価している[2]。一方で，このような精密な審理や判決の仕方が適正な裁判の実現に寄与してきたことは事実であり，我が国の刑事裁判の適正さについては，これまでも多くの国民から信頼されている，とこれまでの裁判に関しては，肯定的な評価をなしていることも特徴である[3]。裁判員制度導入の目的は，あくまで国民の理解の増進，信頼の向上という面であり，これまでの裁判の内容を考慮して導入されたわけではないというところは注目すべきであろう[4]。

---

2) 裁判制度ナビゲーション（最高裁2012年9月改訂版）11頁。
3) 前掲注2・11頁。
4) 学説においては，1960年代から70年代にかけて，日本は「司法の危機」を経験し，現在に至るまで裁判官の職権行使の独立を脅かす司法行政の圧力は消失していないという認識を基礎に，裁判員制度を前提とした市民参加により，裁判官一人一人が良心に従い，その職権を独立して行使することができる環境が実質的に保障され，それによって裁判官の担う法的専門性の十全な機能が確保されるときにこそ，司法の人権保障機能もよりよく達成されるとの指摘がある。葛野尋之「裁判員制度における民主主義と自由主義」法時84巻9号（2012年）8頁。

2 概　　要

　裁判員制度は，殺人や，強盗致死傷，覚せい剤取締法違反など，重大な刑事訴訟事件の第一審が対象となる。それらの裁判において，国民の中から選ばれた6人の裁判員が，裁判に参加し，3人の裁判官との合議によって[5]，その事件における事実の認定，法令の適用，刑の量定を行うものである[6]。

　裁判員は，20歳以上の衆議院議員選挙の有権者の中から，くじによって選定される。具体的には，地方裁判所が毎年9月1日までに翌年に必要な裁判員候補者の名簿を作成し[7]，そして，それが各候補者に通知される[8]。そして裁判員裁判の対象事件の公判期日が決定された際に，各地方裁判所において，くじ引きによってその事件の裁判員候補者を選定し，裁判員候補者が呼び出される[9]。そこで，後述の裁判員になることの禁止事由の有無や，裁判員になることの辞退をする申立ての有無などを確認した後[10]に，さらにくじによって6人の裁判員が選任される[11]。

　裁判員になることを禁止される事由としては，国会議員や国務大臣，弁護士の職にあることや，禁固以上の刑にあたる事件について起訴され，その事件が終結に至っていない者などが当たる[12]。辞退事由としては，年齢が70歳以上であることや，学生であること，重い疾病又は傷害により裁判所に出頭することが困難であること，同居の親族の介護又は養育を行う必要があること，事業における重要な用務であって自らがこれを処理しなければ当該事業に著しい損害が生じるおそれがあること，などが挙げられている[13]。

　裁判員には守秘義務が課せられ，評議の秘密や，裁判員として職務上知り得た秘密を洩らすことが禁じられる[14]。また，裁判員には1万円以内の日当，交通費や宿泊料が支払われる[15]。

---

5) 裁判員の参加する刑事裁判に関する法律2条。
6) 同6条。
7) 同20条，21条。
8) 同25条。
9) 同26条，27条。
10) 同27条。
11) 同37条。
12) 同15条。
13) 同16条。
14) 同108条。
15) 同11条。

また，裁判の充実，迅速化を図るために，裁判員裁判においては，公判前整理手続が用いられる。公判前整理手続においては，最初の公判期日の前に，裁判官，検察官，弁護士が，争点を明確にした上，これを判断するための証拠を整理し，審理計画を立てる[16]。

3 現　　状

平成23年に全国の地方裁判所で受理した事件のうち，裁判員裁判の対象となる罪名の事件の新受人員は1790人であった。これは，同年の刑事通常第一審事件全体の2.2％に該当する。また，同年の裁判員裁判における罪名の内訳を見ると，殺人が一番多く337人（22.1％），次いで強盗致傷320人（21.0％），覚せい剤取締法違反167人（11.0％），などとなっている[17]。

また裁判員が裁判手続に参加した日数では，半数以上の事件が4日以内で終了しており，最高裁による資料によれば，審理の内容についても60％近くの裁判員が理解しやすかったと回答し，評議についても，70％以上の裁判員が十分に議論ができたと回答している[18]。また，裁判員に選ばれる以前は，50％以上が「やりたくなかった」，「あまりやりたくなかった」と回答しているのに対し，参加後の感想は，「非常に良い経験と感じた」，「良い経験と感じた」で，95％以上を占めるなど，裁判員を経験した者からは，おおむねよい評価を得ているということができる。

また，最高裁平成23年11月16日大法廷判決[19]においては，①憲法には，裁判官以外の国民が裁判体の構成員となり評決権をもって裁判を行うことを想定した規定はなく，憲法80条1項は，下級裁判所が裁判官のみによって構成されることを定めているものと解されること。②したがって，裁判員法に基づき裁判官以外の者が構成員となった裁判体は憲法にいう「裁判所」には当たらないから，裁判員制度は，何人に対しても裁判所において裁判を受ける権利を保障した憲法32条，全ての刑事事件において被告人に公平な裁判所による迅速な公開裁判を保障した憲法37条1項に違反する上，その手続は適正な司法手続とはいえないので，全て司法権は裁判所に属すると規定する憲法76条1項，適正手続を保障した憲法31条に違反すること。③裁判員制度の下では，裁判官は，裁判員の判断に影響，拘束されることになるから，同制度は，裁判官の職権行使の独立を保障した憲法76条3項に

---

16) 刑事訴訟法316条の2-27。
17) 前掲注2・51頁。
18) 前掲注2・54頁。
19) 刑集第65巻8号1285頁。評釈として，西野吾一ジュリ1442号（2012年）。

違反すること。④裁判員が参加する裁判体は，通常の裁判所の系列外に位置するものであるから，憲法76条2項により設置が禁止されている特別裁判所に該当すること。⑤裁判員制度は，裁判員となる国民に憲法上の根拠のない負担を課すものであるから，意に反する苦役に服させることを禁じた憲法18条後段に違反すること，といった点が主張され，争点とされたが，それぞれ否定をされている。

学説においては，憲法制定時の議論なども根拠に，裁判員制度が憲法に適合的であることなども主張されている。すなわち，明治憲法下においては，第24条に「日本臣民ハ法律ニ定メタル裁判官ノ裁判ヲ受クルノ権ヲ奪ハル、コトナシ」とあるため，「裁判官」による裁判が求められた結果，陪審の答申に拘束力がなく，被告人に陪審の辞退が認められるなど，中途半端なものに終わったことが反省されたため，現行憲法32条においては「裁判所」という表現が明確な自覚の下に用いられた表現であるというものである。それゆえ「裁判所」については，下級裁判所に関する限り，裁判官以外の者がその構成員になることは容認されているとする[20]。

3 刑事手続の現状

日本国憲法においては，31条以下に詳細な刑事手続についての規定が定められている。近代憲法においては，過去の専制主義が支配した時代に，不当な逮捕，監禁，拷問，恣意的な刑罰権の行使などが行われていたため，その歴史を踏まえ，人身の自由を保障する規定を設けるのが通例となっている。しかし，日本国憲法における規定は，諸外国の憲法と比較しても詳細なものであり，明治憲法下において行われた，捜査官憲による人身の自由の過酷な制限を徹底的に排除するためであるとされる[21]。

しかし現実には，日本における刑事手続については，問題点を指摘されることも多い。例としては，憲法33条に示される逮捕についての令状主義と，いわゆる別件逮捕との問題や，被疑者の留置施設の問題などが挙げられる。また，憲法36条前段は，公務員による拷問を絶対的に禁止しているが，他国の憲法にはほとんど例を見ないこのような規定が置かれたのは，明治憲法下での苛烈な拷問がなされていたことが背景としてある[22]。それにもかかわらず，近年でも暴力的な取調がな

---

20) 佐藤憲法論・354頁，土井真一「日本国憲法と国民の司法参加」『岩波講座 憲法4 変容する統治システム』（岩波書店，2007年）235頁以下。
21) 芦部・234頁。

されていることが指摘され[23]，足利事件などでも拷問に近い取調べがなされていたと話題になった[24]。また，現在一般的に行われる長時間の取調べなども「精神的拷問」として，問題として指摘される[25]。

　これら現在の状況については，仮に捜査などに問題がある状況であったとしても，その捜査機関などが自らその状況を明らかにすることはないであろう。事柄の性質上，外部から，内部の状況を窺い知ることも難しい問題である。そこで，注目されるのは，憲法学者が実際に逮捕され，自ら「えん罪」を体験することになったという書籍が公刊されていることである[26]。それによれば，法律の専門家である著者ですら，警察の対応の前に，虚偽の「自白」を考えたとのことである[27]。また，拘留，取調べなど，「無罪の推定」の原則が守られておらず，不当なものであったことを強調している。法律の専門家ですらそうであるならば，それ以外の人ならば，状況に屈して「自白」をしてしまう傾向はより強いものになるだろう。

　最近でも，横浜市のホームページに市内の小学校に対する襲撃予告が書き込まれた威力業務妨害容疑事件において，この事件はPC乗っ取りによる，PCの持ち主でない者による書き込みだったにも関らず，PCの持ち主が問題となった書き込みをしたことを「自白」してしまうという事件が発生した。この件においても，警察の捜査員が，容疑を否認していた持ち主に対し，「名前が公に出る心配はない」「早く認めたほうが有利だ」といった趣旨の発言で，自供を促していた疑いがあることが報道されている[28]。

　さらに，刑事裁判における有罪率の高さも，問題点として挙げられる。日本の刑事裁判における被告人の有罪率は，99.9％以上である[29]。このような状況の中で，被告人が刑事裁判において，無罪の判決を勝ち取ることを期待することは，非常

---

22) 渋谷・245 頁。明治憲法下での例としては，小林多喜二の例，横浜事件などの例が著名である。
23) 遠藤比呂通「「犠牲者」が「告訴人」になること」新井誠＝小谷順子＝横大道聡編著『地域に学ぶ憲法演習』（日本評論社，2011 年）92 頁以下。
24) 中日新聞 2009 年 6 月 10 日インタビューより。
25) 石埼学＝笹沼弘志＝押久保倫夫編『リアル憲法学』（法律文化社，2009 年）108 頁〔石川裕一郎〕。
26) 飯島滋明『痴漢えん罪にまきこまれた憲法学者──警察・検察・裁判所・メディアの「えん罪スクラム」に挑む』（高文研，2012 年）。
27) 飯島・前掲注 26・82 頁。
28) 朝日新聞 2012 年 10 月 20 日朝刊。
29) 平成 23 年版 犯罪白書 第 2 編／第 3 章／第 1 節。

に難しいことであろう[30]。過去, 日本においてもいくつかのえん罪事件があったが, 実際のえん罪事件の件数は, さらに多いのではないかという指摘がある[31]。

以上のように, 現在の刑事手続の状況は, 他国に類を見ないほどの憲法の規定があるにもかかわらず, その運用が適切であるかどうかは非常に心もとない部分がある。このような現状を踏まえた上で, 次節以降では障害者と裁判を受ける権利について考えてみたい。

4 障害者と裁判

障害者が裁判において争った例として, 本節では二つの判決について注目したい。前者は, 非常に重い障害のある被告人についての判決であり, 後者は最近の裁判員制度導入以後の判決である。それぞれ障害者と裁判について, 重要な問題を提起している。

❶ 聴覚障害があり手話も会得していない被告人に対する裁判例[32]

被告人は聴覚障害があり, 言葉も話せないが, 過去に聴覚障害者としての適切な教育を受ける機会がなかったことから手話を会得しておらず, 文字もほとんど読むことができず, ほとんど身振り手振りによる手段によってしか意思疎通ができない。そのため, 通訳人の通訳を介しても被告人に対して黙秘権を告知することは不可能であり, また法廷内で行われている各訴訟行為の内容を正確に伝達することも困難で, 被告人自身現在おかれている立場を理解しているとは考えにくい状況にあった。この原告について, 事務所荒らし, 車上狙いの窃盗の事件において争われた事例である。

一審岡山地裁[33]は, 「本件の審理の実態を通訳という側面から眺めるとき, 通訳の有効性はほとんど失われているといわざるを得ない」とし, そして「本件のような極限的事例においては, 被告人に対する訴追の維持ないし追行は救いがたい影響を受けているというほかはない。それはまた同時に, 刑訴法が公訴の適法要件として本来当然に要求する訴追の正当な利益が失われているということである。したが

---

30) 石埼ほか・前掲注 25・114 頁〔石川〕。
31) 飯島・前掲注 26・167 頁以下。
32) 本事件に関しては曽根英二『生涯被告「おっちゃん」の裁判─600 円が奪った 19 年』（平凡社, 2010 年）が非常に詳しい。
33) 岡山地判昭和 62 年 11 月 12 日判時 1255 号 39 頁。

って本件各公訴については，刑訴法338条4号を使って，公訴提起の手続自体が不適法であった場合に準じ，公訴棄却をするのが相当である。それ以外に解決する手段を見出すことはできない」とした。中でも黙秘権については，「それにしても，被告人に対し黙秘権の告知が伝わらなかったという事実は，黙秘権及びその告知を法的にどのように位置づけるにせよ，少なくとも，被告人がこの刑事裁判において黙秘権を行使しうることを知っているとは認めがたい状況が明らかに存在する以上，これを単に黙秘権の告知に努めたけれども伝えられなかったとしてのみ済ますわけにはいかない重大な事柄である」とする。

　二審広島高裁岡山支部[34]は，刑訴法338条4号の「規定が準用されるのは，……公訴提起の手続に瑕疵がある場合に限定されると解されるから，本件のように公訴提起の手続に何らの瑕疵がない場合にまで適用するべきものではな」いとし，本件の「ような事由で訴訟能力を欠く被告人については，手続の公正を確保するため，刑事訴訟法314条1項を準用して公判手続を停止すべきである」として，一審判決を破棄し差し戻した。

　最高裁[35]においては，控訴審判決の認定によれば「被告人に訴訟能力があることには疑いがあるといわなければならない。そしてこのような場合には，裁判所としては，……被告人の訴訟能力の有無について審理を尽くし，訴訟能力がないと認めるときは，原則として（刑訴法314条）1項本文により，公判手続を停止するべきものと解するのが相当」であるとした。千種裁判官の補足意見においては，「その後も訴訟能力が回復されないとき，裁判所としては，検察官の公訴取消しがない限りは公判手続を停止した状態を続けなければならないものではなく，被告人の状態等によっては，手続を最終的に打ち切ることができるものと考えられる。ただ，訴訟能力の回復可能性の判断は，時間をかけた経過観察が必要であるから，手続の最終的打切りについては，事柄の性質上も特に慎重を期すべきである」としている。

　二審以降の判断は，棄却ではなくあくまで公判手続の「停止」であることが注目される。

　本事件はその後平成11年9月3日に，岡山地裁[36]により，「検察官は……被告人については，本件公判において訴訟行為をする能力がない旨の疑いを払拭できず，

---

34) 広島高判平成3年9月13日判時1402号127頁，評釈として佐々木史朗「訴訟能力の欠如と公判手続の禁止」ジュリ1024号（1993年）202頁。
35) 最決平成7年2月28日刑集49巻2号481頁，評釈として川口政明ジュリ1079号（1995）106頁，福島至「被告人の訴訟能力」刑事訴訟法判例百選 第9版（2011年）114頁。
36) 岡山地決平成11年9月3日（曽根・前掲注32・194頁）。

今後その改善を期待することができないから，右各公訴を取り消す旨申し立てた」ため，控訴を棄却された。同年12月16日に被告人は死去している。長年，刑事裁判において争ってきた本件の被告人が「被告人」でなくなった期間は，わずか3か月余りであった。

　本判決の憲法的論点については，以下のようなものがある。地裁判決時点で，本被告人のような訴訟能力が回復しない場合においては，刑訴法314条1項[37]を形式的に適用し，いつまでも公判手続を停止するのが実務上の取り扱いであった。しかし被告人に訴訟能力を回復する見込みがないときは，公判手続の停止は，刑事被告人の地位を無期限に強制することになる。それでは，憲法37条1項に定める迅速な裁判を受ける権利を侵害するおそれがあるだけではなく，比例性を著しく欠いた応訴の強制ともなって，憲法31条，適正手続違反ともなる。また，公判手続の無期停止は被告人に公訴提起の違法や無実について主張する機会を全く与えないこともともなって，その点でも適正手続違反となることが指摘されている[38]。

　また，さらに，憲法14条1項の法の下の平等の問題に言及し，それと憲法31条とを関連させる見解もある。この見解によれば，刑事手続において，憲法，刑訴法が主として保証している基本的人権は，十全かつ公正に実効性のあるように，健常者に対しても機能障害者に対しても等しく保障されるべきことが重要であり，これは「適正手続なければ，刑罰なし」という憲法31条の趣旨からくるものである。そして，そこで本件では，捜査手続の当初から，被告人に対する刑事手続に関する基本的人権が少なくとも健常者に対するそれと全く差別のない程度に，すなわち公平に保障されていたか否かが重要な基準として検討されるべきであった。そうでなければ，憲法14条1項の法の下の平等条項も完全に空文化ないし形骸化されてしまうことになるからである。本地裁判決では，さらに憲法37条の問題も加え，これらの権利の保障を中心的基準とし，これらに関連する刑訴法の諸規定に対する重大な背反があったことを明確に認定することができる。本地裁判決は，障害者に対する基本的人権の保障のあり方につき一定の慎重な配慮を示したと評価ができるが，その点について，本判決の理由づけの部分において十分でない面があったとする[39]。

---

37) 刑事訴訟法314条1項　被告人が心神喪失の状態に在るときは，検察官及び弁護人の意見を聴き，決定で，その状態の続いている間公判手続を停止しなければならない。但し，無罪，免訴，刑の免除又は公訴棄却の裁判をすべきことが明らかな場合には，被告人の出頭を待たないで，直ちにその裁判をすることができる。
38) 髙田昭正「訴訟能力を欠く被告人と刑事手続―岡山地裁昭和62年11月12日判決を契機として」ジュリ902号（1998年）43頁。

また本件最高裁決定の評釈としては，本事件の審理を裁判所で傍聴していたという渡辺修教授の見解が注目される[40]。教授は，従来の裁判に関し，訴訟能力の有無を吟味すべき事例でも，裁判所が適切な弁護がなされるように慎重に審理して手続全体として防御の利益を尊重すればよいとするのが通常の運用ではなかったか。しかし，このような運用は当事者主義に反すると断じる。防禦の主体は被告人であり，被告人は場合により服役するリスクを負う。これを防ぐ防御の利益は被告人一身専属である。黙秘権さえ伝わらないなら法的には訴訟能力に嫌疑があるとみるべきだ。これまでの聴覚障害者事件では，形だけの手話通訳等を付して，訴訟能力を吟味せず，しかも有罪，無罪の点，量刑の当否の点を争う防禦の利益も十分に尊重しないまま，刑法40条を適用して迅速，効率的に有罪判決を言い渡していたのではないか。事案に照らしそれなりの量刑であれば目くじらを立てないという暗黙の了解が，法曹三者の中になかったか，と厳しく論じる。そしてこのような運用は，糾問，効率，必罰に支配された裁判を生みかねないと憂慮する。
　そして，本件は，訴訟手続を打ち切るべきであったとする。その事由は，被告人の状況も一因だが，訴追行為の瑕疵も重く，裁判所の訴訟指揮が長期裁判という重い負担を被告人に負わせる主たる原因となっているなど，複合的なものとする。それら裁判追行の瑕疵の重みに照らすと，免訴がふさわしいが，それについての条文規定はない。そこで司法が自らの瑕疵をただす義務は憲法76条の「司法権」に内在し，裁判所固有の訴訟指揮権により非常措置をとる責務があるとする。314条1項但書も心神喪失状態が回復不可能な場合にこうした司法の瑕疵を考量の上免訴で手続きを打ち切ることも含むと解釈してよいとする。
　また，本件においては捜査段階での自白調書についても黙秘権告知が通じていなかったことに注目し，さらに，被告人の訴訟無能力の程度，起訴から7年間の審理においても法廷内での意思疎通ができていないことを加え，それにより刑訴法338条4号に言う「公訴提起の手続の違法」により公訴棄却をする説などもある[41]。

---

39) 岡部泰昌「刑事手続と障害者の人権保障（下）─岡山地判昭和62年11月12日を素材にして」判時1274号（1998年）11頁以下。
40) 渡辺修「聴覚障害者と刑事裁判の限界─最決平成七・二・二八を契機に（判タ八八五号一六〇頁）」判タ897号（1996年）38頁。
41) 白取祐司「訴訟能力を欠く被告人と手続打切り」法セ401号（1988年）137頁。本論文では，本件においては，被告人の責任無能力が鑑定等により明らかになれば，無罪にすべきであった，との見解が展開されている。

❷ 裁判員裁判において障害があることを理由に求刑を超える量刑をなされた事例

2012年7月30日，大阪地方裁判所は，裁判員裁判によって，発達障害のある男性が殺人を犯した事件において，検察官による懲役16年の求刑を上回る懲役20年の判決を言い渡した。

大阪弁護士会による資料[42]によれば，本判決において，検察官の求刑を超える量刑をした理由として，①十分な反省のないまま被告人が社会に復帰すれば同様の犯行に及ぶことが心配される。②社会内でアスペルガー症候群という障害に対応できる受け皿が何ら用意されておらず，その見込みもないという現状の下では再犯のおそれが更に強く心配される。③被告人に対しては，許される限り長期間刑務所に収容することで内省を深めさせる必要があり，そうすることが，社会秩序の維持にも資する，といったものであった。判決でも，被告人の障害に関しては，被告人が十分に反省する態度を示すことができないことにはアスペルガー症候群の影響があり，通常人と同様の倫理的非難を加えることはできない，という点は確認されている。

この判決については，日弁連が会長談話としてコメントを発表している[43]。①犯行動機の形成過程及び犯行後の情状に精神障害の影響を認定しながら，これを被告人に不利な情状として扱い，精神障害ゆえに再犯可能性があることを理由に重い刑罰を科すことは，行為者に対する責任非難を刑罰の根拠とする責任主義の大原則に反する。社会防衛のために許される限り長期間刑務所に収容すべきだという考え方は，現行法上容認されない保安処分を刑罰に導入することにほかならない。②本判決は，発達障害であるアスペルガー症候群について十分な医学的検討を加えることなく，これを社会的に危険視して上記のような量刑を行っており，発達障害に対する無理解と偏見の存在を指摘せざるを得ない。発達障害に対応する受け皿についても，発達障害者支援法による支援策など，発達障害者に対する社会的な受け皿が

---

42) 「姉刺殺大阪地裁判決」についての会長談話（http://www.osakaben.or.jp/web/03_speak/kanri/db/info/2012/2012_5021d6f2e13e7_0.pdf）。
43) 発達障害のある被告人による実姉刺殺事件の大阪地裁判決に関する会長談話（http://www.nichibenren.or.jp/activity/document/statement/year/2012/120810_3.html）。なお本件については，控訴審である大阪高裁平成25年2月26日判決において，求刑より軽い懲役14年の判決が下されている。判決の理由として，犯行に障害の影響があることや，被告人に対する支援体制が確立されていることなどが挙げられている（http://www.osakaben.or.jp/web/03_speak/kanri/db/info/2013/2013_512c747cea069_0.pdf）。

徐々に整備されてきており，全ての都道府県に発達障害者支援センターや地域生活定着支援センターが設置され，発達障害のある受刑者の社会復帰のための支援策が取られつつある。本判決はこうした現状を看過しており，極めて遺憾である。③刑事施設における発達障害に対する治療・改善体制や矯正プログラムの不十分な実態からすれば，長期収容によって発達障害が改善されることは期待できない，と判決に批判的である。

5 障害者と刑事手続における問題点

　第2節で紹介したように，そもそも日本の刑事手続については，数多くの問題点が指摘されている。そこに障害というファクターが加わった時に，どのような問題が指摘されるか見てみたい。

　障害者基本法についての平成23年改正においては，司法手続における配慮等として29条「国又は地方公共団体は，障害者が，刑事事件若しくは少年の保護事件に関する手続その他これに準ずる手続の対象となつた場合又は裁判所における民事事件，家事事件若しくは行政事件に関する手続の当事者その他の関係人となつた場合において，障害者がその権利を円滑に行使できるようにするため，個々の障害者の特性に応じた意思疎通の手段を確保するよう配慮するとともに，関係職員に対する研修その他必要な施策を講じなければならない」との条文が新設されている。

　この条文との関連において，内閣府によって設置された「障がい者制度改革推進会議　差別禁止部会」においてはさまざまな点において，現状の問題点が指摘されている[44]。まず刑事訴訟法では，175条において「耳の聞えない者又は口のきけない者に陳述をさせる場合には，通訳人に通訳をさせることができる」とされているが，これはあくまで裁量規定であって，必ずしも通訳人をつけることが義務になっていない点が問題点として指摘されている。

　また，拘置所において，面会に訪れた視覚障碍者が手をあげて挨拶をした際に，手話を用いた，すなわち使用を禁止されている「暗号」を用いたとみなされ，面会を中止させた例があり[45]，多くの刑事施設や刑務所において筆談を強制させられて

---

44) 第10回障がい者制度改革推進会議　差別禁止部会（2011年11月11日）議事要録（http://www8.cao.go.jp/shougai/suishin/kaikaku/s_kaigi/b_10/giji-youroku.html）。
45) 第10回障がい者制度改革推進会議 差別禁止部会会議事次第　委員提出資料　池原委員，大谷委員，竹下委員司法における差別の事例〈1〉（http://www8.cao.go.jp/shougai/suishin/kaikaku/s_kaigi/b_10/pdf/o-s2-1.pdf）2011年9月18日朝日新聞関西地域版。

いることを批判している。さらに，精神障害や知的障害のある人は刑事訴訟法28条により，心神喪失ではないとされた場合，法定代理人を付けることができるとされるが，刑法の手続においてこれが利用されたことが，ほとんどないことなどに対しても批判がなされている。

これらの問題に対して，憲法的な視点から，批判を展開する論者も存在する[46]。まず，憲法32条との関連において，裁判を受ける権利は，その内実は国家に対する作為請求を内容とする国務請求権であるとする。この点，裁判を受ける権利の実効的確保という観点から，言語疎通の面でハンディキャップをもつ人に関して，可及的に対等な攻撃防禦をすることができるようにするための措置を講じることは，国家に向けられた憲法上の要請であるとする。それを前提に，聴覚障害者に対する手話通訳，視覚障害者についての点字訳がなされることはもちろん，知的障害者に関しても，攻撃防禦の地位確保のためのコミュニケーション援助が必要であるが，知的障害者に関しては制度化されていない点が問題点であると指摘している。この点，視覚障害に関しては，刑訴法59条において，被告人に公判調書の朗読請求権が認められているが，これでは不十分であり，また，聴覚障害者に関しても規定が存在しない。これらの状況について，国際人権規約B規約14条3項も根拠に，問題点も指摘されている[47]。

そして憲法14条の問題として，障害者は，さまざまなマイノリティーの中でも特に深刻な差別を受けてきた範疇の人々であるとして，「機会の平等」のみならず，「結果の平等」を重視する平等感が平等原則の基調をなしていることから，障害者の実質的平等処遇の実現が，憲法の追及する課題であるとする[48]。

また，2004年の刑事訴訟法改正によって導入された，刑訴法37条の4では，勾留段階からの職権による被疑者国選弁護制度を定めている。これは文言上任意規定とも解釈できるが，憲法上保障された弁護人の援助を受ける権利（憲法34条）に基づく制度と理解すれば，訴訟能力を欠く被疑者には，防御権保障の観点から，

---

46) 小林武「知的障害者の「裁判を受ける権利」の実質的保障にかんする覚書（1）（2完）」南山法学22巻4号（1999年），23巻3号（2000年）。
47) 関東弁護士会連合会編『障害者の人権―障害者の裁判を受ける権利／成年後見制度の研究』（明石書店，1995年）63頁以下，内閣府障害者政策委員会第3回第3小委員会「論点<4>に関する委員意見」（http://www8.cao.go.jp/shougai/suishin/seisaku_iinkai/s_3/3/pdf/s2-1.pdf）。
48) 小林・前掲注46・23巻3号2頁。この論文では，障害を憲法14条1項列挙事由の中の「社会的身分」に含めるという議論が展開されている。

憲法が国選弁護人を付することを要求していると解することになるという指摘がある[49]。

さらには，有罪が決定した後における障害者の処遇の問題がある。障害者たちが一般的な刑務所で不適切な処遇をされているという問題点が指摘されてきた[50]。また，近年では，触法精神障害者に関して，心神喪失者等医療観察法が制定され，その運用状況，課題等も明らかになりつつあるが[51]，本章では問題の存在の指摘に留める。

6 裁判員制度と障害者

以上でみたように，障害者に関するこれまでの日本の刑事手続，裁判に関しては，大変不安な部分がある。それでは，これらの状況に裁判員制度の中で，どのような変化が考えられるのか，探っていきたい。

まず，そもそも障害というものの理解の難しさがある。発達障害など，理解が難しい障害について，法曹関係者にあっても，未だ十分な理解がなされていない。それを裁判員がどこまで偏見をもたず受け止めることができるか，という点が指摘される[52]。この点，弁護士も同様の指摘をしており，被告人に障害がある場合に，利益，不利益を計算しないで話したり，犯罪行為は悪いことだということは理解していても，それを行ったことがどういう評価を受けることかを理解していなかったりすることから，供述の信用性，責任能力，動機，反省などの判断に難しさがある。また，事実認定の場面でも，障害がある場合，前述のように取調に迎合してしまう場合もあるという点で，事実認定の難しさもあるとする[53]。

また，マスコミ報道による，さらなる偏見の助長も指摘されるところである。裁判員が知的，発達，精神障害などのある被告人について，事前に誤解による偏見のあるマスコミ報道によって影響を受けてしまうという点がある[54]。前述した聴覚障害者の事件における被告人の支援者は，裁判員裁判において偏見や差別の意識が

---

49) 福島・前掲注35・115頁。
50) この問題に関しては，山本譲司「累犯障害者」（新潮文庫，2009年）に詳しい。
51) この問題に関する最近の論文として瀬川晃「触法精神障害者処遇の変遷と現在」『三井誠先生古稀祝賀論文集』（有斐閣，2012年）905頁以下。
52) 佐藤幹夫「発達障害と裁判員裁判」現代思想36巻13号（2008年）109頁以下。
53) 辻川圭乃「障害者と裁判員裁判」部落解放631号（2010年）41頁。
54) 辻川・前掲注53・41頁。

影響しないかと心配をする。検察，警察経由で入るマスコミ情報が先行し，裁判員の印象として，裁判官の判断の前に，差別感からくる有罪の判断が下されてしまうのではないかと危惧する。このような事件において，公訴棄却を求めるという裁判が一般受けしないであろうということも予測する。その上で，この事件を取材し書籍化したテレビディレクターは，世の関心が裁きを下すことを前提に量刑にばかり向かうということの危険性を指摘する[55]。聴覚障害者による窃盗事件は現在裁判員裁判の対象となる事件ではないが，実際の経験から導き出された。貴重な見解とみることができるだろう。また，憲法学者からも，初等中等学校において法学の基本的教育すらなされておらず，また，マス・メディアの報道にも正確な法的知識に裏打ちされていないものがみられる現状において，性急にこのような制度を導入することは，裁判の公正，裁判員に対する知識の伝授などによる裁判化の負担の増加，被告人の権利保障の観点からの懸念を指摘されている[56]。これは特に障害者に限った指摘ではないのだが，障害者と裁判員制度，ということを考える際には，障害というものの特性上，よりこれが先鋭化された形で，問題点となると考えられる。

そして裁判の迅速化からくる，必要な論議が十分に行われるのかという危惧が指摘される。特に自閉症圏の障害のある被告人の場合，犯行の「背景」や「動機・動因」といったものに対して専門的な知見を交えた議論を尽くすことが不可欠だが，裁判員裁判がこれにどこまで耐えられるか，わかりやすい説明が，後に「手抜き」と批判されないような論議を尽くすことができるかどうかを危惧する。また捜査官のストーリーに沿った自白をさせるような，自白偏重の取調べ，供述調書が，裁判員をはじめとした裁判所の心証形成に与える影響の大きさを危惧する[57]。

7　障害者の裁判を受ける権利と裁判員制度の今後

障害者は自己の障害のゆえに対社会的に常に劣等感を強いられ，常に負い目を感じているという指摘がある。そして，刑事手続に取り込まれ捜査官の前に出た場合に，劣等感により卑屈な態度をとり，捜査官に対し迎合的な態度をとりやすく，取調においても簡単に迎合的な供述，とりわけ自白を行いやすいとされる。前述の聴覚障害者の事例などの場合においても，捜査段階における捜査官側の通訳人の態

---

55) 曽根・前掲注 32・222 頁以下。
56) 渋谷・684 頁。
57) 佐藤幹夫「発達障害と裁判員裁判」現代思想 36 巻 13 号（2008 年）109 頁以下，同様の指摘として辻川・前掲注 53。

度,意向しだいによってどのようなことでも導き出しうるという危険な状況下におかれていたと指摘される[58]。このような状況が,刑事裁判において,十分に理解されているとは言い難い。その状況は,裁判員制度による裁判が開始された現在においても変わるところはない。裁判員制度において障害者が対象となる場合についても,前述のように問題点が数多く指摘されている。

　障害者が対象となる場合の裁判員制度に関する不安感は,結局障害のない者に関する裁判員制度への不安感と,本質的には変わらないと見ることもできる。メディアや教育の問題,偏見の問題,裁判の迅速化への不安感など,障害者の裁判という角度から見ることで,現在の刑事手続や裁判制度などの問題点が浮き彫りになっているのではないかと考える。求刑を超える量刑をなされた事例などは,まさにその不安が現実となってしまった例であるといえる。日弁連会長談話にもあるように障害者の処遇の難しさを理由に,重い刑罰を科すなどということは,刑法の大原則である責任主義の観点からもあってはならないことである。社会的受け皿がないという問題は,あくまで社会の問題であって,本人の問題として還元できるものでは決してない。このような判決が続くようならば,裁判員制度の前途は暗いものといわなければならない。

　しかし,さまざまな不安もある一方で,それでも,裁判員制度には希望もある。これまでも有罪率の高さなど疑問点が指摘されてきた刑事手続において,市民が関与することは一つの変化のきっかけになるだろう。日本の刑事裁判全体における有罪率は,前述の通り99.9％以上ではあるが,裁判員裁判における有罪率は,わずかながら低く99.3％である[59]。そのほんのわずかな部分に,希望の光はあるのではないか。そして,取調可視化の動きなど,今後の変化が期待できそうな部分もある。障害者が対象となる裁判に関しても,このような形で市民が裁判に関わることによって,問題が市民の間で共有できるようになるというメリットもあるだろう。障害者に関する裁判員制度の問題は,究極的には,裁判員の知識量の問題とみることもできる。

　裁判員制度は,まだ始まったばかりである。障害者の裁判を受ける権利についても課題も多い。未来に向けてどのような運用をしていくのか,我々は絶え間なく工夫を重ねていくことが求められる。

---

58) 岡部・前掲注39・14-15頁。
59) 最高裁判所事務総局「平成23年における裁判員裁判の実施状況等に関する資料」(http://www.saibanin.courts.go.jp/topics/pdf/09_12_05-10jissi_jyoukyou/h23_siryo1.pdf)。

コラム⑨　死刑制度

山下　宣

　わが国の現行法では，刑法外特別法も含め，18の犯罪類型に対して法定刑に死刑を含めている。
　では，死刑確定者はどのように処遇されているのか，俯瞰してみる。
　従前の監獄法が改正され，平成19年に刑事収容施設及び被収容者等の処遇に関する法律が施行された。処遇の原則は，心情の安定を図ることである。死刑確定者は居室に収容され，原則として他の死刑確定者との接触は禁じられる。外部交通権の部分では，親族や婚約者，再審請求などの弁護人との面会は認められるが，それ以外は原則許されていない。また，面会には刑務官の立会いがつき，録画録音がなされる。信書の発受が可能な相手方も面会が許される者と重なっている。信書には刑務官の検査がつき，通信の秘密は保障されない。
　さて，問題の死刑執行についての詳細を見てみる。刑法11条1項は，死刑は刑事施設内において絞首して執行すると定めている。土日祝日と年末年始の数日間の執行はされない。明治6年の太政官布告65号により，執行の方式は地下絞架式，すなわち，踏み板を床面の高さに設置し，上から下げられた絞縄を首にかけ，ボタンの操作によって踏み板をはずし，地下に落とし込んで絞殺する方式がとられている。ボタンを押す職員は3人おり，どのボタンが作動して踏み板が外れたかはわからないようにされている。
　手続き面では，死刑の執行は法務大臣の命令によることとされ（刑事訴訟法475条1項），判決確定の日から6ヶ月以内とされている。法務大臣が執行の命令をした場合は5日以内に執行が必要であり（同法476条），検察官，検察事務官，刑事施設の長またはその代理者の立会いが必要である。
　執行の例外であるが，犯行時18歳未満の少年であった者については，少年法51条により死刑は適用できない。また，心神喪失中の者と懐胎している女子も除かれる。
　死刑判決，執行の現状であるが，死刑判決は，1981年ころから1987年頃にかけて，ほとんど言い渡されない時期があったが，2000年以降増加している。また，死刑の執行も1989年12月から1993年2月まで行われなかったが，その後は毎年行われ，2007年から2009年にかけて急増した。2007年は9人，2008年は15人，2009年は7人である。2010年には，千葉法務大臣が刑場の公開に踏み切り話題になったが，同大臣は執行の命令を下している。2011年には執行はされなかったが，2012年3月に小川法務大臣の

命により3件の執行がされたのは記憶に新しい。

　2000年以降の死刑判決の増加については，日弁連が2011年10月に高松市で行われた人権擁護大会において，報告書により分析をしており，1997年から1998年にかけて，全国の検察庁が高裁の無期懲役判決に対し量刑不当のみで上告するということが5件あり，異例の態度を示した。この中で，広島高裁の強盗殺人事件無期懲役判決について，最高裁が1999年12月10日に破棄差戻判決を下し，差し戻し後の控訴審で広島高裁が2004年4月23日死刑判決を言い渡し，上告審で最高裁が2007年4月10日控訴審判決を支持したものである。これに呼応するかのように，最高裁は光市母子殺人事件に関して2006年6月に無期懲役判決を破棄差し戻した。差し戻し後の裁判に関しては，2012年に入り，最高裁が死刑判決を確定させたこともまた記憶に新しい。

　これらの流れを見ると，被害者の声に押された検察庁と裁判所（すなわち公権力）が，厳罰化を推し進めたということができる。また，近時の世論調査において，死刑に賛成している者が8割を超えるとの結果が出ている（ただし，この調査については，質問方法に問題があるという意見がある）。

　一方で，わが国の殺人事件は，1951年以降2009年に至るまで一貫して減っており，近年の死刑判決，執行の増加は，凶悪犯の増加という社会背景に裏打ちされたものではない。

　海外に視野を向ければ，アムネスティ・インターナショナル調べによると，1980年には死刑存置国128国，廃止国37国であったが，1990年には存置国が96，廃止国が80となり，2010年になると存置国は58，廃止国（事実上の廃止を含む）は139に及ぶ。つまり世界の3分の2を超える国が死刑を正式にもしくは事実上廃止しているのである。

　国連・規約人権委員会は，2008年にわが国に対し，死刑制度に関して，「政府が国民に対して死刑廃止が望ましいことを知らせるべき」，「世論調査に関係なく死刑制度の廃止を検討すべきだ」との勧告を行っている。

　筆者の私見を述べれば，死刑制度は極めて人権に関わる問題であり，その存廃は，政治的多数者の意思で決めるべき問題ではないと考える。憲法論で言うなら，民主主義ではなく，自由主義に裏打ちされなければならない。日本国憲法は，法の支配の思想を貫徹しており，憲法の採る民主主義は立憲民主主義である。であるならば，人権を奪うような決定を多数者がすることもできないはずである。

　この観点から，議論を深め，廃止の結論を出すことが求められている。

コラム⑩　国家賠償請求権と立法の不作為

渡辺暁彦

　21世紀を迎えて程なく，熊本地方裁判所は，国による長年にわたる人権侵害の責任を問う一つの判決を下した。いわゆるハンセン病訴訟に対する司法判断である。

　国の強制隔離政策による，患者への差別・偏見。患者が暮らす施設のまわりには，分厚いコンクリートの壁が張りめぐらされ，子どもをもうけることも禁じられていた[1]。伝染し発病に至るおそれが極めて低いことは，早くから医学的に認められていたにもかかわらず，ごく最近まで，こうした不当な差別が残されていたことに私たちは十分留意すべきである。

　2001年5月，熊本地裁は，厚生大臣（当時）の職務行為に対して国家賠償法上の違法性があると認定するとともに，患者に対する隔離規定を改廃しなかった国会議員の立法不作為等についても違法性を認める判断を示した（熊本地判平成13年5月11日）。裁判所は，「〔患者の〕人として当然に持っているはずの人生のありとあらゆる発展可能性が大きく損なわれるのであり，その人権の制限は，人としての社会生活全般にわたる」と述べ，隔離政策は居住・移転の自由の制限にとどまらず，「より広く憲法一三条に根拠を有する人格権そのものに対する」制限であり，合理的な制限を逸脱していると厳しく断罪した。その後，被告である国が控訴を断念し，本件判決は確定した。即座に首相談話が出され，謝罪とともに患者・元患者への補償立法の検討等が約束された[2]。本件判決には，いくつかの憲法上の論点がみられるが，ここでは国家賠償請求権との関連で若干言及しておくにとどめる。

　日本国憲法第17条は，「何人も，公務員の不法行為により，損害を受けたときは，法律の定めるところにより，国又は公共団体に，その賠償を求めることができる」と規定する。本条を受けて，国等の賠償責任に対する基本原則を定めたのが国家賠償法である。

　わが国では，憲法施行とほぼ同時期に公布即日施行された国会賠償法により，旧来の「国家無答責の原則」が改められた。"国王は悪をなし得ず（King can do no wrong.）"という法諺にうかがえるように，国家行為による損害に国が責任を負う，という考えは自明のものではなく，諸外国でも一般に受け入れられるようになったのは第二次大戦以後のことである。

---

1) 朝日新聞2011年2月3日夕刊。
2) ハンセン病問題の早期かつ全面的解決に向けての内閣総理大臣談話（http://www.mhlw.go.jp/topics/bukyoku/kenkou/hansen/hourei/4.html）。

国家賠償法は、「公権力の行使に当る公務員」の不法行為について、国又は公共団体の責任を定めている。かような国家賠償請求訴訟は、現在では、行政の違法や違憲を追及する方途として活用されることが多い[3]。この点で特に問題となるのは、国会の立法行為や立法不作為までが「公権力の行使」に含まれるか否かであるが、これについては学説も分かれている。最高裁判所は、いわゆる在宅投票制廃止違憲訴訟（最判昭和60年11月21日）において、立法行為の違憲を理由とする国家賠償請求を実質的には否定する判断を示している。
　ハンセン病訴訟熊本地裁判決は、在宅投票制廃止違憲訴訟最高裁判決を引きながら「最高裁判決が「立法の内容が憲法の一義的な文言に違反している」との表現を用いたのも、立法行為が国家賠償法上違法と評価されるのが、極めて特殊で例外的な場合に限られるべきであることを強調しようとしたにすぎない」として、最高裁の示す条件を例示的なものと捉えた。そのうえで、「新法の隔離規定が存続することによる人権侵害の重大性とこれに対する司法的救済の必要性にかんがみれば、他にはおよそ想定し難いような極めて特殊で例外的な場合として、遅くとも昭和四〇年以降に新法の隔離規定を改廃しなかった国会議員の立法上の不作為につき、国家賠償法上の違法性を認めるのが相当である」と述べ、上記最高裁判決以降、実務上閉ざされてきた立法行為に対する国家賠償請求に途をひらいた。本件判決は、下級審が最高裁の判例を「創造的に読み替えた例」[4]として、高く評価されている。

　ところで、患者に対する重大な人権侵害に対して、これほどまで自由の回復が遅れたのはなぜだろうか。一つには、人権保障の要である司法審査制度が十分に機能しなかった状況がある。もちろん立法及び行政の怠慢も指摘されよう。加えて、次の問いかけは私たち国民にもあらためて深い反省を迫る。「我々国民も、この隔離規定の不当性について主体的に判断を示し、司法審査制度を機能させるべく行動を起こしたであろうか」[5]。
　先述の首相談話は、「政府はもとより、国民一人ひとりが真剣に受け止め、過去の歴史に目を向け、将来に向けて努力をしていくことが必要だ。判決を契機にハンセン病問題に対する国民の理解が一層深まることを切に希望する」と結んでいる[6]。
　国内に13ヶ所ある国立ハンセン病療養所には、現在も2300人が入所されている。なすべき課題は今なお少なくない。

---

3) 野中ほかⅠ・556頁〔野中俊彦〕。
4) 憲法判例研究会編『判例プラクティス憲法』（信山社, 2012年）411頁〔宍戸常寿〕。
5) 釜田泰介「司法制度改革の現代的課題」法教253号（2001年）24頁。
6) 前掲注2。

第Ⅵ部　参　政　権

　　10　遠ざかる投票所？

　　　コラム⑪　インターネットと選挙運動の自由
　　　コラム⑫　参議院定数不均衡判決と二院制

第10章

遠ざかる投票所？

投票方法からみる選挙権保障の意義とその課題

渡辺暁彦

1　はじめに

　選挙において一票を投じる。この半ば自明のことすら，実現に困難の伴う有権者がいる。主に，過疎地で暮らす高齢者である。原因は，市町村合併に伴う自治体の財政難と公職選挙法上の制約等により，自宅近くの投票所が廃止されたことにある[1]。過疎化の進行とともに，投票所の統廃合は今後さらに加速すると予想され，その結果，本人の意思に反して投票をあきらめざるを得ない有権者が今後増加するであろう。

　こうした事態に，自治体もさまざまな工夫を講じている。徹底した経費節約はもとより，例えば，廃止した投票所で期日前投票を受け付ける，新しい投票所までの無料送迎バス・タクシーを出す（移動支援）といった代替措置がそれである。

　こうした措置に対しては，それが一部の有権者に対する投票支援となり，選挙の公正さを損なう怖れがあることなどを理由として，総務省などが強い懸念を示してきた。他方で，利用者の側からしても，移動支援などの方法では「好きな時に投票に行けない」不便さが残るであろう。

　投票所の統廃合は，過疎地の高齢者にとって事実上投票を不可能にすることと同義であるといえよう。都市部の多くの有権者からしてみれば，この種の問題は，限られた地域における極々些細な事柄にすぎないかもしれない。加えて，選挙全般に及ぼす影響も決して大きいとはいえない。

　これら統廃合に係る投票所の設置基準を含めて，投票の方法や手続等に関わる事項は，たしかに技術的且つ細目的な事柄に属する。しかしながら，こうした些細な技術的・形式的要素が，時として制度の本質すら左右することもあろう。「生」の思想家オルテガ（Ortega y Gasset）が危惧したように，「デモクラシーの健全さは，

---

1) 朝日新聞 2010 年 12 月 6 日朝刊。

それがどのようなタイプのものであっても，またどのような段階のものであっても，一に選挙という貧弱な技術的操作にかかっている」[2]。

　右のような過疎地の投票をめぐる深刻な現実は，あらためて「選挙の公正」や「投票（所）への権利」とは何かを問うている。投票への権利を，いかに実質的に確保するか。選挙権については，これまで，ともすると選挙区制度や投票価値の平等をめぐる議論に関心が集中してきたきらいがある。そのため，投票の実際については議論が後回しにされ，従来，「かならずしもその重要性にふさわしい関心が払われてきたとはいいがたい」[3] と評される。

　本章では，一票を投じる権利をいかに実効的に確保するかという点を中心に，憲法学の観点から選挙及び選挙権について確認していこうとするものである。

　以下，はじめに選挙権をめぐる議論状況に言及する（2節）。次に，投票が困難な者に対する一票の保障をどのように考えるかという具体的な問題について不在者投票制度を中心に取り上げ，これまでの行政の取組みや司法判断を振り返る（3節）。その上で，特に昨今議論となっている指定病院等の不在者投票の問題を扱うことにしたい（4節）。

2　選挙法制をめぐる昨今の動向

❶ 代表民主制と選挙

① 選挙の意味

　民主主義を標榜する現代国家では，ふつう一般に市民の政治参加の手立てが保障されている。わが国でも，衆・参両議院議員の選挙をはじめとして，憲法改正の国民投票，個別事項に対する住民投票等，市民が国政・地方政治の意思形成過程に参画する機会が認められている。なかでも選挙は，主権者である国民が自らの代表を選出する重要な契機として，今日それに疑義を挿む者はなかろう。

　もっとも，投票の実態をみるかぎり，はたしてその意義が十分に徹底されているか疑問が残る。国政・地方レベルの如何を問わず，わが国の場合，投票率は低調である。地方選挙では，無投票当選という場面も決して珍しくない。選挙権が保障

2）オルテガ・イ・ガセット（神吉敬三訳）『大衆の反逆』（ちくま学芸文庫, 1995年）226, 227頁。
3）富田信男ほか『21世紀への政治デザイン』（北樹出版, 1995年）50頁〔内田満〕。

されるとしても、それを行使しない有権者が数多く存するという事実は、選挙制度という仕組みそのもののあり方を問うてはいないであろうか。

その一方で、現実問題として、過疎地の高齢者のように、投票したくても諸々の事情で投票所に行くことのできない人々がいることも厳然たる事実である。個々人の「かけがえのない一票」を確保することに力点を置くのであれば、こうした現状はまさに選挙権の侵害であるといえよう。この点で、そうした問題をこれまで放置してきた立法・行政の怠慢を指摘し得る。

この点に関して、憲法学ではどのような議論が行われてきたのであろうか。この問題を検討していくにあたり、まずは選挙及び選挙権の内容について確認しておく。

② 投票資格の拡大

選挙とは、法的に定義すれば、有権者の集合体である選挙人団が、その協同行為によって、国会議員等の公務員を選定する行為である[4]。この選挙人団を構成する個々人が、公務員の選定に参加して行う意思表示を「投票」とよび、協同行為による「選挙」と区別される。

したがって、選挙権とは、かかる選挙人団を構成する一員として選挙に参加しうる資格又は地位のことである[5]。また被選挙権とは、選挙によって公務員になりうる資格のことである。もっとも、かかる資格は「実際に選挙において投票できて、初めて意味をもつ」[6]のであるから、先ずもって選挙権は実際の投票行為の保障まで含むと解される必要がある[7]。

選挙権及び被選挙権は、国家の存在とそれに伴う政治機構を前提とするものであるから、生まれながらに享有するとされる「人権」とは性質を異にしよう。そこで選挙権とは、選挙という公務に参加することを憲法によって認められた「基本的人権」、すなわち「市民の権利」と説明されることとなる。あるいはまた、「制度に依存した権利」[8]であるとも説かれる。

日本国憲法は「選挙権」という文言を明記していないが、両議院を構成する議

---

4) 長谷部・316頁。
5) 伊藤・110頁、長谷部・317頁など。
6) 野中俊彦・浦部法穂『憲法の解釈Ⅲ』(三省堂、1992年) 19頁〔浦部法穂〕、浦部教室・509頁。
7) 内野正幸『憲法解釈の論点〔第4版〕』(日本評論社、2005年) 112頁。
8) 小山剛『「憲法上の権利」の作法〔新版〕』(尚学社、2011年) 165頁。

員の選定を「国民固有の権利」（第15条1項）とし，それを「人種・信条，性別，社会的身分，門地，教育，財産又は収入によって差別してはならない」と定めている点などに鑑みれば，それらに「憲法上の権利としての選挙権」[9]の根拠を見出すことが許されよう。

ところで選挙権は，一定の要件（国籍や年齢など）を満たす者に保障されるのがふつうである。その要件は国や時代によって異なる。現在，わが国では成年に当然保障されるものと考えられる選挙権であるが，その獲得をめぐる歴史は「参加の権利を求める市民の葛藤の歴史」[10]でもあった。つまるところ，それは投票する主体（有権者）の拡張の歴史であったともいえる。近代立憲主義を確立したイギリスやフランスでも，当初，選挙権の行使に際して身分的要件や経済的要件を定めるのが常であったが，時代とともに徐々に緩和，撤廃されていく変遷過程が見られる。日本では，大正14（1925）年になって，まず経済的要件が撤廃された。その後，第二次大戦を経て，女性に参政権が保障されることによって，形式的には平等選挙が実現された[11]。

2 選挙権及び選挙の基本原則

① 選挙権の法的性格

選挙権の意義について疑う余地はないとしても，選挙権の法的性格をどのようなものとしてとらえるかについては見解が分かれている。それを公務と捉えるか，それとも純粋な個人的権利ととらえるのか，あるいは両者の側面をあわせもつと解するか。明治憲法下より諸説唱えられてきた。

今日の多数説である二元説は，「選挙人は，一面において，選挙を通して，国政についての自己の意思を主張する機会を与えられると同時に，他面において，選挙人団という機関を構成して，公務員の選定という公務に参加するものであり，前者の意味では参政の権利をもち，後者の意味では公務執行の義務をもつから，選挙権に

---

9) 芹沢斉ほか編『新基本法コンメンタール 憲法』（日本評論社，2011年）123頁〔中林暁生〕。
10) 蒲島郁夫『政治参加』（東大出版会，1988年）6頁。同様の指摘も含め，ドイツの選挙権の歴史的変遷については，H. Hattenhauer, *Über das Minderjährigenwahlrecht*, JZ (1996) S.12に詳しい。
11) 日本及び諸外国の選挙法の歴史について，林田和博『選挙法』（有斐閣，1958年）1-16頁及び71頁以下に詳しい。国民の普通選挙権獲得の歴史は，近代民主政の発展史と同義であり，それゆえ「選挙法は一国の民主政治のバロメーターである」（同書23頁）。

は，権利と義務との二重の性格があるものと認められる」[12]とするものである。したがって，成年被後見人，禁固以上の刑に処せられその執行を終わるまでの者，選挙犯罪による処刑者等は選挙権を行使できないとされるが，「これらは，選挙権の公務としての特殊な性格に基づく必要最小限度の制限とみることができ」る[13]。二元説を唱える論者は，「公務」としての性格を認めないかぎり，選挙におけるさまざまな制約を説明できないとする。

これに対して，特にフランス流の「人民主権」論を基礎にした権利説から異論が唱えられている。権利説は，選挙権を「各主権者（政治的な意思決定能力をもった市民）の主権行使に参加する権利」[14]ととらえる。この見解によれば，受刑者等に対する選挙権の制約や投票価値の平等，選挙運動の規制などの場面において，立法府の広範な裁量が否定されることとなる。

選挙権が公務的性格を有することを背景に，従来から「選挙権に対する広い制約を容認する傾向があったことは確かであ」[15]り，この点で二元説の難点を指摘し得る。今日でもそうした傾向がみられることからすれば，権利説による二元説批判は現実的意味を有するものと評されよう。もっとも権利説の立場を執るにせよ，立法府の裁量を一切否定するわけではなかろう[16]。両説の主張を簡略化すれば，二元説は立法裁量を一定の範囲で認めるのに対し，権利説は「内在的制約」以外に立法による裁量を認めない，という説明がひとまず可能であろう。権利説のいう「内在的制約」を受け入れるとしても，はたして何がそれにあたるかについては曖昧であり，権利説を主張する者のなかでも内容が異なる。いずれにせよ，「まったく無制限というものでもないかぎり，個別的な検討がやはり必要」となり，そうだとすると二元説の捉え方とそれほど異なるところはない[17]。以上のように見てくると，選

---

12) 清宮 I・100 頁。日本国憲法施行直後に著された体系書，例えば，美濃部達吉（宮澤俊義補訂）『日本國憲法原論』（有斐閣，1952 年）256-258 頁において，すでに二元説が唱えられている。明治憲法下では，大正期の普選運動との関連で選挙権の性格について活溌な議論が行われたが，学説は公務説が支持されていた（例えば，美濃部達吉『憲法撮要〔第 5 版〕』（有斐閣，1932 年）158 頁）。
13) 芦部・253 頁。
14) 辻村みよ子『「権利」としての選挙権—選挙権の本質と日本の選挙問題』（勁草書房，1989 年）47 頁。
15) 注解 I・336 頁〔中村睦男〕。
16) 渋谷・471 頁も，「〔権利説を執ったとしても〕法律による制約等につきある程度の立法裁量を認めることは十分ありうる」とする。
17) 野中俊彦『選挙法の研究』（信山社，2001 年）44-49 頁。

挙権に公務的性格があるかないかという議論はあまり意味をもたず,「むしろどちらの立場でも共通に主張できる部分を確認した上で,重なり合わない部分について,相互の違いをさらに掘り下げて検討するという方法が,解釈論の次元では適切」であろう[18]。

最高裁判所は,選挙犯罪の処罰者に対する選挙権等の停止を規定した公職選挙法第252条の合憲性が争われた事案において,「選挙権が国民の最も重要な基本的権利の一である」としたうえで,「それだけに選挙の公正はあくまでも厳粛に保持されなければならない」と判示した[19]。そこでは二元説か権利説かについて直接論じていないため,「主権論とむすびついた権利説のうえに立って内在的制約を説いているように見える」[20] との指摘もある一方で,むしろ「選挙の公正の確保ということは選挙権の公務的性格を具体化する表現と解すること」も可能であり,裁判所は二元説の立場をとっていると解する見解が有力である[21]。

両説いずれの立場を執ったとしても,選挙権を基本的権利と捉えることに変わりなく,だとすれば,問題は選挙の公正を確保するとともに,個々人の投票行為をいかに実効的に保障するかにある。まさしく,「選挙制度の決定や選挙の運営に関する問題等は,選挙権論(選挙権の性格をめぐる議論)の限界領域に属する」[22] ものといえよう。この点については,かねてより特に不在者投票制度のあり方をめぐって議論がみられるところである。これについては後述する。

② **選挙事項法定主義**

日本国憲法では,選挙制度それ自体に関する具体的な定めをおくことはせず,「両議院の議員の定数」(日本国憲法第43条2項)「選挙人の資格」(同44条)「選挙区,投票の方法その他両議院の議員の選挙に関する事項」(同47条)等については,何れも「法律でこれを定める」ものとされている。それを受けて,公職選挙法が詳細を定める。なお公職選挙法では,選挙権(公職選挙法第9条)・被選挙権(同10条)という言葉が用いられている。かように,国政選挙に関する事項は法律に委ねられ,国会に広い裁量が認められる。これを選挙事項法定主義と呼ぶ。

---

18) 野中・前掲注17・51頁。
19) 最大判昭和30年2月9日刑集9巻2号217頁。
20) 注解Ⅲ・57頁〔樋口陽一〕。
21) 野中ほかⅠ・540頁〔高見勝利〕。
22) 辻村みよ子「選挙制度の合憲性」高見勝利ほか編『日本国憲法解釈の再検討』(有斐閣,2004年) 281頁。

ただし，国会の広範な裁量といえども，そこには憲法上一定の制約があることに留意が必要である。こうした憲法上の制約として，例えば大石眞教授はまず次の二点を挙げる。第一に，立憲民主制における選挙の重要性から，国会には「公正かつ効果的な代表という目的を実現するために適切な選挙制度」を定めることが要請される。第二に，「選挙の自由と公正」という原則である[23]。

さらに，人類の多年にわたる努力のもとに歴史的に確立されてきた「近代選挙の原則」，いわば「選挙法の公理」にも，立法府である国会は服するものとされている。かかる選挙の基本原則とは，一般に，普通選挙・平等選挙・秘密選挙・直接選挙・自由選挙の原則を指す。それらは日本国憲法のなかにも受け継がれており，幾つかの条文に分けて明記されている。

③ 選挙の基本原則

普通選挙とは，選挙人の資格が人種・信条・性別・社会的地位・門地・教育・財産・収入などによって制限されない選挙を意味する。その対概念は，一定の財産や納税額を選挙権の要件とする制限選挙である。普通選挙の原則の要請は，歴史的には財産を理由とする差別の撤廃にあったと考えられるが，今日では「広く選挙人たる地位についての平等を要請する原則」[24]ととらえてよい。

選挙権の要件として，憲法及び公職選挙法は国籍，年齢，住所について定める。これら三つの要件が，普通選挙の原則に照らして，しばしば選挙権を制約するものではないかとされている。例えば国籍要件については外国人の選挙権をめぐって，年齢要件については選挙権年齢の引き下げなどをめぐって，種々議論があることはよく知られていよう。

そのうち年齢要件については，憲法改正国民投票法の投票年齢が18歳であることも影響してか，昨今大いに注目を集めている。仮にも国会が民法上の成年年齢以上に選挙権年齢を引き上げるとすれば，そこには合理的な理由があるとはいえず，憲法に違反すると言わざるを得ない[25]。現行法上は，民法の「成年」年齢（民法第3条）に倣い[26]，選挙権年齢を20歳と定めたものとされる。20歳という年齢要件が著しく不合理であるといえないとすれば，立法政策上は別として，憲法解釈上，年齢要件の引き下げを導くことは困難であろう。もっとも，現在多くの国々で

---

23) 大石Ⅰ・91頁。
24) 野中俊彦「選挙権の法的性格」清宮四郎ほか編『新版憲法演習3〔改訂版〕』（有斐閣，1987年），9頁。
25) 注解Ⅰ・339頁〔中村睦男〕。

選挙資格（権）年齢を18歳としていることに鑑みれば[27]，わが国の年齢要件について再考する余地は十分にあり得る。

　また居住要件については，ホームレスの人々の「住所」認定について，裁判で争われたことが記憶に新しい[28]。この場合，野宿をしている場所が選挙法上「住所」と認められず，そのため選挙人名簿に登録されないことを理由に実質的な投票機会が奪われているわけであり，登録の正確性の確保，一時的な転入の防止等の根拠を持ち出すとしても，選挙権を一律制約する手法は疑わしいと言わざるを得ない。

　普通選挙の原則は，選挙権者の範囲に関わる原則であるとも，その意味するところは「選挙人たる資格についてすべての国民は平等に扱われる」[29]ことにある。先に述べたように，選挙権は投票行為と結びつかなければ無意味であることからすると，普通選挙の原則は「観念的な選挙人資格の獲得の点だけにとどまらず，現実の選挙における投票行為までの全プロセスにわたって要請される原則」[30]と考えるべきである。このように捉えるとき，それは平等選挙の原則とも重なるであろう。

　いわゆる在外邦人選挙権訴訟において，最高裁判所は「国民の代表者である議員を選挙によって選定する国民の権利は，国民の国政への参加の機会を保障する基本的権利として，議会制民主主義の根幹を成すものであり，民主制国家においては，一定の年齢に達した国民のすべてに平等に与えられるべきものである」と判示した[31]。そして，そうした趣旨を確たるものとするために，「国民に対して投票をする機会を平等に保障しているものと解するのが相当であ」り，「国には，選挙の公正の確保に

---

26) なぜ民法上，成年が満20年とされたのかについては，明治9年4月1日の太政官布告第41号で，「丁年」が20年であったことや，現行民法の起草者が慣習等を調査した結果に基づくようである。当時の審議の中では，①西洋では21年が普通であるが，日本人は寿命が短いので20年が適当であるとか，②他の国民に比べて，日本人は世間的知識の発達が早いから，といった発言がみられた。これらについては，米倉明『民法講義　総則（1）』（有斐閣，1984年）108-109頁に拠る。
27) 国や地域によっては16歳で選挙権を付与している国もある。
28) ホームレスの人々の選挙権保障をめぐる問題については，笹沼弘志「「権利を持つ権利」と立憲主義の限界」法セ52巻4号（2007年），同「住所と市民権」賃金と社会保障1448号（2007）など。
29) 野中・前掲注17・14頁。
30) 野中・前掲注17・15頁。野中教授は，普通選挙の原則にさらに「社会生活に特に支障を生じないで投票をなしうることの保障が含まれうる」とする（同16頁）。労働基準法第7条が，「使用者は労働者が労働時間中に，選挙権その他公民としての権利を行使し，又は公の職務を執行するため必要な時間を請求した場合においては，拒んではならない」と規定するのも，かような憲法の趣旨を汲んだものと解される。

留意しつつ，その行使を現実的に可能にするために所要の措置を執るべき責務がある」と明言している。本判決は，選挙権の行使に対する制限について厳格な違憲審査基準を適用するとともに，選挙権の保障が，投票の機会の積極的な保障まで含むとした注目すべき判決である。

具体的な投票行為の保障との関係で，しばしば問題となるのが在宅投票と不在者投票であり，次に節を改めて検討していくこととする。

3 投票が困難な者に対する投票機会の確保

高齢者や身体障害者等，投票所に行くことが困難な選挙人に対する権利保障の問題は，社会福祉制度や社会保障制度と比べても，これまで十分な検討がなされておらず，わが国では理論的にかなり立ち後れている[32]。欧米諸国では，「投票へのアクセシビリティ」に関わる問題としてひろく論じられている。例えばアメリカ合衆国では，高齢者や身障者の投票機会を確保するために，特別の立法措置を講じており注目される[33]。

❶ 不在者投票制度

わが国では，投票日当日に選挙人が自ら投票所に出向き，自らの手で一票を投じることが原則とされている。これを投票日当日投票所投票主義ならびに投票現場自書主義と呼ぶ。

もちろん，投票日に予定がある場合や，自ら投票することが困難な場合もある。そこで，例外として，不在者投票制度が設けられている（公職選挙法第49条）。身体の故障や文盲により自書できないときには，代理投票が認められている。

---

31) 最大判平成17年9月14日。本件は，国外に在住する日本国民が，衆参両議院議員選挙における選挙権行使の全部又は一部が認められていないことの適否を争った事案である。本文中の判決文の引用は，すべて判例時報に拠った（判時1906号36頁。引用は40-41頁）。裁判の経緯等について，当該裁判に関わった喜田村洋一「在外邦人選挙権制限違憲訴訟」奥平康弘ほか『憲法裁判の現場から考える』（成文堂，2011年）117頁以下を参照のこと。

32) 清原慶子「高齢社会における高齢者・障害者の投票をめぐるアクセシビリティ」『選挙研究』14号（1999年）75頁。

33) 1984年に制定されたVoting Accessibility for the Elderly and Handicapped Actと，それに基づく州法によってさまざまな具体的対策が講じられている。それについては，例えば清原・前掲注32・83頁以下を参照。

一口に不在者投票といっても，その手続・形式はさまざまである。代表的なものとして，①名簿登録地以外の市区町村の選挙管理委員会における不在者投票，②郵便等による不在者投票，そして③指定病院等における不在者投票が挙げられる[34]。

いわゆる在宅投票制度は，上記②に分類されるものであり，身体に重度の障害がある選挙人に対して，現存する場所において投票の記載をし，郵便等による投票を認めるものである。これらは，投票が困難な選挙人に対して，ひろく投票機会を確保することを目的としている。その意義をあらためて知らしめるとともに，制度の不備に対して社会に一石を投じたのが，次に取り上げる在宅投票制廃止違憲訴訟である。

❷ 在宅投票制廃止違憲訴訟

在宅投票に類する制度は戦前にもすでに存在していたが，疾病や身体障害を理由として法律上ひろく認められるようになったのは戦後になってからのことである。しかし，昭和26（1951）年4月に行われた統一地方選挙において，在宅投票に関わる選挙違反が多発し，相次いで選挙無効・当選無効の判決が言い渡された。そこで，即座に法改正が行われ，在宅投票制度が廃止された[35]。これによって，外出できない選挙人は実質的に投票権を奪われることとなったのである。

その後，度々，在宅投票制復活に関する請願及び陳情がなされ，国会でも幾度かこの話題が取り上げられたが，さらなる法改正には至らなかった。そうしたなかで，在宅投票制度を廃止した立法措置，ならびにその後当該制度の復活がなされない立法の不作為が身障者の選挙権を奪うものとして，国家賠償訴訟が提起されたのである。

一審（札幌地裁小樽支部判昭和49年12月9日）は，在宅投票制の廃止を憲法第15条1項・3項，第44条，第14条1項に違反するとして，原告の訴えを認容した。裁判所は，「〔選挙権が〕憲法の基本原理である国民主権の表現として，国民の最も重要な基本的権利に属する」と判示した。その上で，選挙制度の定め方如何によっ

---

34) その他，総務省のホーム・ページでは，国外における不在者投票，洋上投票，そして南極投票が不在者投票の類型に挙げられている（http://www.soumu.go.jp/senkyo/senkyo_s/naruhodo/naruhodo05.html 閲覧は2012年12月10日）。
35) 在宅投票制度をめぐる一連の経緯等については，佐藤令「在宅投票制度の沿革」『調査と情報』（国立国会図書館）419号（2003年）1頁以下を参照。制度の廃止によって，選挙権行使の途を閉ざされた者の数は，一説に300万人を上回るとされる（山中善夫「"投票所は月よりも遠し"」法セ237号（1975年）103頁）。

ては，「一部の者について，法律の規定上は選挙権が与えられていてもその行使すなわち投票を行なうことが不可能あるいは著しく困難となり，その投票の機会が奪われる結果となることは，これをやむを得ないとする合理的理由の存在しない限り許されないものと解すべき」とした。

控訴審（札幌高判昭和53年5月24日）では，より端的に「投票は選挙権の行使にほかならないから，選挙権の保障の中には，当然に投票の機会の保障を含むというべき」で，「選挙権を有する国民は，直接にか間接にかは別として，その手が投票箱に届くことが憲法上保障されているものといわなければならない」とした。控訴審では，昭和44年以降の立法不作為が違憲とされたが，国会議員の故意・過失は否定されている。

それに対して最高裁（最判昭和60年11月21日）は，選挙権の実体判断には踏み込まず，在宅投票制の存廃ほか投票方法に関する事項の決定は「立法府である国会の裁量的権限」であると述べる。したがって，「立法の内容が憲法の一義的な文言に違反しているにもかかわらず国会があえて当該立法を行うというごとき，容易に想定し難いような例外的な場合」にかぎり，国家賠償法上違反となるとした。かような最高裁判決に対して，学界からは「下級審判決が今までに積み上げてきた成果を，いっきに根底から覆し」たものとして，厳しい批判が寄せられた[36]。

3 法改正と残された課題

上記裁判が係争中の1974（昭和49）年，国会は公職選挙法を改正し，限定的ながら在宅投票制を復活させた[37]。その後も，何度か在宅投票制の拡充や手続の簡素化等が論じられてきたが，抜本的な改革にはつながっていない。それゆえ，投票権を行使することが事実上困難な身障者はいまだ少なからず存在する。

最近では，精神発達遅滞及び不安神経症のため，「ひきこもり」の傾向のある者が，現行の選挙制度では選挙権の行使が困難であるとして，立法不作為の国家賠償訴訟を提起した事案がある。最高裁判所は，原告（上告人）の請求を棄却したが，「選挙権が議会制民主主義の根幹を成すものであること等にかんがみ，精神的原因による投票困難者の選挙権行使の機会を確保するための立法措置については，今後国会において十分な検討がされるべきものである」と述べた（最判平成18年7月

---

36) 野中俊彦『憲法訴訟の原理と技術』（有斐閣，1995年）111頁。
37) 在宅投票制違憲訴訟の原告側弁護士によれば，昭和49（1974）年の在宅投票制の一部復活に伴い，その対象となる者の数は10万人程度にすぎないという。山中・前掲注35・103頁。

13日)。

　なお同判決には,泉徳治裁判官の補足意見が付されており,そのなかで現行の公職選挙法を「憲法の平等な選挙権の保障の要求に反する状態にある」と明言している点が注目に値する。補足意見では,選挙の公正の確保及び適正な管理執行に配慮すべきことは当然としたうえで,たしかに障害の程度を認定することには困難がつきまとうが,「医師の診断書,療育手帳,精神障害者保健福祉手帳等の併用によってできないわけではなく,上記の認定が簡単ではないという程度のことでは,前記の選挙の公正を確保しつつ選挙権の行使を認めることが事実上不可能ないし著しく困難であると認められる事由があるとは到底いうことができない」と論断された。

　かねてから指摘されるように,選挙の公正及び適正管理を強調しすぎるあまり,個別の事情を全く勘案することなく,硬直化した選挙管理・執行がなされているところに問題があるといえよう。その点で,今後,補足意見が述べるようなきめ細やかな認定手法に期待が寄せられる。もとより憲法の趣旨からすると,「在宅投票の対象となる範囲を拡大することによって選挙権を行使することが実際に可能となる者が存在するにもかかわらず,事務手続の問題や選挙の公正さの確保ということから,これを認めないことに果してどれだけの合理性があるのか,公職選挙法が原則とするいわゆる投票現場自書主義を厳格に維持することの必要性も含めて改めて問い直してみる必要がある」[38]。

4　指定病院等における不在者投票

　不在者投票制度をめぐって,最近特に問題とされているのが,病院や老人ホーム等指定施設における投票(以下,「施設投票」と呼ぶ)のあり方である。在宅投票制度を利用する選挙人が必ずしも多くない理由の一つに,対象者のなかに,指定病院等で投票を行うことができる者が含まれていることが挙げられる。その意味からすると,両者は一対のものとして,あわせて検討される必要があろう。

　日頃慣れ親しんだ施設のなかで一票を投じることができるのは,入所者の投票行為を容易にする措置として意義深い。しかし,そこにはさまざまな課題がある。以下,従前あまり取り上げられることのなかった施設投票の実態とそこでの課題を確認することで,「選挙の公正」の要請と選挙権の保障との関わりについて少しく

---

38) 川﨑政司「議会制民主主義と選挙・政党」浅野一郎編『選挙制度と政党』(信山社,2003年) 186頁。

❶ 施設投票の現状

　公職選挙法は，身体上その他の都合で，選挙期日に投票に行くことができない者等に対して，代替的な手段を講じている。そのうち，病院や特別養護老人ホーム，身体障害者支援施設などの施設に入居し，投票日に投票所に行くことが困難な者に対しては，都道府県選挙管理委員会があらかじめ指定した施設（「指定病院等」）において選挙権を行使することができる。

　ここでいう「指定病院等」とは，総務省によれば「都道府県の選挙管理委員会が不在者投票のために指定した病院・老人ホーム等」を指すものとされる。指定施設は，2010年6月現在で計2万143カ所にのぼる[39]。

　指定を受ける施設の定員基準は，概ね50名以上とされてきたが，総務省の通知（「統一地方選挙の管理執行について」2007年1月）では「都道府県の判断で指定できる」とされ，各都道府県により弾力的な運用が行われている。

　それでは，これら施設で不在者投票がどのように行われているのであろうか。多くの施設では，ホールや食堂，会議室などに投票所が置かれている。不在者投票管理者を施設長が務め，受付係や投票用紙交付係は施設職員のなかから配置される。それとともに，立会人が選挙権を有する者のなかから配置される。一般に，民生委員や施設運営法人の評議員などが立会人を務めているケースが多く，これら投票所に選挙管理委員会の職員が立ち会うことはほとんどないようである。

　選挙人（すなわち入所者）が記入した投票用紙は，何も書かれていない内封筒に入れて封をし，さらにそれを外封筒に入れて，投票者が外封筒の表に自筆署名を行った後，投票箱に投入する。投票が終わった後，不在者投票管理者と立会人が，外封筒の裏面に署名し，それらをまとめて選挙管理委員会に郵送する[40]。

❷ 指定施設における不在者投票制度の悪用

　施設投票は，投票日当日に投票所に行くことが困難な入所者にとって，投票機会を確保するための重要な制度である。しかし昨今，この制度を悪用した選挙違反事件が絶えない[41]。施設投票の管理執行のあり方をめぐっては，全国的に選挙争訟

---

39) 朝日新聞2010年11月4日朝刊（東京本社）。
40) これら施設投票の投票手続については，国光哲夫「施設投票の現状と課題」井上英夫ほか編『障害をもつ人々の社会参加と参政権』（法律文化社，2011年）67頁以下に依拠した。

が提起されている。

　僅差によって当落が決せられている場合，施設投票での不正が「選挙結果に異動を及ぼす虞がある」[42]として，再選挙を余儀なくされた自治体もみられる。

　制度が悪用される背景には，施設投票が抱える固有の事情及び制度的要因がある。指定施設に選挙管理委員会の職員がすべて立ち会うことは「物理的に不可能」[43]だとされる主因に加え，ここでは主に二つの要因について言及しておく。

①居室での投票という閉鎖性

　入居者のうちでも「重病人で歩行困難な者」については，「〔居室の〕ベッドを不在者投票管理者の管理する投票所と考えて」，ベッドの上でも投票することができる[44]。もちろん，この場合においても立会人の立会いが必須条件である。

　公選法施行令によれば，投票を監視する立会人も，代筆する補助者も，投票管理者（施設長）が選ぶとされる。結果，いずれも施設職員が務めることが多い。そこで施設職員が結託すれば，「密室」的な空間で投票が行われるため，造作もなく投票偽造が可能となる。

②意思表示の確認

　入居者のなかには，投票への意思表示が困難な者も少なくない。例えば，重い認知症を患っている入居者の場合，代理投票を行う投票補助者に対して，明確に候補者名を指示できるかどうか。きわめて難しいように思われる。

　たしかに施設職員は，日頃から選挙人と接することにより，「ちょっとした動作やうめき声で気持ちがわかる」[45]かもしれない。だからといって，それを本人の意思表示と捉えることには異論も少なくないであろう。何より問題は，施設投票において最も重要な「意思確認の方法が明示されていない」[46]ことにある。

---

41) 警察庁の調べによると，施設を舞台にした投票偽造事件が，2003年以降の衆・参両院選挙で計19件起きたとされる。そのうちの13件が特養で，その他，病院や介護老人保健施設などで起っている。逮捕されたのは，施設長や施設職員ら計47人に及ぶ。朝日新聞 2010年11月4日朝刊（東京本社）。
42) 例えば，仙台高裁秋田支部判平成14年1月29日。
43) 岩村治「指定施設における不在者投票への外部立会人制度導入について」『選挙』62巻7号（2009年）2頁。
44) 安田充ほか『逐条解説 公職選挙法（上）』（ぎょうせい，2009年）448頁。
45) 木本辰也「「不在者＝施設投票」無効訴訟」井上英夫ほか編・前掲注40・78頁。
46) 木本・前掲注45・78頁。

多くの場合，不正は上記の二つの要因が合わさって行われている。例えば，この種の最近の事案として，山梨県中央市の特別養護老人ホームの投票偽造事件をみておきたい[47]。

本件は，特別養護老人ホームで行われた施設投票において，代理投票補助者を務める施設職員2名（被告人）が，意思疎通のできない認知症の入所者の投票に際して，表面的には意思確認を行っているかのように装いながら，実際は当該老人ホーム関係者の支持する候補者の指名を投票用紙に書き込んだとして公選法違反に問われた事案である。本件では，第三者の目の届かない個室に，施設職員2人だけが入室し，入所者に投票を薦め，「では，この方を書かせていただきますけどよろしいですか」などと言いながら，不在者投票を実施していた。投票立会人は，投票が行われた個室には入室していなかったということである。なお裁判所は，「本件は，不在者投票における代理投票制度を悪用し，選挙の公正を著しく害した悪質な犯行である」として懲役6ヶ月を言い渡した（執行猶予5年）。

また，補助者だけでなく投票立会人も不正に関与していた静岡県焼津町のような事件もみられ，そうなるとまさに「防ぎようがない」と言わざるを得ないであろう[48]。

❸ 不正防止のための諸対策

不正防止のため，公職選挙法は詳細な手続を定める。それとともに，万が一，不正が行われた場合には，裁判所はそれを「悪質な犯行」として，殊更に厳しい態度で臨んできた。しかし，選挙の不正は一向になくならない。そこで，以下のような幾つかの対処策が俎上に載せられている。

①「外部立会人」の導入

制度改革の面では，先ずもって「外部立会人」の導入が挙げられる。すでに一部の市町村で，外部の第三者による立会が導入されており[49]，法的にも障害は少ないと思われる。ただし問題は，外部立会人の人的確保と財政面での手当である。公

---

47) 甲府地判平成22年10月15日。判決文については，LexisNexis JP を利用した。
48) 焼津町の事件については，静岡SBSテレビの「不在者投票の不正」（2011年7月4日放送）で取り上げられた。それに関して，以下のURLに画像入りで詳しい説明がみられる（http://www.at-s.com/sbstv/program/eye/2011/07/74.html　最終閲覧2012年4月16日）。
49) 宮崎県の「外部立会人制度」について，岩村・前掲注43・1頁以下を参照。

費による手当は不可欠であろう。自治体による取組みだけでは限界もあることから，「将来的に法制化」[50] する方向での検討が不可避であると思われる。

②投票意思の確認と自己決定権の尊重

　投票意思の確認が困難な者を，即座に投票できない者と決めてかかるとすれば，それはあまりに配慮に欠ける取扱いである。認知症の入所者を例にみても，その症状は一人ひとりさまざまであり，専門医によれば，認知症でも投票可能な人はたくさんいるとのことである。何より，自己決定権の保障の観点から，入所者本人の残存能力を最大限活用することを第一義とすべきである。

　認知症高齢者の場合，しばしば言語以外のコミュニケーションの手段（ノンバーバルコミュニケーション）による支援が大きな意味をもつ[51]。したがって，本人らの気持ちを読み取ることのできる家族及び施設職員による代理投票も，可能なかぎり認められてよいのではなかろうか。ただし，その場合には，外部の介護従事者など専門家の立会を義務づけるなどの工夫を要しよう。

③選挙権論のさらなる充実

　右のような状況の下，施設側としては，「やらなくてもよいなら，やりたくない」というのが本音であろう。施設及び施設職員に対して，あまりに厳格な要件を課すとなれば，指定を回避・辞退する施設が増えてくるかと思われる。そうすると，入所者の投票機会はほぼ奪われ，実質的に投票への権利は大きく損なわれてしまうであろう。行政による何らかの対策は急務の課題である。

　この問題は，つまるところ，「選挙権の保障」と「公正な選挙の実現」という二つの要請を，いかにはかるかということにつきる。施設投票を行う選挙人が少なからずおり，また施設投票での投票偽造事件は後を絶たない実態であることがすでに判明している以上，入所者が「日常生活の流れのなかで特別の負担を負うことなしに投票ができることの保障」[52] を大前提として，まずそれを貫徹させたうえで，「公正な選挙の実現」にむけて必要な対策が講じられるべきである。

　ここでは最後に，知的障害をもつ人たちが生活する施設の「社会科教室」において，選挙の意味や主権者としての責任を学ぶ実践を通して得られた次の言葉を銘

---

50) 岩村・前掲注43・7頁。
51) 山本克司『福祉に携わる人のための人権読本』（法律文化社，2009年）107頁。
52) 野中・前掲注17・19頁。

記しておきたい。「知的障害をもつ人たちの政治参加や投票には無理があるという考えが出てくる背景には，厳しい選挙制限，政治や選挙が一部の人のものになってしまっている現実，知的障害をもつ人たちへの取り組みの遅れが反映されているのではないでしょうか」[53]。

5　おわりに

「遠ざかる投票所」の問題は，高齢化の急激な進展によって顕在化した一事案である。その他にもさまざまな事情により，一票を投じることが困難な選挙人は現実に数多く存在する。そこには，「選挙権とは何か」，そして「投票とはいかにあるべきか」といった憲法学の重要な課題が垣間見える。

高齢者等が投票しやすい環境づくりを構想することは，ひろくそれ以外の有権者にとっても有用なものとなるにちがいない。本章では，さしあたり不在者投票をめぐる問題を一つの手掛かりに，選挙権の保障並びに投票機会の確保が意味するところを，あらためて問い直そうと試みた。

投票へのアクセシビリティという観点からすると，それ以外にも，例えば選挙情報へのアクセス（「情報アクセシビリティ」）などが課題となろう[54]。選挙に際して，候補者等に対する必要な情報（「選挙公報」など）が誰でも簡単に得られる環境づくりは不可欠である。それとともに，そうしたアクセスのための条件整備も求められる。それには，ひろく選挙に対する国民の意識改革も含まれよう。その点では，学校の選挙教育・政治教育の充実も欠かせない。

選挙権の意義や選挙制度の仕組みについては，従前より社会科（公民分野）を中心に学校教育のなかで扱われてきたところである。例えば『中学校学習指導要領』[55]では，社会科公民的分野の目標として，「事実を正確にとらえ，公正に判断するととも

---

53) 橋本佳博＝玉村公二彦『障害をもつ人たちの憲法学習―施設での社会科教室の試み』（かもがわ出版, 1997年）242頁。
54) 山田健司「知的障害者グループホーム居住者の公職選挙投票行動」『京都女子大学生活福祉学科紀要』第1号（2005年）83頁によれば，「〔知的障害者グループホーム居住者のうち，〕選挙にかんする情報提供サービスを得た人，投票カードを落手した人は，情報提供サービスを受けなかった人，投票カードを受け取らなかった人よりも，実際に投票所へ足を運び投票している」という。
55) 文部科学省『中学校学習指導要領 解説―社会編（平成20年9月）』（日本文教出版, 2008年）。あわせて，社会認識教育学会編『中学校社会科教育』（学術図書出版社, 2010年）を参照した。

に適切に表現する能力と態度を育てる」ものとされ，個人の主体的な政治参加の必要性が説かれる。さらに，内容面では「民主政治の推進と，公正な世論の形成や国民の政治参加との関連について考えさせる」こととされており，その際には「選挙の意義について考えさせる」ことが強調されている。

この点に関して，小・中学校で「三大原則」「三大義務」などといった教え方をすることで，憲法が単純化されすぎてしまい，時に誤った先入観を生徒に植え付けてしまうおそれが指摘されている。憲法学及び教育実践の立場からも，「「憲法は権力を抑える」と教えるが，一方で憲法が選挙などできちんとした権力を作る役割については教えていない」といった懸念が表明されている[56]。

統計学の碩学・西平重喜氏の著作『一票差』を引くまでもなく，過去の歴史を紐解けば，議員の選挙や首相の選出等，さまざまな「決定」場面において「僅少差で決まったことが案外多い」ことに気付かされる[57]。僅少差どころか，当落が０票差で決まることもあるのが選挙である。

本文で取り上げた在外邦人選挙権訴訟最高裁判決において，福田博裁判官は「国民の選挙権の剥奪又は制限は，国権の最高機関性はもとより，国会及び国会議員の存在自体の正当性の根拠を失わしめる」と喝破した[58]。その言葉を真摯に受け止め，立法府にはしかるべき対応を期待したい。

---

56) 憲法学の立場から，大石眞教授の発言（読売新聞2003年1月18日（朝刊））を，また中学校の教諭の発言として，館潤二「「憲法とは何か」がわかる授業を」『法律のひろば』2004年9月号66頁を挙げておく。館教諭は，社会科では「憲法の意義が明らかにされないまま話が進んでいる」とし，さらに「「そもそも」のところが教科書から抜け落ち，生徒に理解されぬまま授業が行われている」現状を指摘する。
57) 西平重喜『一票差―統計学の周辺』（弘文堂書房，1971年）21頁。
58) 最大判平成17年9月14日民集59巻7号2087頁，福田博裁判官補足意見。

コラム⑪ インターネットと選挙運動の自由

太田裕之

　国民主権・代表民主制の統治構造を採る国において，主権者である国民は主として選挙などの投票によって主権を行使する。その投票は，他者による影響を受けたものであってはならず，自らの判断に基づくものでなければならない。「被治者による同意」が権力の正統性を担保するのであれば，その同意は，被治者自らの判断に基づくものでなければならないからである。そして主権者である国民は，争点に直接・間接に関連するあらゆる情報を手に入れた上で，「賢明な投票」を行う必要がある。そのためには，争点についての情報が自由に流通する必要がある。国会議員，地方議会議員とその長の選挙につき規律する法である公職選挙法（以下「公選法」とする）においては，残念ながら投票の際の争点についての情報が自由に流通するものとはなっていない。

　公選法は選挙運動について広範な規制を行っている。しかも選挙運動の定義自体は公選法上にはおかれず，判例によれば選挙運動とは「その選挙につきその人に当選を得しめるため投票を得若くは得しめる目的を以つて，直接または間接に必要かつ有利な周旋，勧誘，若くは誘導その他諸般の行為をなす」ことを指すとされる（最三小決昭和38年10月22日刑集17巻9号1755頁）。そして憲法上問題となる規制として，事前運動・戸別訪問の禁止，文書図画規制，そして選挙における報道・評論の規制が主として指摘されてきたところである。公選法は選挙運動の主体として，候補者とその運動員のみを想定し，主権者国民が選挙運動を行うことを想定せず，また主権者の選挙運動は「第三者」による選挙運動として厳しく制限している。

　インターネットによる選挙運動も，選挙運動期間中ホームページや電子メイルは公選法142条（選挙運動に使用する文書図画頒布を，通常はがき，ビラ以外を禁止），143条（選挙運動のための文書図画の掲示の規制）が禁止する「文書図画」に該当するとの解釈が政府によって公にされ，公示後のホーム頁の更新が規制されるなどの事態が続いてきた。また選挙運動のためのホームページの開設や書き換えも，公選法129条により「事前運動」とされ，選挙運動期間前はいうに及ばず選挙運動期間中も禁止されてきた[1]。

　インターネットによる選挙運動を解禁するメリットとしては，①文字，動画，画像，音声などを組み合わせたマルチメディアによるコンテンツの内容

---

1) 詳細については，三輪和宏「我が国のインターネット選挙運動―その規制と改革」国立国会図書館調査と情報517号1頁（2006年）参照。

を即応的に変更しつつ最新の情報を有権者に提供できること、②HP開設、電子メイルの送信には費用があまりかからず、パソコンさえあれば安価な選挙運動を行えること、③インターネットの双方向性を生かし、候補者・政党はマス・メディアを経由することなく直接有権者に情報を発信でき、有権者からのフィードバックも直接得られること、④インターネットを利用することで、特定の時間帯や場所にとらわれずに選挙運動が可能で、有権者も自分の都合のいい時に情報を閲覧して内容を検討することが可能であること、などが指摘されてきた[2]。

他方でしかし、インターネットの選挙運動がもちうる弊害として以下のことが指摘されてきた。①インターネットが悪用され、候補者に対する誹謗中傷や成りすまし、ホームページが書き換えられる、サーバー攻撃される危険がある、②デジタル・ディバイド（インターネット利用者とそうでない者との間に情報格差が生まれる）、③第三者のインターネットを使った選挙運動を認めると、「怪文書」をばらまかれる危険がある、④選挙関係の迷惑メイルが増える、⑤ホームページ作成などを業者に依頼することで、費用がかさむ可能性がある、などである[3]。

アメリカや韓国などでインターネットによる選挙運動が自由になされていることもあり、最近日本でのインターネットを利用した選挙運動の解禁論議が盛んになっている。2012年に政府は「公職選挙法の一部を改正する法律案要綱」を衆議院に提出し、そこではインターネットを通じた選挙運動を、例えば選挙期間中の候補者の演説を動画で見たり、SNSを通じて候補者の言葉を追ったりできるようにする法改正がもくろまれているようである。政権交代後この要綱にどこまで忠実な法改正が行われるのか定かではないが、ここでもインターネットを利用した選挙運動の主体は候補者とその所属する政党であると想定され、主権者国民が当選させたい（あるいは落選させたい）候補者のために自ら選挙運動を行うという前提は存在しないように見える。この公選法改正は基本的に候補者と政党の選挙運動のインターネットを通じた選挙運動の解禁であり、本来自由であるはずの主権者国民の「インターネット選挙運動解禁」まで実現されるのかは、はなはだ心もとないところである。

　　追記：2013年4月19日、インターネットを使った選挙運動を解禁する公職選挙法改正案が成立した。ホームページ、ツイッターやフェイスブックなどのソーシャルメディアによる選挙運動は、政党、候補者、有権者が行うことができる。電子メールによる選挙運動は、政党・候補者に限られ、あらかじめ送信先の事前の同意が必要とされる。

2）前掲注1参照。
3）前掲注1参照。

コラム⑫　参議院定数不均衡判決と二院制

勝山教子

　近年議員定数不均衡問題に関する最高裁判決は，投票価値の平等の観点から，厳格さを増している。衆議院選挙についてみれば，平成23年3月23日に，最高裁は，衆議院小選挙区選挙の最大較差2.30倍を違憲状態とする判決を下し，その中で，較差の主要原因である「1人別枠方式」[1]の廃止を求めた（民集65巻2号755頁）。それまで衆議院選挙の投票価値の平等に関する違憲審査基準は，3倍程度と推定されてきたが，それを下回る較差が違憲状態と判断されたことや裁判所が選挙制度の見直しまで言及したことに注目が集まった。

　平成24年10月17日には参議院選挙区選挙の較差にも厳しい最高裁判決が下された。判決は，衆議院の違憲較差の目安6倍を下回る5.0倍の最大較差を違憲状態と判断し，その上で，「都道府県を単位として各選挙区の定数を設定する現行の方式をしかるべき形で改めるなど，現行の選挙制度の仕組み自体の見直し」が必要であるとした（民集66巻10号3311頁）。

　現行の参議院選挙制度は，昭和57年の公職選挙法改正により，政党本位の選挙制度に改める趣旨で，全国1区の比例代表制を採用し，これと都道府県単位の選挙区選挙とを並立させている。後者の選挙区選挙は，半数を優に超える選挙区が1人区，つまり小選挙区である。平成6年には政党中心の選挙を目指して衆議院に小選挙区比例代表制が導入された。これ以降，両議院の選挙制度は酷似したものになったのである。

　選挙制度の要素をどのように組み合わせるかは国会の広い裁量に委ねられる。日本国憲法は，国会議員の選挙について，議員および選挙人の資格に関する差別の禁止（44条但書）と議員任期および参議院議員の3年ごと半数改選（45条，46条）を自ら定めるにすぎない。その他の事項はすべて法律の定めに委ねられる（43条2項，44条本文，47条）。よって，二院制の下で参議院をどのように位置付け，それを選挙制度にいかに反映させるかについ

---

1) 都道府県に定数配分する際，単純な人口比例ではなく，各都道府県に1議席を配分した上で，残りの議席を人口に応じて配分する方式。平成24年11月26日の衆議院議員選挙区画定審議会設置法改正によりこれを定める規定自体は削除された。

ても広く国会の裁量に委ねられることになる。

　参議院選挙の較差を拡げる要因の一つは，都道府県単位の選挙区にある。2013年3月現在の選挙区選挙の総定数は146名。参議院は半数改選制であるから，選挙毎に改選される議員は73名にすぎない。全ての選挙区で選挙を実施するために各選挙区（都道府県）へ最低1議席配分すると，残る26議席で都道府県間の人口差を調整することになる。2010年の国勢調査によれば，人口最小の県に対し東京都は約22倍，2府が約15倍，2県が約12倍と続く。この数字だけをみても，26議席で各都道府県の人口差を調整し，議席を比例配分することの困難さがわかる。参議院の選挙区選挙に5，6倍もの最大較差が生じるのはこのためである。

　参議院定数不均衡判決のリーディングケースである昭和58年最高裁判決（最大判昭和58年4月27日 民集37巻3号345頁）は，二院制のもとで参議院議員の代表機能に独特の要素をもたせるために，参議院の地方区（現行の選挙区）選挙に対して都道府県代表的な要素を加味することも国会の合理的裁量の範囲内であるとした。以後，これを理由に5倍台までの較差が合憲と判断されてきた。

　では，なぜ平成24年判決は，5倍の較差を違憲状態とし，都道府県を単位とする選挙制度の見直しを求めたのであろうか。判決によれば，それは58年判決以降の「制度と社会の状況の変化」を考慮したからだという。その変化とは，両議院選挙制度の同質化，参議院の役割の増大，衆議院選挙に関する投票価値の平等の要請に対する制度的な配慮（衆議院小選挙区割基準2倍未満の法定）であり，そのために，参議院についても，さらに適切に民意が反映されるよう投票価値の平等の要請に十分配慮すべきだというのである。

　このように本判決は，投票価値の平等の重要性から，選挙制度の設定に関する国会の裁量の限界を示したが，同時に，制度や社会状況の変化によって投票価値の平等が要請される程度が変わりうることも明らかにした。それはつまり，再び選挙制度の仕組みに参議院の独自性をもたせることなどによって，投票価値の平等の要請が緩和される余地があることを示すものではないだろうか[2]。

　1990年代以降出現した「ねじれ現象」は参議院の強さを顕わにした。だからこそ，政府の政策実現のために衆議院と参議院の同質性の確保が求められ

---

2) 上田健介「参議院議員定数配分規定の合憲性」新判例解説Watch LEX/DBインターネットTKC法律情報データベース（http://www.tkclex.ne.jp/commentary/constitution.html〔2013年5月3日現在〕）。

てきたといわれる[3]。しかし，本来，二院制の趣旨からは，各議院に独自性をもたせることが重要である。両議院とも類似した現行の国政選挙のあり方はその意味で決して望ましいとはいえない。投票価値の平等か二院制の要請か。あるべき参議院像を構想した上で，両議院の権限および組織方法を根本的に再検討する必要性に迫られている。

---

3) 原田一明「両院制」争点・190頁。

第Ⅶ部　社　会　権

11　憲法25条論にみられる制度後退禁止原則について
12　教育を受ける権利と障害のある子どもについて

コラム⑬　人間らしく生きる権利と障害者自立支援法

第 11 章
憲法 25 条論にみられる制度後退禁止原則について

浅田訓永

1 はじめに

本章は，「近年の生存権論の営為の一つ」[1]とされる「制度後退禁止原則」（「いったん法令で具体化した社会保障関係の制度につき，のちに後退させたり給付水準を低下させたりすることは原則として禁止される，という考え」[2]）をめぐる議論状況について，概観するものである。

（1）近時，生存権の法的意義は，次のように，「項目的に整理」[3]されている。

項目①—憲法「25 条 1 項にいう「権利」すなわち「生存権」は本来的に不確定なものではなく，法律の制定を待つことなく核となる内実をもつこと」。

項目②—「この「権利」の一般的な実現のためには，法律による具体化が必要であること，換言すれば，国家はこの「権利」を具体化すべき明確な法的義務を負っていること」。

項目③—「国家がこの種の法律を制定しない場合，その立法不作為により損害を受けた者による国家賠償請求訴訟の対象となること」。

---

1) 葛西まゆこ「生存権論の軌跡と課題」ロースクール研究 18 号（2011 年）118 頁の注（1）。近年の生存権論については，同『生存権の規範的意義』（成文堂, 2011 年），尾形健『福祉国家と憲法構造』（有斐閣, 2011 年），西原博史「潜在能力の欠如・剥奪と生存権保障」ジュリ 1422 号（2011 年）51 頁以下，同「生存権論の理論的課題—自己決定・社会的包摂・潜在能力」法時 80 巻 12 号（2008 年）98 頁以下，高田篤「生存権の省察」高田敏先生古稀記念『法治国家の展開と現代的構成』（法律文化社, 2007 年）132 頁以下等を参照。また，尾形健「「ナショナルミニマム」の憲法的基礎をめぐって」日本社会保障法学会編『新・講座社会保障法 第 3 巻（ナショナルミニマムの再構築）』（法律文化社, 2012 年）98 頁以下，遠藤美奈「「健康で文化的な最低限度の生活」とは何か」山森亮編『労働再審 6』（大月書店, 2012 年）98 頁以下も参照。
2) 杉原泰雄編集代表『新版 体系憲法事典』（青林書院, 2008 年）626 頁〔内野正幸〕。
3) 佐藤憲法論・366 頁。

項目④――「この種の法律が制定された場合、それを受けて行政庁の基準設定がなされ、それに基づき具体的処分が行われるが、それらは 25 条 1 項との関係で評価され、その処分（さらには法律自体）が 1 項違反とされる場合がありうること」。

項目⑤――「一旦具体化された給付とその水準を正当な理由なく廃止・後退させる場合、その措置は端的に〔25 条〕1 項違反となること」。

(2) 従来の憲法 25 条論[4]において、項目①－④は、「社会権としての生存権論」との関係で論じられてきた。「社会権としての生存権論」は、生存権の「請求権的側面（「健康で文化的な最低限度の生活」が営めるよう、国に対して何らかの措置を求めることを、憲法 25 条をもとに裁判所において主張しうるか）」[5]にかかわるもので、生存権の法的性格論（プログラム規定説、抽象的権利説、具体的権利説）が主たる論点であった[6]。しかし、現在では、多数説[7]・判例[8]による抽象的権利説を前提として、憲法 25 条に関する違憲審査基準論[9]や「政治部門の裁量をどのように統制するか」[10]といった論点に「学説の関心が移っている」[11]と指摘される。

項目⑤は、「自由権的側面としての生存権論（いわゆる生存権の「自由権的効果」）」との関係で論じられてきた[12]。「自由権的側面としての生存権論」は、生存権に対して「公権力による不当な侵害があった場合には、その排除（不作為）を裁判所に請求できる自由権としての側面」[13]があるとするものである。しかし、項目⑤のよ

---

4) 従来の憲法 25 条論を概観した最近のものとして、芹沢斉＝市川正人＝阪口正二郎編『別冊法学セミナー 新基本法コンメンタール 憲法』（日本評論社、2011 年）216-220 頁〔尾形健〕、葛西・前掲注 1 書・第 2 章、中村睦男「社会権再考」季刊企業と法創造 6 巻 4 号（2010 年）67 頁以下、遠藤美奈「憲法に 25 条がおかれたことの意味――生存権に関する今日的考察」季刊社会保障研究 41 巻 4 号（2006 年）334-335 頁等を参照。

5) 芹沢＝市川＝阪口編・前掲注 4・217 頁〔尾形健〕。

6) 詳しくは、中村睦男＝永井憲一『生存権・教育権』（法律文化社、1989 年）45-76 頁〔中村睦男〕参照。

7) 野中ほかⅠ・320 頁〔野中〕、芦部・258 頁、佐藤憲法論・364 頁等を参照。

8) 最大判昭和 57 年 7 月 7 日民集 36 巻 7 号 1235 頁。

9) 戸松秀典『立法裁量論』（有斐閣、1993 年）第二部、岩間昭道「生存権訴訟における「厳格な審査」」芦部古稀（上）・743 頁〈同『戦後憲法学の諸相』（尚学社、2008 年）3 頁〉以下、木下智史「生存権保障と違憲審査基準――生存権（2）」法教 218 号（1998 年）83 頁以下、中村睦男「生存権と社会保障制度」ジュリ 1192 号（2001 年）127 頁以下、藤澤宏樹「生存権の違憲審査基準論の再検討」法時 75 巻 10 号（2003 年）83 頁以下等を参照。

うな「生存権保障の後退という問題」[14] は,「自由権的側面としての生存権論」ではなく[15], 制度後退禁止原則の問題として議論されるようになってきた。その契機となったのは, 生活保護制度に関する老齢加算の廃止の合憲性, 合法性が争われた一連の老齢加算廃止訴訟[16] である。この訴訟は, 70歳以上の生活保護受給者が居住する各自治体を被告として, 生活保護に関する老齢加算の廃止を内容とする保護変更決定処分が生活保護法3条, 56条, 憲法25条に違反する違法なものとして当

---

10) 芹沢=市川=阪口編・前掲注4・220頁〔尾形〕。堀木訴訟最高裁判決(最大判昭和57年7月7日民集36巻7号1235頁)は,「憲法25条の規定は, 国権の作用に対し, 一定の目的を設定しその実現のための積極的な発動を期待するという性質のものである。しかも, 右規定にいう「健康で文化的な最低限度の生活」なるものは, きわめて抽象的・相対的な概念であって, その具体的内容は, その時々における文化の発達の程度, 経済的・社会的条件, 一般的な国民生活の状況等との相関関係において判断決定されるべきものであるとともに, 右規定を現実の立法として具体化するに当たっては, 国の財政事情を無視することができず, また, 多方面にわたる複雑多様な, しかも高度の専門技術的な考察とそれに基づいた政策的判断を必要とするものである。したがって, 憲法25条の規定の趣旨にこたえて具体的にどのような立法措置を講ずるかの選択決定は, 立法府の広い裁量にゆだねられており, それが著しく合理性を欠き明らかに最良の逸脱・乱用と見ざるをえないような場合を除き, 裁判所が審査判断するのに適しない事柄であるといわなければならない」と述べ, 広範な立法裁量論を展開した。葛西・前掲注1論文・117頁は,「憲法学における生存権論の中核は, 裁判所が認めてきた広範な裁量論を統制しようとする腐心の歴史である」としている。
11) 大石眞=大沢秀介編『判例憲法〔第2版〕』(有斐閣, 2012年) 229頁〔尾形健〕。
12) なお, 注解Ⅱ・152頁〔中村〕は,「税法による税の徴収規定の合憲性の問題」や「生存権の一環としての環境権や人格権に基づく公害や環境破壊発生源の差止請求訴訟」のような, 法令による新たな又は加重的な人の生活侵害を「自由権的側面としての生存権論」の問題として捉えている。
13) 芦部・258頁。
14) 小山剛「生存権の法的性格」プロセス〔第4版〕・379頁。
15) 奥平康弘=杉原泰雄編『憲法学(3)』(有斐閣, 1976年) 56-57頁〔奥平〕は, 自由権的側面としての生存権は「近代的な憲法原則(たとえば, 13条あるいは適正手続条項)をもって処理できるものなのであって, かかる自由権に対する公権力的な「侵害」をあえて特別に憲法25条で定める生存権の問題として取りあつかわなければならない理由はない」とする。また, 佐藤憲法論・366頁は,「従来これ〔上述の項目⑤〕を生存権の"自由権的効果"と説明する向きがあったが, そのようなやや屈曲した説明による必要はない」とする。
16) 詳しくは, 葛西・前掲注1書・45-55頁, 井上亜紀「生活保護における老齢加算の廃止と生存権の保障」佐賀大学経済論集43巻1号(2009年) 21頁以下等を参照。

該処分の取消しを求めたものである。

この一連の訴訟は，「朝日訴訟の場合などとは異なって，要保護者に与えるべき保護を与えないというよりは，すでに与えてきた保護を被保護者から奪い去る」[17]ことの合憲性，合法性を問うものである。しかし，このような老齢加算廃止訴訟においては，「保護基準が不当に低く，「健康で文化的な最低限度の生活」を保障する憲法25条1項に違反する，というストレートな議論には限界がある」[18]と指摘される。実際，同訴訟のある下級審判決は，「老齢加算の廃止後，一層の節約を強いられ，日常生活で不自由を感じる場面が少なくないことは否定できないにせよ，その日常生活は，我が国における低所得者層の生活として社会的に是認できる範囲内にないとまでいうことはできず，「健康で文化的な最低限度の生活」を下回ると直ちに断定することはできない」[19]としている。そこで，制度後退禁止原則による主張ということになるが，同原則をめぐっては，後にみるように，多面的な議論が行われている。

(3) 一般に，「生存権の法規範性を強化する方向での議論に多くは望めない」[20]と指摘される中で，制度後退禁止原則は，「素朴であるが，それだけに訴求力のある命題の成否」[21]にかかわり，老齢加算廃止訴訟のような制度後退が問題になる場合に「司法による比較的厳格な裁量統制」[22]を導く可能性があると指摘される。そこで，本章では，制度後退禁止原則の憲法25条論における現われを概観することにしたい。

2　憲法25条1項論にみられる制度後退禁止原則

❶ 社会権としての生存権と制度後退禁止原則

憲法25条1項は，「すべて国民は，健康で文化的な最低限度の生活を営む権利を有する」と規定している。同条1項論でみられる制度後退禁止原則は，生存権の法

---

17) 新井章「先に「削減ありき」の政治的本質を見抜けなかった判決—老齢加算廃止訴訟東京地裁判決（賃社本号）の解説と批判」賃金と社会保障1475号（2008年）5頁。
18) 小山剛「生存権の「制度後退禁止」？」慶應法学19号（2011年）99頁。
19) 東京高判平成22年5月27日判時2085号43頁。
20) 松本和彦「生存権」論点探究・234頁。
21) 小山・前掲注18・98-99頁。
22) 棟居快行「生活保護老齢加算の廃止と生存権」平成20年度重判解・23頁。

的性格論,とりわけ抽象的権利説と関連している。その理由は,次のように説明されてきた。

　第一は,プログラム規定説による限界である。同説によれば,憲法25条の請求権的側面には法的効果がなく,同条は,国の政策方針を示すものにとどまる。ここでは,国がそのような努力を怠ったとしても,具体的な法的救済は予定されておらず,同条が国の政治的義務を明らかにしたことに意味がある。このような「プログラム規定説の立場からすれば,生存権は,単なる政治的期待であって,法的な権利ではない以上,それをどのように与えるか与えないかは法的には政治部門のまったくの自由であるはずで,したがって,一旦立法によって具体化した基準を後の立法で切り下げたとしても,法的には問題はない」[23]ということになろう。

　第二は,制度後退禁止原則が具体的権利説よりも抽象的権利説と適合的であることによる。一般に,抽象的権利説は,憲法25条1項が「国民個人に具体的請求権を付与することは否定しつつ,同条項が国の立法・行政に「健康で文化的な最低限度の生活を営む権利」を実現する法的義務を課す」[24]ものである。この抽象的権利説は,「なまじ憲法レベルでの具体的水準の成立を否定するから,法律レベルでの現行の水準が憲法規範化し後の立法をしばる(制度後退を禁止する)ことになり」[25],制度後退禁止原則を導くことができるとされる。これに対して,具体的権利説は,憲法25条の具体化法が存在しない場合には,立法府の不作為(同条を実現するための立法がなされていないような事態)が同条に違反することの違憲確認ができるとするものである[26]。このような具体的権利説は,同条で保障された権利の具体化に立法を必要とする点では,抽象的権利説との違いがみられない。しかし,具体的権利説は,抽象的権利説とは違い,「あくまで法律とは区別されたものとして「健康で文化的な最低限度」を観念するから,法律の改廃による水準の切り下げも直ちに違憲とは評しえない」[27]とされる。

---

23) 小林節「生存権の本質」受験新報6巻4号(1985年)162頁。
24) 棟居快行「生存権と「制度後退禁止原則」をめぐって」佐藤幸治先生古稀記念『国民主権と法の支配(下巻)』(成文堂,2008年)373頁〈同『憲法学の可能性』(信山社,2012年)392頁〉。
25) 棟居・前掲注24・383頁〈同『憲法学の可能性』401頁〉。
26) 大須賀明『生存権論』(日本評論社,1984年)111-112頁,高田敏『社会的法治国の構成―人権の変容と行政の現代化』(信山社出版,1993年)152-154頁以下等を参照。また,注解Ⅱ・158頁〔中村睦夫〕は,立法不作為の違憲性を国家賠償請求訴訟で争うことを示唆している。
27) 棟居・前掲注24・383頁〈同『憲法学の可能性』401頁〉。

なお，具体的権利説において，「健康で文化的な最低限度の生活」を絶対的に確定できるならば（絶対的確定説），制度後退禁止原則を主張する必要はないが，「健康で文化的な最低限度の生活」の具体的内容が定かでないと解するならば（相対的確定説），制度後退禁止原則を主張することには限界があるとされる[28]。

❷ 抽象的権利説と制度後退禁止原則

これまでの抽象的権利説は，大別して，「（ⅰ）具体的な立法措置をともなう場合に初めて生存権の実現をみるものと，（ⅱ）広い立法府の裁量をみとめるが，裁量権の逸脱・濫用があれば違憲となると説くもの」[29] があった。このうち，（ⅰ）はプログラム規定説とあまり変わらないので，（ⅱ）が多数説による抽象的権利説である[30]。そして，「生存権が生活保護法のような施行立法によって具体化されている場合には，憲法と生活保護法とを一体として捉え，生存権の具体的権利性を論ずることも許される」[31]，生存権の具体化法を「廃止しあるいは正当な理由なしに保障基準を切り下げる措置は，生存権を侵害する行為として違憲無効となる」[32] ことが，（ⅱ）の一内容とされている。

棟居快行教授は，このような最近の抽象的権利説が「立法・行政裁量の行使により，正当な理由なく現行の給付水準が切り下げられないことの法的保障」[33] である制度後退禁止原則を示したものと捉えている。棟居教授は，「給付判決や確認判決の基礎となる実体権として生存権を捉えることは出来ないと」する従来の抽象的権利説への「残された可能性」[34] として，「現行の給付水準の一切の不利益変更を許さないというほどには厳格ではないが，憲法上の一定の幅からも逸脱してしまうような大幅な不利益変更に対してはそれを拒否しうるような，その意味で柔軟化された制度後退禁止原則が導き出される」[35] とする。このような抽象的権利説のもとでは，「生活保護法などの福祉立法の解釈指針として 25 条 1 項が機能することによって，法体系全体としては具体的権利が発生しており，その水準の切り下げ（制度

---

28) 小山・前掲注 18・99-101 頁参照。
29) 大石Ⅱ・273 頁。
30) 芹沢＝市川＝阪口編・前掲注 4・218 頁〔尾形〕参照。
31) 芦部・261 頁。
32) 佐藤憲法・621 頁。
33) 棟居・前掲注 24・380 頁〈同『憲法学の可能性』398 頁〉。
34) 棟居・前掲注 24・373, 380 頁〈同『憲法学の可能性』393, 398 頁〉。
35) 棟居・前掲注 24・384 頁〈同『憲法学の可能性』403 頁〉。

の後退）は違憲となるという帰結が得られる」[36]とする。棟居教授によれば，抽象的権利説は，社会通念としての「健康で文化的な最低限度の生活」を基礎とする立法内容を指し示しており，制度の切り下げにあたっては，そのような切り下げが，「社会通念」に合致するものであることが，国側により裁判上論証されなければならず，その意味で制度後退は原則として禁止される[37]。

　このような制度後退禁止原則から，憲法25条1項の具体化法の合憲性を検討する際，同条1項の「健康で文化的な最低限度の生活」に違反しているかどうかがポイントになる。この点は，同条1項の請求権的側面と「まったく同じであることにも，同時に注意が必要である」[38]が，棟居教授による制度後退禁止原則の意義は，後述のいわゆる判断過程審査において，上述のような論証責任を国側に課しうる点にあるといえよう[39]。

3 判　例

　最高裁判所（以下，最高裁とする）は，上述の生活保護に関する老齢加算廃止訴訟において，生活保護に関する老齢加算を段階的に廃止する保護基準の減額改定が生活保護法，憲法25条1項に違反しないとした[40]。この事件では，当該改定が制度後退禁止原則に違反すると主張されたが，最高裁は同原則を「必ずしも採用してはいないことがうかがわれる」[41]。もっとも，最高裁は，保護基準の改定に関する裁量審査において，①判断過程審査（「改定後の生活扶助基準の内容が健康で文化的な生活水準を維持するに足りない程度にまで低下するものではないとした厚生労働大臣の判断の適否について，判断過程・手続に過誤・欠落があるかという観点から審査される」こと），②裁量判断の結果からの評価（「老齢加算の廃止に際し激変緩和措置を採るか，現に選択した措置が相当かについて，被保護者の期待的利益や生活への影響という実体的な観点から評価すること」）[42]を行っている。そして，最二小判平成24年4月2日民集66巻6号2367頁における須藤裁判官の意見が注目される。須

---

36) 棟居快行『憲法解釈演習―人権・統治機構〔第2版〕』（信山社，2009年）144頁。
37) 棟居・前掲注24・386頁〈同『憲法学の可能性』404-405頁〉。
38) 赤坂正浩『憲法講義（人権）』（信山社，2011年）204頁。
39) 小山・前掲注18・114頁。
40) 最三小判平成24年2月28日民集66巻3号1240頁。
41) 判時2145号4頁の解説。本判決については，尾形健「老齢加算廃止と生存権の保障」セレクト2012年〔Ⅰ〕・12頁，葛西まゆこ「生活保護老齢加算廃止訴訟上告審判決」平成24年度重判解・26頁及びそこにあげられた諸文献を参照。
42) 石井昇「最新判例演習室―行政法」法セ689号（2012年）125頁。

藤裁判官によれば，老齢加算の廃止は，憲法25条の最低生活保障の観点から高齢者に看過しがたい影響を及ぼす可能性があり，高齢者の人間性を損なう点で憲法13条の「個人の尊厳の理念」に違反するおそれがあるから，厚生労働大臣には可能な範囲での激変緩和措置を採る責務が求められるとする。

なお，下級審判例として，宮訴訟の第一審判決[43]は，憲法25条の「理念を具体化した法律によってひとたび国民に与えられた権利ないし利益は，立法によってもこれを奪うことは許されず，合理的な理由がないのに右権利ないし利益の実現の障害となる法律を制定する行為は，憲法25条の趣旨に反することになろう」としている。

4 課題と方向

（1）憲法25条1項の制度後退禁止原則は「憲法的規範の法的拘束力の働く領域を拡張させるものとして魅力的である」[44]とされる一方で，次のような批判や課題が指摘されている。

第一は，憲法と憲法より下位の規範・制度との関係からの批判である。たとえば，制度後退禁止原則には，「下位規範に先行して確定しているはずの憲法上の法規範の内容が，下位の制度の有無（ないし内容）によって逆に規定されてしまう（換言すれば，制度設立の前か後かでそれにかかる憲法的規範の法的拘束力が無から有に変わってしまい，また制度を設立すればするほど憲法上の法規範となる領域が拡がる）という」[45]指摘がそれにあたる。棟居教授は，この指摘は「抽象的権利説それ自体に向けられるべき」批判であるとし，「プログラム規定説を批判するはずの抽象的権利説が，およそ法律から独立した憲法独自の規範内容を否定する……ことは，それ自体が背理というべきである」[46]とする。

第二は，抽象的権利説からの批判である。たとえば，「憲法25条1項によって保障される抽象的権利の内容は，「健康で文化的な最低限度の生活」以上でもなければ以下でもない」ので，「「健康で文化的な最低限度の生活」＋αの中の「＋α部分」の「廃止は，抽象的権利説からは阻止できない」[47]という指摘がそれにあたる。棟居教授は，この指摘は「抽象的権利説に必ずしも忠実でなく，むしろ具体的権利

43）東京地判昭和49年4月24日行集25巻4号274頁。
44）内野正幸『憲法解釈の論理と体系』（日本評論社，1991年）155頁。
45）内野・前掲注44・155頁。
46）棟居・前掲注24・382-383頁〈同『憲法学の可能性』401頁〉。
47）小山・前掲注14・382頁。

説に接近している」[48]とする。

　第三は，憲法 25 条 1 項の制度後退禁止原則と財産権保障の比較からの批判である。たとえば，「財産権保障であれば既得権の保障を語り得るが，生存権は既得権それ自体の保障を目指すものではない。生存権が確保しようとしているのは「健康で文化的な最低限度の生活」である。現状の変更それ自体は，前進であれ後退であれ，生存権の禁ずるところではない」[49]と指摘がそれにあたる。

　第四は，具体的権利説と制度後退禁止原則との関係如何である。たとえば，立法不作為の違憲確認訴訟のみを認める具体的権利説において，法律ではなく命令の不作為（作為の結果としての不作為）の生存権訴訟を想定した場合，「すでに命令で定めていた給付をその改正によって廃止することをどう評価するかの問題が出てくる」[50]。すなわち，法律と同様に，命令の不作為による制度後退自体の違憲確認ができるかどうかという問題である。また，「健康で文化的な最低限度の生活」水準を明らかに下回る範囲内の金銭給付ならば，当該立法が存在しなくても，具体的な給付請求権を裁判所に求めることができるという「ことばどおりの意味における具体的権利説」[51]に立つと，訴訟当事者が直接憲法に基づいて給付に関する不足分を請求できるが，「不足分をみずから論証しなければならず，この点での負担が増えることになり，この負担との関係で制度後退禁止が許されるか否かが問われることになる」[52]であろう。

　第五は，「自由権的側面としての生存権論」と制度後退禁止原則との関係如何である。すなわち，「生存権保障の後退」という制度後退禁止原則が想定する事例の中には，「自由権的側面としての生存権論」として捉える見解もみられる。たとえば，「仮に社会権について原則として制度の後退を排除するベースラインを観念することができるのであれば，それからの後退は，防御権としての自由権の保護範囲の侵害と論理的に選ぶところはない（だからこそ「自由権的側面」と言われてきた）

---

48) 棟居・前掲注 24・383 頁〈同『憲法学の可能性』401 頁〉。
49) 松本・前掲注 20・236 頁。葛西まゆこ「司法による生存権保障と憲法訴訟」ジュリ 1400 号（2010 年）115 頁は，この指摘は「プログラム規定説に通底するものである」とする。
50) 渋谷秀樹「老齢加算と母子加算の廃止」渋谷秀樹＝大沢秀介＝渡辺康行＝松本和彦『憲法事例演習教材』（有斐閣，2009 年）272 頁。
51) 棟居快行「生存権の具体的権利性」長谷部恭男編著『リーディングズ現代の憲法』（日本評論社，1995 年）156 頁〈同『憲法学再論』（信山社，2001 年）352 頁〉，藤井樹也『権利の発想転換』（成文堂，1998 年）414 頁以下を参照。
52) 渋谷・前掲注 50・272-273 頁。

との見方はありえよう」[53]という指摘がそれにあたる。したがって，両者の関係，相違等があらためて検討されるべきであろう[54]。

(2) 制度後退禁止原則には以上のような批判・検討課題があるが，同原則の考え方は次のような方向性で論が進められつつある。たとえば，憲法25条に関する違憲審査基準の適用においては，「採用された制度を正当な理由なく不利益に改変し廃止する場合（後退禁止の原則）」の「有無に注意しながら，その合理性を審査していくべきであろう」[55]という指摘がある。また，①「法令・基準がある基準額を最低限度の生活として設定した以上は，その減額は最低限度の生活水準を下回ることになる蓋然性が高い」[56]場合，②「合理的な理由がないのに右権利〔生存権〕ないし利益の実現の障害となる法律を制定する行為」[57]が問題となる場合，③社会保障制度に対する国民の信頼という利益を侵害する場合[58]には，制度後退禁止原則の考え方を活かして，厳格な司法審査，具体的には「(a) 給付を削減する判断に合理的理由・根拠があるか，(b) 給付削減による当事者の不利益はどれほど深刻か，といった観点から，より立ち入った審査」[59]がなされるべきという見解が示されて

---

53) 長谷部恭男「書評 木村草太『憲法の急所―権利論を組み立てる』」論究ジュリスト1号（2012年）143頁。
54) 葛西まゆこ「生存権と制度後退禁止原則―生存権の「自由権的効果」再考」季刊企業と法創造7巻5号（2011年）26頁以下，斎藤一久「生存権の自由権的側面の再検討―旭川国保訴訟最高裁大法廷判決のもう1つの論点」季刊企業と法創造7巻5号（2011年）11頁以下等を参照。なお，小山・前掲注18・98頁の注（4）は，「あえて区別すれば，「自由権的効果」は憲法25条の主観的権利の側面から生じるものであり，「制度後退禁止」は――これに主観的権利が対応するか否かはともかくとして――客観的憲法原則として問題となるものである」とする。
55) 戸波江二「憲法学における社会権の権利性」国際人権16号（2005年）71頁。
56) 宍戸常寿「生存権の憲法的構成」法セ654号（2009年）70頁〈宍戸・169頁〉。
57) 東京地判昭和49年4月24日行集25巻4号274頁。
58) 最二小判平成24年4月2日民集66巻6号2367頁における須藤裁判官の意見。須藤裁判官は，「一般に国民は行政処分を適法なものとして信頼しているものであるところ，この国民の信頼は社会生活の基盤を成すものであるから，一般にその信頼は保護されるべきであろう。とりわけ，本件の老齢加算のような授益的行政処分（給付処分）であって，しかも40年以上もの長きにわたり保護基準で定められ，その適法性が疑われることなく存続してきたものについては，被保護者が引き続き生活扶助の一部として受給できるものと関係者も含めて強く信頼し，その上で諸般の生活関係を成り立たしめているものといえるから，特にその信頼を保護する必要があり，したがって，その廃止の時期や方法などについては，一定の制約があるというべきである」としている。

いる。

3 憲法25条2項論にみられる制度後退禁止原則

❶ これまでの憲法25条2項論

憲法25条2項は,「国は,すべての生活部面について,社会福祉,社会保障及び公衆衛生の向上及び増進に努めなければならない」と規定している。

同条2項については,同条1項との関係をどう考えるかが重要な論点とされてきた。1975年の堀木訴訟控訴審判決[60]は,憲法25条1項と2項を分離して捉えた(憲法25条1項・2項区分論)[61]。同判決によれば,同条2項は「国の事前の積極的防貧施策をなすべき努力義務のあること」を定めたものであるのに対して,同条1項は同条2項の「防貧施策の実施にもかかわらず,なお落ちこぼれた者に対し,国は事後的,補足的且つ個別的な救貧施策をなすべき責務のあること」を述べたものである。この考え方によれば,同条1項は救貧施策(生活保護施策に限定)に,同条2項は防貧施策(生活保護施策以外の政策)にかかわるものとされる。そして,同条2項の場合は,その内容に関しては広い立法裁量が認められ,原則として違憲問題を生じる余地はないという。

これに対して,学説では,同条2項は,生存権保障の目的・理念を定めた同条1項を達成するための国の責務を定めたものと解されている(憲法25条1項・2項一体論)[62]。この考え方によれば,国民の主観的権利としての生存権を直接定めた同条1項には,人間としてのぎりぎりの最低限度の生活の保障を求める権利と,より快適な生活の保障を求める権利の両方が含まれるのに対して,同条2項はこの国民の権利に対応した国の責務を特に定めたものとされる。

---

59) 尾形健「生存権保障」曽我部真裕＝赤坂幸一＝新井誠＝尾形健編『憲法論点教室』(日本評論社,2012年) 147-148頁。また,木下智史「生存権(25条)」法教260号(2002年) 27頁は,「生存権保障立法の廃止や保障水準の切下げの場合は,国民の「制度への信頼」という利益に照らして,裁量の幅は狭まり,通常の保障水準設定よりも高度の正当化が必要とされる」とする。
60) 大阪高判昭和50年11月10日行集26巻10・11号1268頁。
61) なお,鳥居喜代和「年金訴訟における憲法25条論の動向―憲法25条1項2項峻別論の形成と展開」立命館法学5・6号(1982年) 67頁以下を参照。
62) 注解Ⅱ・158-159頁〔中村睦夫〕参照。

もっとも，学説のなかには，憲法25条1項と同条2項の文言上の違いから，堀木訴訟控訴審判決の区分論は妥当でないが，区分論それ自体は適切であるという指摘がある[63]。内野正幸教授は，同条1項が「最低限度」の生活に関する社会保障給付を受ける法的権利，同条2項が「最低限度」を上回る社会保障給付に関する国の努力義務を定めたもの，と原則みるべきとする。

2 憲法25条2項と制度後退禁止原則

　すなわち，内野教授は，憲法25条の構造をこのように捉えたうえで，制度後退禁止原則が同条2項から導かれるとする。内野教授は，同条2項を原則的にプログラム規定と捉え，同条2項の努力義務の要請に著しく違反する措置がとられた場合には例外的に違憲となるとする。すなわち，同条2項を具体化した社会保障制度を「後に後退させても原則として違憲にならないが，しかし，合理的理由の乏しい著しい後退が行われた場合にかぎっては違憲になる」[64]。

　高橋和之教授は，「憲法25条2項は，政府に対し社会福祉等の「向上及び増進に努め」る義務を課している。このことは，政府に少しずつ国民の生活水準を高めていくことを義務づけているものと解されるから，そのための政策を具体化するに際してはある程度広い裁量が認められるにしても，一旦具体化した水準を低下・後退させる場合には，裁量の幅は狭まると解され，相応の正当化が要求される」[65]としている。

3 下級審判例

　制度後退禁止原則が憲法25条2項から導けるとした最高裁判例はみあたらないが，塩見訴訟の第一審判決[66]が注目される。同判決は，国が憲法25条「2項に基づいて行う個々の施策には，絶対的な基準がなく，それぞれが，どのような要件の

---

63) 内野・前掲注44・373-375頁参照。
64) 内野正幸「高齢化社会と福祉・雇用」ジュリ1089号（1996年）56頁。また，小山剛＝内野正幸「社会権の保障」法セ（2003年）108-110頁〔内野〕〈同「社会権の保障」井上典之＝山元一＝小山剛編『憲法学説に聞く』（日本評論社，2004年）108-110頁〉参照。
65) 高橋・289頁。同頁によれば，生活保護法56条（「被保護者は，正当な理由がなければ，既に決定された保護を，不利益に変更されることがない」）は，「この理を定めたものであるが，それは行政処分の不利益変更に限られるものではなく，行政立法による基準の不利益変更は言うに及ばず，議会の立法による不利益変更にも妥当する」。
66) 大阪地判昭和55年10月29日行集31巻10号227頁。

もとに，どのような内容をもって行われるかは，国民経済の状況，国家の財政状態，国民感情等の諸事情や施策体系全体の調和を勘案したうえで判断されなければならない立法政策の問題であり，立法府の裁量に委ねられているというべきである。そして，一旦，国民に具体的権利が与えられると，当該権利の由来するところである憲法25条2項は，これに基づく施策を絶えず充実拡充していくことを要求しているから，当該権利を立法によって奪うことは，他に合理的な理由がない限り許されず，しかも，その合理性は，かなり厳格に検討されなければならない」とした。

❹ 課題と方向

憲法25条2項については，上述のように同条1項との関係を中心に論じられており，同条2項の解釈論はほとんどみられない。そうしたなかで，同条2項は「前向きに，つまり増進せよと……命じているにもかかわらず，後ろに下がっているのは問題だとして」[67]，すなわち制度後退禁止原則の問題として，論を進めるのが同条2項の解釈の発展可能性としてあるように思われる。

憲法25条2項は，「社会福祉」「社会保障」「公衆衛生」をあげている。一般に，これら三者は，「相互に関連し合っており，厳密に区別することは困難で，また強いて区別する必要に乏しい」[68]とされる。しかし，感染症法制，薬事法制，食品法制，医療法制等，同条2項の「公衆衛生」向上増進立法及び「施策は，(「社会福祉」「社会保障」向上増進施策と異なり)「集団予防」・「社会防衛」といった目的・観点から行われることが少なくな」[69]く，「社会保険」，「公的扶助」，「社会福祉」，「公衆衛生」を含めた広義の「社会保障」とは「異なる制度と理解されることが多い」[70]。このような理解に基づけば，同条2項の「公衆衛生」向上増進施策は，「社会福祉」「社会保障」向上増進施策と同列に扱うことが適切かどうか，制度後退禁止原則の考え方から検討してみる余地はありそうである。

なお，公衆衛生向上増進立法及び施策は，「憲法25条に基づき制定された行政法の一分野とされてきた」[71]が，憲法の分野では自由権の問題として取り組まれつ

---

67) 内野正幸＝戸波江二＝井上典之＝阪本昌成＝中林暁生＝横大道聡＝大林啓吾「葛西まゆこ報告をめぐる質疑応答」季刊企業と法創造7巻5号（2011年）152頁〔井上〕。
68) 佐藤憲法論・366-367頁。
69) 竹中勲「予防接種強制制度の合憲性と予防接種健康被害に対する憲法上の救済権」同志社法学60巻5号（2008年）33頁の注（1）。
70) 赤坂・前掲注38・272-273頁。また，大石Ⅱ・276頁参照。

つある[72]。今後は，当該立法及び施策が憲法 25 条 2 項の具体化法であることに鑑みて，同条 2 項の観点（同条 2 項から制度後退禁止原則が導かれるのであれば，その観点）から当該立法及び施策が自覚的に論じられるべきであろう。

4　おわりに

　以上，制度後退禁止原則に関する学説・判例を概観してきた。肯定説の根拠は，主に憲法 25 条 1 項の抽象的権利説又は同条 2 項に分かれるが，最近では，同条「1 項，2 項いずれに依拠したとしても，制度後退禁止原則の下では，切り下げの場面では公権力が合理的な説明をすることが求められる」[73]という学説があらわれている。また，否定説のなかには，憲法上の制度後退禁止原則を導くことはできないが，法律論，とりわけ「生活保護法レベルで一種の制度後退禁止の要請が生じる可能性を排除するものではない」[74]という指摘がある。

　憲法 25 条の制度後退禁止原則・「生存権保障の後退」をめぐる議論は，肯定説からは「抽象的権利説の真価が問われる」[75]，否定説からは「具体的権利説／抽象的権利説という学説分類の意義自体を疑ってみる必要があろう」[76]と指摘される等，同条論の主要論点に及ぶ意味あいをもってきている。このようにみると，制度後退禁止原則をめぐる議論は，憲法 25 条論全体を再検討する視点を提供しているといえるのかもしれない。

---

71)　高井裕之「医療と憲法問題」前田達明＝稲垣喬＝手嶋豊執筆代表『医事法』（有斐閣，2000 年）130-132 頁。
72)　竹中・前掲注 69・1 頁以下，松井茂記『LAW IN CONTEXT 憲法―法律問題を読み解く 35 の事例』（有斐閣，2010 年）227 頁以下等を参照。
73)　葛西・前掲注 49・114 頁。
74)　小山・前掲注 18・110 頁。
75)　葛西・前掲注 54・33 頁。
76)　小山・前掲注 18・115 頁。

第12章

教育を受ける権利と障害のある子どもについて

特別支援教育制度とインクルーシブ教育

織原保尚

1 はじめに

　障害[1]のある子どもの教育を受ける権利について，これまで障害のある人に対する教育は，就学猶予の制度が存在するなど，十分に保障されているとは言い難い時代があった。そして，障害のある子どもを対象とした学校制度が確立したのちも，障害のある子どもが通う学校は，盲・聾学校や，養護学校などとされ，障害のない子どもが通学する学校とは，分離された環境で教育されることが原則とされてきた。しかし近年においては，2007年から障害のある子どもに対する特別支援教育が学校教育法上に位置づけられる[2]など大きな変化がみられる。さらに2010年には，中央教育審議会「特別支援教育の在り方に関する特別委員会」において，今後インクルーシブ教育を推進していく方向性が示される[3]など，障害のある子どもの教育を受ける権利の議論は，現在大きな転換点を迎えているといえる。本章は，障害のある子どもの教育を受ける権利について，特別支援教育とインクルーシブ教育の動向を踏まえ，論ずるものである。まず第2節では，議論の前提となる教育を受ける権利とは何かについて論ずる。第3節において，これまでの障害のある子どもの教育を受ける権利の制度の変遷および現状について概観したのち，第4節では，インクルーシブ教育とは何かについて議論の動向を探る。そして，日本における現在の問題点について指摘することをもって論を結びたい。

---

1) 「障害」という用語については，その文字のもつ意味に配慮して「障がい」や，「障碍」等と表記される例も見られるが，本章では一般的に用いられていると思われる「障害」の表記を用いる。
2) 学校教育法第8章72条以下。
3) 中央教育審議会，特別支援教育の在り方に関する特別委員会「論点整理」(2010年12月)（http://www.mext.go.jp/b_menu/shingi/chukyo/chukyo3/044/houkoku/1300890.htm)。

2 教育を受ける権利について

❶ 教育を受ける権利と憲法26条

　教育を受ける権利について，日本国憲法は26条において規定がなされている。本条1項においては「すべて国民は」とあり，障害のある者もその対象として当然に含まれる[4]。さらに，本条では子どももその権利の主体として考えられ，これは現代における教育の重要性を確認したものと言え，世界的潮流とも合致する。1948年に国連総会で決議された世界人権宣言においては，その26条において教育を受ける権利について規定し，その1項においては「すべての人」が対象であることを明示し，さらに，高等教育についても「能力に応じ，すべての者にひとしく開放されていなければならない」と規定する。また2項においては，教育の目的として「人格の完全な発展並びに人権及び基本的自由の尊重」を挙げる。この教育の目的については，1954年にアメリカ連邦最高裁判所において下された著名な判決であるブラウン判決[5]においても「今日教育は，州や地方自治体のおそらく最も重要な機能である。義務教育法と多額の教育支出は，われわれの民主主義社会のための教育に対するわれわれの認識を示している。……今日では，教育の機会を否定されれば，いかなる子どもでも人生において成功することはまずおぼつかない」と，教育の重要性が説明されている。

　一方日本法においては，1947年に制定された教育基本法は，教育分野における憲法に準ずる性格の法として特筆される。1947年教育基本法では，3条において「すべて国民は，ひとしく，その能力に応ずる教育を受ける機会を与えられなければならない」と教育の機会均等を定める他，1条で教育の目的を「人格の完成をめざし，平和的な国家及び社会の形成者として，真理と正義を愛し，個人の価値をたつとび，勤労と責任を重んじ，自主的精神に充ちた心身ともに健康な国民の育成を期して行われ」る，と規定している。教育基本法は，2006年に大改正が行われ，改正後においては教育の機会均等について4条で定める他，教育の目的について1条から2条にかけて，詳細に説明されている[6]。

---

4) 西原博史「第26条 教育を受ける権利・教育を受けさせる義務」芹沢斉＝市川正人＝阪口正二郎編『新基本法コンメンタール憲法』（日本評論社，2011年）225頁。
5) Brown v. Board of Education, 347 U.S. 483 (1954).
6) 特に2条5項においていわゆる「愛国心」の育成が謳われていることに関して，批判も多い。

2 自由権的性質と社会権的性質

　教育を受ける権利も，まずは自由権に属するものと観念される[7]。これは，近代憲法史において，教育の自由が思想の自由の一環として位置づけられてきたことによる[8]。一方で，教育を受ける権利は，社会権的性質も有し，国は教育制度を維持し，教育条件を整備する義務を負うとされる[9]。前述した現代における教育の役割の重要性を考慮すると，国民が各自で行えることには限界があるため，国家に対して教育施設や教育専門家を備えた教育の提供を求めることになるのである。このように，教育を受ける権利は，自由権的性質と，社会権的性質を併せもつ，複合的な性格の人権であるとされる[10]。

3 国民の教育権説と国家の教育権説

　教育の内容や方法に関して，必ずしも親や教師が考えるものと，国家が考えるものが一致しない場合がある。教科書検定や学力テストに関する裁判において争われた議論が，教育の内容の決定権はどこにあるのかという問題であった。まず，国家の教育権説は，教育権の主体を国家であるとする。この説によれば，公教育においても民主主義政治の原理が妥当し，国が公教育を運営する責務と権能を有し，教育内容に関する管理運営についての権限も持つとされる[11]。一方で，国民の教育権説は，子どもを教育する責務を担うのは親を中心とした国民全体であり，それが教師を通じて遂行されるとする。そして，国家は教育内容や方法には原則として介入できないとする[12]。それらの説に対して，最高裁は旭川学力テスト判決において，両説とも極端に過ぎるとし，教育の本質として教師に一定の範囲の教育の自由を認めると同時に，国の側も必要かつ相当と認められる範囲で教育内容について決定する権能をもつと判断した。ただし，教育内容に対する国家的介入についてはできるだけ抑制的であることが求められ，子どもが自由かつ独立の人格として成長するこ

---

7) 野中ほかⅠ・516頁。
8) 中村睦男『社会権法理の形成』（有斐閣，1973年）312頁以下。
9) 芦部・264頁。
10) 野中ほかⅠ・516-517頁。
11) 第一次家永教科書訴訟第1審（高津判決）東京地判昭和49年7月16日判時751号51頁。
12) 第二次家永教科書訴訟第1審（杉本判決）東京地判昭和45年7月17日行集21巻7号別冊1頁。

とを妨げるような介入は憲法上許されないとする[13]。

　2006年の教育基本法改正時に，旧10条の「教育は，不当な支配に服することなく，国民全体に対し直接に責任を負って行われるべきものである」という部分が削除された。この条文の削除によって，国家による教育への介入が強まるのではないかと懸念された[14]。

4 障害のある子どもの就学先の選択

　現行憲法下においても，基本書などでは障害のある子どもの教育を受ける権利について，言及していないものも多い。しかし特に1990年代以降，障害のある子どもの教育を受ける権利について，憲法上の権利として位置付ける議論が活発になっている[15]。特に，障害のある子どもに関する大きな論点である，子どもの就学先の選択に関して議論がなされている。

　まず，親の教育の自由から，子どもの就学先の拒否権を導き出すものがある。この説によれば，統合教育と分離教育のいずれが望ましいかといったような，親によって考え方が分かれ，一義的に決められない問題について，国がその一方を強制することは親の教育の自由をおかすことになる。したがって，親はその意思に反して特定の学校への就学を強制された場合には，これを拒否することができるのであるとする[16]。

　もう一つの選択の自由を強調する説として，憲法13条を根拠に，公的サービスの非強制的給付型社会権実現立法を制定・執行するに際しても，親の教育の自由など，国民の自由権に最大の尊重を払わなければならないとするものがある。この説によれば，公権力には学校教育サービスを整備する際に，国民のニーズの多様さに対応する選択肢を用意する抽象的義務が課せられており，法令により具体化されている選択肢の間で，子ども・親が選択することを公権力が否定する場合には，公権力側が十分な正当化自由を提示することが求められるとする[17]。

　また，憲法14条を根拠に，障害のある子どもの普通学校からの排除を平等条項違反として構成し，裁判においては厳格化された審査基準が妥当するとするものがある。この場合には，障害の種類・程度・教育上のニーズと当該教育との整合性が

---

13) 旭川学力テスト判決　最大判昭和51年5月21日刑集30巻5号615頁。
14) 西原博史「教育基本法改正と教育の公共性」日本教育法学会年報 第34号（2005年）21頁。
15) 植木淳『障害のある人の権利と法』（日本評論社，2011年）232頁。
16) 中川明『学校に市民社会の風を─子どもの人権と親の「教育の自由」を考える』（筑摩書房，1991年）55-56頁。
17) 竹中勲「障害児の「教育を受ける権利」」法教188号（1996年）90頁。

厳密に問われることになるとする[18]。

さらに，憲法26条を根拠に，障害のある子どもに，学校選択権を与えているとする見解がある。憲法26条が社会権的権利であったとしても，現行制度は普通教育と特殊教育（特別支援教育）という二つの教育の場を提供しているのだから，現行制度を前提とした，教育の場の選択権が認められるとする[19]。

3 障害のある子どもの教育とその法制度の変遷

❶ 特別支援教育以前

明治5年（1872年）8月に公布された学制では第29章において以下のように示されている。「中学ハ小学ヲ経タル生徒ニ普通ノ学科ヲ教ル所ナリ分チ上下ニ等トスニ等ノ外工業学校商業学校通弁学校農業学校諸民学校アリ此外廃人学校アルヘシ」。

「廃人学校」というものが，障害のある子どもに対する学校として規定されていた。しかし，実際に，障害のある子どもについて義務化がなされたのは，盲，聾学校が昭和23（1948年）年[20]，養護学校教育が義務教育化されたのは昭和54年（1979年）4月からであった[21]。養護学校の就学義務化によって，就学猶予，免除者の数が大幅に減少し，昭和47年（1973年）当時2万人前後，昭和53年度（1978年）には1万人近くあったものが，昭和54年度には3400人を切るほどにまでなったという[22]。日本の障害をもつ子どもの教育に関する制度は，この時期をもって，一つの段階に達したといえる。

昭和56年（1981年）は，国際連合「国際障害者年」とされ，翌年からの10年間が「国連障害者の十年」と指定された。国内では昭和57年（1982年）「障害者対策に関する長期計画」，昭和62年（1987年）には「同後期重点施策」が決定され

---

18) 米沢広一『憲法と教育15講〔第3版〕』（北樹出版, 2011年）147頁。
19) 大澤理尋「子どもの選択権・親の選択権―特殊学級入級処分取消訴訟をめぐって」判タ880号（1995年）26-27頁。
20) 学校教育法（昭和二十二年三月二十九日法律第二十六号）93条，昭和23年4月 政令第79条「中学校の就学義務並びに盲学校及び聾学校の就学義務及び設置義務に関する政令」。文部省編『特殊教育百年史』（東洋館出版社, 1978年）185頁。
21) 昭和48年（1973年）「学校教育法中養護学校における就学義務及び養護学校の設置義務に関する部分の施行期日を定める政令」。
22) 文部省編『学制百年史』（帝国地方行政学会, 1972年）第三編 第三章 第九節二。

た。この中で，教育関係では，教育内容・方法の改善，学級編制・教職員定数の改善，地域社会の人々との交流の拡大などが提唱された。昭和57年（1982年）には特殊教育研究調査協力者会議によって報告が行われ，これを機に養護学校高等部は徐々に整備され，進学率も向上した[23]。

1993年には，各教科の授業は主として通常の学級で受けながら，心身の障害の状態に応じた特別な指導を特別学級または特別な指導の場で受ける，通級による指導が制度化され，軽度の障害のある子どもに対する教育の充実が図られた[24]。なお，LD・ADHDの児童生徒についても，その後2006年からは新たに通級による指導の対象とされている。

この時期には，障害者関係法にも変化がみられる。1993年に身体障害者対策基本法が改正され，障害者基本法となった。精神障害者が身体障害者や知的障害者と並んで法の対象として位置づけられた。「完全参加と平等」の精神が障害者基本法の基本理念として法律に明記される形となった[25]。2004年に障害者基本法の改正が行われた。この改正の目的は，障害のある人の社会への参加，参画を実質的なものとするために，障害のある人を取り巻く社会経済情勢の変化等に対応し，障害のある人の自立と社会参加の一層の促進を図るためであるとされる[26]。具体的な内容としては，障害を理由とする差別禁止理念の明示がなされたことが注目される[27]。

1994年に日本は子どもの権利条約を批准したが，日本国政府は障害のある子どもの教育を受ける権利に関する部分について，特に留保や解釈宣言などは付していない。しかしこの後数回にわたって，国連・子どもの権利委員会による見解が公表され，そこでは日本は障害のある子どもの教育について厳しい評価がなされている[28]。

❷ 特別支援教育の時代

2001年に文部科学省に設置された「21世紀の特殊教育の在り方に関する調査研究協力者会議」の報告がなされたことや，2003年には「特別支援教育の在り方に関する調査研究協力者会議」の最終報告がなされたことを踏まえ，2005年には，

---

23) 文部省編・前掲注20・345-346頁。
24) 学校教育法施行規則第73条の21（現140条）。
25) 内閣府編『平成14年度版障害者白書』6頁。
26) 内閣府編『平成17年度版障害者白書』36頁。
27) 障害者基本法3条3項。
28) 子どもの権利条約と障害のある子どもについては，拙稿「子どもの権利条約と障害のある子どもの教育を受ける権利」関東学院大学法学研究所紀要ジュリスコンサルタス21号（2012年）251頁。

中央教育審議会において「特別支援教育を推進するための制度の在り方について（答申）」が出されるなど，特殊教育から「特別支援教育」への転換がはかられた。

2002年に学校教育法施行令の一部が改正された。この改正では，盲・聾・養護学校への就学基準に該当する者であっても，小学校又は中学校において適切な教育を受けることができる特別な事情があると認められる者（認定就学者）については，小学校又は中学校に就学させることが可能となった[29]。また，就学先決定時に，専門家の意見も聴取することが定められている[30]。

2006年には教育基本法が改正された。障害者に関しては，4条2項において「国及び地方公共団体は，障害のある者が，その障害の状態に応じ，十分な教育を受けられるよう，教育上必要な支援を講じなければならない」と規定されている。1947年教育基本法においては，「すべて国民は」との表現はあるものの，障害者についての言及はなかったため，一つの進歩と評価することができよう。さらにこの「その障害の状態に応じ」と規定されていることは，後述のインクルーシブ教育の理念とも密接に関係するとされる[31]。

2007年に学校教育法等の一部改正がなされた。本改正により，これまでの盲，聾，養護学校に代わり，特別支援学校の制度が創設された[32]。また，小学校，中学校，高等学校などには，特別支援学級を設置できることも定められている[33]。また，これに伴う学校教育法施行令の改正により，障害をもつ子どもの就学先決定時において，保護者からの意見聴取の義務付けがなされた[34]。これは，日常生活上の状況等をよく把握している保護者の意見を聴取することにより，子どもの教育的ニーズを的確に把握するためとされる[35]。これら法改正は，近年，障害のある児童生徒などについては，障害の重度・重複化や多様化などに伴い，一人一人の教育的ニーズに応じた適切な教育の実施や，学校と福祉，医療，労働などの関係機関との連携がこれまで以上に求められるという状況から，児童生徒などの個々のニーズに柔軟に対応し，適切な指導や支援を行う観点からなされたとされる[36]。

---

29) 学校教育法施行令5条，6条，11条，12条。
30) 同18条の2。
31) 佐々木幸寿＝柳瀬昇『憲法と教育〔第二版〕』（学文社，2009年）46頁。
32) 学校教育法72条。
33) 同81条。
34) 学校教育法施行令18条の2。
35) 特別支援教育課「特別支援教育をめぐる法令改正について―盲・聾・養護学校から特別支援学校へ」教育委員会月報19巻1号9頁。
36) 文部科学省編『平成20年度　文部科学白書』128頁。

そして，近年は 2008 年に発効した障害者権利条約を批准するべく，活動がなされている。内閣に設置された「障がい者制度改革推進本部」による「障害者制度改革のための第二次意見」[37] や，中央教育審議会，特別支援教育の在り方に関する特別委員会による「論点整理」[38] などによって次節で述べる「インクルーシブ教育」を目指す方向性などが示されている。これらの議論の中では子どもの権利条約との関係にも言及がなされている[39]。

---

37) (http://www8.cao.go.jp/shougai/suishin/kaikaku/pdf/iken2-1-1.pdf)。(http://www8.cao.go.jp/shougai/suishin/kaikaku/pdf/iken2-1-2.pdf)。そこでは，教育の部分で「日本における障害者に対する公教育は特別支援教育によって行われており，法制度として就学先決定に当たっては，基準に該当する障害のある子どもは特別支援学校に就学する原則分離別学の仕組みになっている。障害者権利条約は，障害のある子どもとない子どもが共に教育を受けるインクルーシブ教育制度の構築を求めており，こうした観点から，現状を改善するために以下を実施することが必要である」とし，そしてその中で，「地域における就学と合理的配慮の確保」として「障害のある子どもは，障害のない子どもと同様に地域の小・中学校に就学し，かつ通常の学級に在籍することを原則とし，本人・保護者が望む場合に加え，ろう者，難聴者又は盲ろう者にとって最も適切な言語やコミュニケーションの環境を必要とする場合には，特別支援学校に就学し，又は特別支援学級に在籍することができる制度へと改めるべきである。したがって，「障害の状態に応じ，十分な教育が受けられるようにする」という現行の規定は，障害の種別と程度によって就学先が決定されることを許容し，インクルーシブな教育制度と矛盾する恐れがあるため改められるべきである」と示されている。

38) (http://www.mext.go.jp/b_menu/shingi/chukyo/chukyo3/044/houkoku/1300890.htm)。「インクルーシブ教育システム構築に向けての特別支援教育の方向性について」として，
　●インクルーシブ教育システム（包容する教育制度）の理念とそれに向かっていく方向性に賛成。
　●インクルーシブ教育システムにおいては，同じ場で共に学ぶことを追求するとともに，個別の教育的ニーズのある児童生徒に対して，その時点で教育的ニーズに最も的確にこたえる指導を提供できる多様で柔軟な仕組みを整備することが重要。子ども一人一人の学習権を保障する観点から，通常の学級，通級による指導，特別支援学級，特別支援学校といった，連続性のある「多様な学びの場」を用意しておくことが必要。
　と示されている。

39) 第 16 回推進会議 平成 22 年 7 月 12 日　議事録 (http://www8.cao.go.jp/shougai/suishin/kaikaku/s_kaigi/k_16/gijiroku.html)。
　特別支援教育の在り方に関する特別委員会 第 5 回議事録 (http://www.mext.go.jp/b_menu/shingi/chukyo/chukyo3/044/siryo/1299329.htm)。

❸ 近年の障害のある子どもの教育を受ける権利についての判例

特別支援教育への移行という変化の中で，障害のある子どもの教育について，特に学校選択が争われる場面で，裁判所はどのような判断をしているのだろうか。近年では，特別支援教育制度導入後に争われた中学校の学校選択に関する奈良県下市町立中学校入学拒否事件[40]が注目される。以下その判決について概観する。

申立人は，脳性麻痺による四肢機能の障害を有しており，車椅子を利用して生活している。相手方である町は，下市中学校を設置しており，当時同校には特別支援学級は設置されていなかった。申立人は小学校の普通学校の特別支援学級に通っており，保護者らは小学校卒業後も，地元の下市中学校に就学させたいと考え，町教育委員会と交渉を続けたが，教育委員会は設備に不備があることなどを理由に，特別支援学校に入学させるべき旨を通知した。申立人は町に対して，教育委員会が保護者に対して，子どもの就学すべき中学校として，下市中学校を指定することの義務付けを求める訴えを提起した。

奈良地裁は，子どもを肢体不自由者に当たるとした上で，町教育委員会が本件指定をしないことが，その裁量権の範囲を超え，又は濫用になると認められるか否かについて以下のように検討した。

まず，認定就学該当性の有無の判断については，当該市町村の教育委員会には一定限度の裁量の余地が認められていることを確認する。その上で，認定就学者の制度が学校教育法施行令の改正により設けられ，同改正の際，その法律案に対する付帯決議がなされており，衆議院文部科学委員会や参議院文教科学委員会が，障害のある子どもたちと障害のない子どもとの交流及び共同学習が一層推進されるよう努めることなどを指摘し，さらに，平成19年4月1日付文部科学省初頭中等局長名で出された「特別支援教育の推進について」の中でも，障害のある幼児児童生徒と障害のない幼児児童生徒との交流及び共同学習等について指摘していることを挙げ

---

[40] 奈良地決平成21年6月26日。評釈として，大島佳代子＝織原保尚「障害のある子どもの教育を受ける権利と仮の義務付けの訴え：町立中学校への就学指定に関する仮の義務付け申立事件決定（奈良地裁平成21年6月26日決定）を主たる素材として」同志社政策研究4号（2010年）76頁，兒玉修一＝西木秀和「車いすの生徒の中学校入学を命じた仮の義務付け決定─奈良肢体不自由児中学校入学仮の義務付け申立事件・奈良地裁決定（2009.6.26）について」賃社1504号（2009年）33頁，今川奈緒「障害を有する生徒の町立中学校入学に関する仮の義務付け決定─下市中学校入学拒否事件」賃社1504号（2009年）38頁。

る。そして、生徒が認定就学者に該当するか否かの判断については、当該生徒及び保護者の意向、当該市町村の設置する中学校の施設や設備の整備状況などを総合考慮した上、当該生徒を当該市町村の設置する中学校に就学させることが、障害のある生徒等一人一人の教育上のニーズに応じた適切な教育を実施するという観点から相当といえるか否かを慎重に検討しなければならず、その判断が、事実に対する評価が合理性を欠くなど著しく妥当性を欠き、特別支援教育の理念を没却するような場合には、その裁量権を逸脱又は濫用したものとして違法とするべきであるとした。

以上から、就学すべき学校については、下市中学校を指定することがもっともふさわしいということができ、適切な教育を受けることができることができる特別な事情があると十分に認められるとした。町教育委員会の判断については、著しく妥当性を欠き、特別教育の理念を没却するものとして、その裁量権を逸脱又は濫用したものとして違法であるというべきであると判断した。

4 小　括

特別支援教育への転換の提言は、障害のある児童生徒の多様化が進み、一つの学校・一人の教員だけでは的確な対応が困難になったことに対する処方箋であったとされる[41]。実際、特別支援教育の対象者が増えているという現状がある。制度上の特別支援教育の対象者の割合は、約20年前と比較して約2倍へ増加している。特別支援学校では教室の不足などがみられるという[42]。必要な子どもに、必要な支援の提供がなされることは良いことであるが、果たしてそれに対して十分な体制がとられているかどうか、今後の改善が必要な部分もあるだろう。

奈良県下市町における事件においては、障害のある子どもが学校選択をするという場面において、親や本人の希望を尊重するという視点が明確になっており、特に以前の留萌特殊学級入級処分取消訴訟[43]などの例と比較すると変化の傾向があると考えられる。また、特別支援教育の理念なども判断の材料とされており、影響が見て取れる。

---

41) 石塚謙二「これからの特別支援教育に期待すること―変わったこと・変わらないことを見据えながら」こころの科学163号（2012年）19頁。
42) 石塚・前掲注41・20頁。
43) 旭川地判平成5年10月26日判タ853号90頁、控訴審は札幌高判平成6年5月24日判タ854号102頁。本判決の評釈として、井上康子「特殊学級入級処分と障害児・両親の学級選択権―特殊学級入級処分取消等請求事件訴訟控訴審判決」法政研究（九州大）65巻3・4号（1999年）279頁、横田守弘「特殊学級入級処分と子ども・親の選択権―旭川地判平成5・10・26」ジュリ1048号（1994年）75頁。

また，2011年に改正された障害者基本法第16条においては，可能な限り障害のある子どもが障害のない子どもと共に教育を受けられるよう配慮すること[44]や，障害のある子どもやその保護者に対する十分な情報の提供，可能な限りの意向の尊重[45]が求められている。相互理解の促進を謳っていたこれまでの規定[46]に加えて，踏み込んだ内容であると評価できる[47]。

④ インクルーシブ教育とは

近年は，障害のある子どもの教育について，インクルーシブ教育についての議論が盛んである。これは，障害者権利条約批准の動きに対応するものである。政府は，前述の「障がい者制度改革推進会議」を内閣府に設置し，障害者権利条約と国内法との整合性を考え，国内法の整備を行う方向性を示している[48]。そのインクルーシブ教育とはどのようなものかを見てみたい。特別支援教育大辞典においては，インクルーシブ・エデュケーションとして，以下のように説明している。「ここでのインクルーシブ・エデュケーションは，学校教育から疎外された多様な子どもを包摂できるようにする教育改革を意味している。この立場は，子どもの経験する学習困難の原因を個人内要因にだけもとめるのでなく，子どもの生活する社会環境に由来することも少なくないことを認め，社会環境の部分としての学校が，多様な

---

[44] 障害者基本法16条1項　国及び地方公共団体は，障害者が，その年齢及び能力に応じ，かつ，その特性を踏まえた十分な教育が受けられるようにするため，可能な限り障害者である児童及び生徒が障害者でない児童及び生徒と共に教育を受けられるよう配慮しつつ，教育の内容及び方法の改善及び充実を図る等必要な施策を講じなければならない。

[45] 同2項　国及び地方公共団体は，前項の目的を達成するため，障害者である児童及び生徒並びにその保護者に対し十分な情報の提供を行うとともに，可能な限りその意向を尊重しなければならない。

[46] 同3項　国及び地方公共団体は，障害者である児童及び生徒と障害者でない児童及び生徒との交流及び共同学習を積極的に進めることによつて，その相互理解を促進しなければならない。

[47] 渡部昭男「日本型インクルーシブ教育システムへの道―中教審報告のインパクト」特別支援教育研究2011年10月号（2011年）8頁。

[48] 小澤温「「障害者の権利に関する条約」の批准にあたってのわが国の動向と課題」発達障害研究32巻5号（2010年），「障害者制度改革の推進のための基本的な方向について（閣議決定）　平成22年6月29日」（2010年）（http://www8.cao.go.jp/shougai/suishin/pdf/kihon.pdf）。

べての子どもに学習機会を提供するような教育改革を目指すものといえる」[49]。

1 サラマンカ宣言

　国際文書において「インクルーシブ教育」の言葉が初めて現れるのは，サラマンカ宣言にさかのぼる[50]。サラマンカ宣言は，1994年にユネスコとスペイン政府との共催により開催された「特別ニーズ教育：そのアクセスおよび質に関する世界会議」において採択されたものである[51]。その2において「我々は以下のことを信じて宣言する」[52]としたうえで，

- すべての子どもが教育への権利を有しており，満足のいく水準の学習を達成し維持する機会を与えられなければならない。
- すべての子どもが独自の性格，関心，能力および学習ニーズを有している。
- こうした幅の広い性格やニーズを考慮して，教育システムが作られ，教育プログラムが実施されるべきである。
- 特別な教育ニーズを有する人びとは，そのニーズに見合った教育を行えるような子ども中心の普通学校にアクセスしなければならない。
- インクルーシブ（inclusive）な方向性を持つ普通学校こそが，差別的な態度とたたかい，喜んで受け入れられる地域を創り，インクルーシブな社会を建設し，万人のための教育を達成するための最も効果的な手段である。さらにこうした学校は大多数の子どもたちに対して効果的な教育を提供し，効率性をあげて結局のところ教育システム全体の経費節約をもたらすものである。

さらに3においては，「我々はすべての政府に対し次のことを訴え，実施を迫るものである」とし，

---

49) 茂木俊彦ほか編『特別支援教育大辞典』（旬報社，2010年）40頁。
50) 嶺井正也＝シャロン ラストマイアー『インクルーシヴ教育に向って―「サラマンサ宣言」から「障害者権利条約」へ』（八月書館，2008年）17頁。
51) The Salamanca Statement and Framework for Action on Special Needs Education. World Conference on Special Needs Education: Access and Quality, Salamanca, Spain, 7-10 June 1994. UNESCO and Ministry of Education and Science, Spain 1994. (http:// www.unesco.org/education/pdf/SALAMA_E.PDF)
52) 「サラマンカ宣言」日本語訳は，嶺井正也・長畠綾子訳による。「サラマンカ宣言と行動計画―スペシャルニーズ教育に関する世界会議にて採択」福祉労働74巻（1997年）79-97頁。

● 法律ないし政策の問題として，別の方法で行わざるを得ないという止むにやまれぬ理由がない限り普通学校にすべての子どもを在籍させるインクルーシブな教育の原則を採用すること。

と，そのインクルーシブ教育の内容について説明をしている。

このように，宣言では統合教育を原則とし，推進していくことが述べられている。一方で，通常の学級や学校では適切に対応できない比較的少数の障害のある子どもにたちに対しては，分離された学校によって，最も適切な教育を提供し続けることになるかもしれないという指摘も当初から存在していた[53]。一般に，すべての障害のある子どもが支援者付きで通常学級に就学することを求める主張に対しては，「フル・インクルージョン」という用語が使われる[54]。

❷ 障害者権利条約とインクルーシブ教育

障害者権利条約は，2008年5月に発効したが，日本は2007年に署名をしたのみで，いまだ批准に至っていない。障害者権利条約では，24条1項において「締約国は，教育についての障害者の権利を認める。締約国は，この権利を差別なしに，かつ，機会の均等を基礎として実現するため，次のことを目的とするあらゆる段階における障害者を包容する教育制度及び生涯学習を確保する」とされている。外務省仮訳文によれば[55]，「inclusive」の文言を「包容する」と訳している。この条文は，当初草案の段階では，「インクルーシブでアクセス可能な教育を選択することができること」と，インクルーシブ教育は選択の対象でしかなかったものが，最終的にNGOなども加わった議論の中で，インクルーシブ教育が原則との条文にされたものである[56]。

また，条約前文においては，「障害が，発展する概念であり，並びに障害者と障害者に対する態度及び環境による障壁との間の相互作用であって，障害者が他の者と平等に社会に完全かつ効果的に参加することを妨げるものによって生ずることを認め」るとし[57]，障害者が不利な状況におかれる原因として，社会的障壁を強調し

---

53) 中野善達『国際連合と障害者問題―重要関連決議・文書集』（筒井書房, 1997年）374頁。
54) 姉崎弘『特別支援教育とインクルーシブ教育―これからのわが国の教育のあり方を問う』（ナカニシヤ出版, 2011年）39頁。
55) (http://www.mofa.go.jp/mofaj/gaiko/treaty/pdfs/shomei_32.pdf)。
56) 嶺井ほか・前掲注50・28-38頁。長瀬修＝東俊裕＝川島聡編『障害者の権利条約と日本―概要と展望』（生活書院, 2008年）137-155頁〔長瀬〕。

ている[58]。

　日本においてはインクルーシブ教育のあり方を巡って対立があり，その実現がどのような制度になるかは，いまだ明瞭なものにはなっていない[59]。しかし，障害者権利条約は「外圧」ではなく，変化への契機とみるべきであるとの指摘もある[60]。

❸ インクルーシブ教育のこれから

　障害者権利条約24条2項で「質の高い教育」[61]「合理的配慮」[62]と「サポート」[63]が求められると示されている。「質の高い教育」からは単に通常学校へのアクセスを保障するだけでは不十分であり，多様な差異に対して寛容で，学習者のニーズと生活に応答的で，柔軟なカリキュラムが求められる。そして，認知発達と責任ある市民としての価値観や態度，ないしは創造的・情緒的発達を包括する教育であり，潜在能力を完全開花させ，尊厳をもって生活・労働し，自己の生活の質を改善するとともに，有意義な自己決定の下，学習を継続可能にする基礎的学習と理解されているという[64]。また合理的配慮の下，サポートとして，作業療法士，理学療法士，医療ケア，看護ケア，カウンセリング，ソーシャルワーク，言語指導，職能訓練など，教師以外の専門家によるサービスの提供が求められるとする。また，アメリカ障害者教育法において個別教育プログラム（IEP）の作成が義務付けられているように，個別のニーズに基づく，合理的配慮を含む各種サポートを確実に提供する適切な教育

---

57) 障害者権利条約 前文（e）。
58) 川島聡「障害者権利条約と「既存の人権」」発達障害研究32巻5号（2010年）395頁，清水貞夫「特別支援教育制度からインクルーシブ教育の制度へ」障害者問題研究39巻1号（2011年）4頁。
59) 越野和之「インクルーシブ教育構想の具体化と広範な合意形成にむけて」障害者問題研究39巻1号（2011年）1頁。
60) 松井亮輔＝川島聡編『概説 障害者権利条約』（法律文化社，2010年）181頁〔落合俊郎〕。
61) 障害者権利条約24条2項（b）障害者が，他の者と平等に，自己の生活する地域社会において，包容され，質が高く，かつ，無償の初等教育の機会及び中等教育の機会を与えられること。
62) 同（e）個人に必要とされる合理的配慮が提供されること。
63) 同（d）障害者が，その効果的な教育を容易にするために必要な支援を教育制度一般の下で受けること。
　（e）学問的及び社会的な発達を最大にする環境において，完全な包容という目標に合致する効果的で個別化された支援措置がとられることを確保すること。
64) 清水貞夫「特別支援教育制度からインクルーシブ教育の制度へ」障害者問題研究39巻1号（2011年）8頁。

の権利性を明確にすることが，日本の特別支援教育にも求められるとされる[65]。それらによって，単に「見せかけの包含」にしないということが重要である[66]。

また，日本における初等教育及び前期中等教育の平均学級規模は，1学級あたりの児童生徒数で比較すると，OECD諸国の中では大きいものであり，教育費対GDPの比率も低いものとなっている[67]。実際のサービスを提供するにあたっては，予算の面からも手だてが必要である。インクルーシブ教育の実現のためには，改善が必要な部分になるだろう。

5 おわりに

これまでの特殊教育から特別支援教育への転換から始まった近年の動きは大きい。そして，現在もその転換期の真っただ中といえる。政府による障害者の権利条約批准への動きも，その流れを加速させているものである。

インクルーシブ教育には，「障がい者制度改革推進本部」による「障害者制度改革のための第二次意見」や，中央教育審議会，特別支援教育の在り方に関する特別委員会による「論点整理」などでも示されるように，それをどう進めるかという課題がある。これまで，障害のある子どもと障害のない子どもは別々に教育されることが原則だったが，それを「インクルーシブ教育」として，どのような教育を提供していくのかという具体像は，いまだ明らかではない。そもそも，この二つの文書の間にはインクルーシブ教育についての理解に相違点があるとの指摘もある[68]。「二次意見」が「障害のある子どもは，障害のない子どもと同様に地域の小・中学校に就学し，かつ通常の学級に在籍することを原則」としつつ，特別支援学校や，特別支援学級については，例外的な場合にそれらを利用できるものとして位置づけているのに対し，「論点整理」は原則例外の区別をつけず，「多様な学びの場」を用意することを考えているように読み取れるのである。このように，日本におけるインクルーシブ教育を，今後どのような内容にしていくべきかについては，いまだ共通した理解がもたれるに至っていないということができる。

---

65) 清水・前掲注64・9頁。
66) 真城知己「我が国におけるインクルーシブ教育に向けての動向の整理」特別支援教育研究2011年10月号（2011年）5頁。
67) 落合俊郎「国連障害者の権利条約批准が教育へ与える効果」発達障害研究32巻5号（2010年）428頁。
68) 清水・前掲注64・2頁。

今後の障害のある子どもの教育に求められる要素としては，まず，障害のある子どもを障害のない子どもと一緒に教育をするということを原則に置くことがあるだろう。その点，「二次意見」の方が，障害のある子どもと障害のない子どもを一緒に教育するという原則を明確にしている点で，評価することができる。そしてその前提を踏まえた上で，子どもに対してさまざまな形でのサービスを提供することが重要になるのではないかと考える。単に普通学級で教育を行うということだけでは，かえってサービス低下につながる懸念もある。インクルーシブ教育においては，その子どものニーズに即したサービスというものが，必要不可欠である。

　また，教育内容を決めるにあたっての，親，本人の，学校側との話し合いの機会の充実，そしてその尊重という課題がある。奈良県下市町における例では，その部分が尊重されていないことが問題の焦点であった。潜在的には，同種の問題は非常に多いはずである。そのような手続を踏まえた上で，どのような教育がその子どもにとって必要なのかということを，個別に議論することが必要である。障害があることによる「反証を許さない推定」の下に，子どもの教育内容が決定されるという現在の日本の状況は，憲法13条が示す「個人の尊重」の原則とは相容れないものである[69]。

　日本におけるインクルーシブ教育の議論はまだ端緒についたばかりであり，課題も多い。今後の展開に期待するともに，個々の課題の検討について，今後の研究課題としたい。

---

69) 釜田泰介「恣意的判断と憲法一三条審査に関する一考察」同志社法学328号（2008年）117頁。憲法13条は，恣意的な公的判断の発生を防ぐために徹底的な個別判断を要求しており，推定事実に基づく一律専断的な判断が法律の中に存在する場合，法律が適用される具体的個人に対し不正確な結果を強いることになるから，そのような法律は憲法13条違反として当該個人に対する適用を排除されることになる。

コラム⑬　人間らしく生きる権利と障害者自立支援法

織原保尚

　障害者自立支援法は，2005年に成立，翌年から施行された。その目的は，その1条に示され「障害者及び障害児が自立した日常生活又は社会生活を営むことができるよう，必要な障害福祉サービスに係る給付その他の支援を行い，もって障害者及び障害児の福祉の増進を図るとともに，障害の有無にかかわらず国民が相互に人格と個性を尊重し安心して暮らすことのできる地域社会の実現に寄与すること」であるとされる。

　日本の障害者施策は，行政庁の権限によりでサービスを受ける要件を満たしているかを判断し，サービスの内容，提供の場などを決定する措置制度に基づいて行われていた。それが，1997年から2000年にかけて行われた社会福祉基礎構造改革によって，利用者自身がそのサービスを受けるかどうかを選択し，サービスの提供者と契約を締結し，その利用料金を行政が支援する支援費制度へと転換された。しかし，その支援費制度にも問題が指摘され，①身体，知的，精神という障害種別ごとに縦割りでサービスが提供されており，使いづらい仕組みとなっていること。また，精神障害者は支援費制度の対象外であること。②地方自治体によっては，サービスの提供体制が不十分であり，必要とする人々すべてにサービスが行き届いていないこと。③働きたいと考えている障害者に対して，就労の場を確保する支援が十分でないこと。④支給決定のプロセスが不透明であり，全国共通の判断基準に基づいたサービス利用手続きが規定されていないことなどが，問題点として挙げられていた。

　そこで，制度は障害者自立支援法へと移行した。厚生労働省の当時の説明としては，そのねらいは，①サービス提供主体を市町村に一元化し，障害の種類にかかわらず障害者の自立支援を目的とした共通の福祉サービスは共通の制度により提供するという障害者の福祉サービスの「一元化」。②働く意欲と能力のある障害者が企業等で働けるよう，福祉側から支援し，障害者がもっと「働ける社会」に。③市町村が地域の実情に応じて障害者福祉に取り組み，障害者が身近なところでサービスが利用できるよう「規制緩和」。④公平なサービス利用のための「手続きや基準の透明化，明確化」。そして⑤として増大する福祉サービス等の費用を皆で負担し支え合う仕組みの強化が謳われる。そこでは（1）障害者が福祉サービス等を利用した場合に，食費等の実費負担や利用したサービスの量等や所得に応じた公平な利用者負担を求める「公平な負担」。（2）福祉サービス等の費用について，これまで国が補助する仕組み

であった在宅サービスも含め，国が義務的に負担する仕組みに改める，国の「財政責任の明確化」，の2点が説明されている。

　しかし，この障害者自立支援法には批判も多く，特に，これまでサービスの提供に対する障害者の自己負担が，所得に応じた負担である「応能負担」であったところを，サービスの利用料に応じ原則1割を定率で支払う「応益負担」に転換するなど，制度利用者への負担の増加が，深刻な問題とされていた。実際，厚生労働省による調査でも，法施行前の2006年3月と，施行後3年が経過した2009年7月の利用者の実費負担額を比較すると87.2%の者の実負担額が増加し，その平均増加額は8,518円であったという。

　この状況に対して，障害者2008年に障害者自立支援法訴訟全国弁護団が結成され，憲法13条，14条，25条などを根拠に違憲訴訟が全国一斉に提起された。その後，国は原告との和解を選択し，2010年1月には，障害者自立支援法違憲訴訟原告団・弁護団と国（厚生労働省）との基本合意文書が発表された。そこでは「国（厚生労働省）は，速やかに応益負担（定率負担）制度を廃止し，遅くとも平成25年8月までに，障害者自立支援法を廃止し新たな総合的な福祉法制を実施する。そこにおいては，障害福祉施策の充実は，憲法等に基づく障害者の基本的人権の行使を支援するものであることを基本とする」とされている。2010年には障害者自立支援法が改正され，再び応能負担が採用されることとなった。そして，内閣総理大臣を本部長とする「障がい者制度改革推進本部」の下で，障害者も参加した「障がい者制度改革推進会議」と「総合福祉部会」が設置され，新たな法制度のための議論がなされ，2011年8月に基本合意文書を基本に「骨格提言」が作成された。

　2012年6月，国会において「障害者の日常生活及び社会生活を総合的に支援するための法律」（総合支援法）が可決成立した。しかし，これに対しては，障害者自立支援法の改正にすぎないとして，批判の声が上がっている。今回成立した総合支援法は，「廃止」を合意したはずの障害者自立支援法の事実上の「改正」にすぎない内容であり，「骨格提言」の内容も反映されていないとの批判がなされている。

　和解によって解決を迎えたかに見えた障害者自立支援法の問題だが，また新たな問題が生じている。今後の展開が注目される。

第Ⅷ部　人権保障と裁判所

13　最高裁判所の違憲審査機能の展開と行方

コラム⑭　韓国の憲法裁判所

コラム⑮　The United States Supreme Court and Judicial Review
（アメリカ合衆国連邦最高裁判所と司法審査）

第13章

最高裁判所の違憲審査機能の展開と行方

池田晴奈

1　はじめに

　近代立憲的憲法は、目的として個人に権利・自由を保障し、その手段として権力を分立している。しかし、憲法で規定されているとはいっても、権力を行使する者が個人の権利・自由を侵害するような法律を制定したり、法律を恣意的に執行したりしないようチェックしなければならない。そこで、憲法上保障されている諸権利が侵害されないように、従来、さまざまな対応が取られてきた。このように憲法が遵守されるための制度を憲法保障制度と呼ぶ。とりわけ、同制度の中で、最も重要なものが違憲審査制である。

　違憲審査制は、国家の行為が憲法に適合するか否かを裁判所が審査する制度である。これは、国家の行為が違憲と判断されることで、その行為の効力を否定し、それによって憲法の効力を保障しようとするものである[1]。かつてはヨーロッパ大陸において、裁判所による違憲審査制は民主主義の観点からも権力分立の観点からも否定されてきたが、第二次世界大戦下の独裁制において人権が軽視されたことから、現代においては、人権は国家の行為からも保障されなければならないと考えられるようになったのである[2]。

　元来、議会によって制定された法律を、他の機関、特に裁判所が審査するという違憲審査制は、特殊な制度と捉えられていた。近代立憲主義は、国民の代表である議会中心の統治機構を形成し、議会の決定は最高のものと考えられたため、その決定を退けるような判断を、国民を代表した機関でない裁判所が行うことは認められなかったのである[3]。

---

1) 樋口陽一＝栗城壽夫『憲法と裁判』（法律文化社、1988年）129頁、佐藤憲法論・44-45頁。
2) 芦部・366頁。
3) 浦部法穂「違憲審査制の構造と機能」樋口陽一編『講座・憲法学　第6巻権力の分立 (2)』（日本評論社、1995年）79-80頁。

特にヨーロッパ大陸では，革命を起こした市民階級にとって，議会は封建的な特権階級を排除して勝ち得た機関として信頼が厚かったのに対し，裁判所は絶対王政の下で王政を擁護した機関として不信の対象となっていた。

しかし，アメリカでは，本国イギリス議会の支配を排除することが望まれ，逆に，裁判所を信頼したことから，その経緯から違憲審査制が形成され，徐々に確立していったのである。

そのアメリカで先行していた違憲審査制が，第二次大戦後にはヨーロッパ大陸においても形成されていく。各国それぞれの状況において議会が機能不全に陥ったために，議会の決定に対して他の機関が審査することが望まれるようになったのである。その普及は，19 世紀が「議会の世紀」として国民を代表する議会が国政の中心であったことと対比して，「違憲審査革命」とまで呼ばれるほどであった[4]。

日本においても戦後に違憲審査制が導入され，憲法 81 条は「最高裁判所は，一切の法律，命令，規則又は処分が憲法に適合するかしないかを決定する権限を有する終審裁判所である」と定め，最高裁判所の違憲審査権について規定している。

日本で初めて違憲審査制が導入された背景には，明治憲法下において多数決という民主主義は取られつつも少数意見が汲み取られず，個人の権利が尊重されてこなかったために，日本国憲法制定時においては，そのような状況を省みたことにある[5]。

しかし，これまで日本の違憲審査制は，他国に比べると十分にその機能を果たしていないのではないかと指摘されてきた[6]。実際，現在までに違憲と判断された法律は数件であり[7]，最高裁判所は政治的領域について憲法判断を行うことを避けてきた[8]。このような最高裁判所の憲法判断の傾向は，「圧倒的」な司法消極主義と捉えられ[9]，それが立法裁量論や比較衡量論など憲法判断の方法の場面において表われていると指摘される[10]。

制定時から考えると，社会は大きく変容し，統治制度の変革も求められている。裁判所の消極的な態度が問題視されていたために，憲法問題のみを取り扱う憲法裁判所を設置する案も浮上していた。このように違憲審査制は，その活性化が目指され，憲法改正論議でも検討が重ねられてきた。その結果，これまでの状況から脱却を図ろうとしているのである。

そこで，本章では，これまでの議論から日本の制度の問題点を考察した上で，

---

4) 木下智史「違憲審査制の意義とその活性化の方向性」法セ 597 号（2004 年）32 頁。
5) 釜田泰介「司法審査制導入の背景に関する一考察―司法審査制度改革を契機にして」佐藤幸治先生古稀記念論集『国民主権と法の支配（上）』（成文堂, 2008 年）419-422 頁。
6) 市川正人＝笹田栄司「憲法学を問う―司法制度改革」法セ 554 号（2001 年）37 頁。

ヨーロッパ，特に近年，改革を行ったフランスの憲法裁判制度を検討することにより，最高裁判所の違憲審査機能の行方を考えることとしたい。

2 違憲審査制の展開

違憲審査制は，各国を比較してみた場合，国によって制度が異なる。その制度の着眼点によっていくつかに類型化されている。以下では，まず，違憲審査制の類型について整理し，次に，司法審査制の性格を検討することによって，後の議論につなげることとしたい。

1 違憲審査制の類型

今日，諸国で採用されている違憲審査制は大きく二種類に分類される。一つは，アメリカにおいて一元的な裁判制度の下で採用されている憲法訴訟制度であり，日本もこの制度を取り入れている。もう一つは，ヨーロッパ大陸法により多元的な裁判制度の下で採用されている憲法裁判制度である[11]。

---

7) 衆議院議員定数不均衡判決を1種類とし，法令違憲は7種8件といわれている。
①尊属殺重罰規定違憲判決（最大判昭和48年4月4日刑集27巻3号265頁），
②薬事法距離制限条項違憲判決（最大判昭和50年4月30日民集29巻4号572頁），
③衆議院議員定数不均衡違憲判決（最大判昭和51年4月14日民集30巻3号223頁），
④衆議院議員定数不均衡違憲判決（最大判昭和60年7月17日民集39巻5号1100頁），
⑤森林分割制限規定違憲判決（最大判昭和62年4月22日民集41巻3号408頁），
⑥郵便法損害賠償責任限規定違憲判決（最大判平成14年9月11日民集56巻7号1439頁），
⑦在外邦人選挙権制限違憲判決（最大判平成17年9月14日民集59巻7号2087頁），
⑧国籍法嫡出要件違憲判決（最大判平成20年6月4日民集62巻6号1367頁）。
この審査件数の少なさについて，大石眞教授は，内閣法制局による事前の違憲審査が厳格であることの影響を指摘し，これまでの司法消極主義という捉え方に一石を投じる。大石眞「違憲審査機能の分散と統合」初宿正典先生還暦記念論文集『各国憲法の差異と接点』（成文堂，2010年）237頁以下。
8) 戸松・417頁。
9) 戸松・416頁。
10) 戸松・416-417頁。
11) 大石教授は，類型について，制度の着目点により分類の仕方が異なるとして次の4種類の分け方を示す。①審査の目的による分類（憲法保障，私権保障），②審査方法による分類（独立審査型，付随審査型），③審査時期による分類（事前審査制，事後審査制），④審査主体との関係による分類（集中型，非集中型）である。そして，従来の具体的審査・抽象的審査という対比の問題性を指摘する。大石・前掲注7・246-247頁。

憲法訴訟制度は，通常の司法裁判所が具体的な争訟の解決のために，その前提として，当該事件に適用される法令等の合憲性を審査する制度である。司法府が違憲審査を行うことから司法審査制ともいう。この制度は，具体的争訟の解決が目的であり，法令等が合憲か否かの判断は必要な限りにおいて従属的に行われることから付随的審査制と呼ばれる。また，具体的事件を審査の端緒とすることから具体的審査制とも呼ばれる。

司法権の担い手である司法裁判所は，民事，刑事，行政すべての事件を扱う。通常裁判所が具体的事件を解決するために，憲法問題について判断するので，下級裁判所も上級裁判所も合憲性を審査することができる。中でも，最終的な判断を下す終審裁判所である最高裁判所の判断は必然的に重視され，憲法秩序形成において担う役割は大きい[12]。

また，具体的な事件を解決するために法令等の合憲性について判断を下すにすぎないので，違憲判決の効力は当該事件においてのみ発生する。違憲と判断された法令等の修正，廃止については，立法府に委ねられている。

司法審査制は，1803年にアメリカにおいてマーベリー事件[13]で連邦最高裁判所が法律の合憲性を判断することができるとしたことに始まる。1857年のドレッド・スコット事件[14]まで長らく違憲判断は下されなかったが，判例を重ねて，この制度は発展していく。

アメリカで司法審査制が登場した要因について，トクヴィル（Alexis de Tocqueville, 1805-1859）は，1835年の著書『アメリカの民主政治』で母国のフランスと比較しながら述べている[15]。アメリカの裁判官は，法律を違憲と考える場合にはその適用を拒むことができ，立法府に当該法律の改廃を迫る巨大な政治的権力を有する。フランスでこのような事態が生じた場合には，憲法の解釈権が裁判所だけに与えられたことになり，立法府にあるはずの憲法制定権力が裁判所の手中にあることになる。その結果，人民の意思を代表する立法府ではなく，自己以外の誰をも代表しない裁判所にそのような権限を与えることはできないと考える。それに対して，アメリカでは，憲法は一般市民と同様に立法府をも拘束し，裁判所があらゆる

---

12) 杉原泰雄編『体系憲法事典〔新版〕』（青林書院，2008年）242頁。
13) Marbury v. Madison, 5 U.S.（1 Cranch）137（1803）.
14) Scott v. Sandford, 60 U.S.（19 How.）393（1857）.
15) Alexis de Tocqueville, De la démocratie en Amérique, t.1, Gallimard, p.99, 1961. 邦訳，トクヴィル（松本礼二訳）『アメリカのデモクラシー第一巻（上）』（岩波書店，2005年）157頁以下参照。

法に先立って憲法に服すると考えるのである。ただし、裁判所は、訴訟が起きた場合に個人が提訴して初めて個々の事案を解決する中で、違憲審査権を行使できるのであり、このように制限することで司法権の危険性を除去しているという。

このように、フランスでは議会が重視されていたのに対して、アメリカでは最終的に裁判所が憲法判断することによってあらゆる政治問題が法律問題として解決するようにしたのである[16]。しかし、アメリカでは司法権の範囲内で行われるため抽象的な審査は行えず、その点で司法権が自由に政治に介入する危険性は回避される。

他方、憲法裁判制度は、通常の司法裁判所とは異なる憲法問題のみを扱う特別の裁判所で、具体的事件から離れて一般的・抽象的に法律の合憲性が審査される制度である。そのため、抽象的審査制と呼ばれる。また、憲法問題のみを独立した機関が審査することから、独立審査制とも呼ばれる。

憲法裁判制度の特徴として、憲法問題について判断するのは、一の憲法裁判所に集中しているため、司法審査制のように裁判所によって判断が異なることはない。また、違憲判決の効力としては、法律は廃止され、他の機関を拘束する。

抽象的審査制は、ケルゼンの理論をもとにオーストリア憲法で実現され、ドイツで発展した。ヨーロッパ大陸法は、民事、刑事の事件は通常の司法裁判所が行うとされ、行政事件を扱う行政裁判所は特別裁判所として別個に設けられていた。その経緯を受けて、憲法問題を扱う特別の憲法裁判所が新たに創設されるに至ったのである。

戦後ヨーロッパで数多く、アメリカとは異なる憲法裁判制度が採用されている[17]。その基本的な理由として三つあり、第一に、ヨーロッパにおいて一般的に法律が神聖化されていたことが挙げられる[18]。フランスにおいては、1789年の人権宣言6条で法律が一般意思の表明とし、法律の無謬性が浸透していた。アメリカでは、法律を制定するのはイギリス本国であり、そのイギリス植民地権力を抑えるために立法府に対する統制が考えられていたところ、逆に、ヨーロッパでは立法府に対する統制を行わないことこそが民主主義の現れと考えられたのである。第二に、裁判

---

16) 釜田泰介「憲法の世紀、憲法の課題―議会制と司法審査制」法教211号(1998年)5頁。
17) ドイツで憲法裁判所が創設された背景としても、当時のヨーロッパには、アメリカの制度を「反対モデル」として捉えられる風潮があったことが指摘されている。アルブレヒト・ヴェーバー(杉原周治訳)「連邦憲法裁判所―その基礎と最近の発展」比較法学41巻3号(2008年)58頁。
18) ルイ・ファボルー(植野妙実子訳)「憲法裁判の比較―アメリカ型とヨーロッパ型」J. シュバリエほか(植野妙実子編訳)『フランス公法講演集』(中央大学出版部, 1998年) 150頁。

所の役割である。フランスでは，アンシャン・レジーム期の高等法院（Parlement）による権限濫用の経験から，1789 年の革命以後，裁判所は執行権に対する統制さえも禁じられることになる[19]。第三に，法の前の平等の観念を付け加えられる[20]。司法審査の場合には，訴訟当事者にのみ効力が及ぶため，他の個人には同一の法律が適用されず，このことが平等の観念から疑問視されたのである。

以上のような背景から，異なる制度として二つの類型が確立していったのである。

❷ 違憲審査制の性格と運用における諸問題

前項で紹介した通り，違憲審査制には二類型が存在するが，日本国憲法 81 条で定められている最高裁判所の違憲審査制をどのように捉えるのか，その性格に基づいてこれまでどのように違憲審査制が運用されてきたのかについて，以下では見ていくこととする。

① 違憲審査制の性格

憲法 81 条の解釈から，裁判所は，具体的審査のみならず，抽象的審査も行うことができるのかという問題が出てくる。これは，81 条の「具体的な争訟」という要件の問題で，裁判所法 3 条の「一切の法律上の争訟」も同じように捉えられる。

この「法律上の争訟」とは，当事者間の具体的な権利義務または法律関係が存在する紛争であって，それが法令の適用によって終局的に解決することができるものを指すと考えられる[21]。

先述の通り，違憲審査制は戦後初めて日本に導入された制度のため，当初，この違憲審査制の運用については，議論が起こった[22]。特に，オーストリアの憲法裁判所を念頭におき，裁判所が抽象的審査権も行使しうるとの考えも出ていた[23]。

そのような中，最高裁判所は，1952 年の警察予備隊事件判決[24]で，具体的事件性がなくとも法律を抽象的に審査できるかという問題について判断を下している。「最高裁判所は法律命令等に関し違憲審査権を有するが，この権限は司法権の範囲

---

19) ファボルー（植野訳）・前掲注 18・152 頁。
20) ファボルー（植野訳）・前掲注 18・153 頁。
21) 芦部・328-329 頁，亘理格「法律上の争訟と司法権の範囲」磯部力ほか編『行政法の新構想Ⅲ―行政救済法』（有斐閣，2008 年）4-5 頁。
22) 横田耕一「違憲審査制の性格とその運用」ジュリ 1089 号（1996 年）151 頁。
23) 横田・前掲注 22・151 頁。
24) 最大判昭和 27 年 10 月 8 日民集 6 巻 9 号 783 頁。

内において行使される」ことを理由に，抽象的に法律等の合憲性を判断する権限はないと結論づけたのである。

当該判決の中で，最高裁判所は，具体的事件から離れて法令等の抽象的な無効宣言を行えば，誰もが違憲訴訟を最高裁判所に提起し，法令等の効力を争う濫訴が予想され，その結果，最高裁判所はすべての国権の上位機関のように見え，三権が独立して均衡を保つという民主政治の根幹が崩れることを恐れていることがうかがえる。

しかし，アメリカ型を採用しているとはいえ，日本の違憲審査制は独自の制度として確立していくこととなる[25]。それは，1930年代におけるアメリカ連邦最高裁判所の積極的な違憲審査権の行使が懐疑的に見られ，日本においては司法審査制度に対して消極的な評価に繋がったからである。

その問題が，次の司法の積極主義・消極主義の問題へと続くのである。

② 司法の積極主義・消極主義

司法の積極主義・消極主義という考え方は，アメリカでは連邦最高裁判所の判決傾向を分析する際に用いられてきたが，日本においては，これまで幾重にも，最高裁判所の消極的な姿勢を指摘する際に用いられてきた。

確かに，最高裁判所は，立法裁量論，比較衡量論，公共の福祉論を用いる際には，独自に判断せずに，立法府・行政府の主張を容認してきた[26]。また，合憲限定解釈を行うことによって立法の正当化を示し，その結果として，最高裁判所においては合憲判決が多数を占めている。さらに，憲法判断回避の手法も，最高裁判所が憲法問題について判断しないために，消極主義と捉えられる。

また，法律違憲の判断が少ないことも挙げられる[27]。この点について，最高裁判所は立法府および行政府の行為が憲法に適合していないと考えられるにもかかわらず，違憲判断の少ない現状は，以前より，「過剰な「謙譲と敬意」」の表明と受け止められていた。

さらに，日本は大陸型の裁判制度を採用しながら，違憲審査制に関してはアメリカ型に属しているが，日本の裁判官は，アメリカの連邦最高裁判所裁判官の選任過程から言えるような民主的正統性がないことから最高裁判所は消極的な立場にと

---

25) 浦部・前掲注3・74-78頁。
26) 戸松・413-424頁。
27) 横田・前掲注22・154-155頁。大沢秀介「司法積極主義とわが国の最高裁」初宿正典先生還暦記念論文集『各国憲法の差異と接点』（成文堂，2010年）287頁。

どまっているといわれる[28]。

　ただし，この司法の積極主義・消極主義という語については，憲法判断の積極主義・消極主義と違憲判断の積極主義・消極主義は分けて考える必要がある[29]。従来から指摘されている消極主義は，違憲判断の消極主義であり，憲法判断については消極主義とはいえないとの見方もある[30]。

　上記のように司法消極主義の状況が分析されるが，反対に司法積極主義が望ましいということではない[31]。また，最高裁判所による憲法判断は積極的に行われており，一概に消極的であるとは言えないとの見方もある[32]。議員定数不均衡判決では，事情判決の法理や合理的期間論を用いることによって，定数不均衡の是正を図っていることが評価されており，近年では，最高裁判決から積極性が見られるとの見解もある[33]。

　このような最高裁判所の積極的な判断傾向の理由について，大沢教授は次の三点にまとめる[34]。①司法制度改革審議会の意見，②裁判員制度，③憲法裁判導入論，である。①については，同審議会の意見書で，最高裁判所の消極的な違憲審査機能に関して強い批判が投じられ，司法の立法や行政へのチェック機能としての役割を再認識したことにある。②については，裁判員制度のスタートにより，専門家で構成されてきた司法が，専門家でない国民を裁判に参加させることで，国民に対する司法の「応答責任」を果たす必要性が増したためである。③については，先述の通り，違憲審査制の運用が問題となったことから，同制度を活性化させるために，憲法問題のみを判断する憲法裁判所を導入する必要性が唱えられた。そのために，最高裁判所は現状の活性化を図るようになったのである。

3　違憲審査制の行方

　司法制度改革は，①「国民の期待に応える司法制度の構築」，②「司法制度を支える法曹の在り方の改革」，③「国民的基盤の確立（国民の司法参加）」を三本柱と

---

28) 樋口陽一「違憲審査制60年の経験（日本の場合）―政治的争点問題への対応を中心に」日本学士院紀要61巻3号（2007年）37頁以下。
29) 樋口陽一『司法の積極性と消極性―日本国憲法と裁判』（勁草書房，1978年）93頁。
30) 樋口・前掲注29・94頁。
31) 大沢・前掲注27・299頁。
32) 樋口・前掲注29・95頁，横田・前掲注22・155頁，戸松・417頁。
33) 大沢・前掲注27・299頁。
34) 大沢・前掲注27・295-297頁。

して，1999年の審議会発足によって具体的に進められた[35]。しかし，違憲審査制の在り方については，司法制度改革審議会およびその後に引き継がれた司法制度改革推進本部の検討会で少し触れられているにすぎない[36]。

周知の通り，違憲審査制の諸問題を解決する方策として，違憲審査制の「活性化」[37]が求められ，憲法改正論議の中で憲法裁判所の設置論が巻き起こっていた[38]。

そこで，以下では，まず，最高裁判所の違憲審査機能の方向性を考えるために，ヨーロッパ型憲法裁判制度の日本への導入について考察する。次に，ヨーロッパ型憲法裁判制度の中でも，特に，2008年憲法改正により制度改革をしたフランスの違憲審査制を紹介し，検討することにより，日本の制度の行方を考えたい。

❶ ヨーロッパ型憲法裁判制度の導入論

ヨーロッパ型の憲法裁判制度を導入しようとする見解は，これまでさまざまに論じられてきた。しかし，憲法裁判所を創設するためには憲法改正が必須であり，憲法改正に至るまでには構想を詰めていく必要がある。また，新たな制度の導入が

---

35) 司法制度改革推進本部（http://www.kantei.go.jp/jp/singi/sihou/index.html）。
36) 2000年11月28日の審議会では，違憲審査制の在り方についても審議すべきとし，特に裁判官制度の関連で議論しうるとの意見が出ていた。司法制度改革審議会第39回議事概要（http://www.kantei.go.jp/jp/sihouseido/dai39/39gaiyou.html）。また，2002年11月28日法曹制度検討会では，最高裁判所が違憲審査権を行使するにあたり，裁判官の選任過程で「透明性・客観性」をもたせる必要性について意見が交わされていた。法曹制度検討会第13回議事概要（http://www.kantei.go.jp/jp/singi/sihou/kentoukai/seido/dai13/13gaiyou.html）。
37) 伊藤正己元最高裁判官は，「日本の精神的風土，それを支える働きをする憲法訴訟理論，日本の裁判制度やその現実の運用を通じて形成される裁判官の憲法感覚」が最高裁判所裁判官に司法消極主義を根付かせており，それを脱却することで憲法保障機能を充実させる意図で，「憲法裁判の活性化」として，憲法裁判所の導入を提起した。伊藤正己『裁判官と学者の間』（有斐閣，1993年）133頁。
38) 奥平康弘『憲法裁判の可能性』（岩波書店，1995年）1頁以下および97頁以下，園部逸夫『最高裁判所十年―私の見たこと考えたこと』（有斐閣，2001年）172頁以下，佐藤幸治「わが国の違憲審査制の特徴と課題―制度的基盤の整備に向けて」園部逸夫先生古稀記念『憲法裁判と行政訴訟』（有斐閣，1999年）1頁以下，山元一「今，憲法裁判所が熱い！？―欧流と韓流と「日流」と？」自由人権協会編『憲法の現在』（信山社，2005年）91頁以下，市川正人「違憲審査制の活性化」土井真一編『岩波講座憲法4 変容する統治システム』（岩波書店，2007年）287頁以下。
主な憲法改正案については，国立国会図書館「主な日本国憲法改正試案及び提言」調査と情報474号（2005年）（http://dl.ndl.go.jp/view/download/digidepo_998435_po_0474.pdf?contentNo=1）を参照。

すぐさま違憲審査制の活性化に繋がり，うまくいくとは限らないため[39]，制度の検討段階で熟慮が求められる。

憲法裁判制度導入論の発端は，伊藤正己元最高裁判官が退官後，通常事件の最終審は現在の「官僚裁判官制」の下での最高裁判所に任せ，憲法裁判はそれとは異なる憲法裁判所に委ねた方がよいと述べたことにある[40]。

憲法裁判所の創設による憲法裁判制度の導入に関して，裁判所の構成などは見解により異なるが[41]，例えば，早くに憲法改正試案を発表した読売新聞は，伊藤元最高裁裁判官の提案同様に大陸型の違憲審査制，すなわちドイツの制度にならっており，①憲法異議，②具体的規範統制，③抽象的規範統制の導入を提案した[42]。

ヨーロッパ型憲法裁判制度を代表するドイツでは[43]，訴える主体などの違いにより3種類の違憲審査制がある。市民が連邦憲法裁判所に直接提訴できる①憲法異議が違憲審査件数の約9割を占めている[44]。そのほか，②具体的規範統制は，具体的な訴訟の係争中に裁判所が，当該事件に適用する法律が憲法に反すると考える場合には，訴訟手続を中断し，連邦憲法裁判所に当該法律に対する憲法に適合するか否

---

39) 戸波江二「最高裁判所の憲法判例と違憲審査の活性化」曹時51巻5号（1999年）22頁。
40) 伊藤・前掲注37・136頁。
41) 伊藤・前掲注37・133頁以下，笹田栄司『裁判制度―やわらかな司法の試み』（信山社，1997年）141頁以下，戸波・前掲注39・1頁以下，衆議院憲法調査会『衆議院憲法調査会報告書』（衆議院憲法調査会，2005年）411頁以下。憲法裁判所導入論について整理された文献として，中谷実「最近の憲法裁判所導入論議について――一つの整理」南山法学25巻3号（2001年）31頁以下，統治機構のあり方に関する調査小委員会『司法制度及び憲法裁判所（憲法の有権解釈権の所在の視点から）』に関する基礎的資料』（衆議院憲法調査会事務局，2003年）23頁以下参照。

抽象的審査制の導入についての提案および論議は，1993年の伊藤元最高裁裁判官による議論の発端以後，2000年に衆参両院で憲法調査会が設置され，日本国憲法についてさまざまに調査・審議される中で活発化し，2005年に両院が憲法調査会報告書を提出するとともに落ち着いた状況である。衆議院憲法調査会（http://www.shugiin.go.jp/itdb_kenpou.nsf/html/kenpou/kenpou0_f.htm），参議院憲法調査会（http://www.kenpoushinsa.sangiin.go.jp/kenpou/index.html）。
42) 読売新聞憲法改正試案85-87条。読売新聞1994年11月3日。
43) ドイツ連邦憲法裁判所に関しては，次の文献を参照。高田敏＝初宿正典編訳『ドイツ憲法集〔第6版〕』（信山社，2010年），初宿正典＝須賀博志編訳『原典対訳 連邦憲法裁判所法』（成文堂，2003年），工藤達朗編『ドイツの憲法裁判―連邦憲法裁判所の組織・手続・権限〔第2版〕』（中央大学出版部，2013年），ホルスト・ゼッカー（生天目忠夫訳）『概観ドイツ連邦憲法裁判所』（信山社，2002年），初宿正典「ドイツの連邦憲法裁判所」比較憲法学研究17号（2005年）29頁以下。
44) 初宿・前掲注43・41頁。

かの判断を求める仕組みである。ただ，この場合，ボン基本法施行（1949年5月）前の法律は審査対象にならず，連邦憲法裁判所が審査できる対象の法律は，ボン基本法施行後に制定されたものに限られている。③抽象的規範統制は，具体的な争訟を必要とせず，連邦政府，州政府または連邦議会議員の4分の1が，ある法律が憲法に反すると考える場合には，連邦憲法裁判所に提訴し，それによって同裁判所が当該法律の憲法適合性を判断する仕組みである。この場合，ボン基本法施行以前の法律も審査対象に含まれる。

日本では，憲法裁判所創設案のほか，最高裁判所に「憲法部」を新たに設ける構想がある[45]。これは，上告審としての最高裁判所（最高裁判所上告部）とは別に，9名の憲法裁判官によって構成される憲法裁判のみを審査する最高裁判所憲法部を創設する案である。そこでは，具体的規範統制が行われる。

このような憲法裁判制度導入のメリットは，現在の最高裁判所が上告審としての役割が大きいために負担が過重になっている問題を解消する点が挙げられる[46]。そのため，具体的事件を扱う司法裁判所と別に，憲法問題を抽象的に判断する憲法裁判所を創設した方が，憲法問題を専門的に審議することができ，憲法判例の質が上がるといわれる[47]。

しかし，逆に，これまでの司法審査制のメリットを強調する主張も根強く見受けられ[48]，憲法裁判制度の導入へ進むには，越えるべき課題が大きいといえよう。

2 フランスにおける人権保障機能の進展

以上の通り，日本では，違憲審査制を活性化する手段として，ヨーロッパ型の憲法裁判制度が提案されていたが，他方，ヨーロッパでは，従来の制度とは異なり，個人による憲法問題の提起を契機とした憲法裁判制度が推進されようとしている。

ドイツでは，行政行為および裁判所判決等により自己の基本権が侵害された場合に連邦憲法裁判所に対して個人が直接提訴できる憲法異議の制度が最も活用されており，スペインでも，行政機関および裁判機関により基本権を侵害された場合に市民が憲法裁判所に提訴できるアンパーロ訴訟が発達しており，訴訟件数も多い[49]。

---

45) 統治機構のあり方に関する調査小委員会・前掲注41・27-28頁。
46) 戸波・前掲注39・22頁。
47) 戸波・前掲注39・22-23頁。
48) 付随的審査制では，具体的な権利侵害を受けた当事者が提訴することから，「事案に即した適切な解決が得られる」点がメリットの一例として挙げられる。戸波・前掲注39・24頁。

近年，フランスでは，従来の違憲審査制を大きく変える憲法改正が行われた[50]。市民が係争中に憲法問題を提起することができる憲法裁判制度を新たに導入したのである。そこで，フランスの新たな憲法裁判制度を検討することにより，裁判所の違憲審査機能の行方について考えることとしたい。

違憲審査制に関して，従来，フランスは，法律施行前にのみ憲法院（Conseil constitutionnel）が違憲審査を行う事前の抽象的審査制を採用していた[51]。フランスでは，長い間，人権宣言6条にある「一般意思の表明」の考えが尊重され，国民の代表機関である議会の制定した法律に対して，他の機関が異議を唱えることは避けられてきたのである。1958年に第五共和制の憲法が制定されると，違憲審査制を採用するが，憲法院が政治的機関の提訴に基づいて事前に通常法律の合憲性審査を行うという点で，ヨーロッパ大陸各国で戦後に採用された違憲審査制とは異なり，フランスは独自のスタイルを貫いた。憲法院には，人権保障の観点から法律の合憲性を判断することが求められたのではなく，憲法保障の観点から政治的機関の権限配分を行うことが役割とされたのである。そのため，憲法制定から約10年間，憲法院が法律を審査したのは10件に満たず，審査した法律も権限配分に関するものがほとんどであった。

そのような状況であったが，1971年結社の自由判決[52]において，憲法院は，反政府組織の設立を制限する改正法律について，初めて人権規定を根拠に，結社の自由に反するとして同法を違憲と判断した。この判決を契機として，憲法院は人権保

---

49) ひとくくりに，ヨーロッパ型といっても，各国で採用されている裁判制度の詳細は異なる点に注意しなければならない。ヨーロッパ各国の憲法裁判制度の比較については，L. ファヴォルー（山元一訳）『憲法裁判所』（敬文堂，1999年）を参照。

50) 2008年憲法改正については，主に次を参照。辻村みよ子「フランス2008年憲法改正の意義と展望―現代立憲主義の新たな挑戦？」法学（東北大学）73巻6号（2010年）129頁以下，南野森「フランス―2008年7月の憲法改正について」法時81巻4号（2009年）92頁以下，曽我部真裕「2008年7月の憲法改正」日仏法学25号（2009年）181頁以下，同「フランスの2008年憲法改正の経緯」法教338号（2008年）4頁以下。新設の事後審査制については，拙稿「フランス憲法院の事後審査に関する憲法61条の1の創設―2008年憲法改正による市民への提訴権拡大の動向」同志社法学62巻3号（2010年）207頁以下を参照。

51) 事前審査制の変遷については，拙稿「フランス憲法院の人権保障機能の再検討（上）（下）―市民への提訴権拡大の可能性」同志社法学60巻4号47頁以下，5号105頁以下（2008年）を参照。

52) Conseil constitutionnel, Décision n°71-44 DC du 16 juillet 1971, Journal Officiel du 18 juillet 1971, p.7114, Recueil, p.29.

障機関としての役割を確立していくのである。その後，1974年の憲法改正[53]を経て，審査件数は飛躍的に伸び，憲法院は，2013年4月現在までに約660件の事前審査を行っている。しかし，そのような流れの中で，徐々に，事前審査制の問題が浮き彫りになる。法律施行後に違憲性の疑いが生じたとしても，当該法律が憲法院の審査を受けることはなく，市民は合憲性問題を提起することもできずに，当該法律の適用を受けるのである。そのような状況に甘んじることは，法治国家においては認められないと考えられるようになった。

　このような経緯から，フランスは，2008年の憲法改正により，法律施行後にも憲法院が違憲審査を行う事後審査制を導入したのである[54]。この憲法改正は，2007年大統領選挙において，サルコジ大統領が公約として掲げており，当選後すぐにバラデュール委員会が設置され，憲法院改革へと動いた。同委員会は，事後審査制を，統治改革の三本柱の一つである「市民に対する新たな諸権利」の中に位置づけた。これまで政治的機関しか憲法問題を提訴できなかったのに対して，本改正で市民にも憲法問題を提起できるようにすることこそが重要な目的であったといえよう。制度の概要は次の通りである[55]。

　係争中の訴訟において，市民は法律の規定により憲法上の権利および自由が侵害されたとして，行政裁判所系統もしくは司法裁判所系統の裁判所に申立てを行うことができる。第一審裁判所または控訴審裁判所は，当該問題が次の三要件，①「異議を申し立てられた規定が，訴訟もしくは訴訟手続に適用されるか，または提訴理由を構成すること」（法律上の争訟性のこと），②「事情の変更があるときを除いて，異議を申し立てられた規定が，以前に憲法院判決の理由および主文において合憲であると宣言されていないこと」，③「問題が重大な性質を欠いていないこと」

---

53) 1958年憲法制定当初，憲法院への提訴権者は，大統領，首相，国民議会議長，元老院議長のみであったが，1974年憲法改正により，60名の国民議会議員，60名の元老院議員も提訴できるようになる。この画期的な憲法改正により，少数派にも提訴の機会が与えられ，提訴件数が伸びたのである。
54) この制度は，「合憲性の優先問題（QPC：question de constitutionnalité）」と呼ばれる。
55) 事後審査制の手続に関しては，主に次を参照。今関源成「フランス憲法院への事後審査制導入—優先的憲法問題 question prioritaire de constitutionnalité」早稲田法学85巻3号（2010年）21頁以下，拙稿「市民の提訴に基づく初のフランス憲法院判決—憲法61条の1の適用に関する組織法律制定から2010年5月28日判決に至るまで」同志社法学62巻4号（2010年）469頁以下，拙稿「立法紹介・合憲性の優先問題—憲法61条の1の適用に関する2009年12月10日組織法律第2009-1523号」日仏法学26号（2011年）132頁以下。

を満たすかを審査し，三要件すべてを満たした場合には各裁判所系統の最高裁判所，すなわちコンセイユ・デタ（Conseil d'État）または破毀院に移送する。

　コンセイユ・デタまたは破毀院は，憲法問題が移送されると，当該問題が次の二要件，①「異議を申し立てられた規定が，訴訟もしくは訴訟手続に適用されるか，または提訴理由を構成すること」および「事情の変更があるときを除いて，異議を申し立てられた規定が，以前に憲法院判決の理由および主文において合憲であると宣言されていないこと」，②「問題が新たな，または重大な性質を示す」ことを満たすか審査し，二要件すべてを満たした場合には憲法院へ移送する。

　付託された憲法院は，対審および公開で当該憲法問題を3ヶ月以内に審査する。違憲判断の場合には，当該法律の規定は憲法院判決の公布日，または判決が定める期日以降に廃止される。

　従来の事前審査制に加えて，このような事後審査制を導入することによって，フランスは他国と異なる独自の違憲審査制を構築する結果，憲法上の権利および自由の保障を強化しているのである。

　事後審査制では，憲法院は，通常裁判所からの移送を受けて，具体的な争訟とは切り離して従来と同様に憲法問題のみを審査する。しかし，事後審査の端緒は，市民による憲法問題の提起であり，憲法で保障されている権利および自由が侵害されている個人の権利利益の救済である。事後審査制導入の目的は，これまで政治的機関にのみ委ねられていた憲法問題を提起する権利を，市民にも与えることであった。憲法院はそのように訴訟を契機として問題となった法律の合憲性を審査しているのである。2008年の憲法改正における議会審議からも，ドイツやアメリカの制度との比較を通し，自国の制度を見直していることがうかがえ，アメリカ型の訴訟を契機とした司法審査制による人権保障を意識しているといえよう。

　2010年3月に事後審査制に関する手続法（loi organique n°2009-1523 du 10 décembre 2009 relative à l'application de l'article 61-1 de la Constitution）が施行されると，同年5月に，ようやく事後審査制による最初の憲法院判決が下された。旧植民地のフランス元兵士の遺族がフランス国籍の兵士に比べて軍人年金の支給額が低いと訴えた事件について，コンセイユ・デタから憲法問題（合憲性の優先問題）の移送を受けた憲法院は，諸規定が平等原則に反するとして違憲を宣言した[56]。その後，警察留置制度に関して違憲と判断する[57]など，憲法院は，社会的に注目さ

---

56) Conseil constitutionnel, Décision n°2010-1 QPC du 28 mai 2010, Journal Officiel du 29 mai 2010, p.9728, Recueil, p.91.

れていた問題をはじめ次々に事後審査を行い，最初の判決から2013年4月現在までの約3年間，およそ265件もの判断を下している。

この点，事後審査制の導入については，制定当初から，「裁判のビッグバン」としてフランスの裁判風景を変えるといわれ[58]，その後も，フランスの憲法裁判は，他のヨーロッパの法制度と比べて強力であると評価されている[59]。

フランスは，以上のように，各国と比較しつつも，他のヨーロッパ諸国とは異なる特殊な事前審査制と合わせて，事後審査制を両立させるという独自の制度を築き上げた。固有の事前審査制では人権保障の観点から不十分とする問題が生じていたものの，事後審査制を導入することにより，法治主義の観念を追求し，ひいては人権保障のさらなる強化を目指しているのである[60]。

日本においては，アメリカ型の司法審査制を活性化するために，ヨーロッパ型憲法裁判制度の導入論が起きているが，日本の最高裁判所の違憲審査機能を活性化するためには，そのまま他国の制度を導入するのではなく，日本固有の制度運営について問題点のみならず利点をも踏まえた上で，フランスのように，独自の制度を構築することが求められるといえよう。

4 おわりに

以上の通り，最高裁判所の違憲審査機能についてはさまざまな観点から多くの研究者によって，これまで論じられてきたことがわかる。

最高裁判所の違憲審査機能について，近年の判決傾向から考えると，これまで厳格に考えられてきた法律上の争訟の要件も緩和し，権利救済の実効化を図っているといわれる[61]。最高裁判所が近年，違憲判決を下し[62]，積極的に政策形成の機能

---

57) Conseil constitutionnel, Décision n°2010-14/22 QPC du 30 juillet 2010, Journal Officiel du 31 juillet, p.14198, Recueil, p.179.
58) Dominique Rousseau, La question préjudicielle de constitutionnalité : un big bang juridictionnel ?, Revue du droit public, n°3, 2009, p.631.
59) Otto Pfersmann, The Introduction of a Posteriori Constitutional Review in France, European Constitutional Law Review, n°6, 2010, p.223. 翻訳は，オットー・プフェルスマン（拙訳）「フランスにおける事後的違憲審査制の導入について―比較の観点から」同志社法学63巻2号（2011年）507頁以下。
60) ただし，ヨーロッパ大陸型の憲法保障とアメリカ型の私権保障という観点から捉えると，憲法保障と私権保障は衝突する場合もあり，この点について検討をする必要があろう。

を果たしていることが注目されている[63]。

特に，近年の最高裁判決では，積極的な個人の権利救済といえる違憲判断が下されている。郵便法損害賠償責任制限規定違憲判決[64]では，国家賠償請求権を認めており，在外邦人選挙権制限違憲判決[65]では，国の立法不作為について国家賠償責任を認めている[66]。国籍法嫡出要件違憲判決では，父母の婚姻を国籍取得の要件とする区別による違憲状態を前提として，上告人らに日本国籍の取得を認めたことにより，権利救済が図られた[67]。この点について，法令の一部を違憲とし，残りの部分を有効として適用することで，裁判所が権限の限界を超えて，一種の立法行為を行ったのかが問題になるほどであった。さらに，2012 年 10 月の定数不均衡判決[68]でも違憲状態と判示し，注目されている[69]。

また，違憲審査について法律施行の前と後での審査，すなわち事前審査と事後審査に分けて考察する必要性も指摘されている[70]。内閣法制局の違憲審査機能[71]を抜きにして，法令違憲の数のみで違憲審査制が機能していないと判断することはできず，法令違憲が少ない理由を検討する必要がある。

---

61) 大沢・前掲注 27・323 頁。
62) 佐藤教授は，注目すべき近年の違憲判決として，郵便法損害賠償責任制限規定違憲判決，在外邦人選挙権制限違憲判決，国籍法嫡出要件違憲判決を挙げる。佐藤岩夫「最高裁判所は変わったか――企画趣旨と今後の議論への示唆」法時 82 巻 4 号（2010 年）46 頁。
63) 佐藤・前掲注 62・46 頁以下。
64) 最大判平成 14 年 9 月 11 日民集 56 巻 7 号 1439 頁。
65) 最大判平成 17 年 9 月 14 日民集 59 巻 7 号 2087 頁。
66) この 2 件をアメリカと比較した場合，連邦最高裁の方が国賠請求や国の立法不作為に対しては非常に躊躇していると指摘される。カーミット・ルーズヴェルト III 世（大沢秀介訳）『司法積極主義の神話――アメリカ最高裁判決の新たな理解』（慶應義塾大学出版会，2011 年）iii 頁。
67) 最大判平成 20 年 6 月 4 日民集 62 巻 6 号 1367 頁。
68) 最大判平成 24 年 10 月 17 日民集 66 巻 10 号 3311 頁。
釜田教授は，これまでの長きにわたる議員定数不均衡訴訟について，立法部と司法部の権力関係の観点から論じている。釜田泰介「司法審査制の下での立法部と司法部の権力関係――議員定数不均衡訴訟 50 年を振り返って」同志社法学 63 巻 5 号（2011 年）91 頁以下。
69) その後，朝日新聞において「ものを言い始めた最高裁」と題した記事で泉徳治元最高裁裁判官と御厨貴教授のインタビューが掲載されている。朝日新聞 2012 年 10 月 27 日。
70) 大石・前掲注 7・237 頁以下。

最高裁判所の違憲審査がこのように捉えられる現在において，数年前まで盛んに取り上げられていたヨーロッパ型憲法裁判制度の導入に踏み込むのではなく，統治制度全体を通して権力分立の観点を踏まえながら，事前審査と事後審査の相関関係についても分析しつつ，最高裁判所の違憲審査機能の行方を検討していく必要があろう。

---

71) 西原博史「憲法裁判所制度の導入？」ジュリ 1289 号（2005 年）45-46 頁，永田秀樹「司法改革の進行と違憲審査制論」法時 79 巻 8 号（2007 年）116-117 頁，ルーズヴェルトⅢ世（大沢訳）前掲注 66・ⅲ頁。

コラム⑭　韓国の憲法裁判所

李　相允

　韓国における憲法裁判は，憲法委員会（1948年憲法，1952年憲法，1954年憲法，1972年憲法，1980年憲法）や大法院（1962年憲法，1969年憲法）が担当してきたものの，1987年の現行憲法の成立により憲法裁判所が新設された。従来の憲法委員会や大法院による憲法裁判が国民の基本権を保護するに不十分であったとの憲政史的反省から憲法裁判所を設置し，違憲法律審判をはじめとする弾劾審判・違憲政党解散審判・権限争議審判・憲法訴願審判までを担当させたのである。こうした憲法裁判制度の画期的転換は，従来の権威主義統治の清算を意味しており，また民主化に対する国民的熱望を反映した制度的変革でもあった。1988年9月1日に憲法裁判所法（1988年8月5日，法律第4017号）が発効され，同15日に裁判官9人が任命されることにより，現在の憲法裁判制度が出帆された。現行憲法上の憲法裁判所は，国会・大統領・大法院と同列の地位にある「最高の憲法機関」又は「最後の憲法守護機関」であって，憲法秩序を統合する役割を果たしている。

　9人の裁判官から構成される憲法裁判所は，大統領が3人を独自に任命し，3人は大法院長の指名した者を，残り3人は国会から選出された者を，それぞれ大統領が任命する（憲法111条3項）。このごとく，憲法裁判所は，国会・大統領・大法院長の協同により構成されるが，こうした構成方式と関連しては，大統領の直接任命する場合と大法院長の指名する場合はいかなる統制装置がないとの観点から，大統領や大法院長の主観的決定に依存する可能性があるとの問題点が指摘されている。ともあれ，1972年憲法における憲法委員会の構成で採択された協同による憲法裁判機関の構成方式は，現在にいたるまで維持されている。憲法裁判の専門性確保のために，憲法裁判所の裁判官には法官の資格が必要であり（憲法111条2項），15年以上判事・検事・弁護士などの職にあった者で40歳以上であることしている（憲法裁判所法5条1項）。こうした裁判官の資格要件からすると，韓国の憲法裁判所は法律家のみで構成される裁判機関であるといえる。また，憲法裁判所の長は，国会の同意を得て裁判官中から大統領が任命し（憲法111条4項），他の裁判官との関係で同僚中の1人である。

　現行憲法では憲法裁判所の権限としては，違憲法律審判（107条1項）・違憲政党解散審判（8条4項）・弾劾審判・権限争議審判・憲法訴願審判（111条1項）を定めている。韓国の憲法裁判所も，議会の制定した法律の違憲性を審査して違憲法律の効力を喪失させることにより，憲法の最高規範性を守

るために違憲法律審判権限（具体的規範統制制度）をもっている。こうした違憲法律審査に対する憲法裁判所の決定類型には，単純な合憲決定と違憲決定以外にも，合憲的法律解釈の要請と司法的自制の必要性に基づいた限定合憲決定と限定違憲決定及び憲法不合致決定などの変形決定がある。また，憲法裁判所は，高位公職者による下向式憲法侵害から憲法を保護するための弾劾審判権限をもっており，国会による弾劾訴追と憲法裁判所による弾劾審判という制度的構造になっている。その他にも，憲法裁判所は，政党の目的や活動が民主的基本秩序に反する違憲政党の解散審判権（政府の提訴），国家機関間・国家機関と地方自治団体間・地方自治団体間の権限争議に関する審判権，立法・行政・司法などのすべての公権力の濫用と悪用から憲法上保障された基本権を保護するための憲法訴願審判権（憲法裁判所法68条1項の権利救済型憲法訴願と同2項の規範統制型憲法訴願がある）をもっている。

　1988年9月1日から2012年12月31日までの憲法裁判所の運営実績をみると，762件の違憲法律審判（違憲230件・合憲119件・憲法不合致54件・限定違憲15件・限定合憲7件など），1件の弾劾審判（元盧武鉉大統領），73件の権限争議審判，21,648件の憲法訴願審判（違憲230件・合憲1709件・憲法不合致92件・限定違憲51件・限定合憲21件など）を処理してきたと集計されている（憲法裁判所ホームページ・http://www.ccourt.go.kr）。このごとく，これまで憲法裁判所は憲法秩序の維持と基本権の保護などという観点から多様な決定を積極的に下すことにより，その導入初期に提起された憲政史的経験からの懐疑的視角を払拭したといわれている。色々の評価がありうるが，アジア地域において1987年の現行憲法を通じて最初に憲法典に明文化された韓国の憲法裁判所は，20年以上が立った現在まで，国内外的に成功した憲法裁判機能を果たしてきたと評価されているといえよう。韓国におけるこうした憲法裁判の成功した運営の背景には，裁判官・弁護士らの積極的な態度・意思や法学者らの努力及び国民の憲法守護意志などがあったと考えられる。

　ただ，韓国の憲法裁判所制度と関連しては，憲法の政治規範性による憲法裁判の政治化や，政治・経済・社会などの多変化・複雑化による政治的憲法紛争の司法的解決傾向，いわゆる「政治の司法化」に対する民主的統制が何よりの課題となっている。すなわち，政治的憲法紛争解決を憲法裁判所による憲法裁判を通じて図るとの「政治の司法化」により，政治的外圧などに基づいた憲法規範や憲法の基本原理とは距離のある政治的決定が行われ，その決定が権力分立・民主主義などとの憲法的原理に反する可能性が生じるので，それに対する民主的統制が必要となっているのである。こうした「政治の

司法化」に対する民主的統制の対策には，裁判官選出方式の改善などの多様な方案があり得るが，最も至急に導入すべきのは，裁判官の専門性確保方案であろう。憲法裁判が党派的・特定的利益を擁護する結果を予防し，国民の普遍的かつ妥当な意思を反映できる多様な経験と国民の自由・権利の保障に関する専門性及び政治的均衡感覚などを備えた裁判官が必要となる。こうした観点から，専門性と社会の多様な利害関係を代弁すべきである裁判官の任用資格を現在のように法官などの法曹実務家のみに限定するよりは，法学教授・行政家・外交官なども裁判官になり得るよう改善する方案を積極的に考慮すべきであろう。

コラム⑮ **The United States Supreme Court and Judicial Review：From the Warren Court to the Roberts Court**

Dan Rosen[*]

Things are not always as they seem. From the mid-20th century to today, the conventional wisdom in the United States has been that judicial review often slips into "judicial activism," by which Democratic-appointed justices impose so-called progressive values on the Constitution. Republican-appointed justices, by contrast, are said to favor "judicial restraint" and to confine themselves to an understanding of the Constitution based on its meaning at the time of writing and pure text.

Thus, for Republicans, the Warren Court was the judiciary run amok, especially for its insistence that police respect the constitutional rights of criminal suspects.[1] For Democrats, the Rehnquist Court was the symbol of a jurisprudence that was bent on restricting society to an 18th century conception of liberty.[2]

The 1953-1969 Supreme Court of Chief Justice Earl Warren and that

---

[*] Professor, Chuo University Law School (2004-present) ; Doshisha University Faculty of Law (1997-2004).

[1] *See, e.g.*, Miranda v. Arizona, 384 U.S. 436 (1966) (police duty to advise suspect of Fifth Amendment right to remain silent) ; Escobedo v. Illinois, 378 U.S. 478 (1964) (Sixth Amendment right to counsel extends to suspects during interrogation) ; Massiah v. United States, 377 U.S. 201 (1964) (interrogation must stop once suspect invokes Sixth Amendment right to counsel) ; Gideon v. Wainwright, 372 U.S. 335 (1963) (Sixth Amendment right to counsel for indigent) ; Mapp v. Ohio, 367 U.S. 463 (1961) (evidence excluded from trial if obtained in violation of Fourth Amendment prohibition against unreasonable searches and seizures). Despite the Warren Court's reputation as being sympathetic to criminal defendants, not all its decisions went in their favor. *See, e.g.*, Terry v. Ohio, 392 U.S. 1 (1968) (no Fourth Amendment violation if police search to protect themselves pursuant to suspect stopped legally).

[2] WE DISSENT: TALKING BACK TO THE REHNQUIST COURT (M. AVERY, ED. 2009) ; THE REHNQUIST COURT: ACTIVISM ON THE RIGHT (H. SCHWARTZ, ED. 2002) : DAVID SAVAGE, TURNING RIGHT: THE MAKING OF THE REHNQUIST SUPREME COURT (1993).

コラム⑮　アメリカ合衆国連邦最高裁判所と司法審査：
ウォーレン・コートからロバーツ・コートへ

ダン・ローゼン[*]（翻訳／桧垣伸次）

　真実は見かけどおりとは限らない。20世紀中葉から現在にかけて，アメリカ合衆国で広く受け入れられている見解は，司法審査はしばしば，民主党に選ばれた裁判官により，いわゆる革新的な価値を憲法に押し付ける「司法積極主義」に陥るというものであった。それとは対照的に，共和党に選ばれた裁判官は「司法の自己抑制」を好み，憲法の理解を，それが書かれた時代における意図とその文言に基づいたものに制限するといわれる。

　したがって，共和党にとっては，特に，警察は刑事事件の被疑者の憲法上の権利を尊重するという主張に関して，ウォーレン・コートは自制心を失った司法であった[1]。民主党にとっては，レーンクィスト・コートは，社会を18世紀の自由の概念に縛り付けようとする法学の象徴であった[2]。

　1953年から1969年の合衆国最高裁の首席裁判官であったアール・ウォーレンと1986年から2005年の首席裁判官であったウィリアム・レーンク

---

[*]　中央大学法科大学院教授（2004～）；同志社大学法学部教授（1997～2004）
1)　*See, e.g.*, Miranda v. Arizona, 384 U.S. 436 (1966)（被疑者に，修正5条の黙秘権を伝える警察の義務）；Escobedo v. Illinois, 378 U.S. 478 (1964)（修正6条の弁護人依頼権は取調べ中の被疑者にも及ぶ）；Massiah v. United States, 377 U.S. 201 (1964)（被疑者が修正6条の弁護人依頼権を訴えたら，取調べを中止しなければならない）；Gideon v. Wainwright, 372 U.S. 335 (1963)（貧困者が弁護人に依頼する修正6条の権利）；Mapp v. Ohio, 367 U.S. 463 (1961)（不合理な捜索・押収を禁止する修正4条を侵害して得られた証拠は，裁判から排除される）。刑事被告人に好意的であるというウォーレン・コートの評判にもかかわらず，そのすべての判決が彼らの勝訴となったわけではない。*See, e.g.*, Terry v. Ohio, 392 U.S. 1 (1968)（警察が，自身を守るために，合法的に止められた被疑者を捜索することは，修正4条に違反しない）。
2)　We Dissent: Talking Back to the Rehnquist Court (M. Avery, ed. 2009)；The Rehnquist Court: Activism on the Right (H. Schwartz, ed. 2002)；David Savage, Turning Right: The Making of the Rehnquist Supreme Court (1993).

of Chief Justice William Rehnquist during 1986-2005 are often seen as ideological opposites. The Burger Court (1969-1986)[3] and the current Roberts Court (2005-present) are generally perceived as more divided. That is the regular story anyway. Whether it is true is another matter.[4]

A cottage industry of academic commentary has thrived throughout these periods, giving rise to theories of judicial review as undemocratic because it displaces the will of majorities (through their elected representatives)[5] or as justifiable and necessary to allow the Constitution to "live."[6]

Those distinctions, however, have proved to be more rhetorical than factual. "Conservatives" who wanted the Court to keep its nose out of legislative business have shown they are more than happy for it to intervene

---

3) *See, e.g.*, THE BURGER COURT: THE COUNTER-REVOLUTION THAT WASN'T (V. BLASI, ED. 1986).
4) Retired Justice John Paul Stevens has written his recollections of those four Chief Justices plus Chief Justice Fred Vinson. JOHN PAUL STEVENS, FIVE CHIEFS: A SUPREME COURT MEMOIR (2011). The Warren Court to the Roberts Court years include the period during which Professor Taisuke Kamata of Doshisha University has been studying and teaching Constitutional Law. *See generally* Taisuke Kamata, *Adjudication and the Governing Process: Political Questions and Legislative Discretion*, 53 LAW & CONTEMP. PROBS. 181 (1990), *reprinted in* JAPANESE CONSTITUTIONAL LAW 151 (PERCY R. LUNEY, JR. & KAZUYUKI TAKAHASHI, EDS. 1993).
5) *See, e.g.*, JOHN HART ELY, DEMOCRACY AND DISTRUST (1980) ; Robert Bork, *Neutral Principles and Some First Amendment Problems*, 47 IND. L.J. 22 (1971).
6) Justice Breyer, a former law professor, wrote of the process of applying constitutional values to changing circumstances in two books published after he had joined the Supreme Court. STEPHEN BREYER, MAKING OUR DEMOCRACY WORK: A JUDGE'S VIEW (2010) ; ACTIVE LIBERTY: INTERPRETING OUR DEMOCRATIC CONSTITUTION (2005). Justice Scalia, a proud opponent of the living Constitution mindset, put his views in book form a decade earlier. ANTONIN SCALIA, A MATTER OF INTERPRETATION: FEDERAL COURTS AND THE LAW (1997). Chief Justice Rehnquist characterized the living Constitution approach, at least in some forms, as "genuinely corrosive of the fundamental values of our democratic society." William H. Rehnquist, *The Notion of a Living Constitution*, 29 HARV. J.L. & PUB. POL'Y 401, 415 (2006).

ィストは，しばしば，イデオロギー的に対照的であるとみなされる。バーガー・コート（1969年～1986年）[3]と近年のロバーツ・コート（2005年～現在）は，一般的に，より分裂したものと考えられている。とにかく，これが一般的な話である。それが真実であるか否かはまた別の問題である[4]。

学問的解説のささやかな営みは，これらの時代を通じて発展し，司法審査を，多数者の（選出された代表者を通じた）意思[5]を置き換えるために非民主主義的であるとする，あるいは憲法を「生きた」[6]ものにするために正当化でき，かつ必要であるとする理論を生み出してきた。

しかしながら，これらの相違は，実際上のものというよりは修辞上のものであると証明されてきた。最高裁が立法府の問題に干渉しないことを望む「保守派」は，彼らが好む結論を生み出すときは，介入することに非常に満足

---

3) *See, e.g.*, THE BURGER COURT: THE COUNTER-REVOLUTION THAT WASN'T (V. BLASI, ED. 1986).

4) 引退したジョン・ポール・スティーブンス裁判官は，これらの四人の首席裁判官に加え，フレッド・ヴィンソン首席裁判官の回想を執筆している。JOHN PAUL STEVENS, FIVE CHIEFS: A SUPREME COURT MEMOIR (2011). ウォーレン・コートからロバーツ・コートにかけての時代は，釜田教授が憲法を研究・教授していた時代を含む。*See generally* Taisuke Kamata, *Adjudication and the Governing Process: Political Questions and Legislative Discretion*, 53 LAW & CONTEMP. PROBS. 181 (1990), *reprinted in* JAPANESE CONSTITUTIONAL LAW 151 (PERCY R. LUNEY, JR. & KAZUYUKI TAKAHASHI, EDS. 1993).

5) *See, e.g.*, JOHN HART ELY, DEMOCRACY AND DISTRUST (1980) ; ROBERT BORK, *Neutral Principles and Some First Amendment Problems*, 47 IND. L.J. 22 (1971).

6) 元学者であったブライヤー裁判官は，最高裁に加入した後に出版された二冊の著書において，憲法的価値を変化する環境に適用する過程を執筆した。STEPHEN BREYER, MAKING OUR DEMOCRACY WORK: A JUDGE'S VIEW (2010) ; ACTIVE LIBERTY: INTERPRETING OUR DEMOCRATIC CONSTITUTION (2005). 生きた憲法の理念に対する誇り高き反対者であるスカリア裁判官は，その10年ほど前に，彼の見解を著書の形にまとめた。ANTONIN SCALIA, A MATTER OF INTERPRETATION: FEDERAL COURTS AND THE LAW (1997). レーンクィスト首席裁判官は，生きた憲法のアプローチを，少なくともある種の形で，「本来的に，我々の民主社会の基本的な価値を腐食させるものである」と特徴づけた。William H. Rehnquist, *The Notion of a Living Constitution*, 29 HARV. J.L. & PUB. POL'Y 401, 415 (2006).

if that produces the outcome they favor. Conversely, "progressives" have argued in favor of judicial restraint and original intent when that approach led to conclusions of their liking.

Consider *Bush v. Gore*[7], a judicial intervention more extreme than any other over the previous two centuries. Not only did the U.S. Supreme Court displace the will of the legislature on election procedure, it trampled on yet another value supposedly held dear by Republicans: preserving the constitutional role of the states.[8] Moreover, in attempting to justify the intervention, Chief Justice Rehnquist--in a concurring opinion joined by Justices Scalia and Thomas--cited cases decided by none other than the Warren Court and purported to be rescuing the state law from a sort of runaway state Supreme Court.[9]

As is well known, the case determined the outcome of the presidential election of 2000. The vote in Florida was close, and the failure to count certain kinds of punchcard ballots was questioned. The Florida state Supreme Court twice ruled that under state law, a recount was to be held. The U.S. Supreme Court twice quashed that decision, based on a dubious Equal Protection claim asserted by Bush's lawyers.

Ordinarily, and historically, those who are excluded from certain benefits are entitled to seek relief under Equal Protection. The original example is Black people, for whose especial benefit the 14th Amendment was passed after the Civil War. Thus, in the Florida case, if anyone had an Equal Protection claim to make, it was voters whose votes had not been counted.

A majority of the U.S. Supreme Court, however, turned 180 degrees away from original intent, history, and federalism, holding that it was the voters whose votes had been tallied who would be aggrieved by a recount.

---

7) 531 U.S. 98 (2000).
8) Federalism was a primary theme in Justice Rehnquist's career. *See, e.g.*, Nat'l League of Cities v. Usery, 426 U.S. 833 (1976), overruled, Garcia v. San Antonio Metro. Transit Auth., 469 U.S. 528 (1985). *See generally* MARK TUSHNET, A COURT DIVIDED: THE REHNQUIST COURT AND THE FUTURE OF CONSTITUTIONAL LAW (2005); JOHN T. NOONAN, NARROWING THE NATION'S POWER: THE SUPREME COURT SIDES WITH THE STATES (2002).
9) 531 U.S. at 112-15 (Rehnquist, C.J., concurring).

することを証明してきた。逆に,「革新派」は,司法抑制や原意のアプローチが彼らの好む結論を導くときは,それらを支持する議論をしてきた。

　この2世紀を通して司法の介入が最も極端であったブッシュ対ゴア[7]を検討しよう。合衆国最高裁は,選挙過程に関する立法府の意思を置き換えただけでなく,共和党により大切にされていたはずの他の価値――憲法上の州の役割を維持すること[8]――を踏みにじった。それだけではなく,介入を正当化するために,レーンクィスト裁判官は――スカリア裁判官とトマス裁判官が同調した結論同意意見において――,他ならぬウォーレン・コートで下された判例を引用し,ある種暴走した州の最高裁判所から州法を救おうとした[9]。

　よく知られているように,本件は2000年の大統領選挙の結果を決定した。フロリダ州における投票が僅差であり,ある種のパンチカードによる票の集計ミスが問題とされた。フロリダ州最高裁は二度,再集計は行われなければならないと,州法に基づいて決定した。合衆国最高裁は,ブッシュの弁護士により主張された怪しげな平等保護の主張に基づいて,この判決を二度無効にした。

　通常,また歴史的に,特定の利益から排除されたものは,平等保護条項により救済を求める権利が与えられる。そのもともとの例は,黒人であり,彼らの特別の利益のために南北戦争後に修正14条が採択された。したがって,フロリダ州の事例では,もし平等保護の主張ができる者がいるとすれば,それは自身の票が集計されなかった投票者であった。

　しかしながら,合衆国最高裁の多数派は,平等保護の主張ができるのは,再集計によって権利を侵害された,自身の票が集計されている投票者であると述べ,原意,歴史,そして連邦主義を180度転回させた。最高裁は,ある一

---

[7] 531 U.S. 98 (2000).

[8] 連邦主義は,レーンクィスト裁判官のキャリアにおける主要なテーマであった。See, e.g., Nat'l League of Cities v. Usery, 426 U.S. 833 (1976), overruled, Garcia v. San Antonio Metro. Transit Auth., 469 U.S. 528 (1985). See generally MARK TUSHNET, A COURT DIVIDED: THE REHNQUIST COURT AND THE FUTURE OF CONSTITUTIONAL LAW (2005); JOHN T. NOONAN, NARROWING THE NATION'S POWER: THE SUPREME COURT SIDES WITH THE STATES (2002).

[9] Id. at 112-15 (Rehnquist, C. J., concurring).

The counting of some of the excluded votes might dilute those that had already been included, so the Court seemed to say. And it suggested that because some uncounted votes would remain uncounted because of varying standards, the Constitution required that none of the excluded votes be recounted.[10] Thus, the 14th Amendment was used to protect those who already had been protected from those who had not.

If Earl Warren had ever made such a breathtaking leap from constitutional principles, he would have been hanged in effigy. The majority justices, however, were fêted as patriots, at least by those who valued the election of George W. Bush more highly than adherence to so-called "strict construction" of the Constitution.

Ironically, it was Justice John Paul Stevens--often pilloried by Republicans as a "judicial activist"--who sounded the call for judicial restraint[11] and exposed the hypocrisy of the Court's majority.

> What must underlie petitioners' entire federal assault on the Florida election procedures is an unstated lack of confidence in the impartiality and capacity of the state judges who would make the critical decisions if the vote count were to proceed . . . The endorsement of that position by the majority of this Court can only lend credence to the most cynical appraisal of the work of judges throughout the land . . . Although we may never know with complete certainty the identity of the winner of this year's Presidential election, the identity of the loser is perfectly clear. It is the Nation's confidence in the judge as an impartial guardian of the rule of law.[12]

---

10) *Id.* at 104-110.
11) Justice Breyer, another member of the Court nominated by a Democratic president, also spoke of the propriety of restraint. In a dissenting opinion, he wrote, "I fear that we have not adequately attended to that necessary 'check upon our own exercise of power,' 'our own sense of self-restraint.' [citation omitted]…… What it does today, the Court should have left undone." *Id.* at 144, 158. Justice Ginsburg, too, criticized the majority per curiam opinion for deviating from the ordinary principle that "[F]ederal courts defer to a state high court's interpretations of the State's own law. This principle reflects the core of federalism.…" 531 U.S. at 135, 142 (Ginsburg, J., dissenting).
12) *Id.* at 123, 128-29 (Stevens, J., dissenting).

定の排除された票の集計は，すでに算入された票を希薄化させると言いたいようだ。そして，最高裁は，さまざまな異なる基準のために集計されないままになっている集計されていない票があるため，憲法は，排除された票は一切再集計されるべきではないことを要求していると主張した[10]。このようにして，修正14条は，すでに保護されている者を，そうではない者から保護するために用いられたのである。

もしアール・ウォーレンが，そのような憲法上の原理からの驚異的な飛躍をなしたなら，彼は嘲笑されたことだろう。しかしながら，ブッシュ事件における多数派の裁判官は，少なくとも，憲法のいわゆる「厳格な解釈」への支持よりもジョージ・W・ブッシュの当選にはるかに高い価値を置く者からは，愛国者として敬意を表された。

皮肉なことに，司法の自己抑制[11]を訴え，最高裁の多数派の偽善を暴いたのは，ジョン・ポール・スティーブンス裁判官——しばしば共和党によって「司法積極主義者」であるとやり玉に挙げられる——であった。

> フロリダ州の選挙手続に対する上訴人の連邦法違反の主張の根底にあるに違いないのは，票の集計が進められた場合に決定的な判断を下す州の裁判官の公平性，能力に対する信頼の黙示の欠如である。……最高裁の多数派によるこの立場の是認は，全国の裁判官の職務に対する最もシニカルな評価の信憑性を高めうるのみである。……我々は，本年の大統領選挙の勝者が誰であるかを，確実性をもって知ることはないかもしれないが，敗者が誰であるかは完全に明確である。それは，法の支配の公平な守護者としての裁判官に対する国民の信頼である[12]。

---

10) *Id.* at 104-110.
11) 民主党の大統領によって指名された最高裁の他のメンバーであるブライヤー裁判官もまた，抑制の妥当性を説く。反対意見において，彼は「我々が必要な「我々の権力行使に対する抑制」，「我々の自己抑制に対する認識」（サイテーション省略）に適切に関心を向けてこなかったことを恐れている。……まさに本日最高裁がすることは，しないでおくべきだった」と述べた。*Id.* at 144, 158.
   ギンズバーグ裁判官もまた，多数派の匿名意見（per curiam opinion）を，「連邦裁判所は，州法に関する州の最高裁判所の判断に敬譲を払うべきである。この原則は連邦主義の核心である……」という通常の原則から逸脱するものであるとして批判している。531 U.S. at 135, 142 (Ginsburg, J., dissenting).
12) *Id.* at 123, 128-29 (Stevens, J., dissenting).

Justice Stevens also took the Rehnquist Court to task for ruling that federal law and regulations preempted District of Columbia tort law on the subject of auto design safety.[13] In his dissenting opinion, he said, "This is a case about federalism [and] respect for the constitutional role of states as sovereign entities."[14] Stevens noted that the federal statute actually included a saving clause that specifically said, "Compliance with any Federal motor vehicle safety standard issued under this subchapter does not exempt any person from any liability under common law."[15]

The auto industry, however, wanted a uniform standard. That approach may well have merit, but Congress had spoken in favor of preserving a state role. Nevertheless, the so-called conservatives in the majority[16] ruled in favor of the interests of large industry. Their affinity (whether conscious or subconscious) for business interests seemingly trumped any commitment to judicial restraint.

More recently, the Roberts Court has used the power of judicial review to strike down acts of Congress that placed limitations on corporate political contributions[17] and to hold that corporations are equivalent to natural persons within the meaning of free expression rights of the Constitution.[18] The latter proposition especially would likely come as a great surprise to those who championed the Bill of Rights in the 18th century.[19]

---

13) Geier v. American Honda Motor Co, 529 U.S. 861 (2000).
14) *Id*. at 886, 887 (citation omitted) (Stevens, J., dissenting). Justice Thomas bolted from his frequent alignment with Chief Justice Rehnquist and Justices Scalia, O'Connor, and Kennedy to join Justice Stevens' dissent.
15) 49 U.S.C. § 1397 (k), later codified at 49 U.S.C. § 30103 (e).
16) The majority decision, however, was written by Justice Breyer, a Clinton nominee.
17) Citizens United v. Federal Election Com'n, 558 U.S. 310, 130 S. Ct. 876 (2010) (striking down Federal Election Campaign Act of 1971 as unconstitutional infringement of First Amendment free speech rights)
18) 558 U.S. at 342-356.
19) *Id*. at 428-429. (Stevens, J., concurring in part and dissenting in part). Justice Stevens noted that corporations have come in for more extensive regulation than individuals since the earliest days of the nation. After canvassing the history, he concluded:

スティーブンス裁判官はまた，連邦の法規制が，コロンビア特別区の自動車の設計安全についての不法行為法を先占すると判断したことについてレーンクィスト・コートを非難する[13]。反対意見において，彼は，「これは連邦主義，そして主権の主体としての州の憲法上の役割の尊重に関する事例である」と述べた[14]。スティーブンスは，連邦法が，「本節より生じる連邦の自動車安全基準の遵守は，何人をもコモン・ローのもとでの義務から免除しない」[15]と明確に規定している保留条項を含むことに言及している。

　しかしながら，自動車産業は，一律の基準を欲していた。そのアプローチには，メリットがあるだろうが，連邦議会は州の役割を維持することを支持する立法をしていた。それにもかかわらず，多数意見におけるいわゆる保守派[16]は，巨大産業の利益に好意的な決定を下した。彼らのビジネス利益に対する親和性は（意識的か無意識的かにかかわらず）司法抑制へのいかなるコミットメントをも打ち負かすように見える。

　最近になって，ロバーツ・コートは，司法審査の権限を行使して，法人の政治献金に制限を課す連邦法を違憲とし[17]また，憲法上の表現の自由の権利の解釈においては，法人は自然人と同様であると判示した[18]。後者の立場は特に，18世紀に権利章典を擁護した者にとっては大きな驚きとなったであろう[19]。

---

13) Geier v. American Honda Motor Co, 529 U.S. 861 (2000).
14) Id. at 886, 887 (citation omitted) (Stevens, J., dissenting). トマス裁判官は，度々レーンクィスト首席裁判官，スカリア裁判官，オコーナー裁判官，ケネディ裁判官と一致していたが，それから離れて，スティーブンス裁判官の反対意見に同調している。
15) 49 U.S.C. § 1397 (k), later codified at 49 U.S.C. § 30103 (e).
16) ただし，多数派の意見はクリントン大統領が指名したブライヤー裁判官が執筆した。
17) Citizens United v. Federal Election Com'n, 558 U.S. 310, 130 S. Ct. 876 (2010)（1971年連邦選挙運動法が，修正1条の言論の自由を侵害し違憲であるとして無効とされた）
18) 558 U.S. at 342-356.
19) Id. at 428-429. (Stevens, J., concurring in part and dissenting in part). スティーブンス裁判官は，建国当初以来，法人は個人に比べてより広い制限を受けてきたと指摘する。歴史を詳細に調査したのち，彼は以下のように結論付けた。

In 1959, Columbia University law professor Herbert Wechsler promoted the use of "neutral principles" in judicial review.[20] Wechsler wrote,

> A principled decision, in the sense I have in mind, is one that rests on reasons with respect to all the issues in the case, reasons that in their generality and their neutrality transcend any immediate result that is involved. When no sufficient reasons of this kind can be assigned for overturning value choices of the other branches of the Government or of a state, those choices must, of course, survive.[21]

Many of the justices said to be most committed to judicial restraint follow Wechsler's admonition. Except when they don't, which is often.

> As a matter of original expectations, then, it seems absurd to think that the First Amendment prohibits legislatures from taking into account the corporate identity of a sponsor of electoral advocacy. As a matter of original meaning, it likewise seems baseless—unless one evaluates the First Amendment's "principles," . . . at such a high level of generality that the historical understandings of the Amendment cease to be a meaningful constraint on the judicial task. This case sheds a revelatory light on the assumption of some that an impartial judge's application of an originalist methodology is likely to yield more determinate answers, or to play a more decisive role in the decisional process, than his or her views about sound policy.
> *Id.* at 430.

20) Herbert Wechsler, *Toward Neutral Principles of Constitutional Law*, 73 Harv. L. Rev. 1 (1959). Wechsler's theory has remained in the center of the debate over how to interpret the Constitution ever since. *See, e.g.*, Anders Walker, *"Neutral" Principles: Rethinking the Legal History of Civil Rights, 1934-1964*, 40 Loyola U. Chi. L.J. 385 (2009); Cass R. Sunstein, *Neutrality in Constitutional Law*, 92 Colum. L. Rev. 1 (1992); Mark V. Tushnet, *Following the Rules Laid Down: A Critique of Interpretivism and Neutral Principles*, 96 Harv. L. Rev. 781 (1983); Kent Greenawalt, *The Enduring Significance of Neutral Principles*, 78 Colum. L. Rev. 982 (1978).

21) Wechsler, *supra* note 20) at 19.

1959年，コロンビア大学の法学教授であったハーバート・ウェクスラーは，司法審査において「中立性原則」を用いることを促した[20]。ウェクスラーは以下のように述べる。

　　私が考えている意味における原理に従った判決は，その事例におけるすべての争点に関する理性，その一般性や中立性において，関連する直接の結果を超越する理性に従ったものである。連邦政府の他部門あるいは州の価値選択を覆すために，この種の十分な理性が一切与えられえない場合，連邦政府の他部門あるいは州の選択は，もちろん，生き残らなければならない[21]。

　司法抑制に深くコミットしたといわれている多くの連邦最高裁裁判官が，ウェクスラーの訓戒に従っている。彼らが司法抑制をしない場合——それはしばしば起こるのであるが——を除いては。

　　　制定当初の期待として，立法者が，選挙運動の寄付者としての法人の独自性を考慮に入れることを修正1条が禁止していると考えるのはばかげたことのように思える。修正条項の歴史的な理解が司法府の任務に対する有効な制約ではなくなったという，そのような高いレベルの一般性において修正1条の「原理」……を評価しない限り，原意の問題として，それは同様に根拠のないものに思える。この事例は，公平な裁判官による原意主義の手法の適用は，健全な政策についての彼あるいは彼女の見解に比べて，より明確な答えを生み出しうるあるいは決定過程においてより決定的な役割を果たしうるという何らかの前提に啓示の光を投げかける。
　　　Id. at 430.

20) Herbert Wechsler, *Toward Neutral Principles of Constitutional Law*, 73 HARV. L. REV. 1 (1959). ウェクスラーの理論はその後ずっと，憲法をどのように解釈するのかをめぐる議論の中心にあり続けている。*See, e.g.,* Anders Walker, *"Neutral" Principles: Rethinking the Legal History of Civil Rights, 1934-1964*, 40 LOYOLA U. CHI. L.J. 385 (2009); Cass R. Sunstein, *Neutrality in Constitutional Law*, 92 COLUM. L. REV. 1 (1992); Mark V. Tushnet, *Following the Rules Laid Down: A Critique of Interpretivism and Neutral Principles*, 96 HARV. L. REV. 781 (1983); Kent Greenawalt, *The Enduring Significance of Neutral Principles*, 78 COLUM. L. REV. 982 (1978).

21) Wechsler, *supra* note 20) at 19.

判例索引

【最高裁判所】

最判 1950〔昭 25〕・12・28　民集 4 巻 12 号 683 頁　　*6, 23*
最大判 1952〔昭 27〕・10・8　民集 6 巻 9 号 783 頁　　*85, 263*
最判 1955〔昭 30〕・1・26　刑集 9 巻 1 号 89 頁　　*172*
最大判 1955〔昭 30〕・2・9　刑集 9 巻 2 号 217 頁　　*205*
最大判 1962〔昭 37〕・11・28　刑集 16 巻 11 号 1593 頁　　*83*
最決 1963〔昭 38〕・10・22　刑集 17 巻 9 号 1755 頁　　*218*
最大判 1969〔昭 44〕・12・24　刑集 23 巻 12 号 1625 頁　　*27*
最判 1972〔昭 47〕・11・22　刑集 26 巻 9 号 586 頁　　*156*
最大判 1973〔昭 48〕・4・4　刑集 27 巻 3 号 265 頁　　*260*
最大判 1973〔昭 48〕・4・25　刑集 27 巻 4 号 547 頁　　*118*
最大判 1974〔昭 49〕・11・6　刑集 28 巻 9 号 393 頁　　*114, 116, 122*
最判 1975〔昭 50〕・4・30　民集 29 巻 4 号 572 頁　　*156*
最大判 1975〔昭 50〕・4・30　民集 29 巻 4 号 572 頁　　*260*
最大判 1976〔昭 51〕・5・21　刑集 30 巻 5 号 615 頁　　*241*
最大判 1976〔昭 51〕・4・14　民集 30 巻 3 号 223 頁　　*260*
最大判 1977〔昭 52〕・7・13　民集 31 巻 4 号 533 頁　　*92-95, 110*
最大判 1977〔昭 52〕・7・13　民集 31 巻 4 号 540 頁　　*94*
最大判 1978〔昭 53〕・10・4　民集 32 巻 7 号 1223 頁　　*6, 23*
最判 1980〔昭 55〕・12・23　民集 34 巻 7 号 959 頁　　*118*
最判 1981〔昭 56〕・10・22　刑集 35 巻 7 号 696 頁　　*118*
最大判 1981〔昭 56〕・12・16　民集 35 巻 10 号 1369 頁　　*48*
最大判 1982〔昭 57〕・7・7　民集 36 巻 7 号 1235 頁　　*225, 226*
最判 1983〔昭 58〕・4・27　民衆 37 巻 3 号 345 頁　　*221*
最判 1984〔昭 59〕・12・18　刑集 38 巻 12 号 3026 頁　　*127*
最判 1985〔昭 60〕・7・17　民集 39 巻 5 号 1100 頁　　*260*
最判 1985〔昭 60〕・11・21　民集 39 巻 7 号 1512 頁　　*197, 210*
最大判 1987〔昭 62〕・4・22　民集 41 巻 3 号 408 頁　　*260*
最大判 1988〔昭 63〕・6・1　民集 42 巻 5 号 277 頁　　*100*
最大判 1989〔平元〕・3・8　民集 43 巻 2 号 89 頁　　*148*
最判 1992〔平 4〕・7・9　判時 1441 号 56 頁　　*100*
最判 1993〔平 5〕・2・16　民集 47 巻 3 号 1687 頁　　*100*
最決 1995〔平 7〕・2・28　刑集 49 巻 2 号 481 頁　　*185*
最大決 1995〔平 7〕・7・5　民集 49 巻 7 号 1789 頁　　*71*
最大判 1997〔平 9〕・4・2　民集 51 巻 4 号 1673 頁　　*92-94, 110*
最判 1999〔平 11〕・1・21　集民 191 号 127 頁　　*76*
最判 1999〔平 11〕・10・21　判時 1696 号 96 頁　　*104*
最判 2000〔平 12〕・1・27　民集 54 巻 1 号 69 頁　　*72*
最判 2002〔平 14〕・7・9　判時 1799 号 101 頁　　*104*

最判 2002〔平 14〕・7・11　判時 1799 号 99 頁　　*104*
最大判 2002〔平 14〕・9・11　民集 56 巻 7 号 1439 頁　　*260, 273*
最判 2003〔平 15〕・3・28　家月 55 巻 9 号 51 頁　　*72, 79*
最判 2003〔平 15〕・3・31　家月 55 巻 9 号 53 頁　　*72, 79*
最判 2004〔平 16〕・10・14　集民 215 号 253 頁　　*72, 79*
最判 2004〔平 16〕・10・15　民集 58 巻 7 号 1802 頁　　*48*
最判 2004〔平 16〕・6・28　判時 1890 号 41 頁　　*104*
最大判 2005〔平 17〕・1・26　民集 59 巻 1 号 128 頁　　*11*
最大判 2005〔平 17〕・9・14　判時 1906 号 36 頁　　*208*
最大判 2005〔平 17〕・9・14　民集 59 巻 7 号 2087 頁　　*217, 260, 273*
最大判 2005〔平 17〕・12・7　民集 59 巻 10 号 2645 頁　　*48, 57*
最判 2006〔平 18〕・3・30　民集 60 巻 3 号 948 頁　　*45, 58*
最判 2007〔平 19〕・2・27　民集 61 巻 1 号 291 頁　　*113*
最判 2008〔平 20〕・2・19　民集 62 巻 2 号 445 頁　　*125*
最判 2008〔平 20〕・3・6　判時 2004 号 17 頁　　*134*
最判 2008〔平 20〕・4・11　刑集 62 巻 5 号 1217 頁　　*126*
最大判 2008〔平 20〕・6・4　民集 62 巻 6 号 1367 頁　　*4, 260, 273*
最判 2008〔平 20〕・6・12　民集 62 巻 6 号 1656 頁　　*146*
最大判 2009〔平 21〕・4・17　民集 63 巻 4 号 638 頁　　*76*
最決 2009〔平 21〕・9・30　家月 61 巻 12 号 55 頁　　*72*
最大判 2009〔平 21〕・11・30　刑集 63 巻 9 号 1765 頁　　*128*
最大判 2010〔平 22〕・1・20　民集 64 巻 1 号 1 頁　　*94, 95, 104*
最判 2010〔平 22〕・7・22　判時 2087 号 26 頁　　*110*
最決 2011〔平 23〕・3・9　民集 65 巻 2 号 723 頁　　*70*
最判 2011〔平 23〕・3・23　民集 65 巻 2 号 755 頁　　*220*
最判 2011〔平 23〕・5・30　判時 2123 号 8 頁　　*112*
最判 2011〔平 23〕・6・6　判時 2123 号 18 頁　　*112*
最判 2011〔平 23〕・6・14　判時 2123 号 23 頁　　*112*
最判 2011〔平 23〕・6・21　判時 2123 号 35 頁　　*112*
最大判 2011〔平 23〕・11・16　刑集 65 巻 8 号 1285 頁　　*181*
最判 2012〔平 24〕・2・16　民集 66 巻 2 号 673 頁　　*111*
最判 2012〔平 24〕・1・16　裁時 1547 号 3 頁　　*112*
最判 2012〔平 24〕・2・28　民集 66 巻 3 号 1240 頁　　*230*
最判 2012〔平 24〕・4・2　民集 66 巻 6 号 2367 頁　　*230, 233*
最大判 2012〔平 24〕・10・17　民集 66 巻 10 号 3311 頁　　*220, 273*
最判 2013〔平 25〕・1・11　裁判所 HP　　*172*
最判 2013〔平 25〕・4・16　刊行物未登載　　*51*

【高等裁判所】

札幌高判 1969〔昭 44〕・6・20　刑集 28 巻 9 号 688 頁　　*116*
名古屋高判 1971〔昭 46〕・5・14　行集 22 巻 5 号 680 頁　　*93, 96*

名古屋高裁金沢支判 1972〔昭 47〕・8・9　判時 674 号 25 頁　　47
東京高判 1973〔昭 48〕・7・13　判時 710 号 23 頁　　45,60
大阪高判 1975〔昭 50〕・11・10　行集 26 巻 10・11 号 1268 頁　　234
札幌高判 1978〔昭 53〕・5・24　高民集 31 巻 2 号 231 頁　　210
東京高判 1979〔昭 54〕・3・14　高民集 32 巻 1 号 33 頁　　32
東京高判 1991〔平 3〕・3・29　判タ 764 号 133 頁　　71
仙台高裁秋田支判 2002〔平 14〕・1・29　　213
広島高判 1991〔平 3〕・9・13　判時 1402 号 127 頁　　185
大阪高判 1992〔平 4〕・2・20　判時 1415 号 3 頁　　49
高松高判 1992〔平 4〕・5・12　行集 43 巻 5 号 717 頁　　100
大阪高判 1994〔平 6〕・10・28　判時 1513 号 86 頁　　20
札幌高判 1994〔平 6〕・5・24　判タ 854 号 102 頁　　247
東京高判 1997〔平 9〕・11・26　高民集 50 巻 3 号 459 頁　　11
大阪高決 2004〔平 16〕・5・10　判例集未登載　　86
東京高判 2005〔平 17〕・12・9　判時 1949 号 169 頁　　126
東京高判 2007〔平 19〕・12・11　判タ 1271 号 331 頁　　128
東京高判 2007〔平 19〕・1・29　民集 62 巻 6 号 1837-1892 頁　　146
札幌高判 2007〔平 19〕・6・26　民集 64 巻 1 号 119 頁　　105
大阪高決 2009〔平 21〕・10・7　民集 65 巻 2 号 726 頁　　70
東京高判 2010〔平 22〕・3・10　判タ 1324 号 210 頁　　70
札幌高判 2010〔平 22〕・12・6　民集 66 巻 2 号 702 頁　　105
東京高判 2010〔平 22〕・3・29　判タ 1340 号 105 頁　　119, 129
東京高判 2010〔平 22〕・5・13　判タ 1351 号 123 頁　　122
東京高判 2010〔平 22〕・5・27　判時 2085 号 43 頁　　227
名古屋高決 2011〔平 23〕・12・21　裁判所 HP　　70, 83
大阪高決 2011〔平 23〕・8・24　金判 1382 号 40 頁　　83

【地方裁判所】

津地判 1967〔昭 42〕・3・16　行集 18 巻 3 号 246 頁　　96
旭川地判 1968〔昭 43〕・3・25　下刑集 10 巻 3 号 293 頁　　116
宇都宮地判 1969〔昭 44〕・4・9　判時 556 号 23 頁　　60
東京地判 1970〔昭 45〕・7・17　行集 21 巻 7 号別冊 1 頁　　240
富山地判 1971〔昭 46〕・6・30　判時 642 号 96 頁　　47
新潟地判 1971〔昭 46〕・9・29　判時 642 号 117-118 頁　　47
津地裁四日市支判 1972〔昭 47〕・7・24　判時 672 号 30 頁　　47
熊本地判 1973〔昭 48〕・3・20　判時 696 号 15 頁　　47
札幌地裁小樽支部判 1974〔昭 49〕・12・9　判時 762 号 8 頁　　209
東京地判 1974〔昭 49〕・4・24　行集 25 巻 4 号 274 頁　　231, 233
東京地判 1974〔昭 49〕・7・16　判時 751 号 51 頁　　240
松山地判 1978〔昭 53〕・5・29　判時 889 号 3 頁　　64
大阪地判 1980〔昭 55〕・10・29　行集 31 巻 10 号 227 頁　　235

岡山地判 1987〔昭 62〕・11・12　判時 1255 号 39 頁　*184*
松山地判 1989〔平元〕・3・17　行集 40 号 3 号 188 頁　*100*
旭川地判 1993〔平 5〕・10・26　判タ 853 号 90 頁　*247*
和歌山地判 1994〔平 6〕・11・30　判自 145 号 36 頁　*56*
大阪地判 1995〔平 7〕・10・11　訟月 42 巻 8 号 1993 頁　*21*
徳島地判 1996〔平 8〕・3・15　判時 1597 号 115 頁　*20*
岡山地決 1999〔平 11〕・9・3　　*185*
鹿児島地判 2001〔平 13〕・1・22　裁判所 HP　*45*
東京地判 2001〔平 13〕・12・4　判時 1829 号 300 頁　*51*
熊本地判 2001〔平 13〕・5・11　判時 1748 号 30 頁　*196*
東京地判 2002〔平 14〕・10・29　判時 1885 号 23 頁　*49*
東京地判 2004〔平 16〕・12・16　裁判所 HP　*126*
札幌地判 2006〔平 18〕・3・3　民集 64 巻 1 号 89 頁　*105*
東京地判 2006〔平 18〕・6・29　判例集未登載　*119, 131*
東京地判 2006〔平 18〕・8・28　判例集未登載　*128*
東京地判 2008〔平 20〕・9・19　判例集未登載　*122*
広島地判 2009〔平 21〕・10・1　判時 2060 号 3 頁　*44, 45, 52, 58*
奈良地決 2009〔平 21〕・6・26　判例集未登載　*246*
甲府地判 2010〔平 22〕・10・15　裁判所 HP　*214*

【家庭裁判所】

静岡家裁熱海出審 1990〔平 2〕・12・12　民集 49 巻 7 号 1820 頁　*71*
和歌山家審 2009〔平 21〕・8・27　民集 65 巻 2 号 726 頁　*70*

事項索引

A-Z
BPO　145-147, 149
FCC　150
MVPD　151
NBP　150

あ行
アダム・スミス問題　169
アメリカ憲法史　160

違憲
　——審査制　258
　——判決の効力　84
一般的効力　85
一般的自由説　28
一般放送　135, 136
入浜権　64
インクルーシブ教育　248
インターネットによる選挙運動　218

ウォーレン・コート　279

営業活動の自由　159
営業することの自由　158
営業の自由　156
　——論争　156
エネルギーの解放　164
愛媛玉串料訴訟　100
えん罪　183
エンドースメント・テスト　102
欧州人権裁判所　21
大阪国際空港訴訟　48
小田急高架化訴訟　48

か行
外国人集住都市会議　2
外国人登録（外国人住民登録）　22, 23
　——制度　5, 22
　——法　5, 22
外国人への人権保障　23
革新主義学派　160
角膜移植法　42
角膜肝臓移植法　42
家族承諾　24
学校教育法　244
合衆国最高裁の多数派　283
環境
　——基本法　47
　——権　48
　——配慮義務　62
　——利益　44
関西水俣病訴訟　48
間接的制約　113

議員定数不均衡問題　220
基幹放送　135
企業改革法　166
規制緩和　154
既得権　162
ギボンズ対オグデン事件　162
キャロリーン・プロダクツ判決　165
求刑を超える量刑　188
教育基本条例　112
教育基本法　239
教育職員（教員）　13
行政機関情報公開法　133
行政事件訴訟法の改正　51
行政の中立的運営　116
共同規制　147, 149
共和主義　160-162
居住形態説　23

具体的権利説　228
国立マンション景観訴訟　51

景観利益　45
経済的自由権　154
刑事手続　182
結社の自由判決　269
原意主義
原告適格　53
献体法　42
憲法25条1項・2項
　　──一体論　234
　　──区分論　234
憲法裁判所（韓国）　275
憲法裁判制度　260, 262
憲法訴訟制度　260
権利性質説　23

公共信託理論　65
合憲性審査基準　73
公権力行使等地方公務員　11
公序　156
公職選挙法　218
　　──の一部を改正する法律案要綱　219
幸福追求権　27, 28
公平原則　136
公務員の政治的中立性　116
公務就任権　8, 9
国籍　3
国民主権の理念　133
国連・規約人権委員会　195
個人情報保護制度　134
個人の尊厳　74
国家からの自由　159
国家公務員法　114
国家による自由　159
国家賠償法　196
古典派経済学　157
子どもの権利条約　243
個別的効力　85
コミュニケーション援助　190
婚外子　70
コンセイユ・デタ（破毀院）　271

さ行

在外邦人選挙権訴訟　207
在宅投票制廃止違憲訴訟　197, 209
裁判員制度　178
裁判を受ける権利　190
在留カード　22
在留管理制度　5
裁量権の逸脱・濫用　55
差止め請求　48
サラマンカ宣言　249
猿払事件　115
参議院定数不均衡判決　221

死刑　194
　　──判決　194
自己決定権　29, 30
事後審査制　271
死者の人格権　32
自主規制　142, 144-147, 149
施設投票　211
自然の権利訴訟　44
死体解剖保存法　42
指定病院等　211, 212
司法審査
　　──権　162
　　──制　261
司法制度改革　178, 265
司法積極主義　279
社会関係資本　168
社会権としての生存権論　225
社会福祉基礎構造改革　254
就学義務化　242
就学先の選択　241
自由権
　　──規約（B規約）　20
　　──的側面としての生存権論　225
重大な侵害　55
住基ネット　134
熟議　172
出入国管理及び難民認定法　22
障害者

——基本法　189, 243
　　——権利条約　250
　　——自立支援法　254
　　——制度改革のための第二次意見　245
　　——と裁判　184
障がい者制度改革推進会議　189
障害のある子どもの教育を受ける権利
　　238
衝撃説　138
情報公開
　　——条例　133
　　——制度　133
女子差別撤廃条約　20
知る権利　133, 140, 147, 149
人格的利益説　28
人権
　　——委員会（Human Rights Committee）
　　21
　　——説　94
　　——（の）享有主体性　31, 32
人事院規則　114
人種差別撤廃条約　20
侵入理論　151

政教分離原則　92
政治的
　　——行為　115
　　——な表現の自由　125
政治の司法化　276
生体移植　42
制度後退禁止原則　224
制度説　94
制度的保障説　93
世田谷事件　114
積極主義・消極主義　265
説明責任　133
選挙　202
　　——権　202, 203
　　——事項法定主義　205
全体の奉仕者　117
全米ブロードバンド計画　150

臓器移植　42
臓器移植法　25, 42
総合支援法　255
葬送の自由　33
遡及効　84
訴訟能力　185
空知太神社訴訟　104

た行
小さな福祉国家　171
チベット　88
中華人民共和国憲法　89
抽象的
　　——権利説　228
　　——審査　263
中道　88
-- 中道のアプローチ　88
中立性原則　287
眺望利益　45

津地鎮祭訴訟　95

適正手続　186
適用違憲　81
デュー・プロセス　164
電波
　　——オークション　150
　　——の稀少性論　136-138

東京都管理職選考受験訴訟　11
当然の法理　9
投票へのアクセシビリティ　208
特定地上基幹放送事業者　136, 142
特別支援教育　243, 244
　　——の在り方に関する特別委員会　245
土壌汚染　66
　　——規制　66
　　——対策法　66
ドレッド・スコット事件　261
な行
内容規制　125

内容中立規制　*125*
奈良県下市町立中学校入学拒否事件　*246*

二重の基準論　*172*
日光太郎杉事件　*59*
日本版 FCC　*144*
ニューディール政策　*165*
認定就学者　*244*

ネグロポンテ・スイッチ　*150*
ねじれ現象　*221*

脳死判定　*24*

は行
バーガー・コート　*281*
番組編集準則　*136, 137, 141-144*
ハンセン病訴訟　*196*
判断過程審査　*230*

比較衡量　*117*
非正規在留者　*23*
表現の自由　*114*

不在者投票制度　*208*
付随的違憲審査権　*85*
普通選挙　*206, 207*
ブッシュ対ゴア　*283*
部分規制論　*139, 140, 148*
不法行為訴訟　*47*
ブラウンフィールド問題　*66*
ブロードバンド　*150*
プログラム規定説　*228*
文化資本　*168*

米連邦通信委員会　*150*

放送　*135*
放送倫理・番組向上機構　*145*
法令違憲　*81*
堀越事件　*114*

ま行
マーベリー事件　*261*
マクリーン事件　*6*
マスコミ
　——情報　*192*
　——報道　*191*

民法 900 条 4 号但書　*70*

命令統制手法　*66*

目的効果基準　*97*
黙秘権　*185*
文言説　*23*

や行
有罪率　*183*

四大公害事件　*47*

ら行
リスク規制理論　*173*
立法事実　*130*
　——論　*76*
立法不作為　*196*
倫理的規定説　*141, 143*

レーンクィスト・コート　*279*
レッセ・フェール　*164, 167*
レモン・テスト　*97*

老齢加算廃止訴訟　*226*
ロバーツ・コート　*281*

わ行
和歌の浦景観訴訟　*56*

人名索引

【A～Z】
Avery, M. 278, 279
Baxter, M. G. 163
Blasi, V. 280, 281
Colombatto, E. 155
Greenawalt, K. 288, 289
Hartz, L. 160
Hattenhauer, H. 203
Kramer, L. D. 174
Luney, P. R. Jr. 280, 281
McCoy, R.
Newmyer, R. K. 164
Noonan, J. T. 282, 283
Posner, R. A. 173
Rousseau, D. 272
Savage, D. 278, 279
Schwartz, H. 278, 279
Silver, T. 38
Tushnet, M. V. 282, 283, 288, 289
Walker, A. 288, 289
Wood, G. S. 160, 162

【五十音】
ア 行
アンドルーズ, L. 39, 42
愛敬浩二 8, 155
青柳幸一 10, 19, 74, 81-83
赤坂幸一 93, 109, 111, 234
赤坂正浩 8, 94, 98, 110, 230, 236
浅野一郎 211
会沢 恒 162
芦部信喜 4, 7, 10, 15, 18, 49, 74, 77, 78, 81, 92-94, 98, 102, 103, 116, 118, 137, 182, 204, 225, 226, 229, 240, 258, 263
梓澤和幸 127

東 俊裕 250
安達光治 126, 128
姉崎 弘 250
安部圭介 35
阿部泰隆 44, 60
雨宮 浩 43
新井 章 227
新井信之 17
新井 誠 93, 110, 183, 234
荒井透雅 135
有賀 貞 160
有倉遼吉 159
淡路剛久 44, 45, 49, 50, 60, 62
粟屋 剛 39, 42
安西文雄 103, 108, 109, 111
安藤高行 110
安念潤司 71, 93, 98, 155
飯島滋明 183, 184
飯田 稔 108
井口 泰 5, 23
生貝直人 146, 147
池田和子 3
池田勇人 115
池原毅和 189
池本武広 23
石井 昇 230
石川健治 73, 76, 94, 158, 159, 171
石川美明 33
石川裕一郎 183, 184
石埼 学 126, 183, 184
石塚謙二 247
石村 修 7
石村善治 136
泉 徳治 16, 74, 211, 273
磯部 力 263

市川須美子 17
市川正人 93, 111, 119, 129, 138-140, 148, 149, 173, 225, 226, , 229, 239, 259, 266
伊藤 眞 44, 45, 59
伊藤正己 9, 127, 163, 202, 266, 267
稲垣 喬 237
稲葉一将 137, 146
猪野 積 9, 16
井上亜紀 226
井上禎男 138
井上達夫 169
井上典之 73, 106, 235, 236
井上英夫 212, 213
井上康子 247
今井 功 80
今川奈緒 246
今村成和 159
岩間昭道 225
岩村 治 213-215

ヴィンソン（Vinson, F.） 280, 281
ヴェーバー, A. 262
ウェクスラー（Wechsler, H.） 288, 289
ヴェスターマン（Westerman, F.） 43
ウォーレン（Warren, E.） 278, 279
植木 淳 128, 241
植木 哲 26
上田健介 221
上田卓三 13
植野妙実子 262, 263
魚住真司 145
宇賀克也 140

人名索引　299

宇佐見大司　59
唄　孝一　33
内田　満　201
内野正幸　202, 224, 231, 235, 236
馬川千里　172
浦部法穂　10, 94, 159, 202, 258, 264

榎　透　95
榎原　猛　137
蛯原健介　86
遠藤比呂通　19, 183
遠藤光男　72
遠藤美奈　224

オコナー（O'Connor, S. D.）　102, 286, 287
オルテガ（Ortega y Gasset, J.）　200, 201
大石　眞　6, 149, 206, 217, 226, 229, 260, 273
大沢秀介　102, 103, 108, 226, 232, 264, 265, 273
大澤理尋　242
大島和夫　59
大島佳代子　126, 246
大須賀明　228
大谷恭子　189
大塚　直　44, 51, 60, 67
大塚久雄　158
大西勝也　72, 78
大沼保昭　20
大野正男　72
大橋寛明　104
大林啓吾　236
大林文敏　95
岡崎勝彦　14
尾形　健　93, 109, 111, 224-226, 229, 230, 234
岡田与好　156-159, 168, 172
岡田信弘　95, 108, 111

岡部泰昌　187, 193
小川敏夫　194
荻野芳夫　19
奥平康弘　10, 18, 118, 125, 129, 158, 208, 226, 266
押久保倫夫　183
尾崎行信　72, 74-76, 103, 104
小澤　温　248
小田切勝子　43
落合俊郎　251, 252
織原保尚　246

カ行
甲斐中辰夫　107
籠橋隆明　45
葛西まゆこ　224-226, 232, 233, 236, 237
梶谷　玄　79
香城敏麿　130
勝山教子　116
加藤　節　161
加藤信行　8
角松生史　172
兼子　仁　59
金原恭子　97
金山　勉　144, 145
蒲島郁夫　203
可部恒雄　72
鎌田邦彦　45
釜田泰介　i, 74, 75, 162, 197, 253, 259, 262, 273, 280, 281
神吉敬三　201
嘉門　優　122
粥川準二　39
河合伸一　72, 78
川岸令和　108, 126-128
川口政明　185
川﨑政司　211
川島　聡　250, 251
川村俊雄　49
韓　裕治　14

ギンズバーグ（Ginsburg, R.）　284, 285
キンブレル, A.　43
喜田村洋一　208
北村喜宣　51, 61, 62
木下智史　77, 78, 225, 259
木原啓吉　62, 64
君塚正臣　111, 141
金　亜民　12
金　泰昌　138
木村草太　109
木村保男　49
清野正彦　107, 109
清原慶子　208
清原聖子　145
清宮四郎　204, 206

クリステヴァ, J.　3, 18
クリントン（Clinton, B.）　286, 287
葛野尋之　179
工藤達朗　267
国光哲夫　212
熊田道彦　80
栗城壽夫　258
黒坂則子　67

ケネディ（Kennedy, A.）　286, 287
ケルゼン, H.　262

ゴア（Gore, A. A. Jr.）　282, 283
小泉洋一　95, 107, 109
小泉良幸　107, 108, 110
香西豊子　42
越野和之　251
小嶋和司　6
越山安久　99
小竹　聡　29
小谷順子　110, 183
兒玉修一　246

後藤　登　　145, 146	宍戸圭介　　33, 39	233
小林　節　　228	宍戸常寿　　98, 102, 108, 110, 139,	砂川浩慶　　136
小林　武　　190	141, 143, 149, 197, 233	ゼッカー, H.　　267
小林多喜二　　183	篠塚昭次　　62	瀬川　晃　　191
駒村圭吾　　97, 104, 136, 138, 140,	芝池義一　　48, 51, 57, 59, 142	関口新太郎　　128
141, 143, 145	渋谷秀樹　　10, 12, 32, 141, 183,	関根孝道　　45
小山　剛　　94, 202, 226, 227, 229-	192, 204, 232	芹沢　斉　　93, 203, 225, 226,
231, 233, 235	渋谷真樹　　12	229, 239
近藤　敦　　7, 17, 126	嶋崎健太郎　　36	芹田健太郎　　20
	島田仁郎　　79	
サ　行	清水貞夫　　251, 252	曽我部真裕　　93, 109, 111, 138,
サンスティン（Sunstein, C.	清水直樹　　142, 143	140, 144, 146, 147, 149, 234,
R.)　167, 173, 174, 288, 289	清水英夫　　145	269
才口千晴　　79	下村由一　　43	曽根英二　　184, 192
斎藤一久　　233	下山瑛二　　156	園部逸夫　　72, 78, 104, 266
齊藤正彰　　36	初宿正典　　7, 111, 146, 260, 264,	
阪口正二郎　　93, 127, 128, 225,	267	**タ　行**
226, 229, 239	白川慧一　　63	ダライ・ラマ法王14世
阪本昌成　　141, 236	白取祐司　　187	88
佐久間亜紀　　14	城下裕二　　42	田井義信　　48, 65
佐久間孝正　　15	城山英明　　154	高井裕之　　26, 27, 237
佐々木史朗　　185	新堂幸司　　44	高崎裕士　　62, 64
佐々木弘通　　99		鷹巣信孝　　156, 158
佐々木幸寿　　244	スカリア（Scalia, A.)	高世三郎　　11
笹田栄司　　259, 267	280-283, 286, 287	高田昭正　　186
笹田佳宏　　142, 144, 259	スティーブンス（Stevens, J.	高田　篤　　224
笹沼弘志　　183, 207	P.)　280, 281, 284-287	高田　敏　　224, 228, 267
佐藤　功　　14	スティグリッツ（Stiglitz, J.)	多賀谷一照　　23
佐藤　令　　209	166	高辻正巳　　9
佐藤岩夫　　273	スミス（Smith, A.)　　154,	高橋和之　　8, 10, 20, 36, 93, 95,
佐藤栄作　　115	157, 169, 170	116-118, 122, 127, 148, 158, 235,
佐藤幸治　　7, 9, 16, 25, 27-32,	須網隆夫　　155, 172	280, 281
37, 77, 78, 83, 84, 93, 94, 182,	末永恵子　　43	高橋久子　　72, 103
224-226, 228, 229, 259, 266	須賀博志　　92, 267	高畑英一郎　　103, 108
佐藤幹夫　　191, 192	杉田早苗　　63	田上穣治　　93
	杉原周治　　262	高見勝利　　36, 84, 95, 205
シェバリエ, J.　　262	杉原高嶺　　8	高柳信一　　65, 103
シュート, S　　19	杉原泰雄　　224, 226, 261	滝井繁男　　79
シンガー（Singer, J. W.)	杉山忠平　　154, 157	滝澤信彦　　103
166-169	鈴木主税　　43	竹内行夫　　79, 107
椎名愼太郎　　58	鈴木秀美　　136, 138, 142-145, 147	竹下義樹　　189
塩野　宏　　9, 11, 143	須藤正彦　　115, 121, 123, 132, 230	武田芳樹　　173

人名索引　301

竹中　勲　　236, 237, 241
竹前栄治　　6
田島泰彦　　143
田近　肇　　93, 107-109, 111
館　潤二　　217
辰井聡子　　25
田中　宏　　12
田中孝男　　119, 129
田中唯文　　64
田中英夫　　163

千種秀夫　　72, 78, 185
千葉景子　　194
千葉勝美　　121, 123

辻川圭乃　　191
辻村みよ子　　7, 31, 32, 86, 99,
　　　　156, 204, 205, 269
土田和博　　155
土屋英雄　　103
土屋裕子　　35
常本照樹　　95, 109
椿　貞良　　142

鄭　香均　　11
手嶋　豊　　237

土井真一　　36, 95, 108, 111,
　　　　182, 266
堂目卓生　　169
トクヴィル（Tocqueville, A.
　　　　de）　261
戸波江二　　28, 31, 32, 37, 94, 233,
　　　　236, 267, 268
トマス（Thomas, C.）　282,
　　　　283, 286, 287
戸松秀典　　83, 84, 86, 102-104,
　　　　225, 260, 264, 265
富井利安　　60
富田信男　　201
鳥居喜代和　　234

ナ 行

内藤正幸　　36
長井　圓　　25
永井憲一　　225
長岡　徹　　93, 130
長尾一紘　　10
中川　明　　241
中川了滋　　107
中島　徹　　118, 131, 155, 171, 174
中島清治　　45
中島茂樹　　156
中島敏次郎　　72, 73
中島吉弘　　19
長瀬　修　　250
中谷　彪　　14
中谷　実　　267
永田秀樹　　274
中野善達　　250
長畠綾子　　249
中林暁生　　203, 236
長峯信彦　　148
中村義幸　　7
中村睦男　　15, 94, 204, 206, 225,
　　　　226, 228, 234, 240
中山和久　　118
中山研一　　35
中山茂樹　　25, 26, 29, 31, 36,
　　　　37
永山茂樹　　128
生天目忠夫　　267
浪本勝年　　14
西木秀和　　246
西田　穣　　128
西土彰一郎　　138, 141
西野吾一　　181
西原博史　　148, 224, 239, 241,
　　　　274
西平重喜　　217
西村枝美　　110
二宮貴美　　148

糠塚康江　　5, 49, 86
ネグロポンテ（Negroponte,
　　　　N.）　150
ネルキン, D.　39, 42
野坂泰司　　12, 103, 104, 108, 110
野田　亮　　39, 42
野田洋子　　39, 42
野中俊彦　　8, 15, 85, 86, 94,
　　　　197, 202, 204-207, 210, 215,
　　　　225, 240
能見善久　　51
野呂　充　　58

ハ 行

ハースト（Hurst, J. W.）
　　　　163
ハーパー, K.　43
ハーリー, S　19
萩原重夫　　15
橋本　勇　　13
橋本佳博　　216
橋本博之　　60
橋本祐子　　169
長谷部恭男　　7, 8, 93, 98, 99,
　　　　102, 104, 108, 110, 124-126,
　　　　137-141, 144, 148, 155, 173,
　　　　202, 232, 233
畠山武道　　65
浜田純一　　139, 143
林　知更　　95, 99, 106, 109
林田和博　　203
原田一明　　222
原田大樹　　145, 149
原田尚彦　　64
晴山一穂　　125

ビアード（Beard C. A.）
　　　　160
樋口範雄　　17, 25, 35, 161, 174
樋口陽一　　77, 78, 93, 118, 158-

160, 171-173, 205, 258, 265
菱村幸彦　13
日比野勤　94, 95, 100, 102
平野龍一　33
平松　毅　172
ファボルー，L.　262, 263, 269
ブッシュ（Bush, G. W.）282-285
プフェルスマン（Pfersmann, O.）　272
ブライヤー（Breyer, S.）280, 281, 284-287
フランクリン（Franklin, B.）161, 162
フリードマン（Friedman, L. M.）　166
ブルデュー（Bourdieu, P.）168
深澤武久　79
福岡伸一　43
福島　至　185, 191
福島力洋　147
福田　博　217
福田矩美子　67
福間誠之　35
藤井正雄　84
藤井樹也　27, 232
藤倉晧一郎　51
藤澤宏樹　225
藤田宙靖　16, 108
藤本典裕　14
古川　純　6
古田佑紀　107
ホームズ（Holmes, O. W. Jr.）　160
ボリンジャー，L. C.　139
ホワイト（White, G. E.）170
星野英一　82

本田　稔　126

マ行

マクリーン，R. A.　6
マッカーサー，D.　6
前田達明　237
真城知己　252
町野　朔　25, 43
松井茂記　29, 136, 137, 141, 165, 166, 237
松井亮輔　251
松宮孝明　25, 128
松村弓彦　67
松本和彦　18, 227, 232
松本礼二　261
丸山英二　25, 26
御厨　貴　273
右近健男　84
水田　洋　154, 157, 169
水野紀子　75
南野　森　269
嶺井正也　249, 250
美濃部達吉　204
宮澤俊義　156, 204
宮島　喬　19
三好規正　64
三輪和宏　218
棟居快行　20, 27, 29, 57, 227-232
村重慶一　70
毛利　透　127, 128
茂木俊彦　249
本橋春紀　145, 146
本山　敦　71
百地　章　109
諸根貞夫　95, 103

ヤ行

矢島基美　156, 159

安田　充　213
柳井健一　8
柳瀬　昇　244
山内敏弘　36
山口いつ子　139, 148
山口　智　104, 109
山崎友也　110
山田健司　216
山田健太　136, 142, 144, 145, 147
山田卓生　29
山中善夫　209, 210
山村恒年　45
山元　一　235, 266, 269
山本克司　215
山本譲司　191
山本隆司　12
山本龍彦　165
山本輝之　25
山本博史　142
山森　亮　224
油布佐和子　14
横大道聡　110, 183, 236
横田耕一　15, 98, 102, 104, 263-265
横田守弘　247
吉崎暢洋　109
吉田克己　58, 61
吉田仁美　5, 49
吉村良一　45, 51
世取山洋介　17
米倉　明　207
米沢広一　15, 242
米村滋人　35

ラ行

ラストマイアー，S.　249
リオタール，J. F.　19

ルーズヴェルト（Roosevelt, F. D.）　164, 165
ルーズヴェルト, K. Ⅲ世　273, 274
レーンクィスト（Rehnquist, W. H.）　279-283, 286,　287
ロック（Locke J.）　160-162, 166, 169, 170

ワ 行

若井彌一　15
渡辺 修　187
渡辺武達　142
渡辺康行　232
渡辺洋三　158
渡部 蓊　13
渡部昭男　248

略語一覧

判例集，文献の略語は本一覧のほか，一般の慣例による。

(1) 判例略語

最大判（決）	最高裁判所大法廷判決（決定）
最判（決）	最高裁判所小法廷判決（決定）
高判（決）	高等裁判所判決（決定）
地判（決）	地方裁判所判決（決定）
支判（決）	支部判決（決定）
簡判（決）	簡易裁判所判決（決定）

(2) 判例集略語

民（刑）集	最高裁判所民（刑）事判例集
高民（刑）集	高等裁判所民（刑）事判例集
下民（刑）集	下級裁判所民（刑）事判例集
行集	行政事件裁判例集
東高民（刑）時報	東京高等裁判所民（刑）事判決時報
労民集	労働関係民事裁判例集
訟月	訟務月報
裁時	裁判所時報
刑月	刑事裁判月報
家月	家庭裁判月報
集民（刑）	最高裁判所裁判集民（刑）事
判時	判例時報
金判	金融・商事判例
判自	判例地方自治
判タ	判例タイムズ
労判	労働判例
労経速	労働経済判例速報

(3) 文献略語

公法	公法研究
法教	法学教室
曹時	法曹時報
法時	法律時報
判評	判例時報に添付の「判例評論」
民商	民商法雑誌
法セ	法学セミナー
ひろば	法律のひろば
○○百選	○○判例百選（版表記のないものは，初版〔第1版〕）（別冊ジュリ）
セレクト○○年	判例セレクト○○（法教別冊付録）
平成（昭和）○○年度重判解	『平成（昭和）○○年度重要判例解説』（ジュリ臨増）
百選	『憲法判例百選』（ジュリ臨増 276の2・1963年，新版・1968年，第3版・1974年）
百選Ⅰ・Ⅱ	『憲法判例百選Ⅰ・Ⅱ』（版表記なし・1980年，第2版・1988年，第3版・1994年，第4版・2000年，第5版 2007年）（別冊ジュリ）
争点	『憲法の争点』（版表記なし・2008年〔新・法律学の争点シリーズ〕，新版・1985年，第3版・1999年）（ジュリ増刊）
基本判例	『憲法の基本判例』（版表記なし・1966年，第2版・1996年）（別冊法教）
憲法の判例	『憲法の判例』（版表記なし・1966年，第2版・1971年，第3版・1977年）（ジュリ増刊）
最判解民（刑）事篇平成（昭和）○○年度	最高裁判所判例解説民（刑）事篇平成（昭和）○○年度

(4) 著書等略語

芦部	芦部信喜（高橋和之補訂）『憲法〔第5版〕』（岩波書店，2011年）
芦部憲法学Ⅰ～Ⅲ	芦部信喜『憲法学Ⅰ～Ⅲ』（有斐閣，Ⅰ・1992年，Ⅱ・1994年，Ⅲ〔増補版〕・2000年）
芦部古稀（上）（下）	樋口陽一＝高橋和之編『現代立憲主義の展開（上）（下）』（芦部信喜先生古稀祝賀）（有斐閣，1993年）

芦部理論	芦部信喜『憲法訴訟の理論』（有斐閣, 1973年）	戸松	戸松秀典『憲法訴訟〔第2版〕』（有斐閣, 2008年）
伊藤	伊藤正己『憲法〔第3版〕』（弘文堂, 1995年）	野中ほかⅠ・Ⅱ	野中俊彦＝中村睦男＝高橋和之＝高見勝利『憲法Ⅰ・Ⅱ〔第5版〕』（有斐閣, 2012年）
浦部教室	浦部法穂『憲法学教室〔全訂第2版〕』（日本評論社, 2006年）	長谷部	長谷部恭男『憲法〔第5版〕』（新世社, 2011年）
大石Ⅰ	大石眞『憲法講義Ⅰ〔第2版〕』（有斐閣, 2009年）	樋口	樋口陽一『憲法〔第3版〕』（創文社, 2007年）
大石Ⅱ	大石眞『憲法講義Ⅱ〔第2版〕』（有斐閣, 2012年）	松井	松井茂記『日本国憲法〔第3版〕』（有斐閣, 2007年）
奥平Ⅲ	奥平康弘『憲法Ⅲ』（有斐閣, 1993年）	宮沢Ⅱ	宮沢俊義『憲法Ⅱ〔新版〕』（有斐閣, 1971年）
清宮Ⅰ	清宮四郎『憲法Ⅰ〔第3版〕』（有斐閣, 1979年）	プロセス	ＬＳ憲法研究会編『プロセス演習憲法』（信山社, 版表記なし・第4版・2011年, 第3版 2004年）
小嶋	小嶋和司『憲法概説』（良書普及会, 1987年）	事例研究	木下智史＝村田尚紀＝渡辺康行編著『事例研究 憲法』（日本評論社, 2008年）
佐藤憲法	佐藤幸治『憲法〔第3版〕』（青林書院, 1995年）	判例講義Ⅰ・Ⅱ	佐藤幸治＝土井真一編『判例講義 憲法Ⅰ・Ⅱ』（悠々社, 2010年）
佐藤憲法論	佐藤幸治『日本国憲法論』（成文堂, 2011年）	論点探究	小山剛＝駒村圭吾編『論点探究 憲法』（弘文堂, 2005年）
宍戸	宍戸常寿『憲法 解釈論の応用と展開』（日本評論社, 2011年）	注解Ⅰ～Ⅳ	樋口陽一＝佐藤幸治＝中村睦男＝浦部法穂『憲法Ⅰ～Ⅳ』（青林書院, 1994年～2004年）
渋谷	渋谷秀樹『憲法〔第2版〕』（有斐閣, 2013年）	註解（上）（下）	法学協会編『註解日本国憲法 上巻・下巻』（有斐閣, 1953・1954年）
杉原Ⅱ	杉原泰雄『憲法Ⅱ』（有斐閣, 1989年）		
高橋	高橋和之『立憲主義と日本国憲法〔第2版〕』（有斐閣, 2010年）		
辻村	辻村みよ子『憲法〔第4版〕』（日本評論社, 2012年）		

執筆者紹介（執筆順，＊は編者）

渡辺暁彦（わたなべ あきひこ）
滋賀大学教育学部准教授
第1章・第10章・コラム⑩

森本直子（もりもと なおこ）
関東学院大学大学院法務研究科非常勤講師
第2章・コラム③

米谷壽代（まいたに ひさよ）
静岡大学人文社会科学部准教授
第3章

新井　京（あらい きょう）
同志社大学法学部教授
コラム①

宮川成雄（みやがわ しげお）
早稲田大学大学院法務研究科教授
コラム②

黒坂則子（くろさか のりこ）
同志社大学法学部准教授
コラム④

吉田仁美＊（よしだ ひとみ）
関東学院大学法学部教授
第4章・第6章

三宅　愛（みやけ あい）
チベット難民フォスターペアレント
リーガル法律通訳
コラム⑤

浅田訓永（あさだ のりひさ）
中部学院大学経営学部講師
第5章・第11章

桧垣伸次（ひがき しんじ）
福岡大学法学部講師
第7章・コラム⑮［翻訳］

二宮貴美（にのみや きみ）
同志社大学法学部嘱託講師
コラム⑥

佐伯彰洋（さいき あきひろ）
同志社大学法学部教授
コラム⑦

魚住真司（うおずみ しんじ）
関西外国語大学外国語学部准教授
コラム⑧

原口佳誠（はらぐち よしあき）
スタンフォード大学客員研究員
第8章

織原保尚（おりはら やすひさ）
別府大学文学部准教授
第9章・第12章・コラム⑬

山下　宣（やました せん）
弁護士・山下法律事務所
コラム⑨

太田裕之（おおた ひろゆき）
同志社大学法学部准教授
コラム⑪

勝山教子（かつやま みちこ）
同志社大学法学部教授
コラム⑫

池田晴奈（いけだ はるな）
近畿大学法学部講師
第13章

李　相允（イ サンユン）
韓国法制研究院研究委員
コラム⑭

Dan Rosen（ダン ローゼン）
中央大学法科大学院教授
コラム⑮

編者紹介

吉田仁美（よしだ・ひとみ）
同志社大学大学院法学研究科博士後期課程退学。憲法学，アメリカ憲法学専攻。関東学院大学法学部教授，ニューヨーク州弁護士。『遺伝情報と法政策』（分担執筆，成文堂，2007 年），『アメリカ最高裁とレーンキスト・コート』（分担執筆，成文堂，2009 年），『スタート憲法』（編著，成文堂，2010 年），『エスプリ・ド・憲法』（共著，ナカニシヤ出版，2012 年）ほか。

人権保障の現在

2013 年 6 月 10 日　初版第 1 刷発行

編　者　吉田仁美
発行者　中西健夫
発行所　株式会社ナカニシヤ出版
〒606-8161　京都市左京区一乗寺木ノ本町 15 番地
Telephone　075-723-0111
Facsimile　075-723-0095
Website　http://www.nakanishiya.co.jp/
Email　iihon-ippai@nakanishiya.co.jp
郵便振替　01030-0-13128

印刷＝ファインワークス／製本＝兼文堂／装幀＝白沢　正
Copyright © 2013 by H. Yoshida
Printed in Japan.
ISBN978-4-7795-0778-6

本書のコピー，スキャン，デジタル化等の無断複製は著作権法上の例外を除き禁じられています。本書を代行業者等の第三者に依頼してスキャンやデジタル化することはたとえ個人や家庭内での利用であっても著作権法上認められていません。